斯隆像

斯隆，1932 年

斯隆在通用汽车

斯隆在华盛顿

斯隆和朋友在一起

斯隆在议会呼吁减税

斯隆和他的妻子，1930 年　　　分权管理时期的斯隆

斯隆在试新车

斯隆和委员会联合主席奥马赫尼在反垄断调查听证会上，1939年5月

我在通用汽车的岁月
斯隆自传

[美]艾尔弗雷德·斯隆 著
陈华生 译

华夏出版社
HUAXIA PUBLISHING HOUSE

图书在版编目（CIP）数据

我在通用汽车的岁月：斯隆自传/（美）艾尔弗雷德·P.斯隆（Alfred sloan）著；陈华生译.—2版.—北京：华夏出版社有限公司，2023.3（2025.6 重印）

ISBN 978-7-5222-0448-2

Ⅰ.①我… Ⅱ.①艾… ②陈… Ⅲ.①斯隆—自传 Ⅳ.① K837.125.38

中国版本图书馆 CIP 数据核字（2022）第 256835 号

我在通用汽车的岁月：斯隆自传

著 者	［美］艾尔弗雷德·P.斯隆
译 者	陈华生
策划编辑	陈小兰
责任编辑	杨小英
责任印制	周 然

出版发行	华夏出版社有限公司
经 销	新华书店
印 装	三河市万龙印装有限公司
版 次	2023 年 3 月北京第 2 版 2025 年 6 月北京第 3 次印刷
开 本	710×1000 1/16
印 张	29
字 数	415 千字
插 页	2
定 价	49.90 元

华夏出版社有限公司　地址：北京市东直门外香河园北里 4 号　邮编：100028
网址：www.hxph.com.cn　电话：（010）64663331（转）

若发现本版图书有印装质量问题，请与我社营销中心联系调换。

总裁寄语

亲爱的读者朋友：

对于您选择了阅读艾尔弗雷德·斯隆先生撰写的《我在通用汽车的岁月》一书，我们所有通用汽车人都感到与有荣焉。斯隆先生在通用汽车公司发展壮大成为世界最大的全球性汽车公司的过程中发挥了至关重要的作用。

我们很高兴您有兴趣进一步了解通用汽车公司。通用汽车和中国的关系可追溯到20世纪20年代，别克车是当时在中国最受欢迎的车型之一。今天，通用汽车再度积极参与到中国的汽车工业中。我们与上海汽车工业集团总公司合作建立了世界一流的生产企业，这正是通用汽车为协助建立中国现代化汽车工业所做种种努力的最佳表现。

在本书中，斯隆回顾了通用汽车经历的许多重大事件以及公司的关键性战略和决策。正是决策、战略和事件使通用汽车成长为汽车领域无可争议的翘楚。斯隆先生当年首创的许多方针和策略至今仍被业界人士奉为典范。尤其是他独树一帜的企业财务管理方法，以及制造"人人买得起，用得好的车"的产品哲学，都是在时间的考验中历久弥新的宝贵财富。

真诚希望这本书能给您带来阅读的乐趣，并使您有所收获。

此致

约翰·史密斯
通用汽车公司董事长

墨斐
通用汽车（中国）公司董事长
兼首席执行官

2001 年 7 月

为什么《我在通用汽车的岁月》是必读之作

彼得·德鲁克

1964年,也就是艾尔弗雷德·斯隆1966年去世的前两年,他的《我在通用汽车的岁月》出版。书一面世,就立即成为一部畅销书,目前,它仍是深受经理人和管理专业的学生喜爱的杰作。25年来,我一直向朋友、客户和学生推荐该书,他们中的每一位都认为它引人入胜、读起来赏心悦目。但是这种反应令斯隆本人感到惊愕。我们的交往长达23年,始于1943年,终于1966年他去世前的几个月。他真正向我发火只有一次,当时我在《纽约时报》为该书撰写的评论中称赞它令人愉快。斯隆怒斥说我这是成心误导读者。他认为,该书并非想要"令人愉快",而是要缔造一种新的职业,即职业经理人,并详细阐述职业经理人作为领导者和决策者的作用。

斯隆写作《我在通用汽车的岁月》,主要是为了反驳或至少是为了抵消他认为有害的一本书:我在1946年出版的关于通用汽车的《公司的概念》。《公司的概念》是第一部将管理作为一门学科的研究性著作,首次从内部对一家大公司及其组成原则、结构、基本关系、战略和政策进行了研究,是应通用汽车的邀请,在通用汽车管理层的通力合作下，经过 1943-1945 年两年努力的研究成果。但是，该书面世时，通用汽车的高级执行官们对它深感不快，以至通用汽车内部多年无人提及，而且事实上成了通用汽车的管理人员的禁忌，因为该书问及通用汽车的一些政策，如劳资关系、公司总部工作人员的使用和作用以及经销商关系是否已经过时。这对通用汽车的执行官来说简直大逆不道，而且我从未真正被原谅过。

斯隆的做法却与众不同。有一次，公司召集大家开会讨论此书，当斯隆的同事都抨击我时，他挺身而出为我辩护。"我完全同意你们的看法，"他对同事说，"德鲁克先生的确错得离谱，但是，他丝毫不差地做了他应邀过来时告诉我们他要做的事情，而且他像你我一样有权发表自己的意见，虽然这些意见是错误的。"那次会议标志着我与艾尔弗雷德·斯隆之间个人关系的开始。

我在写作该书期间经常见到斯隆，但通常是在相当大的会议上或者在通用汽车的某间办公室里。而接下来的 20 年，斯隆每年都会单独邀请我到他位于纽约的公寓共进午餐，一年一次或两次。进餐期间，他会讨论他的慈善计划，特别是斯隆—凯特林癌症研究所和麻省理工学院的斯隆管理学院。最重要的是，他想谈论《我在通用汽车的岁月》，这本书他着手写作很多年了。他询问我的意见并洗耳恭听，但他从未接受我的建议，一次都没有。

斯隆是第一个——远在我本人之前——认识到，我的著作《公司的概念》是要将管理确立为一门学科的人，他也确实做到了。但是在斯隆的眼中，这恰恰是其错误所在。他是第一位实现大公司中的系统性组织的人，包括规划和战略、衡量标准和分权原则，用一句话概括就是管理学的基础概念，他为此感到自豪，也理应如此。说句题外话，实际上，作为管理学科的设计师和缔造者，斯隆的工作是美国在第二次世界大战中的杰出表现的一个主要元素，他使美国工业能够开足马力进行创纪录的生产，而且几乎是一夜之间在毫无准备和一潭死水的深度大萧条中做到了这一点。对于美国在第二次世界大战后保持 40 年的经济领导地位，对于日本人从我们这里学到并用以成为经济大国的主要经验，他无疑是其中的基础。但是，在斯隆看来，经理人职业是第一位的，管理学科是第二位的，而且其作用与第一位相去甚远。

若我们一路回溯到柏拉图和亚里士多德，就会发现，一直以来有两种平行但又分离的管理方法。一种是立宪主义方法：政治活动或组织中的管理必须基于一个清晰的结构，最重要的是，该结构能够提供有序的权力交接并避免暴政。另一种方法在政治思想史中被称为"君主教育"，重点是统治者的性格和道德原则。我们长期以来就知道这两者都必不可少。实际上，我本人的著作均属于这两个范畴（1954年出版的《管理的实践》主要是立宪主义的，1966年出版的《卓有成效的管理者》明确属于"君主教育"传统，后者是在艾尔弗雷德去世后仅数月出版的）。斯隆是一位博学多识得令人吃惊的人，这两种方法他都了解。他不止一次地告诉我，他是如何一遍又一遍地回溯美国宪法，以便为通用汽车、为总体而言的大公司发展管理组织和管理思想的。但是，在他看来，企业的核心是统治者，也就是作为实践者、领导者和榜样的职业经理人，这是不证自明的。他马上看出，《公司的概念》很重要，这也是为什么他认为该书有害。他对我说，该书会误导实践中的经理人和学术人员，并使他们远远偏离正轨。用今天的话来说，斯隆批评我把管理置于领导之上，他觉得对其纠偏是自己的责任。

斯隆原计划在1943年从首席执行官一职上退下来，那时他67岁，掌管通用汽车35年：先是10年的首席运营官，而后是23年的首席执行官。在为此做准备的过程中，他在20世纪30年代后期开始收集资料写作一篇自传性的短文，不是为了出版，而是作为某种向同事告别的演说。但是，当1943年到来的时候，美国却处在战争之中。斯隆为通用汽车的最高管理层培养了三四位人士，但这时他们全都为战争服务去了，等他们能够再次为通用汽车服务时，已经年龄太大而没法接手。斯隆于是勉为其难地决定，在战争期间及随后的过渡期间坚守原位。他将在这段时间培养另一批更年轻的团队来接手他和他这一代的同事们的工作。后来，当他决定自己应该写作一本明确职业经理人的角色的著作时，他回过头翻出了10年前所写且出于完全不同的目的而做的笔记。

结果是非同寻常的成就。表面看它是一部自传，而且读起来也像。实际上,它远非一连串"案例研究"。虽然带有说教的目的,但是它生动活泼、令人愉快、可读性强,而且是关于某个人的故事。只不过这个人并非真的是艾尔弗雷德·斯隆本人,而是作为职业经理人的典范和榜样的艾尔弗雷德·斯隆。

《我在通用汽车的岁月》中的斯隆经常被批评为"没人情味"和"缺乏热情",事实上,他在书中就是要这样描述自己的。他坚信,首席执行官一定不要有工作上的朋友。他向我指出,亚伯拉罕·林肯和富兰克林·罗斯福这两位美国历史上最引人注目的总统,他们在同僚或同事中均没有朋友,而有朋友的总统,如格兰特、杜鲁门(获得斯隆的高度评价)、艾森豪威尔(不受斯隆信任),他们都迅速被朋友出卖。"朋友太容易被你宠信了,"斯隆说,"而首席执行官必须不偏不倚,只根据业绩进行评判。"但是,在他晚年失聪而与外界隔离之前,斯隆一直拥有具有深厚友谊的朋友,而且其中不全是"工作以外的"。沃尔特·克莱斯勒就是他多年来最亲密的朋友,在斯隆说服他自立门户之前,克莱斯勒一直担任通用汽车别克事业部的首脑。克莱斯勒之所以创立了以其名字命名的汽车公司,很大程度上是因为斯隆向他指出了因福特汽车公司在20世纪20年代中期的衰落而产生的机会,还因为斯隆清楚地看出,由于福特公司迅速走下坡路,通用汽车出于自身利益考虑,需要一个强大的竞争对手。克莱斯勒一直是斯隆的亲密朋友,一直到他1940年去世,享年65岁。

最重要的是,斯隆为人极为热情,而且不论在时间上还是金钱上,都慷慨得令人难以置信。我在通用汽车调研期间,不论走到哪里,总会有人——经常是比较低层的员工,告诉我斯隆如何帮他们救急,通常不用他们开口相求便得到帮助。比如,他曾放弃整个圣诞节假期,四处寻找医院,只是为了使一位工厂经理被严重烧伤的孩子得到最好的医治,而且他与那位经理从未谋面。我常常问他们:"假如你处于严重的困境,你会找谁求助?"大多数人会立即回答:"当然是艾尔弗雷德·斯隆!"斯隆打造通用汽车,既通过政策和战略,也通过鼓舞人心的个人赞赏和对其正直的信任,二者的程度差不多。在整个20世纪20年代——在某些情况下,时间长得多——

那些掌管通用汽车的雪佛兰、别克和凯迪拉克这些大事业部的首脑们，全都亲自创办过企业，并在企业被卖给通用汽车之前把它们打造为成功的大公司。而且，他们中的每一位都比斯隆年长和富有得多，因为斯隆1916年卖给通用汽车的那家配件企业——斯隆就是因此进入通用汽车的管理层的——当时的规模还相当小。他们每个人都是通用汽车的大股东，每个人都深深妒忌斯隆的自治权，怨恨来自总部的任何"干涉"。然而，在几年之内，每个人都钦佩斯隆，并成为其忠实的团队成员。

事实上，斯隆"以人为中心"达到了狂热的地步。《我在通用汽车的岁月》1954年就已基本完成，但是10年后才出版。因为只要书中提到的通用汽车的某位员工仍然健在，斯隆就拒绝出版。"管理者不会公开批评下属，"他说，"而我在书中所说的某些事情可能会被解读为批评。"斯隆当时已80高龄，风烛残年，而书中提到的仍健在的通用汽车的员工中，有人比他年轻整整15岁。双日出版社的编辑恳求说："斯隆先生，您有活不到该书的出版之虞啊。"实际上，这位编辑拜访了这些人，他们所有人都无一例外地说他们一点儿都不觉得"受到了批评"，并催促斯隆出版此书。但是斯隆没有改变主意。"如果我活不了那么长，"他说，"你们就必须在我死后再出版，人比出版计划更重要。"结果，他比那些人活得都长，在书中提到的最后一位健在者去世的当天，斯隆才放下心来，同意出版该书。斯隆并不是"多愁善感"的人，但是，他极为关心人、关注人，最重要的是尊重人。

然而，《我在通用汽车的岁月》中没有普通人，因为斯隆相信，"职业经理人"是通过事实的力量而非个性的力量来管理的。有一次，我听到他在对通用汽车的管理人员的讲话中说："医生对病人的态度并不能代替正确的诊断。"

斯隆还对《我在通用汽车的岁月》字斟句酌，严格地把每一件他个人关心和感兴趣的事都剔除出去。他曾深深地卷入政治活动中——总是处于失败的一方，他积极参加了1936年兰登的竞选活动和1948年杜威的竞选活动。他与富兰克林·罗斯福有一段长达12年的爱恨交加的关系。他钦佩罗斯福的效力，但厌恶罗斯福这个人

VI 我在通用汽车的岁月：斯隆自传

并反对新政。有一次他对我说："阿尔·史密斯这个人很好，但作为总统，罗斯福的确更合适。"这让我大为吃惊。斯隆在书中只提及罗斯福一次，说的是密歇根州州长弗兰克·墨菲支持1937年通用汽车的工会组织的静坐罢工，而遥远的华盛顿的某个人竟然拒绝加以阻止。关于新政，书中根本就没有提到！当我辩称20世纪30年代的历史若没有新政和罗斯福，就像《哈姆雷特》中没有哈姆雷特王子时，他说："这些对我、对通用汽车都是重要的事件，但它们全是历史性的事件，与职业经理人的工作一点儿关系都没有。"

同样，书中也丝毫没有提及斯隆长时间充满爱心地所致力的两项事业：汽车安全和位于弗林特的通用汽车研究所（现CMI技术公司）。只是以最简短的篇幅提到了他的同父异母弟弟雷蒙德，雷蒙德比他小18岁，是斯隆"唯一的孩子"，他去世时年仅50多岁，"是我这辈子最大的个人悲剧"，斯隆曾这样说。雷蒙德是医院管理领域的一位先行者，然而书中根本没有提及，艾尔弗雷德·斯隆正是通过他，才对医院管理产生了浓厚的兴趣，并辛勤地致力于斯隆—凯特林研究所的组织工作及癌症研究的规划和方向。"这些全都是个人爱好，"他说，"它们不应该列入一部有关职业经理人的书中，至多就像我的妻子收集古董或者首席财务官系花哨的领带之类。"

《我在通用汽车的岁月》描述的是大师斯隆，而不是他这个人，然而，比这更为重要的是，该书并没有向大多数读者解释某些教益，斯隆正是出于这些教益才写作本书的。我目前仍认为，它是最棒的管理类图书，而且跟人们是否同意斯隆提出的每一件事完全没有关系。但是，虽然这本书读者广泛、备受青睐，它对管理实践的影响却小得惹人瞩目。它是以"自传"的面目呈现的，这在很大程度上解释了为什么斯隆打算使之成为一本行动指南，然而人们并未这么来读。当他把自己的打算告诉我时，我表现出满腔的热情。一部关于管理专业和职业经理人的著作，我认为这是一个绝妙的想法，而且我现在仍这么认为。然而，将其以自传的形式推出，恐怕会分散所要表达的焦点。为什么写作一本有关该主题本身的书，并只把通用汽车用作实例呢？不，斯隆还说，他做不到。"但是，斯隆先生，"我辩解说，"为什么不起一个《职业经理人》之类的书名，用诸如《通用汽车40年来的经验教训》一类的副标题呢？"斯隆认为这样过于做作。"至少，"我提议，"在每章结尾加一个小节总结经验教训。""德鲁克先生，"斯隆先生固执地说，"我不是写给笨蛋看的，我是写给有经验的经理人看的，他们没必要让我指出显而易见的东西。"但是，每一位编辑很快就会认识到，那显而易见的东西恰恰是需要指明的，否则将会被读者忽视。

那么，在《我在通用汽车的岁月》一书中，主要的教益是什么呢？下面是我总结的教益：

- 首先，管理是一种职业，经理人是或应该是有知识修养的职业人士。这在1990年听起来可能比较陈腐，30年前却远非显而易见。但是坦率地说，虽然大多数经理人到现在都这么鼓吹，但身体力行者却不太多。
- 像其他专业人士，比如医生或律师一样，职业经理人也有"客户"：企业。他一定要把自己的利益摆在客户的利益之下。表现出"职业人士"的特质是对客户的义务。
- 职业人士既非依据个人意见也非根据其偏好作决策，他们是根据实际情况作决策的。我相信，这是《我在通用汽车的岁月》的某一章中的意之所指，许多读者，包括我本人，都觉得关于查尔斯·凯特林研制铜冷发动机的那章过于冗长了：斯隆给予了凯特林最大的赞赏，并认为他是美国20世纪杰出的发明家。但是，斯隆在该章中花了这么多的笔墨来讲述，是为了表明，即便这么了不起的一个人，当他有违事实地执着于自己的偏好和嗜好时，也只能损害自己并使自己受挫。
- 职业经理人的工作不是去讨好人，不是去改变人，而是使他们把自己的力量放在工作上。无论你是否赞成别人或他们开展工作的方式，他们的绩效是唯一要紧的事情，实际上这是职业经理人唯一允许他们去关注的事情。有一次我对斯隆说，在我调研期间，分别掌管通用汽车最赚钱的两个事业部——雪佛兰和凯迪拉克——的两个人，他们的差异很大，我很少见到比他们有更大差异的人。"你完全错了，"他说，"这两个人非常相似——他们都业绩卓越。"
- 绩效不只是"底线",还要树立榜样,这就要求正直。只要在经营业绩以及作为榜样和导师的绩效这两方面不过线,就应该有绝对的宽容和实际上最大的多样性。
- 意见分歧乃至冲突都是必要的,实际上人们也希望如此。没有分歧和冲突,就没有谅解。没有谅解,就只会有错误的决策。在我看来,在斯隆的这本书中,最引人入胜的部分就是那些备忘录,他首先在其中列出不同意见,然后将不同的意见综合成一种谅解,并在最后综合成一致意见和承诺。
- 领导能力不是"超凡魅力",不是"公共关系",也不是"表演技巧",它是绩效、始终如一的行为和诚信。
- 最后,也许最重要的教益是,职业经理人就是公仆。职衔并不授予权力,也不给予力量,它施加的是责任。

人们可以就斯隆的基本原理进行辩论,实际上,斯隆非常欢迎读者就它们进行辩论。有一次,当我提出这个问题时,他回答说:"否则他们不会认真对待它们。"这正是斯隆写作本书以及《我在通用汽车的岁月》成为"必读"作品的原因。

目 录

引 言

第一篇

第一章　大机遇（一）……………………………………3
第二章　大机遇（二）……………………………………18
第三章　组织的概念………………………………………43
第四章　产品政策及其起源………………………………59
第五章　"铜冷"发动机…………………………………71
第六章　稳　定……………………………………………95
第七章　委员会的协调……………………………………99
第八章　财务控制的发展…………………………………115
第九章　汽车市场的转型…………………………………143
第十章　政策制定…………………………………………163
第十一章　财务成长历程…………………………………185

第二篇

第十二章　汽车的变迁 …………………………213

第十三章　年度车型变化 …………………………232

第十四章　总部各技术部门 ………………………241

第十五章　外观设计 ………………………………257

第十六章　分销和经销商 …………………………272

第十七章　通用汽车票据承兑公司 ………………293

第十八章　公司在海外 ……………………………303

第十九章　非汽车业务：柴油电力机车、
　　　　　家电和航空 ……………………………329

第二十章　对国防的贡献 …………………………361

第二十一章　人事和劳资关系 ……………………375

第二十二章　激励性报酬 …………………………390

第二十三章　管理：它如何起作用 ………………410

第二十四章　变化与发展 …………………………416

附录一　通用汽车有限公司轿车和卡车销售数据 ……425

附录二　通用汽车有限公司各职能部门组织结构图 ……429

译后记 ………………………………………………437

引　言

　　我答应过要在本书中叙述通用汽车的发展历程。关于这个世界上最大的私营工业企业，有太多东西要说了。它的历史涵盖了20世纪，覆盖了地球的很多地方，无论是否有路可达。它还涉及了工程艺术在当代的很多发展状况。从实体看，雪佛兰、庞蒂亚克、奥兹莫比尔、别克、凯迪拉克、GMC卡车和长途汽车等品牌代表了通用汽车在市场中的现实地位，在美国和加拿大当前制造的小客车和卡车中，大约一半是它们合起来生产的。我们的海外业务，即英国的沃克斯豪尔、德国的亚当·欧宝、澳大利亚的通用汽车—霍顿以及我们在阿根廷和巴西的制造厂，在美国和加拿大之外的自由世界，1962年制造的小客车和卡车中，有1/10是它们生产的。公司还为全世界提供了大量的机车、柴油发动机、燃气涡轮发动机和家用产品。由于通用汽车主要是一家汽车产品生产商，汽车产品产量大概占当前民用业务的90%，所以本书的绝大部分篇幅是关于这个领域的。不过，我也留出独立的章节分别讨论非汽车领域及通用汽车在战争和国防方面所扮演的角色。

　　经过在汽车及相关领域超过65年的工作（其中的45年完全在

通用汽车），我对这一切的印象构成了本书的基础。然而，本故事涵盖的时间很长，话题本身的范围很宽，加上人类记忆的局限，我将本书的基础建立在历史记录和我对过去的印象之上。我还经常求助于我的同事们的记忆。为了将这一切理出重点，我把自己的思考集中在某些照我看来似乎对公司的发展历程具有最重要的影响的因素上，宽泛地说，就是通用汽车的分权组织计划的起源和发展、它的财务控制措施及商业理念，这些都在其应对激烈竞争的汽车市场的方式中表现出来。在我看来，这三个因素构成了通用汽车从事商业经营的基础。

就历史而论，我简要叙述了通用汽车从工业天才杜兰特1908年创立时的一些早期事件迄至今日这整段的历程。但是，我主要关注的是1920年之后的时期，我称之为现代公司时期，尤其是1923-1946年的时期，我先后担任了总裁和董事长，是公司的首席执行官。在这个时期，公司形成了一些现在仍具备的基本特色。我描述了1921年以前的老公司，以显示当我们开始建设现代公司的时候，我们是如何起步的。

就自传而言，我勾勒了我在业界的早期活动以及我偶然在1918年进入通用汽车的方式。通用汽车以及海厄特滚珠轴承公司几乎是我的商业生涯仅有的兴趣所在，在海厄特这家企业并入联合汽车公司并继而并入通用汽车之前，我是它的负责人及所有人之一。进入通用汽车以来，我一直都是它的一个大股东，而且我在很长一段时期都是最大的个人股东之一，拥有约1%的普通股。它所代表的几乎所有的财富现在已经并即将投入以我的名字命名的慈善基金，并由此进入支持医疗和其他领域的教育和研究工作。

因此，从股东角度进行讨论对我来说是很自然的。一直以来，我始终坚定地秉持股东立场，尤其是在诸如董事会和公司各个委员会的代表以及支付红利之类的问题上。然而，我也把自己视为我们现在称为"执行官"的团队中的一员。管理已经成了我的专门技能。在我担任首席执行官时的很多场合，我个人都有责任提出政策。然而，无论政策源自何处，在它被个人执行之前，都必须经过相关委员会的认可和批准，这是通用汽车雷打不动的原则。换言之，通用汽车拥有一支由精明能干的个人组成的管理队伍。所以，书中经常说"我们"而不是"我"，偶尔说"我"的时候，其实说的是"我们"。

在说明通用汽车的发展时，必须辨明背景中的几个因素：我国积极主动、富于进取的人民；它的资源，包括它的科学和技术以及它的商业和工业诀窍；辽阔的土地、道路和富饶的市场；变革、机动性和大规模生产的特征；工业在20世纪的大扩张；大体而言的自由制度和特殊的自由的求胜心切的进取精神。所以，除了我们国家之外，很难想象通用汽车能够在其他地方存在。适应这独具特色的美国汽车市场是通用汽车在发展进程中一个决定性的、相当复杂的元素。反过来，如果我们就像汽车所体现的那样已经给美国的生活方式作了贡献，那么可以说这是通过相互作用做到的。

比如，我们思考一下，在美国的汽车业中，生存取决于赢得每年购买新车的买主的好感。年度车型就是其中不可或缺的一部分，汽车企业必须对它作出反应，冲锋陷阵，否则不成功便成仁。通用汽车的活力就是满足这一需求的驱动力。就通用汽车和汽车业的发展而言，很多事情的尘埃落定，离不开对年度车型（其起源和演变）以及相关的车型升级概念的理解，在这方面，与早期的福特公司相比，通用汽车扮演了一个突出的角色。

我也不能不注意到，汽车代表了现代最重大的工业机遇之一。通用汽车有幸一开始就涉足其中。从这一思路出发，本书前两章讨论通用汽车的早期历史就顺理成章了。接下来，通过赋予通用汽车和内燃机的发展一种紧密的联系，汽车使我们能够合乎逻辑地参与这种发动机的应用，它可以应用在各种各样的动力需要上，值得注意的有飞机和机车。我们的成长几乎唯一地体现在内燃机驱动的交通工具的大规模生产中。所以，我对通用汽车及其业绩充满热情，这在任何人看来都不足为奇。但是，我认为，通用汽车抓住并利用了一个历史性的机遇，满足了企业内外从这一端的股东和雇员到另一端的顾客的利益。我这么说是客观的。

然而，身为最大的私营工业企业——1962年，它拥有超过100万股东、约60万雇员、92亿美元资产、146亿美元销售收入以及14.6亿美元利润——通用汽车鹤立鸡群，有时候这也使公司成为政治上的靶子。我很高兴能讨论规模问题，因为在我看来，一家竞争性企业的规模是其经得起竞争的结果。当需要为巨大的国内和世界市场大量提供诸如汽车和机车之类的东西时，大规模是与之相称的。不应忘记，这些产品的美元价值是相当高的，一家"小型"汽车生产商甚至也可能跻身美国工业百强之列。

我相信，成长或者说努力成长，对企业的健康发展是必不可少的。有意阻止成长就是搞窒息。美国工业界就发生过这样的例子。在汽车业以及在许多其他行业，成长的历程就使我们诞生了大型企业，现在，大型企业是我们社会的一个特征。在美国，我们用"大"的方式做事。我始终相信规划要大，而且我在事后总是发现——如果有发现的话——我们规划得不够大。但是，我的确没有预见到通用汽车的规模，或者想着把规模作为目标。我只是接受这样的观点：我们应该精力充沛地工作，不受条条框框的限制。我没有对发展设置天花板。

成长和发展是相关联的，因为在一个充满竞争的经济体中，企业没有歇脚之处。障碍、冲突、不同形式的新问题以及新的视野不断出现，激发人们的想象力，并推动工业的发展。然而，成功可能带来自满。在这种情况下，竞争图存的刺激这一最强的经济动机变迟钝了。冒险精神在反对变革的思维惰性中丧失了。当这种影响显现时，因未能认识到技术的进步或消费者需要的改变，或因竞争更加残酷而激烈，成长便可能受阻，衰退可能降临。创业容易守成难；守住一份不同寻常的成功、维持一个高得不同寻常的领导地位，有时候比起初获取这份成功或领导地位更困难。这是业界的领袖必须迎接的最大挑战，也是未来的通用汽车必须迎接的挑战。

由此应该看清楚，我并不把规模视为障碍。在我看来，它只是一个管理问题。我在这方面的思考始终围绕着一个在理论和实践中都相当复杂的概念展开，这个概念可以极度简化为分权。通用汽车式的组织模式是政策上配合、管理上分权，这不仅在内部运作良好，而且已经成为美国大多数行业中的标准做法。配合恰当的财务激励，这一概念构成了通用汽车的组织政策的基石。

我们的管理哲学，一个本质的部分就是，以实事求是的方式进行商业判断。商业判断后的最终行动,当然是直觉性的。或许,还有正规的方式改进商业战略的逻辑或进行政策决策。但是,商业判断背后的大量工作,在于找到和确认面目一新的跟技术、市场和其他因素有关的事实和细节。现代技术的日新月异使得对现实情况的探求成了汽车业一个永远必不可少的特色。这一点看起来显而易见,但是,业界有时会出现一些巨大的地位变动,其中部分原因是有人突发奇想地认为可以置身事外。

然而,要保证可靠的管理,需要的不只是对组织的结构设计。没有什么组织比那些管理它并代表他人管理它的人更可靠的了。他们所处的位置使他们可以翻云覆雨,扭转分权制组织的局势,向集权制乃至独裁统治转变。既在精神上又在实际行动中进行分权操作,才使得通用汽车长期存在。

就此而言,说通用汽车是一个社会事业机构似乎是恰当的。公司内部有一种客观的、乐于进取的氛围。公司了不起的长项之一是,从设计之初就要使之成为一家客观的公司,这截然不同于迷失在个人主观至上的类型。

然而,我要说,我的经验告诉我,在这个组织问题上没有简单的一定之规。个性的角色可能十分重要,以至在有些时候,有必要围绕一个或几个能人建设一个组织,更准确地说,建设其中的一个部门,而不是削足适履,让这些能人去适应组织。在本书关于我们早期工程师队伍的发展历程的描述中,这一点可以以相当引人注目的形式见到。然而,当一家企业的任一部分必须适应于某个人时,就要求施加充足的限制,因为无论谁适应谁,都是有边界的。如上述所说,对于组织的健康发展而言,始终注意克服并摆脱主观主义,是不可避免的。

如果说我在本书中表达或暗示过某种所谓的意识形态,那么我猜想,这个意识形态就是我相信竞争是一种信仰、一种进步的手段、一种生活的方式。应该认识到,竞争面貌繁多,比如,通用汽车一直作为某个组织类型(分权)、以长期的商业运营方式(产品升级)以及在寻常的日常商业活动中跟其他企业进行竞争。另一方面,老亨利·福特更相信集权化组织和一成不变的车型。这种在基本政策上的竞争有时是决定性的。我们一直奉行一种进步信念，这一点在我们未来的投资规划中显而易见。我们基于生活水平不断上升的假设开展生产，不是为选定的少数人，而是为整个消费大众提供产品。我们对生活水平不断上升的意义的解读，标志着在现代市场的形成时期，我们和其他企业之间有一个重要的区别。

通用汽车的故事涉及方方面面，而我为本书挑选出来供大家阅读的方面不是寻常可见的。它从董事会扩展到各个生产分部，并包括一般的行政管理、执行官、政策委员会、基层和职能部门以及生产分部之间的互动；换言之，是局部之于整体的贡献和整体之于局部的贡献的方面。因此，本书的主题不是生产分部的内部，而是这灿如明星的荟萃部分的内部，我们把这荟萃部分称作通用汽车。

本书分为两篇。第一篇是对通用汽车的发展主线经过整合后进行连续的叙述，包括公司在组织、财务和产品诸领域中基本管理理念的起源和发展。第二篇包括若干个独立的部分，分别详细讨论工程技术、分销、海外业务、战争和国防产品、激励性报酬以及公司的其他方面和分支机构。尽管如此，我没有尝试面面俱到。通用汽车的完整故事涵盖了半个多世纪，要我设法讲述这个故事是不可能的。就像所有的作者必然做的那样，我从我本人的经历中进行精选，并且准备好接受人们的是非评判。

本书是这么铺开的：从逻辑的角度处理经营活动，并将观点和历史结合起来。本书的结构，尤其是第一篇各章的顺序，是参照汽车业中发生的事件，根据对管理逻辑的思考而产生的。当然，还有其他可能的行文方式，比如心理学的、社会学的、主观的，诸如此类。之所以选择这种合乎逻辑的行文方式，是因为它使得在有限的篇幅中组织并展现如此大量而复杂的材料成为可能。它还使得有可能清晰地从业务的观点出发将业务描述清楚。这种处理方式是适合通用汽车这个主题的，因为公司经营战略的一个方面一直是，在追求经营目标的过程中有意识地努力秉持客观的立场。

我一直强调文中所述是在过去的某个时候，当许多长期的基本政策首先被确定下来之后所做的工作，这是必要的。然而，我现在认识到，在公司年复一年的经营过程中，要想对这些早期的政策进行改进和修正，必须持续进行新的创造性的努力。正如我经常说的那样，改变意味着挑战，而应对挑战的能力正是优秀的管理的标志。为保持通用汽车的成长和繁荣，就必须去应对产品、需求和外部压力方面广泛而深远的变化。事实上，通用汽车当前的管理层正在应对和处理他们这一代独有的全新的问题。

第一篇

第一章
大机遇（一）

1908年发生的两件大事将对汽车工业的发展产生持久而深远的影响：一是威廉·杜兰特以其别克汽车公司为基础，组建了通用汽车公司——现通用汽车有限公司的前身；二是亨利·福特发布了T型车。这两件大事都不仅仅代表着一家公司或其汽车，而且代表着不同的观点和不同的哲学。历史将见证在此后的各个时期，这两种哲学引领着汽车工业前进。福特先生的哲学先行一步，持续了19年——T型车的寿命期——并带给了他不朽的声誉，而杜兰特的先驱性工作尚有待获得它应得的认可。杜兰特先生的哲学是在T型车时代出现的，并在此后才得以实现——不是由他本人，而是由其他人，包括我自己。

没有谁比杜兰特先生和福特先生更明白早期岁月的汽车所提供的这种机会了。当时，汽车被广泛地视为一种运动，尤其是在银行家中间；它高高在上的定价使之远离大众市场，居高不下的机械故障率使之很不可靠，而优质的公路寥寥无几。然而，在美国的整个汽车工业仅仅制造6.5万辆"机器"的1908年，杜兰特先生却展望着百万辆汽车制造年度的到来，他因此而被视为各种鲁莽的点子的始作俑者，福特先生也已经在T型车中发现了有望最先将这一预言变为现实的手段。1914年，美国的汽车工业生产了50万辆汽车。1916年，仅福特先生就出产了超过50万辆T型车，而且在其20世纪20年代的鼎盛期，一年就出产了200多万辆车。完成其历史使命后，这款伟大的汽车在随后年月的衰落，是这个故事的关键事实之一。

杜兰特先生和福特先生都拥有不同寻常的愿景、魄力、勇气、想象力和远见，都敢在一年的产量少于现在几天的产量的时候，把一切孤注一掷地押在汽车工业的未来上，都创建了杰出而持久的产品线（其名称已被收入美国语言），都建立了庞大而持久的机构。他们属于我称之为具有个人风格的实业家的一代人，也就是说，他们把自己的个性、"才情"作为一种主观因素注入他们的经营之中，因而其经营不具备从方法和客观事实出发的管理纪律。然而，他们的组织方式截然对立，福特先生是一个极端的集权主义者，杜兰特先生则是一个极端的分权主义者。而且，他们在产品和市场进入方式上也迥然有别。

杜兰特先生

福特先生的流水线装配汽车的生产方式、很高的最低工资和低价汽车都是革命性的，屹立于我们的工业文化最伟大的贡献之列。他提出不断降低同一实用车型的每辆汽车的价格，这个基本观念正是当时的市场尤其是农村市场所需要的。然而，杜兰特先生对于汽车多样化——不论它在当时多么不明确——的感觉，却更接近汽车工业的发展趋势，一如汽车工业后来的演变。今天，美国的每一家主要汽车生产商都生产多种型号的汽车。

杜兰特先生是一个伟人，但他也有一个重大的缺陷——长于创造而拙于管理，在倒下之前，他先后在马车和汽车领域拥有超过1/4世纪的光荣创业史。他本来应该拥有通用汽车，但他本人未能在长时间里带领它腾飞或保持住他个人的一度统治性的地位，这是美国工业史上的一大悲剧。

通常不为人知的是，在世纪之交的时候，白手起家的杜兰特先生是美国首屈一指的货车和马车生产商。他于1904年进入并重组了日薄西山的别克汽车公司，到1908年，他成了美国领先的汽车生产商。1908年，他出产了8487辆别克车，而福特当年的产量是6181辆，凯迪拉克是2380辆，他在汽车行业的地位由此可见一斑。

1908年9月16日，杜兰特先生组建通用汽车公司，并分别于1908年10月1日将别克、11月12日将奥兹以及1909年将奥克兰和凯迪拉克纳入通用汽车。在这家新公司中，这些老牌公司保留了原来的法人资格和独立的经营实体，而新公司则是一家控股公司，也就是说，一家由自主运营的卫星公司环绕的中央机构。通过诸多手段，主要是换股，杜兰特先生在1908–1910年间将大约25家公司纳入通用汽车，其中11家是汽车公司，2家是电灯公司，剩下的是汽车零部件和配件制造商。在这11家汽车公司中，只有别克、奥兹（今奥兹莫比尔）、奥克兰（今庞蒂亚克）和凯迪拉克这四家，先是作为独立的公司，后来作为事业部，在通用汽车的变迁中保留下来，其余7家则被拆散重组，成了影子公司，它们主要拥有工程设计和聊胜于无的工厂或生产。

在那段时期，很多公司通过换股合并多个组织，通常涉及"股份掺水"和其他操作，而且这种金融炼金术有时候"点石成金"。关于通用汽车公司组建时是否也属于这种情形，我是有所怀疑的，因为别克在成为通用汽车的支柱之前是一家盈利丰厚的企业：1906年，销售额约200万美元，利润约40万美元；1907年，销售额420万美元，利润约110万美元，这一年可是一个全国经济"大恐慌"的年度；1908年，销售额750万美元，预计利润170万美元，其成长性和盈利能力显然很不错。

然而，杜兰特先生的兴趣在于通过产品线的延伸、通过整合进行并购。对于他那个时代来说，他的先进之处在于他综合的生产方式。大多数早期的汽车生产商只是采购零部件制造商生产的零部件进行组装，杜兰特先生的做法则与之不同，他已经让别克生产了很多它本身的零部件，并期望在这个方向上带来更大的经济性。他有一份未实现的关于1908年别克与麦克斯韦—布里斯科汽车公司合并案的计划书，详细说明了采购、销售及一体化生产预计带来的经济效益。它提到别克有一家位于弗林特的工厂，"就坐落在10家独立的工厂中间，它们分别生产车身、车轴、弹簧、车轮和铸件"，并报告说可以从中选择兼并对象。杜兰特先生在经济事务方面相当地老到由此可见一斑，这迥然不同于他的公众形象——一个彻头彻尾的股票市场投机者。我不能说他一丝不苟地将他的经济哲学付诸实践，但是，他却从那个一大堆汽车公司兴衰存亡的年代中脱颖而出、卓尔不群。

在杜兰特先生创建通用汽车的方式中，我看到了三种同时展开的模式。第一种模式是小汽车车型的多样性，以适应市场上各种各样的品位和经济水平。这在别克、奥兹、奥克兰、凯迪拉克以及后来的雪佛兰上一目了然。

第二种模式是汽车种类的多样性，看起来是为了覆盖未来的汽车设计中许多的可能性，以追求较高的平均收益，而不是那种不成功便成仁的孤注一掷。通用汽车便有许多项目折戟沉沙，例如卡特卡汽车，它采用摩擦驱动，当时被认为是滑动齿轮传动潜在的竞争对手；脱胎于一家自行车制造公司的埃尔莫尔制造公司，它有一种由两辆自行车组成的机动车，看起来可能有机会满足某种市场需求。还有很多其他的随机性赌博，我仅仅列出其名称：马凯特汽车公司、尤因汽车公司、伦道夫汽车公司、韦尔奇汽车公司、迅疾汽车公司和可靠卡车公司。后二者合并后命名为迅疾卡车公司，后来被组建于1911年7月22日的通用汽车卡车公司吸纳。

通过对整部汽车进行"解剖"，生产出相应的零部件和配件，以此来提高制造集成度，杜兰特先生在这方面所作的努力，就是他的工作的第三种模式。杜兰特先生给通用汽车引入了大量的零件制造商：诺思威发动机制造公司，一家为小汽车和卡车生产发动机和部件的企业；密歇根州弗林特的钱皮恩点火装置公司，一家火花塞生产商，后更名为AC火花塞公司；杰克逊—丘奇—威尔科克斯公司，一家为别克生产零部件的生产商；纽约州尤蒂卡的韦斯顿–莫特公司，后迁至弗林特并随之更名，一家车轮和车轴生产商。他还引入了加拿大的麦克劳克林汽车股份有限公司，它曾是豪华马车制造商。该公司购买别克的部件，并在加拿大生产麦克劳克林—别克汽车。这一举动促成了塞缪尔·麦克劳克林的天分与通用汽车的结合，通用汽车在加拿大的发展很大程度上就归功于他。

上述附属公司并不全都是经由杜兰特先生之手兼并得来的，比如，杜兰特出全资创建了钱皮恩点火装置公司，并因阿尔伯特·钱皮恩的专业技能而给了后者25%的股份。这家部分控股的子公司，直到通用汽车1929年从钱皮恩先生的遗孀手里购得了这少部分股权，才变成全资子公司。

总体而言，从潜在的一体化角度看，杜兰特先生在通用汽车发展的初期就给它引入了一组重要的成员企业。另一方面，为购买一份后来变得一文不值的被称作希尼电灯公司的权益，他支付的成本高于他为通用汽车与奥兹汽车的合并所支付的成本。为购买希尼电灯的股份，他花了大约700万美元，主要是用通用汽车的有价证券支付的。希尼电灯的主要价值是正在申请的一份钨灯专利，但它后来被专利局否决了。

杜兰特先生的做法不论就长期而言多么正确，但就短期而言却是他失败的根源，因为别克和凯迪拉克，特别是品质和体量兼具的别克，对最初的通用汽车来说本质上大约是它的全部。它们囊括了通用汽车总汽车产量的绝大部分，约占美国1910年度汽车产出的20%，而其他成员企业的汽车产量无足轻重、不值一提。因此，其结果是，通用汽车很快就因摊子铺得太大而陷入财务困境。1910年9月，杜兰特先生刚刚创立通用汽车公司两年，就失去了对它的控制权。

一个投资银行集团介入了，它以波士顿的李·希金森公司的詹姆斯·斯托罗和纽约的塞利格曼兄弟公司的阿尔伯特·施特劳斯为首，向通用汽车注入资金，并由此通过表决权信托的形式接管了通用汽车的运营。按照苛刻的条款，通过一笔1500万美元的五年期票据发行，通用汽车取得了一笔贷款，实际到账1275万美元。这次票据发行附有一笔给贷方的"红利"，以普通股的形式提供，其最终价值比这些票据的面值巨大得多。作为通用汽车的一位大股东，杜兰特先生仍担任副总裁和董事，但是被迫在管理事务中靠边站。

此后五年，即1910-1915年，该投资银行集团有效但保守地管理着通用汽车。他们清算了不盈利的部门，注销了价值1250万美元的存货和其他资产，这在当时是一笔巨款。1911年6月19日，他们组建了通用汽车出口公司，负责将通用汽车的产品销往海外。整个汽车工业在这个时期迅速扩张，年产量从1911年的约21万辆增至1916年的约160万辆，这主要归功于福特在低价汽车领域的运营。通用汽车的销售量从1910年的约4万辆增至1915年的约10万辆，但是，由于福特的崛起，其相对位置下滑了，按销量计算，其市场份额从20%降至10%。通用汽车当时在低价车领域没有什么表现。然而，公司财务方面状况良好，其运营效率很大程度上归功于时任总裁查尔斯·纳什。

纳什先生是这样来到通用汽车的：他和杜兰特先生在杜兰特—多特马车公司共事了约20年，并在杜兰特先生首先进入汽车领域时一直担任公司的负责人。他稳健而谨慎，一如杜兰特先生的才华横溢和勇于冒险——也可称之为不计后果。1910年，纳什先生没有什么汽车业的经验，但是他证明了自己在制造和管理艺术上的天分。

据我了解，正是经杜兰特先生提议，银行家斯托罗先生才雇用纳什先生去接管别克的管理工作。总之，纳什先生于1910年成为子公司别克的总裁，并且表现优异，于1912年顺理成章地晋升为通用汽车的总裁。①

别克在通用汽车的整个早期岁月一直是中流砥柱，这并非偶然。它的管理层明星荟萃。美国机车公司的董事斯托罗先生慧眼识珠，在公司的一个车间发现了沃尔特·克莱斯勒，并推荐给纳什先生。纳什先生于1911年聘用了克莱斯勒先生，其职位是别克的生产部经理。1912年，纳什先生升任通用汽车总裁的时候，克莱斯勒先生留在了别克，后来他先后被提拔为别克的总裁和总经理。1910–1915年间，即银行集团控制的时期，别克和凯迪拉克一道，继续为通用汽车创造了几乎全部的利润。

纳什先生

1910年的别克车

① 纳什先生虽然是这个职位上发挥巨大作用的第一位通用汽车总裁，但事实上只是第五位拥有此头衔的人。杜兰特先生在创建公司时为自己选择了副总裁一职。第一位拥有总裁头衔的是乔治·丹尼尔，其任期从1908年9月22日至10月20日，持续不到一个月。第二任是威廉·伊顿，在职约两年，从1908年10月20日至1910年11月23日。詹姆斯·斯托罗是一位任职两个月的过渡总裁，从1910年11月23日至1911年1月26日。第四任是托马斯·尼尔，其任期从1911年1月26日至1912年11月19日。

通用汽车在当时需要银行集团给予它的声誉。1500万美元五年期票据的实际到账款虽然使公司能够清算过期未付的债务，但公司仍然需要营运资金。这就有必要向银行大量借款，借款额一度高达900万美元。然而，到了1915年，通用汽车的财务状况非常之好，以至当年9月16日召开的一次董事会会议宣布，每股普通股派发现金红利50美元，这是自公司七年前成立以来的首次现金分红。公司当时有16.5万股普通股，这一举措意味着派发800多万美元现金红利，让整个金融界大吃一惊，因为这是迄至当时纽约证券交易所的上市公司中宣布的最大金额的每股现金红利。董事会会议纪要称，宣布这次分红的举动是纳什先生作出的，并得到杜兰特先生的支持。然而，表决权信托即将到期，而且随着杜兰特先生试图重新获得通用汽车的控制权，以杜兰特先生为一方，以银行集团和纳什管理层为另一方，双方的重大冲突暗流涌动。

自1911年被迫退出通用汽车的管理层之后，杜兰特先生又一次在汽车业中展现了他的企业家精神。他支持路易斯·雪佛兰有关制造轻型轿车的尝试。1911年，杜兰特先生和雪佛兰先生共同创立了雪佛兰汽车公司。在四年时间里，杜兰特先生就使之发展成为一个全国性的组织，在全国和加拿大拥有若干装配工厂和批发销售点。在此期间，他开始不断提高雪佛兰公司的股份，并用它来交换通用汽车的股份。他希望由此借道雪佛兰重新取得通用汽车的控股权。

雪佛兰先生

1908年，雪佛兰加入通用

正是大约在这个时候，杜邦家族出现了，并开始在通用汽车的故事中发挥其重要的作用。

负责将杜邦家族引进通用汽车的人主要是约翰·拉斯科布，他当时是杜邦公司的财务主管,并担任该公司总裁皮埃尔·杜邦先生的私人财务顾问。在 1953 年政府攻击杜邦公司和通用汽车的关系的诉讼中,杜邦出庭作证说,他在 1914 年前后以个人投资的形式购买了约 2000 股通用汽车股票。他说,1915 年的一天,时任查塔姆和菲尼克斯国民银行——杜邦先生是其董事——总裁的路易斯·考夫曼,向他解释了通用汽车的处境。考夫曼先生讲述了通用汽车的历史以及这些银行家的表决权信托即将到期的情况,1915 年 9 月将召开一次会议,提出一份新的董事会名单,供 11 月选举用。杜邦先生说,他被告知杜兰特先生和这些波士顿的银行家们相处和谐。杜邦先生和拉斯科布先生接受了参会的邀请。这是杜邦先生记得的与杜兰特先生的首次会面。

杜邦先生:

杜邦先生还说:

> 会议并不像考夫曼预计的那样一团和气,相反,以波士顿的银行家为一方、以杜兰特为另一方的两派彼此对立。他们未能就新的董事会候选人名单达成一致。
>
> ……经过大量的会谈后,考夫曼先生把我拉到一边。过了一段时间,我们回到会场,他们通告说,如果我提名公司的三位中立董事,他们将随之弄出候选人名单,每派将有七位董事,我则提名三位。
>
> 与此同时,他们委派我为会议的主席……

候选人名单获得了一致认可,并于 1915 年 11 月 16 日年度大会上经股东选举获得通过。在同一天召开的董事会组织会议上,皮埃尔·杜邦先生当选为通用汽车公司的董事会主席,纳什先生再次当选为总裁。然而,就公司的控制权一事,波士顿的银行家们和杜兰特先生仍处于僵持之中,而且当时有一个广为流传的传言,说杜兰特先生占得上风。他提出了获得控制权的要求，于是一场代理权争夺战暗流涌动，但是没有爆发。银行家们选择退出争夺，并于1916年正式放弃。通过对雪佛兰的控制，杜兰特先生拥有了通用汽车的控制权。[1]

杜兰特先生获胜后，为使纳什先生留在通用汽车而提供了各种诱惑。但是1919年4月18日，纳什辞去了公司总裁一职，而且在波士顿银行集团斯托罗先生的支持下，创立了纳什汽车公司。1916年7月，他买下了威斯康星州肯诺莎的托马斯·杰弗里公司，后者原先是一家自行车制造商，后改行生产一种名叫漫步者的汽车。那时我还买过一些纳什汽车的股票，并大赚了一笔。纳什先生几年前去世时，人们普遍认为他留下了一笔四五十万美元的财产，对于一位保守的商人来说，这笔财产令人印象深刻。

1916年6月1日，董事会正式接受了纳什先生的辞呈，杜兰特先生当天接任通用汽车总裁一职，一场盛大的表演又开始了。他很快便把通用汽车公司（新泽西州的企业）转变为通用汽车有限公司（特拉华州的企业），并将其资本总额从6000万美元增至1亿美元。[2]别克、凯迪拉克等汽车制造类子公司转制为经营性事业部，如此一来，通用汽车有限公司成了一家经营性公司，这与原来的控股型公司大异其趣。1917年8月，新公司及其经营性事业部正式合在一起。

---

[1] 雪佛兰汽车公司持有通用汽车的控制性股权，这个事实于1917年得到证实。经过换股（每5股通用汽车有限公司普通股交换1股通用汽车公司普通股），在通用汽车有限公司发行在外的825598股普通股中，雪佛兰汽车公司持有45万股，由此，杜兰特先生实现了他早先的要求。

由雪佛兰控股通用汽车，这个奇怪的难题直到若干年后才得到解决。1918年5月，通用汽车购买了雪佛兰的经营性资产，以通用汽车普通股支付。又过了一段时间，雪佛兰公司持有的通用汽车股票被分配给前者的股东，雪佛兰汽车公司解散，成为通用汽车有限公司的雪佛兰事业部。

[2] 通用汽车有限公司依照特拉华州的法律成立于1916年10月13日。原波士顿的通用汽车公司解散，其资产自1917年8月1日起由通用汽车有限公司接手，后者于当天成为一家经营性企业。

现在看来，杜兰特先生那时便在寻找一个有实力的财务伙伴，并向杜邦集团提出了邀请。于是，杜邦公司就面临一个问题：他们是否应该介入。杜邦先生将事情的来龙去脉概述如下：

> 他[拉斯科布]相信，对杜邦来说，它[通用汽车]是一个非常好的投资对象，并给出理由说，杜邦公司需要一项具有良好的盈利能力和良好的分红能力的投资项目，来补充其当前的分红派息。杜邦已经失去军品业务，或者说我们知道将很快失去它，而在军品业务的收益与在此之后可能发生什么之间的这个过渡期，我们需要某个东西来为杜邦公司的分红派息提供资金。
>
> ……通用汽车已经万事俱备，只欠东风。他们建立了良好的汽车产品线，并深受大众喜爱，而且大有希望的是，他们将继续以当前令人满意的或可能更高的比例分红派息，这一点对拉斯科布很有吸引力，也让我觉得这是一项非常好的投资。这样的投资，据我们所知，是其他任何地方都不能复制的。

杜邦先生进一步阐述说：

> 通用汽车有限公司和汽车业本身尚未发展到获得普遍认可，它被认为是某种风险非常大的东西，结果，其股票在当时只能以面值发售，从实际收益看，这显然是一个非常好的投资对象，但是公众并未认识到从而相信这一点，如此一来，这项有可能作出的投资就颇令人感兴趣了，而这就是向杜邦公司提议进行投资的开始……
>
> 与杜邦公司的军品业务相关，我们已经做了大量的财务准备工作，而杜兰特需要筹措资金，或者说他的公司需要财务管理。他承认他需要这些，也非常乐意接纳杜邦资本来经营他的事业中的这一块……

拉斯科布先生对汽车业的未来具有非凡的洞察力，他在杜邦公司财务委员会一份标注日期为1917年12月19日的备忘录中，赞成杜邦公司参股通用汽车。拉斯科布先生写道：

> 汽车业的发展，尤其是通用汽车的发展，一直是很惊人的，它的净收益和以下事实表明了这一点：通用汽车—雪佛兰汽车两公司［原文如此］下一年度的总收入将高达3.5亿—4亿美元。今天，通用汽车在汽车业占据了一个独一无二的位置，而且根据笔者的看法，若管理得当，那么未来的结果将是，在美国的任何工业中无人能出其右。这一点，杜兰特先生了解得比任何人都透彻，并极度渴望拥有一个尽可能完美的组织来负责这项令人惊叹的事业……杜兰特先生与……［杜邦集团］的交往已经到了如此程度，以至他表达了强烈的渴望，希望我们与他有更实质性的关系，从而使我们能够帮助他向这个庞大的事业迈进，尤其是以执行和财务的方式。这个问题几经讨论，结果是：在我看来，美国在最近的未来拥有比世界上任何国家更大的发展前途，在我认为最有前途的行业里，一个有吸引力的投资机会出现了；与其让我们的一群圈内人董事以个人方式从其中得到好处，这样（至少在一定程度上）会分散他们的时间和精力，那么由公司抓住所出现的机会，反而可取得更多，因为，这可以通过我们的董事在杜邦公司中所持的股份，给予他们垂涎不已的利益。①

拉斯科布先生将其赞成这项投资的观点总结为五点：其一，杜邦公司将和杜兰特先生进行联合控股；其二，杜邦的人将"掌管并负责通用公司的财务运营"；其三，对预期回报的预测；其四，购买股票比购买资产更好；其五，我引用他的原话——"毫无疑问，我们在通用汽车公司中的利益将使我们能够保护相关公司的法布里

---

① 引用时我尽量遵照原文，结果在拼写、标点符号等方面出现了某种偏差。

科德①、派拉林②、油漆和清漆业务，这是实质的因素。"③

1917年12月21日，杜邦董事会经皮埃尔·杜邦和拉斯科布先生提议，授权购买价值2500万美元的通用汽车和雪佛兰的普通股，于是，1918年年初，杜邦公司在通用汽车中拥有了一席之地，它在公开市场并从个人手中购买了23.8%的美国通用汽车普通股。1918年年底，杜邦公司在通用汽车的投资额增至4300万美元，约占普通股的26.4%。

杜邦公司和杜兰特先生的合作始于第一笔投资。来自杜邦的代表接管了通用汽车财务委员会的工作，约翰·拉斯科布成为委员会主席，杜兰特先生是唯一一位不是来自杜邦公司的委员会委员。财务委员会全权负责财务事务，并确定高级执行官的薪酬。另一方面，执行委员会则全权负责所有的运营事务，委派给财务委员会的事务除外。执行委员会主席是杜兰特，杜邦在运营方面的联络人哈斯克尔是委员会委员。哈斯克尔先生像杜兰特先生一样，同时在财务委

---

① 一种防水仿皮布。——译注
② 玻璃增强聚酰亚胺。——译注
③ 杜邦资本进入通用汽车成为政府针对杜邦和通用汽车所发起的诉讼的基础，该诉讼案于1949年或者说事情发生30多年后归档。主要控诉内容是，该收购违反了反托拉斯法，并使杜邦能够为了自己的利益，保护通用汽车中使用杜邦所生产产品的业务。杜邦和通用汽车否认这项指控。经过几个月对多方面的当事人的听证，并检查了数以百计的文件，联邦地方法院发现，没有任何证据支持政府的指控，因此驳回了上诉。最高法院经过复审，认为杜邦资本大约30年前所作的收购是不合法的，因为存在着一种合乎情理的可能性，即收购有可能导致对交易的约束。然而，最高法院赞成初审法院的裁决，称"对价格、质量和服务的考量并没有被忽视，不论是杜邦还是通用汽车"，而且"在两公司的高级执行官中，所有当事人的行为都是可敬的和公正的，每个人都确信其所作所为都是为了所在公司的最大利益，没有任何意图去损害任何人，包括杜邦的竞争对手"。初审法院驳回上诉的判决被推翻，案件被发回重审。经过进一步的起诉和审理，地方法院裁定，杜邦公司必须在若干年内卖掉它持有的通用汽车股票。在我这个外行看来，在本案中，最高法院的推理几乎是纯学院式的，并不像地方法院所发现的那样为当时的实际情况所支持。

员会和执行委员会中任职。

到1919年年底，随着通用汽车的进一步扩张，杜邦公司将它在通用汽车中的投资额提高到4900万美元，使之拥有通用汽车28.7%的普通股。然后，正如皮埃尔·杜邦所说："他们发表了一份声明，说那将是他们投资的结束，不会再继续了。"但结果并非如此。

在1918—1920年这段时期，杜兰特先生带领通用汽车进行了大规模的业务扩张，其间他得到了拉斯科布先生和财务委员会热情洋溢的支持，使之获得了用于扩张的资金。

1918年对雪佛兰的收购，给了通用汽车一款在低价车市场与福特形成潜在竞争的汽车，虽然那时它在质量上无法与福特竞争，而且价格也更高。伴随雪佛兰而来的是斯克里普斯—布思——由雪佛兰所有的一家小型汽车公司。

通用汽车与费雪车身公司的重要联系始于1919年对该公司60%股权的收购和一笔车身制造合同。

1920年，通用汽车收购了由一家小公司制造的谢里丹牌汽车，这使通用汽车的产品线一度拥有七款汽车——凯迪拉克、别克、奥兹、奥克兰、雪佛兰、谢里丹加上原来已有的通用卡车，尽管在该产品线中，凯迪拉克和别克仍是仅有的真正有价值的汽车。

在杜兰特先生个人的倡导下，通用汽车引进了两个特殊项目，一个是拖拉机，另一个是电冰箱。杜兰特先生在遭到排斥的时候，偶尔会做非正式的交易以使事情

1918年，杜兰特先生重掌通用

动起来，这样做有时会在管理层中导致紧张。但是到最后，杜兰特先生的直觉和冲动行为总是会获得支持。

例如，1917年2月，他促使通用汽车买下了一家小公司，即加利福尼亚州斯托克顿的萨姆森·西夫·格利普拖拉机公司。这家公司有一项发明，能够像驱赶马一样驾驶拖拉机，结果其产品被称作"铁马"。后来，他把威斯康星州简斯维尔的简斯维尔机器公司

和宾夕法尼亚州多伊尔斯敦的多伊尔斯敦农业公司加进来,共同组成了通用汽车的萨姆森拖拉机事业部。事实证明,这是一项完全无利可图的商业冒险。再如,1918年6月,杜兰特先生购买了底特律的一家名叫守护者冰箱公司的小公司。当时他自掏腰包,一共花了56366.50美元。1919年5月31日,通用汽车将这笔钱还给了杜兰特先生。这家萌芽期的企业后来转制为弗立吉代事业部[①],事后证明,这家企业具有重要的地位。

1918–1920年期间,还有其他许多企业或创立或纳入通用汽车:加拿大通用汽车股份有限公司;通用汽车票据承兑公司,组建它是为了给通用汽车的轿车和卡车销售提供资金支持;几家代顿公司,查尔斯·凯特林在其中有权益;几个制造类分部,组建它们是为了向通用汽车各个汽车事业部提供车轴、齿轮、机轴等等;还有几家生产零部件和配件的公司,它们被称作联合汽车公司,我曾担任该公司的总裁。

主要得益于杜兰特先生,通用汽车当时拥有了一家伟大企业的素质。但是,一方面,通用汽车在实体上未得到整合,而且管理上不协调,另一方面,用于新的公司、工厂、设备及存货的各项支出是极可怕的,其中一些公司很长时间都没有带来回报,而且随着开支的增加,现金减少了。通用汽车正在迈向危机,但是,一个现代的通用汽车有限公司将从危机中涅槃而出。

---

① 它出品的冰箱在新中国成立前进入过中国,名叫北极牌,现按英文读音翻译。——译注

第二章

大机遇（二）

　　讲到我怎么加入通用汽车，有必要从小事谈起。1875年5月23日，我出生于康涅狄格州的纽黑文，那时，美国的生活方式与今天迥然不同。我父亲从事茶、咖啡和雪茄批发业务，拥有一家名叫贝内特—斯隆公司的商行。1885年，他把商行迁到纽约市西百老汇大街。就这样，我从10岁起就在布鲁克林区长大，至今还有人告诉我，我现在仍带有布鲁克林口音。我祖父是一名教师，外祖父是卫理公会牧师。我父母有5个孩子，我是老大，妹妹凯瑟琳·斯隆·普拉特夫人现在是一个寡妇。我的3个弟弟中，克利福德以前从事广告业；哈罗德是一位大学教授；最小的弟弟雷蒙德现在是一位教授、作家和医院管理专家。我想，我们5人有一个共同点，那就是能够专注于自己的兴趣。

　　我是几乎刚好在美国汽车业形成的时候进入其中的。1895年，一直尝试造汽车的杜里埃兄弟创办了一家企业，我相信它是美国第一家汽油发动机汽车制造公司。同年，我从麻省理工学院毕业，获得电子工程学士学位，进入纽瓦克的海厄特滚珠轴承公司工作，该公司后来迁至新泽西州的哈里森市。海厄特减摩轴承后来成了汽的一种零件，我正是借由这种零件才进入汽车业的。除了早期有过短暂的离开之外，我的一生几乎都是在汽车业中度过的。

海厄特当时是一家微型企业，拥有大约25名雇员，使用一台10马力的发动机驱动其工厂的所有机械装置。其产品是一种特殊种类的减摩轴承，由约翰·韦斯利·海厄特发明，他还发明了赛璐珞，打算用它取代用以制造台球的象牙，但从未实现。那时，减摩轴承发展得不太好，或者说，不怎么为人所了解。但是，海厄特减摩轴承根本不像那段时期制造的其他机械零件那么粗糙；我们的有些轴承还能用在移动式起重机、造纸厂设备、矿山车辆和其他机械装置上。当我在海厄特工作的时候，它每月的生意额不到2000美元，我一个人身兼数职——办公室人员、绘图员、销售员、公司的普通助理，每月的薪水是50美元。

当时，我看不出海厄特有多大的发展前景，于是很快抽身而去，加入了一家看似前景更好的电冰箱公司。公司提供公寓住户公用的家用电冰箱，属于人们早期尝试的活动之一。大约两年后，我开始相信，由于机械装置复杂、成本高昂，这种产品不可能有什么发展。

同一时期，海厄特滚轴公司的业务进展得不太好，它从未突破过盈亏平衡点，而且到了就连主要投资者之一的约翰·瑟尔斯都不愿意再投一分钱来补这些窟窿的地步。1898年，公司似乎不得不破产清算了。就在这时，我父亲和他的一位同事合起来向海厄特投入5000美元，条件是我回去工作6个月，看看我能否使之起死回生。我接受了提议，并和彼得·斯廷斯特鲁普展开合作，后者当时是公司的簿记员，后来成为销售经理。到6个月结束时，我们在销量和经济方面取得了一些进展，获得了1.2万美元的利润，这使公司大为改观，我们认识到，它还是有可能取得成功的。我担任了总经理这一高级职务。当时我不可能知道，通过海厄特，我进入了通用汽车的上游企业之一。

接下来的四五年，我们在海厄特承受了越来越多的痛苦。那时很难接到生意，而当接到生意并扩大生产规模时，我们又缺乏流动资金，我们在公司之外是得不到流动资金的。不过，那个时候白手起家创办企业比现在容易，因为政府不像现在这样从利润中拿走税收。这5年里，我们取得了进步，利润增加到大约6万美元，而且公司前景有所改善，因为年轻的汽车工业开启了一个新的市场。

大概在世纪之交的时候，汽车工业开始爆发，涌现了为数众多的小企业。这时，减摩轴承开始引起人们的注意，我们也开始从那些尝试造汽车的人那里得到一些订单。1899年5月19日，我曾给亨利·福特写信想承揽些生意，据艾伦·尼维斯在他关于福特的传记中说，这封信要在福特档案馆存档。福特先生当时正尝试造车，并打算进入汽车业。但是在20世纪的头10年，我们的轴承在机械工艺中的应用发展缓慢。在那段时期建立的数以百计的汽车公司中，大部分只造出了样车，然后就消亡了。我的合作伙伴彼得·斯廷斯特鲁普先生出差频繁，以便从这些初生的制造商那里争取销售合同。当他看到或听到有人将要造新车时，我就会和那个人取得联系，从工程的角度帮助他解决问题。我会将海厄特轴承设计进入车轴或其他某个零件里面，这样一来，一旦他们中的人有了后续的生产，我们的滚珠轴承就容易销售出去。

随着我们的工作更为人所了解，我成功地转换了角色，成了某种类型的咨询类销售工程师，就我们这种产品可适用的轴承问题，向许许多多的此类公司及其供应商提供咨询。他们有任何设计变动或新设计，都会把我叫过去，这就给了我一个机会，可以将我们的轴承加入他们的后轴或变速器中。

我们的这种销售—工程工作日益增加，特别是1905-1915年，在这个时期，一些汽车制造商，诸如福特、凯迪拉克、别克、奥兹、哈德森、里奥、威利斯和其他公司，开始发展到拥有显著的产量。合乎逻辑的结果是，我们的顾客在哪里，海厄特的业务就流向哪里，比如上述一直待在业内并成长的企业。我们的生意蒸蒸日上，以至开始出现一个问题：我们应该以多快的速度扩大我们的生产，比如上新的生产建筑、新的机器设备、新的生产方法等等，才能跟上汽车行业快速扩张的步伐。

对于汽车，我个人的第一次经历和当时其他人的差不多。我想要一辆汽车，但买不起。1900年只生产了大约4000辆汽车，都贵得要死。我父亲买了一辆早期的温顿牌汽车作为家庭用车。1903年前

第二章 大机遇（二） 21

后，我给海厄特公司买了一辆康拉德牌汽车，我们是从公司用车的角度买的，偶尔用作从位于哈里森的工厂到纽瓦克去吃午饭或者出差。它有一个四缸二冲程发动机，外面喷红漆，是一辆外观漂亮的轿车。但它是一个蹩脚货。康拉德牌汽车只在1900–1903年生产过，然后就退出了历史舞台。我们又买了一辆奥托卡牌汽车。这辆车的情况要好一些，有时我用它作商务旅行，有时候驾驶这辆车去大西洋城。像温顿和康拉德一样，奥托卡牌轿车也停产了，但是，奥托卡牌卡车后来开发出来并成为汽车工业的一分子。奥托卡公司1953年与怀特汽车公司合并。我给自己购置的第一辆车是凯迪拉克，大约是在1910年。作为当时的惯例，我得到了一个凯迪拉克底盘，但必须订购车身。

早期的凯迪拉克工程技术对汽车业、对我在海厄特的经营产生了重要的影响。这主要归功于亨利·利兰，我相信他是将可互换零件技术引入汽车制造的主要功臣之一。他在汽车业的首份工作是在奥兹，大约是在1900年。当凯迪拉克1909年并入通用汽车的时候，他正担任凯迪拉克的领导，并在此任上一直待到1917年退休。此后他创立了林肯汽车公司，最后他将公司卖给了福特汽车公司。

利兰先生是我在业界的早期熟人之一。他比我早一代，我把他当做一位长者，不仅在年龄上，而且在工程智慧上。他非常聪明，是一位杰出的、有创造力、有智慧的人。他认为质量就是上帝。20世纪初期，我最初向利兰先生推销滚珠轴承时遇到了麻烦。他教导我说，我们的产品需要提高精度，才能满足严格的可互换零件标准。在进入汽车业时，利兰先生拥有一般工程和汽油发动机的成熟经验，他造这些东西给船用已经很长时间了。他的专长之一是精密金属加工，这要回溯到他在内战时期为一家联邦军械库维修器械的经历，以及此后在布朗和夏普公司所发展的技能，后者是罗得岛州普罗维登斯的机床制造商。我注意到,在很久以前,利·惠特尼就开始了与枪炮制造有关的可互换零件的开发,这一事实表明了一个从惠特尼经由利兰到汽车工业的传承脉络。

最初造就了汽车业的那群人并不多。作为汽车中一个重要零件的供应商,我在行业的头 20 年间逐渐了解了他们中的大多数,作为生意伙伴和朋友,我也从他们身上学到了很多。在早期岁月,我有时候直接销售产品给汽车制造商——凯迪拉克、福特和其他企业,但更经常的是,我销售给某个中间供应商,后者转而以某个汽车零件的形式销售给整车装配商。对我来说,这些供应商中最重要的一个是尤蒂卡的韦斯顿—莫特公司,他们生产车轴;1 个后轴需要使用 6 个轴承,其中有若干个要用海厄特轴承。1906 年,查尔斯·斯图尔特将公司从尤蒂卡迁到弗林特,这里接近汽车工业正蓬勃发展的区域。此后,每月拜访他一次就成了我的惯例。我现在仍记得,在弗林特的主街即萨吉诺大街的两侧,拴马柱沿街排列,一到星期六晚上,街上就挤满了带农民进城的马匹、运货马车和载客马车,农民将在城里待一个晚上并进行周末大购物。正是在这种背景下,一小群汽车整车和零部件制造商进行了若干年的社交和商业聚会:莫特先生、查尔斯·纳什、沃尔特·克莱斯勒、哈里·巴西特、我本人还有其他人。当时,除我之外,他们全都是通用汽车的人。我肯定在聚会上也见到过杜兰特先生,但是我现在只记得在纽约与底特律之间的火车上见到过他以及我们彼此打招呼"早上好"和"晚上好"。我当时是通过莫特先生跟通用汽车发生真正的联系的,莫特已于 1909 年将自己的公司并入通用汽车,而且是别克、奥克兰和奥兹的车轴供应商。准确地说,通用汽车于 1909 年取得其公司 49% 的股份,1912 年达到 50%。经由韦斯顿—莫特公司,我成功地使海厄特滚珠轴承进入了通用汽车的整车。

我初次认识克莱斯勒先生是在弗林特。作为别克的生产部经理和当时的负责人,

克莱斯勒先生

第二章 大机遇（二）

当车轴设计从韦斯顿—莫特公司送过来的时候，他会对我的产品进行评定。经过一段时间后，我经常和他见面，不论在通用汽车还是在外面，我成了他一生的朋友。后来，当我们分别担任克莱斯勒和通用汽车的首脑而成为竞争对手时，我们有时候还一起休假旅行，在这种场合，我们是不谈公事的。克莱斯勒先生是一位雄心勃勃、想象力丰富的人。他是一个有广泛才能、注重实效的人，我觉得他的天分是在汽车生产的组织方面。像纳什先生一样，他也看到了富有朝气和前途广阔的汽车工业所提供的机遇。他们都是汽车工业早期发展的真正领导者，并成为大企业的首脑。

作为海厄特的销售人员，到位于底特律的福特汽车公司去的时候，我经常见到福特先生，偶尔还和他共进午餐，但是我在那里谈业务，主要是通过哈罗德·威尔斯进行，后者是福特先生的首席工程师，后来造出了精美但短命的威尔斯—圣克莱尔牌汽车。福特先生要大大感谢威尔斯在工程学尤其是冶金学方面的天分。由于海厄特能够可靠地生产和交货，而且我们的轴承适用于福特的设计，我们最终获得了福特的全部业务。随着福特先生的公司成长，他成了我们最大的客户，通用汽车位居次席。海厄特的发展壮大促使我在底特律的西格兰德大道开设了一个销售办事处。在随后几年中，经过一连串不可预知的事件，该办事处成为位于底特律的通用汽车大楼所在地的中心。

福特先生与T型车

1916年春，有一天，我接到杜兰特先生打来的一个电话，让我过去见他。作为通用汽车和雪佛兰的创始人，杜兰特先生是汽车和金融界一位大名鼎鼎的人物。前文介绍过他如何被排挤出通用汽车若干年，现在正准备回来担任总裁。我发现杜兰特先生是一个循循善诱的人，说话细声细语、讨人喜欢。他个子矮小，衣着保守，没有一点瑕疵，永远一副泰然自若的样子——虽然在谈话期间不停地涉及重大而复杂的金融交易——他的性格和能力给人以信心。他问我可否把海厄特滚珠轴承公司卖给他。

经过为海厄特公司这么多年的打拼，卖掉公司的想法让我大吃一惊，但也给我的思维开启了一个新的展望，并促使我开始分析海厄特的处境。杜兰特先生的提议迫使我思考公司即将面临的三个问题。

第一，鉴于海厄特的业务开展的方式，它开始依赖于有限的几家客户。福特一家就占据大约一半的销售量。这笔生意一旦丢失就是不可弥补的，因为根本不存在这种体量的新客户，彻底重组势在必行。

第二，我认识到，我们当时生产的那种滚珠轴承随着汽车设计的演变，注定要被增补，或许将被其他类型取代。那么接下来怎么办？进行再重组、开发一种不同的产品，实际上是另起炉灶。一直以来，我对改进产品很感兴趣，这是一种特定产品的业务，选择不外乎是自力更生，还是在某家一体化企业内发展。可以说，在过去的45年里，我当时认为在该产品上要发生的事都已经发生。目前，海厄特的老型号减摩轴承已经伴随同期其他类型的减摩轴承从汽车的结构中消失了。

第三，我用我的工作生涯——当时我40岁——积攒了一笔财产，并且拥有一家负有很大责任的大工厂，但我从未从其分红中获取很多收益，而杜兰特先生的提议提供了一个机会，可将海厄特的利润变成随时可出售的资产。

我认为这三个原因中的第二个，即海厄特的这款老型号滚珠轴承面临的潜在变化，在我心中是决定性的。于是，我合计的方式是，虽然海厄特的短期利润形势良好，但其长期地位将受益于这个拟议的合作关系，杜兰特先生的提议承诺进行资产转换。我决定接受提议，然后把我的4位董事召集起来开会，并建议说，我们将告诉杜兰特先生，我们准备以1500万美元的价格出售海厄特。有几位董事认为报价太高，但是我不这么认为，主要是考虑到我们的实力和汽车工业的增长潜力。我开始与杜兰特先生的两位同事，即他的律师约翰·史密斯先生和银行家路易斯·考夫曼先生进行谈判。经过讨价还价，最终敲定了一个以1350万美元出售海厄特的计划。

接着是支付问题。我同意一半以现金支付，而剩下的一半，经杜兰特先生提议将组建一家新公司，名叫联合汽车有限公司，就以该公司的股票支付。但是，当交易进入收尾阶段时，我发现海厄特的某些同事不愿意接受新公司的股票。这导致我在原有的那份之外，不得不接手了更多的股票，同时放弃相应数额的现金。由于我和父亲拥有绝大部分的海厄特股票，所以，最终我在联合汽车有限公司的股份中占据重要的地位。

杜兰特先生于1916年创立联合汽车有限公司，以收购海厄特和其他4家汽车零部件和配件制造商，它们分别是：康涅狄格州布里斯托尔的新起航制造公司，一家生产滚珠轴承的企业；印第安纳州安德森的雷米电子公司，一家生产电子启动、照明和点火装置的企业；俄亥俄州代顿的代顿工程实验室公司，简称德科，一家也生产电子设备的企业，但采用的制式跟雷米不同；以及密歇根州杰克逊的珀尔曼轮辋有限公司。

第一次，我的商业视野拓宽到超越了汽车的单个零件。我成了联合汽车的总裁兼首席运营官。公司的董事会是由把他们的财产投入了企业的人士组成的。杜兰特先生既不进入董事会，也不参与该公司的事务，而是把公司管理全部交给了我。后来，由我本人倡议并经董事会批准，我把哈里森散热器有限公司和当时著名的喇叭制造商克拉克松公司并入联合汽车有限公司。我组建了联合汽车服务股份有限公司，把联合汽车下属各公司生产的零部件向全美销售并提供服务。这个联合体第一年就实现净销售额3363.8956万美元，其中海厄特的贡献最大。

这个汽车联合体向通用汽车之外的制造商销售了很多年，但是通用汽车的领导者预见到，它作为一家汽车生产商，最终将需要联合汽车的大部分产出。因此，1918年，经双方同意，主要由我和通用汽车当时的财务委员会主席约翰·拉斯科布谈判后，联合汽车的资产被通用汽车并购。

我在这里花费篇幅讲述海厄特的故事，并不是为了衡量它在通用汽车大家庭中的相对位置，只是为了使我这个主人翁能够以合乎逻辑的方式进入故事。我加入通用汽车的职务是副总裁，仍然负责我在联合汽车有限公司所管理的那些配件公司。我还成为通用汽车的董事及其以杜兰特先生为主席的执行委员会的委员。

1918—1920年间，我在通用汽车继续负责那个配件联合体的经营，但是作为公司执委会委员，我的视野再次拓宽了。而且，出于股东和职业两方面的原因，我对公司整体感兴趣，当时我的大部分个人财产都已转成通用汽车股票。因此，我很快就开始密切关注杜兰特先生的总体政策。

关于杜兰特先生，我的看法是一分为二的。我崇拜他的汽车天分、想象力、宽宏大量和正直的人品。他对公司的忠诚是毋庸置疑的。我认识到，就像拉斯科布先生和皮埃尔·杜邦那样，他造就并激发了通用汽车朝气蓬勃的成长。但是我认为，对于一位管理者来说，他的方式过于随意，而且他给自己的工作负担过于沉重。很多重要的决定必须等到他有时间，而且经常是冲动地作出的。下面两个例子是我的亲身经历。

当通用汽车尚在位于纽约第57大街的办公楼旧址办公的时候，我的办公室和他的相邻。我有时会过去见他。1919年的一天，我走过去告诉他，我认为考虑到公司股份中广大的公众利益，我们应该请一位注册会计师过来作独立审计。我们的账簿当时并未进行这样的审计，虽然它们早先一直由那些银行家进行管理。杜兰特先生本身不具备扎实过硬的会计概念，未认识到它在管理上的重要意义。然而，当我向他讲述这件事的时候，他立刻说他同意我的看法，并让我找人来做。这就是他的工作方式。他本来有一个财务部门来处理这种事务，但由于是我提出的建议，结果我被委派做这件事。于是我请来了哈斯金斯和塞尔斯事务所[①]，它以前审计过联合汽车的账目，目前仍负责通用汽车的账目的审计工作。

还有一次，我发现杜兰特先生正在办公室和几个人谈论即将在底特律修建新办公楼一事。它将被命名为杜兰特大楼，现在被称为通用汽车大楼。他们正在看一幅底特律地图。杜兰特先生像往常一样，请我一起过来讨论。他们考虑的是市中心大马戏团公园区域中的一块地。通用汽车位于西格兰德大道的销售办事处就在往北几英里的住宅区。我非常了解那个地方，所以我考虑就定在那里应该是很自然的事。有很好的理由考虑在那里建新办公楼：对于住在城市北边的人来说上班比较近，而且在那时，那里的交通状况比市中心区更好。我向杜兰特先生提到了这些情况，于是他转向我，说下次我们去底特律的时候，我们都去那个地方看一看，后来我们的确这么做了。

我们现在看看他是怎么做的。他从卡斯大街的街角出发，沿西格兰德大道向西步行一段距离，其间经过后来变成联合汽车办公大楼的原海厄特大楼。然后他停了下来，没有任何明显的原因，就停在大楼另一边的几栋公寓楼前。他说这就是我们想要的场地，然后转向我说："艾尔弗雷德，你能否去把这些地产给我们买下来？你确定下来付多少钱，普伦蒂斯先生就会付多少钱。"我没在房地产业中待过，甚至没住在底特律，但我还是接手了这件事，我把这些地产组织在一起，我想我们的确干得不错。我指派拉尔夫·莱恩先生处理产权购买事宜，他当时是联合汽车有限公司的总裁。这是一个由若干块小片土地构成的街区，要把它的全部产权都买下来，是一件很有趣的事情。泄露意图会影响价格。当我们得到杜兰特先生所需

[①] 全球4大会计师事务所之一，德勤的前身之一。——译注

的半个街区时,他说我们应该把另一半也买下来,于是我们又回去忙乎,并买下了整个街区。我现在不知道他当时是否打算马上全都用上这块地,但实际上很快就用完了。通用汽车大楼后来建在那里,从而开启了底特律一个新的商业区。

杜兰特先生不拘一格的经商方式在那个有助于发展的时期常常是有效的,而且由于他对我在此类场合中给予的信任,我有理由对他颇有好感。我对他所作的批评纯粹是从商业管理的角度出发的。1918—1920年期间,他在没有明确的管理政策来控制组织各个部分的情况下使通用汽车进行扩张,这让我尤其牵肠挂肚。

应该将扩张本身和从中产生的组织需要区分开来。上述扩张计划是由杜兰特先生和拉斯科布先生共同负责的,当时可能已有人对计划是否稳妥持不同意见。但是从长远来看,时间已经证明计划的主体部分,至少就汽车发展而言是稳妥的和可取的。由于汽车是为大众市场生产的高价值产品,汽车业需要一种资本量大而广泛的结构。杜兰特先生和拉斯科布先生预先考虑并满足了这个需要。

至于组织,我们对各个运营事业部没有足够的了解或控制。当时是一种裙带式管理,各事业部的经营建立在讨价还价的基础上。当通用汽车最优秀的人士之一沃尔特·克莱斯勒担任公司的总负责人时,我相信他和杜兰特先生就各自的权限发生了冲突。克莱斯勒先生是一个具有强大意志和强烈情感的人,当他无法得到自己想要的安排时,他离开了公司。我现在还记得那一天。他"砰"地一声摔门离开了,而这"砰"的一声最终诞生了克莱斯勒有限公司。

在通用汽车的组织中,这个弱点的意义在第一次世界大战期间以及战后通胀期间的很长一段时间都不是很明显。1919年年末和1920年,它才首次以危机的形式呈现。当时,大量资金已经根据要求分配到各个事业部,用于工厂扩张计划,与此同时,不断上升的原材料和劳动力成本在各个计划中的扩张得以完成之前就把这些资金吞噬掉了。几乎每个事业部都存在着超出拨款限度的情况，也就是说，支出超过所设定的限度。

这是一种各事业部争夺可用资金而各高层有不同偏好的情况。比如，杜兰特先

斯隆先生支持发起的通用航空业

生强烈支持拖拉机项目。1919年10月19日，财务委员会驳回了杜兰特先生关于向拖拉机项目拨款的请求，要他就预期投资回报率提供进一步的信息。而在同一次会议上，财务委员会支持了我的一个请求：向新起航事业部拨款710万美元。然后，杜兰特先生在执行委员会1919年10月31日的一次会议上，反对这个向新起航事业部的拨款请求，但这同一次会议随后同意向新发起的航空事业部提供所要求的资金的1/3，另外2/3的资金将来自优先股股票发行。在同一次会议上，杜兰特先生还反对了一笔730万美元的拨款请求，这笔钱将用于底特律的杜兰特（通用汽车）大楼的追加投资。据通用汽车当时的财务主管梅耶·普伦蒂斯回忆，杜兰特先生之所以反对那笔对杜兰特大楼的追加拨款，是因为他宁愿将资金分配给工厂和营运资本，而不是房地产，这跟拉斯科布先生正好相反。从杜邦过来协助杜兰特先生的约翰·普拉特，也记起了这种投资偏好的差异。我之所以想起这件事情，是因为我记得当时杜兰特先生离开主席位，坐到桌旁的另一个座位，并提出动议不同意这些请求。执行委员会支持了他的提议。事实上，正如他预见的，当时资金短缺，无法满足所有这些要求。因此，人们给予关注的问题不是如何瓜分不足的投资资金，而是如何筹到更多的金钱。

1919年11月5日，财务委员会在纽约开会，听取杜兰特先生的报告。报告展示了预计截至1920年12月31日的15个月间的收入和支出，"讨论过后，经提议并获一致通过，应立即采取措施，安排5000万美元面值的公司债券的销售工作，并且，如果可能的话，

再增加 5000 万美元,达到合计 1 亿美元"。

当天下午,执行委员会在纽约开会,提起同一个问题。会议纪要显示:"财务委员会主席拉斯科布先生开会前就来了,并就未来的筹资情况作了一个简要的报告。他建议说,公司应追加销售一些公司债券,并继续处理上次会议'未予同意'的几个拨款请求。"随后,执行委员会一致通过了对杜兰特大楼、新起航事业部、拖拉机及其他项目的拨款,财务委员会也批准了这些拨款。

后来,我对我们的拨款程序作了研究,我在研究时回顾了这种情况:"因此,[缺乏合适的拨款程序,]其实际结果是,执行委员会的任何一名成员,要想使他监管的事业部的拨款请求获得通过,就必须使它获得执行委员会其他成员的支持。换句话说,从实践的角度看,被认为应由执行委员会执行的监管,更多的是在理论上,而不是在现实中。"

因此,每一位提出了拨款请求的人后来都获得了满意的结果,但并不是一切都天遂人愿,公司债券的销售就不太成功。原本想努力筹集 8500 万美元,但是只完成了 1100 万美元。这是来自外部金融环境的第一个信号,表明公司的愿望与现实冲突了,尽管其销售额已经从 1918 年的 2.7 亿美元增长到 1919 年的 5.1 亿美元,1920 年再增至 5.67 亿美元。

对资金拨款的争夺把整个财务管理问题从幕后带到台前。1919 年 12 月 5 日,杜兰特先生在执行委员会上指出,当前实行的处理拨款申请的方式不太令人满意,这一点大家都能达成共识。他简述了一个用于对拨款申请进行审核并上报总裁的程序。我由此提议成立一个专门委员会,普拉特先生被任命为委员会主席。同时,我提议另设一个委员会,制定程序细则来管理这类申请。我被任命为这个"拨款申请规则委员会"的主席,委员会的目的是明确授权拨款行为的责任。这是我这个时期在组织领域从事的三个项目之一。

这里要注意的主要事情是,无论是执行委员会还是财务委员会,对事业部都缺乏必要的信息和必要的控制。事业部继续大手大脚地花钱,它们追加资金的要求也得到了满足。执行委员会和财务委员会在 1919 年年末和 1920 年年初的会议纪要显示,大规模超出拨款限度的情况继续存在。执行委员会曾在一次会议上批准了超出限额1033.9554万美元的拨款，其中别克、雪佛兰、萨姆森拖拉机占大头。这次会议并非不同寻常，超出资本投资限额已成惯例。

1919年年底，对公司应对经济衰退能力的质疑出现了。同年12月27日，经我提议，执行委员会一致通过了下述决议：

> 经决议，将任命一个委员会，研究并提出政策建议，供财务委员会在下列问题上遵循：如果发生严重的经济危机，或者如果工厂因持续数月的严重罢工而突然关闭，如何提供现金盈余以满足已经增长的资金需求。

然而，我们都不曾料到，就像当时大多数美国人那样，一场衰退已经迫在眉睫。由于这个原因，我推测各主要委员会当时并未充分意识到，对各事业部的行为缺乏控制将产生多么严重的后果。然而，1920年2月下旬，经执行委员会批准，哈斯克尔先生通知各事业部总经理："有必要重新把有可能受外部环境变化影响的所有拨款申请提交给执行委员会，才能继续已取得相关授权的工作。"这是一个温和的警告，并没有露出强制执行的獠牙。

存货过多重蹈了资本支出超限的覆辙。1919年11月，在下一个财务年度的生产计划中，设定的指标比即将结束的本年度指标高出36%。这个生产计划是单凭过去的经验或者说各事业部经理的野心制订的。为了完成计划，各事业部马上开始大肆采购存货。1920年3月下旬，执行委员会批准了一个乐观的生产计划，整个公司将在1920年8月开始的年度生产各类轿车、卡车和拖拉机共87.6万辆。3月和4月，拉斯科布先生作为财务委员会主席，开始操办价值6400万美元的普通股销售事宜，以便为合计约1亿美元的持续的资本支出提供资金。杜邦、摩根和一些英国资本参与了这次活动，于是这些新进资本的代表进入了董事会。

1920年5月，执行委员会的会议纪要显示，拉斯科布先生停顿了一下，然后表达了对工厂、设备的非计划支出和不断增长的存货的担忧。未能守住存货限额——当时设定为1.5亿美元，他警告说有可能危及公司的财务状况。

一个星期后,由我本人、杜兰特先生、哈斯克尔先生和普伦蒂斯先生组成的一个专门的存货分配委员会批准了一份清单,详细规定了每个事业部可被允许的支出上限。然而,即使生产计划被调低,事业部经理仍未能守住各自被授权的库存或资金支出限额,而且有效控制局面的措施仍付诸阙如。这就是分权管理的报复。

虽然支出持续攀升,汽车市场的需求却在1920年6月经历短暂的上升后下降了。8月,财务委员会和执行委员会均严厉警告各事业部经理,必须将支出控制在5月份设定的限额内。10月初,财务委员会任命了一个以普拉特先生为首的存货委员会,设法使局面得到控制。然而,损害已经造成。1920年1月,公司的总存货达1.37亿美元,4月1.68亿美元,6月1.85亿美元,而10月高达2.09亿美元,比5月份设定的限额超出5900万美元。然而,最糟糕的日子还没到来。

9月,汽车市场跌至谷底。福特先生为应对恶劣的形势,于9月21日将汽车降价20%-30%。杜兰特先生受各事业部销售经理的支持,曾一度试图维持价格不变,并向批发商和客户保证弥补任何差价损失。到10月份,通用汽车的情况变得十分严重,以至许多经理很难找到资金支付货款和工资。那个月,我们以短期票据的形式向银行借了约8300万美元。11月,所有主要汽车制造事业部基本上关闭了工厂,别克和凯迪拉克除外,这两者仍在减产经营。整个美国经济陷入了衰退。

在这些事情发生之前,通用汽车内部的发展趋势已经让我变得越来越焦虑不安。1919年晚期和1920年初期,我制订了一项组织调整计划,旨在纠正经营体制中的缺陷,然后把计划交给杜兰特先生审阅。他看起来赞许地接受了计划,但是他对此什么也没做。我认为,这一点部分归因于下述事实:他当时还不准备处理组织问题;他的担子太重了,各种各样的经营问题和个人财务问题需要立刻处理,这使得让他考虑这种类型的广泛计划变得极端困难。

公司的管理和它所走的方向让我变得焦虑不已,为了脱身事外并确定自己应该做些什么,我特意于1920年夏初请了30天假。我拥有的一切都绑在了通用汽车的股票上。最初，我认为应该像克莱斯勒先生那样从通用汽车辞职。有人提议我去名叫李·希金森公司的投资银行当合伙人，做工业分析工作。提议出自斯托罗先生之口，正如前文所述，他在1910—1915年间负责过通用汽车的财务工作，此后则是纳什汽车的主要支持者。我对自己是否作出这种改变犹豫不决，于是前往欧洲仔细考虑这个问题。我犹豫不决的原因是下述事实：当杜兰特先生正在想方设法地调动他所能掌握的一切资源——无论对与错——来维持通用汽车股票在危机期间的市值的时候，我不认为我应该通过出售股权来保护我的财务状况。在英国，我订购了一辆劳斯莱斯，当时想的是和我妻子一起驱车旅行，但是后来我没有取货，也没有去旅行。我于8月回到美国，发现形势大变，即将到达紧急关头，我决定以不变应万变。

1920年的商业衰退就像现在经常发生的那样，伴随着股票市场价格的突然下跌。这些状况连同大部分通用汽车工厂关闭的现实一起，导致了公司历史上一个时代的终结。

关于导致杜兰特先生从通用汽车辞职的一系列事件，皮埃尔·杜邦在一封信中做了相关记录，信是写给他的兄弟——时任杜邦公司总裁的伊雷内·杜邦的，标注日期为1920年11月26日。

亲爱的先生：

最近，通用汽车有限公司发生的一些事情，让我觉得有必要记录过去两周的发展情况，我是根据我写的笔记以及仍清楚地记在脑子里的事件记录下来的。在叙述这些事情之前，我应该就我以前对杜兰特先生的个人事务的了解写几句话。

自我几年前首次认识杜兰特先生，到1920年11月11日星期四，他从未告诉过我有关其个人事务的任何事情。当杜邦资本入股通用汽车，以稍微超出面值的价格，取得了一笔价值2500万美元的股票投资时，我从杜兰特先生那里了解到，他可能连同他的直系亲属一起，也拥有差不多数量的股份（包括他在雪佛兰公司中持有的股份，雪佛兰当时是通用汽车的一家控股子公司，现在仍是）。那个时候我们都知道，杜兰特先生的大多数股票是以经纪人的名义持有的，但这一点被认为是为了方便起见。我相当肯定，即使杜兰特先生当时以这部分股票作抵押进行了借款，我对此事也没听到过只言片语。从我们取得股票到去年春天的这段时间，我不时了解到，杜兰特先生允许他的股票借出去进行场外交易。我还知道他不时地买入股票，既有直接出手，也通过建议别人购买。考虑到他看似拥有大量的财富，我从未想过他会以全额付款之外的方式购买股票或购买超出他的负担能力的股票。我不记得他提到过任何出售股票的情形，现在看起来他也从未做过购买股票之外的事。杜兰特先生向我提到过关于股票或市场控制的想法，但我从未在任何此类想法上怂恿他这么做。事实上，哪怕说得再少，也往往只会使市场下挫，而不是使之上扬。但是，正如我前面说的，杜兰特先生从未向我说过任何个人事务，而股票操作看起来从来都是涉及个人隐私的。我有一种强烈的印象，这一点拉斯科布先生也证实了，杜兰特先生在1920年春季完全离开了股票市场。我猜测他手上没钱了，尤其是经纪人账户上。当最近数月由摩根公司组成辛迪加之后，我的理解是，杜兰特先生不会在股票市场上以任何方式进行操作，因为双方以令人满意的方式独立行动是不可能的。最近数周，我失望地听到，鉴于摩根辛迪加没有适当地做到挽救股票市场的事实，杜兰特先生提出要对挽救股票市场采取行动。我一直是反对这种单边行动的，但是我不确定这个问题已经通过向杜兰特先生表明我这方面任何清楚无误的想法的方式讨论过。事实上，我已经设想过，他为维持市场而购买的股票局限于：一、完全在其料想的购买力之内所购买的股份；二、有可能帮助他代持股票的亲朋好友所购买的股份。我觉得有十足的把握，直至11月11日前，杜兰特先生没有在股票市场上操作，也没有借钱。

尽管上述看法相当深刻地印在我的脑海里，但还是有关于杜兰特先生进行股票投机的传言。我和拉斯科布先生都觉得，摩根公司自从购买通用汽车公司普通股以来，对杜兰特先生的操作情况一直不知情。摩根公司本来有种种机会就此问题向杜兰特先生提出询问，而我也不觉得我有义务去打听杜兰特先生的事务。但是，过去6周里的某个时候，摩根公司的［德怀特·］莫罗先生曾向我和拉斯科布先生问了几个有关杜兰特先生的私人事务的问题，尤其是关于他可能的股市操作。对此我们回答说，我们对他的私人事务一无所知，他也从未信任我们。我建议莫罗先生亲自询问杜兰特先生，我们确信杜兰特先生将会给予坦率的回答。这促使我们于1920年11月在莫罗先生的办公室开了一个会，与会者有我、莫罗先生、杜兰特先生和拉斯科布先生。在此次会议上，我声明，持有通用汽车股票的合作伙伴应该了解彼此的情况，这才是公平的。我代表杜邦资本一方告诉与会者，我们所有的股票，包括通用汽车和雪佛兰，都由公司持有——股票未质押，我们没有买入或卖出过任何数量的这些股票。我还声明，我个人没有基于这些股票借过钱；我的股票由我本人持有，近期也没有买入或卖出过股票。我声明，就我所知，杜邦集团中没有任何个人基于通用汽车股票借过钱，或以任何方式进行过股票操作。莫罗先生声明，摩根公司及其朋友购买的股票仍在手上持有，也没有任何出售的意图。我不记得杜兰特先生就他那方面主动作出过声明，但是他的确没有通告与会者关于他基于股票借钱或以任何方式在市场上操作的情况。莫罗先生直截了当地问他是否了解市场上有什么账户有问题，他的回答是"不"。他给我们留下的印象是，他持有的股票和我们的一样没有问题。由于了解杜兰特先生及其性格特质，我不认为他打算以任何方式欺骗我们。但是，莫罗先生并不打算表现出同样的宽宏大量，我认为他肯定会严厉谴责杜兰特先生没有对我们坦诚以待。

我们现在来到1920年11月11日星期四。这一天，在拉斯科布先生和我没有任何思想准备的情况下，杜兰特先生邀请我们共进午餐。交谈中，杜兰特先生说他已经被告知，"那些银行家"已经要求他辞去通用汽车公司的总裁一职，他准备答应这个要求。他决定"遵守游戏规则"，原因是公司和他本人都"被这些银行家握在手中"，必须遵照行事。我当即对他关于公司的说法表示异议，解释说考虑到我们庞大的营运资金和其他资产，鉴于公司拥有的现金盈余和对我们的财务情况的预测，我们的借贷额并未超出审慎的借款范围很多。我辩解说，我们的投资银行伙伴赞成这个意见，并且看不出在可能通过商业运作完成公司清算之前，公司在负担贷款方面有任何困难。杜兰特先生说他担心自己的个人账户，但没有给出任何明确的解释，也没有给我们询问的机会，这一点在当时显得没有必要。但是，这次谈话后，拉斯科布先生思索了杜兰特先生的话语中可能的意思。第二天，当拉斯科布先生提出关于杜兰特先生的个人事务情况，尤其［是］他的债务是否达到"600万或2600万美元"的问题时，杜兰特先生回答说他得回去查一下。拉斯科布先生和我于周五（12日）离开纽约，直到几天之后才返回。11月16日，带着努力查明他的真实情况的决心，我们上午就来到杜兰特先生的办公室，因为我们经过交流商定，杜兰特先生的私人事务如果牵连严重，有可能间接影响通用汽车公司的信用。杜兰特先生那天非常忙碌，接见人、冲过去接电话、进进出出办公室，结果，虽然我们耐心地等了好几个小时，其间只被午餐时间打断，一直等到那天下午四点，杜兰特先生才开始给我们提供显示其处境的图表。我们用铅笔记录下他的银行贷款数字。正如我们根据他的叙述所写，总的记录显示他的债务达到2000万美元，应该全都在经纪人账户上，表现为他人持有的130万股股票以及数量不详的属于杜兰特先生的抵押品；另外，杜兰特先生估计他个人还欠银行和经纪人1419万美元的债务，对这笔债务，杜兰特先生倒是有300万股通用汽车股票可作抵付，当然其中不包括他人拥有的那130万股。杜兰特先生说他没有任何私人账簿或账户，所以关于总债务中哪些是他个人的，哪些是提供了抵押品但没有其他保证的对他人的负债，完全无法给出明确的结算单。显然，他手头没有任何关于经纪人账户的汇总表。然而，除了泥足深陷外，总体形势似乎非常严峻。杜兰特先生答应将向经纪人索要账户情况，以便作出某种确实的结算单。

第二章 大机遇（二）

星期二傍晚（11月16日），杜兰特先生接到经纪商琼斯·里德事务所的麦克卢尔的电话，要他打款15万美元来维持他的账户。这笔款项后来以某种方式解决了。

星期三（11月17日），我们索要经纪人账户，发现他们已经收到去做截至11月17日星期三营业结束时的结算单的指示，所以那天一事无成。同时，他们已经给出的那些结算单非常不明确，以至我和拉斯科布先生只得勉为其难地相信这些不知道准确度的结算单。然而，形势看起来已经足够严重，必须考虑制订应急方案了。我们决定：一、为了防止危机的发生，可能需要组建一家公司来接手杜兰特先生所持的股票，发行2000万美元票据，它们将作为抵押品提供给债务所有人；二、杜邦资本可能需要投入700万美元甚至1000万美元用于购买公司的有价证券，以便提供现金来偿付迫在眉睫的账单，并支付部分欠款。

星期四（11月18日），那些经纪人账户开始到来，于是，一整天都用来把那份被杜兰特先生认可为正确的结算单弄得好看些。但是，除提交过来的经纪人账户外，结算单经受不住精确的检查。没有什么东西证明这些结算单覆盖了所有的经纪人账户，而且不论是银行贷款，还是杜兰特先生作为抵押品出借人而卷入其中的辛迪加账目，都没有什么东西是非常明确的。然而，到星期四下午很晚，我们还是根据那些数据制作了一张汇总表，并交给打字员打出来。大约那个时候，杜兰特先生把我和拉斯科布先生叫到他的办公室，说几个摩根公司的合伙人不久就会过来拜访他，并要求我们在场。我们告诉他，在我们和摩根公司看来，他的情况是完全不同的，因此我们不可能在会谈时跟他和摩根公司的合伙人坐在一起，除非他同意向他们做出一份完整的结算单。他没有同意，于是我们离开了办公室。

大约下午六点半，我们开始动身回旅馆，途中遇到了莫罗、[托马斯·]科克伦和[乔治·]惠特尼三位先生，他们先前已碰到过杜兰特先生，其中惠特尼答应将于晚上9点回去。莫罗先生把我叫到一边说，他们想和我谈几分钟话。我和他及其同事于是回到拉斯科布先生的房间，经过少许开场白后，我问他们杜兰特先生是否已经给他们做了一份完整的结算单。对此，莫罗先生回答说"是"，然后给我弄了一份汇总表打字稿的副本，这份汇总表我参与起草过，但我本人没有看到终稿。紧接着对整件事进行了讨论。在讨论中，摩根的合伙人概述他们的观点：形势极端严峻，万一杜兰特先生失败，就有可能导致大恐慌，进而可能使几个经纪商和一些银行破产，因为有两个大型场外交易账户危如累卵。莫罗先生说他将放弃一个约会并于九点钟返回，我也作了类似的决定。我们的谈话没超过半小时。我返回酒店，然后和拉斯科布先生一起，在指定的时间来到办公室，我们到的时候，三位摩根合伙人已经在办公室了。拉斯科布先生向莫罗先生概述了我们将给予协助的粗略计划。计划看起来是这样的，我们将代表杜邦资本，愿意在这种令人十分绝望的形势下，给予实质性的帮助。莫罗先生说，鉴于十分危急的市场情况，他认为计划不可能执行，所以建议我们应该尽力从银行筹集一笔2000万美元的贷款，从而有可能提供现金应对所有杜兰特先生的债务。我和拉斯科布先生代表杜邦资本答应，我们可以提供700万美元的现金，外加充足的贷款抵押。摩根合伙人对于杜邦愿意在这种情况下伸出援手交口称赞，科克伦先生使用了这样的措辞："我国有两家公司是真正拿得起放得下的企业，这就是杜邦和摩根。"

接下来开始讨论如何处理杜兰特先生。莫罗先生提出建议说，杜兰特先生仍保留其股票权益的1/4，而且可能必须使用该股权的一部分来帮助筹集现金。他一开始就声明，摩根公司不会为他们在这次交易中的服务要求佣金或任何形式的报酬。在仔细考虑了公平对待杜兰特先生和那些承担相关责任的人的情况下，我们对股票权益的这种分割方案进行了讨论。经过初步讨论，摩根合伙人表示，在作出任何尝试去筹集贷款之前，他们必须先尽可能仔细地调查杜兰特先生的账目。他们认为这种调查应该立刻开始，于是进入杜兰特先生的办公室，开始检查他的账目，同时莫罗先生把应急方案交给杜兰特先生。杜兰特先生认为只给他保留1/4的股权太苛刻，于是莫罗先生让步到1/3。杜兰特先生向我建议说，40%给他、60%给杜邦资本明显更公平。在进行这部分谈判时，谈判各方始终精神抖擞，而且显然都尽力在困难的情况下保持公平。账目检查和谈判没有中断地持续到星期五凌晨五点半，然后我和杜兰特先生签了一份备忘录，同意发行2000万美元票据和股票的总体计划，用以支持杜邦资本提供的700万美元现金以及有额外抵押品——估计是130万股股票——的贷款。备忘录还同意，杜兰特先生的那部分股权——相当于每股售价高于9.5美元，外加交易成本和利息——应该一分为三，一份归杜兰特先生，两份给杜邦。即使在这一天，债务总额仍不确定，辛迪加账户仍涉身其中。

匆匆吃过早餐后，我们全体睡了几小时的觉，于当日上午九点半继续工作。摩根公司的先生们在当天（11月19日）傍晚五点之前与纽约的各主要银行商定了一笔2000万美元的贷款。同时，商定的方案还建议，杜邦资本应该获得7%的优先股以补偿他们提供的现金，上述普通股的80%以补偿贷款抵押品，后者代表了每股售价高于9.5美元的股权，外加交易成本和利息。上述普通股的20%留给提供了2000万美元贷款的银行利益集团。是日，杜邦财务委员会开会并同意将这80%的普通股和杜兰特先生对半分，这样，最后的比例是杜邦占40%，杜兰特先生占40%，银行占20%。这就是最终实际完成的方案。关于交易，虽然星期六（11月20日）就已流言四起，但是直到星期一（11月22日）才公布，这一天，摩根公司开始收集股票。纵观整个处理过程，摩根合伙人展示了他们最大的诚意，他们全心全意地投身于危险局面，一开始就声明他们不要求报酬。他们行动迅速、成绩斐然：整个交易涉及6000万美元甚至更多，从提出计划到实际完成用了不到4天，其中包括星期六和星期日。

1920年11月30日，杜兰特先生辞去通用汽车总裁一职。
从这两章对杜兰特先生的行事方式所作的种种评价中可以看出，

在通用汽车扩张与商业周期的冲突一事上，杜兰特先生所负的责任丝毫不比拉斯科布先生更大。拉斯科布先生竭力推动扩张并为扩张买单，杜兰特先生的管理方式使事情失去控制。我听说杜兰特先生在 1919 年后期就开始对美国经济的形势感到悲观，但是没能找到任何相关记录。根据记录，杜兰特先生和拉斯科布先生都是强势的乐观的扩张主义者，他们似乎只是对于该将钱投向何处偶尔持不同看法。

我认为，杜兰特先生个人的股市操作本质上受两个因素激发：一、他对通用汽车及与之相关的一切都感到极大的自豪；二、他对通用汽车的未来拥有无限的信心，他的这个判断这么多年来一直被证明是正确的。我还认为，摩根家族和杜邦家族在这样一个危急时刻，与他协商接手他的股票债务，所达成的协议是宽宏大量的。

1920 年，杜兰特辞职

不妨考虑以下事实：1921 年，杜兰特先生将他在公司中的股权回售给杜邦公司，他组建公司是为了帮自己摆脱困境。他由此得到了 23 万股通用汽车股票，当时的市值是 299 万美元。杜兰特先生对这些股票的处置不是本书要讲述的内容。然而，如果他一直持有这些股票直至 1947 年 3 月 19 日去世，其市值将达到 2571.3281 万美元，若出售股票加上历年分红，他将获得总计 2703.3625 万美元。

回到 1920 年发生的事情。国民经济的衰退及其对公司的影响、公司的运营缺乏控制、杜兰特先生辞职，共同动摇了公司的基础，并开启了公司历史上一个全新的时代。我的故事的主要部分将从这里开始。

第二章 大机遇（二） 41

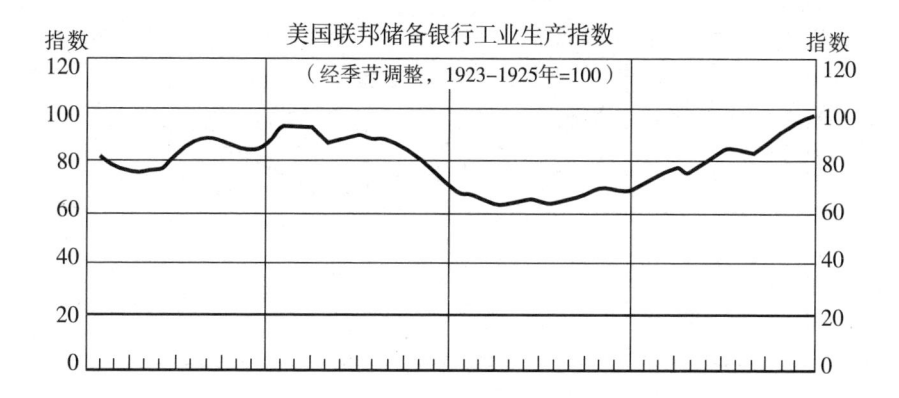

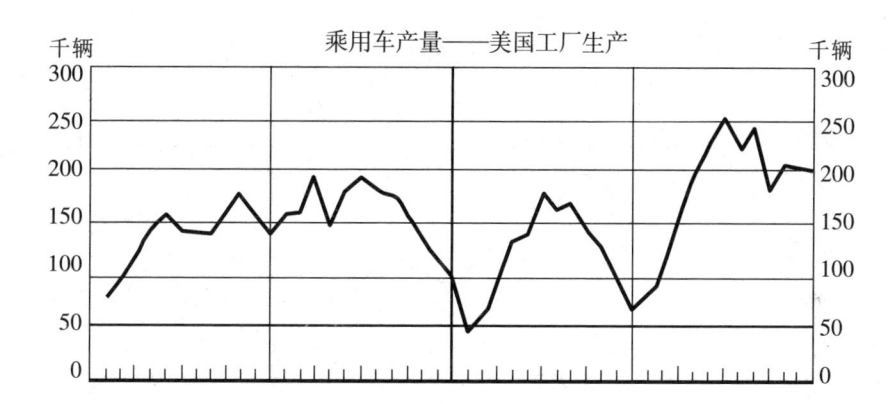

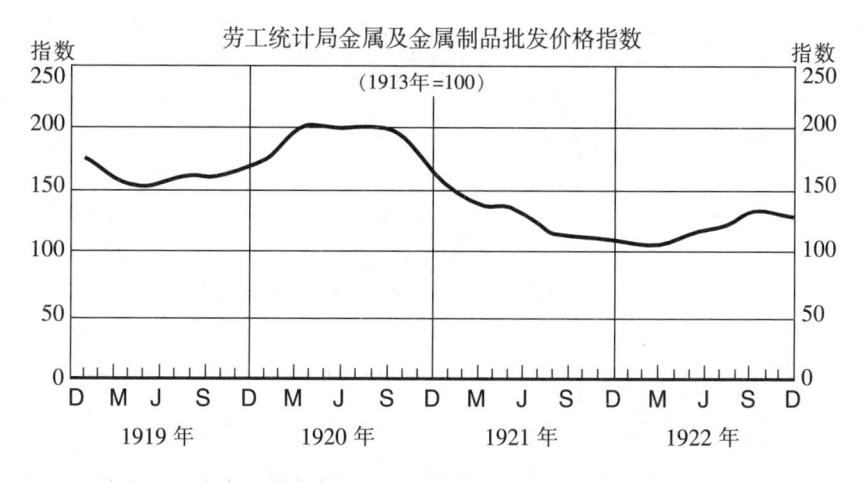

四年间工业生产、汽车产量及金属价格图（含1920–1921年经济衰退）

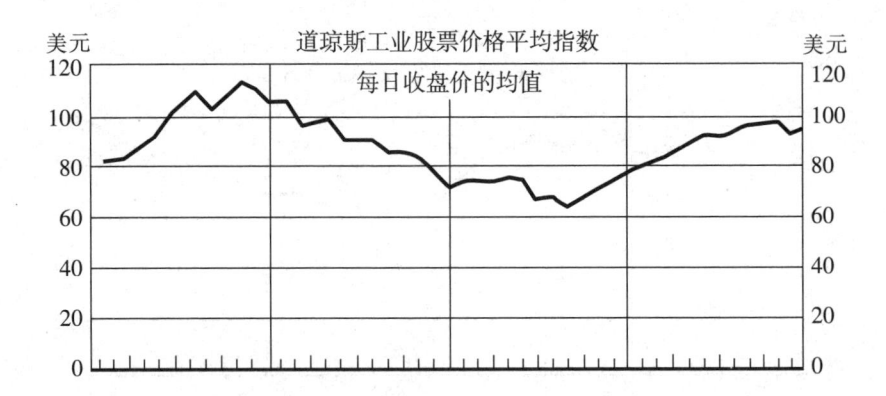

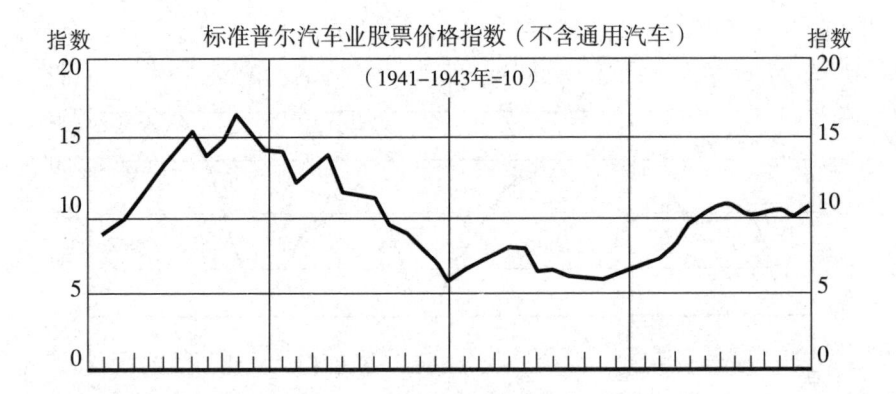

道琼斯工业股票价格平均指数
每日收盘价的均值

标准普尔汽车业股票价格指数（不含通用汽车）
（1941—1943年=10）

通用汽车普通股
（每月15日的收盘价）

四年间普通股价格图（含1920—1921年经济衰退）

第三章
组织的概念

1920年临近结束时,摆在通用汽车面前的任务是重组。照当时的情况看,公司同时面临着外部的经济衰退和内部的管理危机。

汽车市场几乎完全消失,相伴随的是我们的收入。我们的大多数工厂及业界的大部分工厂,或关闭,或利用工厂中的半成品材料装配少量的汽车。我们承担着原先飞涨的价格水平时的高价存货和合同量,我们缺乏现金,我们的产品线很混乱,运营和财务既缺乏控制,也缺乏任何控制手段,还对任何事情都缺乏充分的信息。简而言之,公司内外都几乎面临巨大的危机,你能想象有多重就有多重,如果你喜欢去想的话。

我们的情况在汽车业中并非孤例,其他汽车公司也困难重重。这并未给人任何特别的安慰,因为经济衰退总有办法把商界弱者逐出市场,而我们有不少弱点。有些人只能看到衰退而不及其余,但是我从未屈服于经济悲观主义,而且在经济衰退时期,心中一直牢记着商业周期规律的终将好转和增长的长期活力。我在1920年的态度是信心和谨慎。我们无法控制环境或准确地预测它的变化,但是我们可以试着灵活应变,在商业周期的起伏中生存下来。

汽车市场可见的未来，至少可以说是不确定的。然而，我们相信我们的产品和经济的未来。我之所以提及这一点，是因为自信是商业的一个重要元素，它可能偶尔造成一个人成功而另一个人失败的不同。我们已确定的信念是，汽车当时正处在美国建立一个新的运输系统的进程当中，因此，汽车市场必将在适当的时候强势回归。在1920年的年报中，我们陈述了这一观点，同时对汽车工业的进展作了回顾，并对即将到来的问题给予了关注。

在做任何事情之前，我们必须有一位新的总裁来接替杜兰特先生。我不假思索就确定了我心目中的人选。我和皮埃尔·杜邦先生的私人接触很少，但是，显而易见，他在通用汽车公司中拥有的声望和尊敬能够给公司、公众和银行带来信心，他的存在能够遏制正在发生的低落士气。他是公司的董事长，代表着公司第一大股东的权益。他已经在杜邦公司及其与通用汽车的财务合作中证明了他的商业领导能力。公司中其他可以考虑做总裁的，只有约翰·拉斯科布，他是杜邦先生亲密的有影响力的顾问，还是通用汽车财务委员会的主席。

拉斯科布先生白手起家的经历已经被讲述很多遍了。我个人不怎么了解他的早年生涯，但是，据说他大约在世纪之交的时候开始当皮埃尔·杜邦先生的打字员和秘书。杜邦先生对他丰富的想象力和财务能力印象深刻。当杜邦先生晋升为杜邦公司的财务主管时，拉斯科布先生顺理成章地成了他的助手和顾问，并继他之后当上了杜邦公司的财务主管。杜邦先生和拉斯科布先生多年来一直是亲密的商业伙伴，但是他们的性格特质却完全不同。

拉斯科布先生才华横溢、富于想象力，杜邦先生则稳健而保守。杜邦先生身材高大、体格健壮、沉默寡言、不爱出风头。拉斯科布先生身材矮小、说话爽朗，他待人友好，是一个极好的谈话对象和有高见的人。我记得他经常带着想法来到我的办公室，想挥动魔杖使之付诸实施；他曾想让整个组织的人立刻坐在一起开会。他的缺点（如果应该被称为缺点的话），也是伴随着咄咄逼人的急智——正是使他成功的东西——而来的缺点，能像他那样预见到汽车工业的未来的人并不多。

因此，拉斯科布先生和杜邦先生各有擅长之处，但总的来说，在我们所有相关的人看来，杜邦先生才是我们需要的人，当时没有任何其他人能够在这么多的细节方面满足要求。

只有一点不足——杜邦先生不怎么深入了解汽车业务，而我碰巧是那种认为业务知识对成功的管理必不可少的老派人士之一。然而，在当时的条件下，立即需要一位具有建设性的最高领导，这种需要和对未来信心的重建比精湛的业务知识更重要。具备这种知识的其他人当时或者可以找到。因此，我在各种非正式的讨论中极力主张杜邦先生是合乎逻辑的选择。

并不是说我的强烈主张跟讨论有很大的或任何的关系，还有人更有影响力。杜邦先生之所以被说服去接手通用汽车的管理和财务职责，也有他自己的原因。杜邦公司在危机期间接手了通用汽车的股票，而且到1921年，将其所有权提高到约占通用汽车有限公司总的普通股份的36%。因此，杜邦先生在这种情况下负有显而易见的责任。他后来说："我是非常勉强地接受［总裁］职务的。我最近刚从商界退下来，但是我对他们说，不论他们要我做什么，我都会尽力做好，就这样我被推上了总裁一职，其中有一个明确的谅解：等找到一个更好的人选接手，我就从这个职位上退下来。"

皮埃尔·杜邦先生接受总裁职务时，拉斯科布先生继续担任财务委员会的主席，并担任公司的公众发言人若干年。可以说，艾默里·哈斯克尔先生和我成了杜邦先生的左膀右臂。在董事会1920年12月30日的会议上传阅的一封信中，杜邦先生确定哈斯克尔先生和我"有能力解决行政管理问题，在执行委员会闭会期间和总裁外出时代理相关工作"。执行委员会进行了重组，并暂时将委员人数减少到4人：杜邦先生、拉斯科布先生、哈斯克尔先生和我。这个新的委员会负责运营政策，也承担一定量的管理工作。由各事业部经理组成的原执行委员会，现在很大程度上成了一个运营咨询委员会。

这些变动虽然具有救急的性质，但是和通用汽车当时的彻底重组相一致，这次重组触及了行业哲学的根基。虽然公司的会议纪要言简意赅，但是其后果可能影响深远，比如下面这个例子。

1920年12月30日，原执行委员会举行了最后一次会议，新的行政团队处理的第一件事情记录如下：

  总裁提请执行委员会考虑我们公司新的组织结构图，随附一封解释性的信函。会议最终对它们进行了讨论。①

  提议获得一致同意并被送至董事会，被后者批准，于1921年1月3日生效。

  上述被采纳的计划，其实是我大约一年前以《组织研究》为标题而起草，并提请杜兰特先生考虑，经过几次修改后的计划。② 由于该计划后来成为现代通用汽车的管理政策——阐述了借以控制其组织的基本"分权管理"原则——的基础，据说"分权管理"对美国大型工业企业产生了一定的影响，因此我在这里说一说它的来龙去脉和基本内容。

  首先谈谈它的来龙去脉。有些学者认为，由于两家公司的关系，通用汽车从杜邦公司借鉴到了分权组织模式。就组织问题而言，两家公司当时的管理实际上是独立的，并且二者最终都采用了分权管理原则，但是它们产生于相反的源头。杜邦公司是从美国工业的早期岁月很普遍的集权组织模式演变而来的，通用汽车则是从几乎完

---

① 该图附在本章末尾。
② 只是在近些年我才偶尔想起当时的情况，现在我才首次确定我起草该项研究的大致时间。那是1919年年底，而不是1920年春，应该是在12月5日至1920年1月19日之间的某个时候。我是从两方面得出这个结论的：一是该研究涉及执行委员会1919年12月5日设立的拨款委员会；二是当时的别克总经理巴西特先生给我的一封信，信的标注日期为1920年1月19日，他在信中表达了对这项研究的强烈兴趣。"我从头到尾阅读了所附报告的每一个字，我坚信它是一个深思熟虑得令人惊叹的组织规划，毫无疑问，我举双手赞成。"巴西特非常友善地说。我于1月21日给他回信如下：

  "我亲爱的哈里：我收到了您1月19日的来信，并高兴地注意到计划总体上得到了您的认可和支持。

  "我不知道，如果有的话，即将会采取什么行动，但是我希望能够弄出某个让所有人都满意的东西，因为我确实相信，使事情安排得更明确一些将是可取的。"

全的分权管理一直发展下来的。通用汽车需要找到一种协调原则而又不失去分权管理的优点。通用汽车和杜邦公司上述不同的背景，连同两家公司的产品在性质和营销方面的不同，造成要使相同的组织模式同时适合它们二者是不现实的。

一直以来，杜邦的执行官对他们本身的组织重构问题研究多年，但是，直到通用汽车采用了其组织方案之后9个月，杜邦公司才采用了分权管理方案。这两个方案细节不同，只是有相同的分权管理哲学。

许多美国大型制造企业很快就遇到了这两个类型的运营问题，一个产生于过多的集权（杜邦），另一个起因于过多的分权（通用汽车）。关于为什么通用汽车和杜邦在早期就遇到并解决了各自的组织问题，或许，一个原因是在1920年和1921年，他们的运营问题比美国当时大多数工业企业都更大、更复杂。我相信，同样真实的是，与当时大多数商人相比，我们更多地在组织的原则和哲学方面认识并思考了这些问题。与当时的大学相比，组织原则得到我们更多的关注。如果说接下来的行文看起来是学术性的，那么，我向你保证，我们在当时并不这么认为。

我为通用汽车写作《组织研究》，是作为一个可能的方案来解决公司在第一次世界大战后的扩张所带来的一些特定问题。当然，我无法肯定地说，我的管理思想有多少产生于我和同事们的接触。我料想，即使有，思想也很少是完全原创的，但是，就我迄今所知，这个研究产生于我在海厄特、联合汽车和通用汽车的经历。我过去不太算是一个读书人，而且即使我是，我现在也明白，我从那个时候的书中也不会找到多少有帮助的东西。另外，我没有任何军事经历。我在海厄特20年左右的时间里，学会了如何经营一个规模相对较小、只有一种基本产品的工业单位，它包含各项基本的制造业功能：设计、生产、销售和财务，但只有一个小小的董事会，没有执行委员会，没有通用汽车所遇到的组织问题。

在联合汽车公司，我第一次遇到了经营多单位组织的问题，在这种组织中，各事业部生产不同的产品。联合汽车在初期是按照汽车零部件和配件的概念组织起来的。我们生产喇叭、散热器、轴承、轮辋等等，然后我们把它们同时销售给汽车生产商和大众。由于可能的协调，某些有限的领域会自发地出现，比如，有关不同事业部生产的无数小零件的服务工作。为这样的小项目设立单独的服务机构是不经济的。于是，1916年10月14日，我创立了一个单一的全国性组织，即联合汽车服务股份有限公司，来代表各个事业部。它在全国20多个大城市拥有服务站，并在其他地方拥有数百家经销商。自然而然，各事业部有一段时间反对这项举措，但是我说服它们认识到了其中的必要性，并第一次从中学到了一些东西，使分权管理能够产生它的某些功能，来实现共同的利益。目前，这个服务组织仍在通用汽车中正常运营，并且伴随通用汽车一起成长。我当时考虑的是建立一个公共的研究试验室，如果我们不是进入了通用汽车，很有可能已经这样做了。后来，我确实以投资回报率原则在联合汽车建立了一个商业目的的联合体。通过让每个事业部独立核算，我为总部提供了一个公共的效率度量标准，用以评判每个事业部对公司整体的贡献。通过这种方式，我设计了一套标准的会计系统，长期担任通用汽车首席财务官的阿尔伯特·布拉德利后来非常宽宏大量地说，这套系统对于外行来说非常不错。

在通用汽车1918–1920年间的大扩张中，我被物质与规范之间的差异震惊了：物质丰富而规范极少。我开始相信，除非进行更好的组织，否则公司无法继续成长和生存，而且很明显，当时没有人对这个问题给予所需的关注。

举一个触及我痛处的例子。当联合汽车集团1918年后期并入通用汽车时，我发现，如果遵循当时通行的企业间关系的惯例，我将不再能确定这些配件事业部单个的或作为一个整体的投资回报率。这将不可避免地意味着，我将对我的经营领域失去一定程度的管理性控制。当时，在通用汽车内部，物料从一个事业部向另一个事业部传递，是以成本价或者再加上预先设定的一定比例的加成进行结算的。而我负责的联合汽车公司中的各个事业部，则是以市场价同时向外部顾客和结盟事业部出售产品的。我知道自己经营的是一个盈利集团，我希望能够继续向总部的管理层展示这种绩效，而不是让我在事业部间业务方面的经营成果被吞没在其他某个事业部额外的簿记利润中。

然而，对我来说，它并不是一个仅仅事关我的事业部的利益问题，因为作为执行委员会的一员，我在某种意义上是总部的一位执行官，于是我开始从公司的角度思考问题。重要的问题是，没人确切地知道每个事业部对公司的公共利益作出了多少贡献，无论是正数还是负数。因此，既然没人知道或证明哪些部门有效率、哪些部门无效率，那么对新的投资的分配就没有客观的基础。这就是那时的扩张计划所面临的难题之一。对各事业部来说，争取投资资金是很自然的事，但是对公司总部的管理者来说，不知道将钱投到哪里才能带来最大的利益，这是不合理的。由于缺乏客观性，总部的管理者之间缺乏真正的协调就不足为奇了。此外，其中一些管理者没有宽阔的眼界，他们主要是利用其执行委员会的成员资格为各自的事业部谋取利益。

在进入通用汽车之前，我曾向杜兰特先生提出过这个事业部间的关系问题，而且我在此问题上的观点已经众所周知，这足以使我于1918年12月31日被任命为一个委员会的主席，负责"制定有关事业部间业务的规则和规章"。第二年夏，我完成了报告，并于1919年12月6日提交给执行委员会。这里，我选录了其中的几个首要原则。这些首要原则，虽然已被接受为当今的管理理论的一部分，但在当时并不怎么为大家所知。我想它们在今天仍然值得关注。

我将基本的论证陈述如下：

> 任何一个被抽象考虑的业务，其产生的利润都不是衡量该业务优劣的真正标准。一个每年盈利10万美元的业务，可能是一个非常有利可图的业务，可被用来证明扩张和所有能够用以盈利的额外资本的使用是正确的。另一方面，一个每年盈利1000万美元的业务，可能是一个非常无利可图的业务，它不仅不能证明扩张是正确的，甚至证明清算是正确的，除非能够获得更有利可图的回报。因此，问题不在于利润数额，而在于该利润相对于业务中所投资本的真正价值的关系。除非这一原则在任何可能被采用的计划中得到充分认识，否则出现不合逻辑、不牢靠的结果就是不可避免的……

关于这一点，现在看来仍没有任何问题。照我看来，获得资本回报是企业的战略目标，如果某种特定情况下的长期回报不令人满意，那么就应该纠正其不足之处或抛弃其活动，而代之以一个更令人满意的活动。

关于面向外部客户的销售，我在报告中承认，市场确定实际价格，如果这样做产生了令人满意的回报，那么，所讨论的业务就可能证明扩张是正确的。对于纯属事业部间的交易，我建议出发点应是成本加上某个预定的百分比，但只是把它作为一种指导。为了避免有可能保护一个可能是高成本的供应部门，我提出了一系列步骤，包括经营分析及与外部可能的竞争性产品进行比较。我在这里想提出的要点涉及的不是技术——对于技术，很多人比我明白得多——而是把投资回报率作为某项业务的价值的衡量标准这个一般原则。这个思想在我关于管理问题的思考中是最重要的。

关于投资回报率对分权管理及局部之于整体的关系的影响，我提出了几点，其中下面是我感兴趣的。

关于它对组织的影响：

……通过对每个业务单元进行独立考核，[它]能够提高组织的士气，让每个业务单元感到自己是公司的一部分，承担起它自己的责任并贡献总成果中它的那份。

关于它对财务控制的影响：

……[它]能开发各种正确反映每个运营事业部的净回报与所投资本之间的关系——真正的效率衡量标准——的统计项目，而不用考虑其他能作贡献的事业部的数量及在此类事业部中所用的资本。

关于它对战略投资的影响：

……[它]使公司能够指导资金的投放，将多余的资金投到将为公司整体产生最大回报的地方。

就我所知,这是通用汽车第一份关于一般的财务控制原则的书面陈述。

此后,我继续从事这个组织问题的研究。

1919年夏末,我和一群通用汽车公司的执行官出国考察公司在海外成功的机会。考察团包括团长哈斯克尔先生、凯特林先生、莫特先生、克莱斯勒先生、阿尔伯特·钱皮恩先生以及担任秘书的阿尔弗雷德·勃兰特先生。在乘坐法兰西号轮船的旅途中,我们不仅定期开会讨论海外事宜,还在其他时间碰头讨论组织问题。我现在能够记得我们有过此类谈话,但是记不起来谈话的内容。似乎哈斯克尔先生认为它们是当时的重大问题。我们返回美国后不久,1919年10月10日,他给杜兰特先生写了一封信,他在信的结尾写道:

> 我们在离开纽约当天就开始处理组织问题,整个考察团都参与了讨论,会后达成了一致意见,现在正在准备一份报告……我们相信报告将非常具有可操作性,并有助于减轻我们所有的负担。然而,这些问题最好以面谈的方式,而不是在一封也许已经太长的信函中进行讨论。

我现在不知道,除了也许就我们需要更好的组织达成一致之外,哈斯克尔先生当时说我们达成了一致是什么意思。我记得当时的分歧超过一致,我也不知道从这些讨论中产生了什么有关组织的报告。

回忆并找到诸事情发生的准确时间和地点,需要花很长的时间,尤其是在当时尚未意识到它们的重要性的时候。我开始进行调查,以证实或纠正我关于《组织报告》的来龙去脉的记忆。比如,我发现,1919年期间,我作为执行委员会委员,和其他人一起执行了许多有关组织的任务,并且与这些任务相关联,以初步的方式发展了一些思想,加上其他的思想,我后来在综合性的《组织研究》中均作了详细叙述。

其中一项任务是研究事业部间的业务,这在上文讨论过。另一项任务是研究拨款—请款规则,这将在后面的一章中讨论。在这一连串的思考和尝试性行动的过程中,就在经济和管理危机爆发之前半年,我草拟了《组织研究》,并非正式地给大家传阅。它在整个1920年成了通用汽车内部的某种"畅销书"。我收到许多执行官的来信,要求得到它的副本。实际上,此类来信太多了,我觉得有必要大量复制草稿。它没有竞争者,也就是说,据我所知,当时没有其他人做过切实的努力,对这个组织问题给出一般的解决方案。

1920年9月,我将一份副本送给了公司当时的董事长皮埃尔·杜邦。我们就它作了一番交流。我写道:

我亲爱的杜邦先生:

谈到我们几天前的那次谈话,我随函附上大约一年前写成的《组织研究》的副本。

鉴于这一年来的发展及对我们公司的运行更多的洞见,我对书稿进行了回顾。我看不出我应该建议进行大的改动,最多增加一些建议……就我对目前的形势看,我不会这么做。

如果您有时间阅读这本《组织研究》,请您谨记,它的完成,依据的是我认为所有利益相关方都可接受的东西,而非构成一个理想的组织的东西。如果它是沿着后一思路写成的,我应该会赞成以下事项:最终任命一位执行官来主管书稿第六页上列出的三个集团;不同于出口公司和票据承兑公司,杂项集团最终形成另外三个集团中的一个。这将使直接向总裁报告的执行官数量降至五人,从而使总裁有时间和精力去钻研更广泛的问题。

杜邦先生回信说:

亲爱的斯隆先生:

很高兴您能在我们交谈之后送来一份您一年前的研究的副本。我将第一时间对它仔细阅读,并希望能和您就这一问题再作一次讨论。

第三章 组织的概念

1920年11月底，杜兰特先生离开公司，杜邦先生任公司总裁，新的行政团队急需一份组织计划。杜兰特先生过去能够以他自己的方式打理公司，也就是习惯用语所说的"全靠自己摸索"。新的行政团队的组成人员则具有截然不同的商业管理理念。他们渴求着一种高度理性和客观的经营模式。《组织研究》符合需要，而且正如我说过的，它经过修订后被正式采纳为基本的公司政策。

与当今的管理学知识相比，这项研究是很粗糙的。我当时写作它，是为了提交某种我认为会被杜兰特先生所接受的东西，所以并非没有掣肘。它是这么开头的：

> 本研究的目标，是给通用汽车有限公司推荐一个组织方案。方案明确地推行权力线，使之遍及公司广泛的业务单元并协调其每一个服务分支机构，同时一点都不破坏公司的工作此前所表现的效力。
>
> 本研究写作的基础建立在两条原则上，现陈述如下：
>
> 1. 每个业务单元的首席执行官的职责绝不应受到限制。每一个以首席执行官为首长的此类组织，都应完整具备每一项必要的职能，[使之]能够实现其主动而合乎逻辑的充分发展；
>
> 2. 某些中央组织职能对于公司的活动合乎逻辑的开展和适当的控制，是绝对必要的。

这不需要很多解释。它首先要求的是权力线、协调以及保留当时盛行的全面分权管理的效力。但是经过这么多年之后，回头看这两条原则的文本，我发现有趣的是其用语是矛盾的，而且这种矛盾正是问题的症结所在。在第1点中，我使用"绝不应受到限制"这样的文字，把事业部运营的分权管理推到了极致。在第2点中，我使用"适当的控制"的说法，限制了事业部首席执行官的职权。描述组织的语言在表达人类互动的真正事实和环境时，始终饱受词不达意之苦。人们经常在不同的时候宣称它的一个或另一个方面，比如先是部分的绝对独立性，再是协调的必要性，再然后是整体应该有一个指导中心这样的概念。然而，人类互动就是这样的东西。撇开对用语和细节的挑剔，我现在仍然坚持我在研究中所写的那些基本原则，而且正如我迄至今日所知的，这些基本原则跟核心的管理问题有联系。

该研究的下一个要点是如何把这一经营理念付诸实施。我写道：

在确立上述原则为基本的原则，而且都相信公司内部所有利益相关方就这些原则取得一致意见之后，有望根据本研究达到的明确目标现列举如下：

1. 明确确定构成公司各项活动的各个事业部的正常运行，这些活动不仅仅彼此相关，还与中央机构有关。

虽然话说得很大，但它是正确的。如果能够描述各部分和整体的各个职能，那就已经展开了一个完整的可运行的组织，因为描述中已经隐含了对各个层级分派的决策职责。

下面是第二个目标：

2. 确定中央机构的法律地位，并使它的运行与公司整体相互协调，直至最后它能够行使必要的、合乎逻辑的职能。

这是对第一点的重述，不过是反过来说的，也就是说，是以从上到下的方式描述的。

第三个目标是：

3. 把对公司所有行政职能的控制权集中到作为公司首席执行官的总裁手中。

无论是否分权管理，工业企业都不是社会中最温和的组织形式。在我担任首席执行官时，我从未在原则上把这一职位的行政权力消减至最小。我只是谨慎地行使这一权力。通过使别人接受我的思想，而非告诉别人该怎么做，我取得了更好的效果。然而，采取行动的权力必须掌握在首席执行官手中。

下面是第四和第五个目标：

  4.实践中尽可能限制向总裁报告的执行官的数量，旨在使总裁能够更好地指导广泛的公司政策，而不致接触各种可以稳妥地交托给下一级执行官去处理的问题。

  5.在每个执行部门中提供种种手段，使所有其他执行部门可以建言献策，直至最后每个部门都将沿着对整个公司确有助益的路线发展。

  简单地说，此研究为当时的通用汽车提供了一个特定的组织结构。它认可了事业部的组织形式，每个事业部都是一个自给自足的功能（设计、生产、销售等等）集合体。它根据类似的活动将事业部组织起来，而且就像我在给杜邦先生的信中所说的那样，提议为每一个集合体设置一位执行官。此研究设置了各个咨询类职能部门，它们没有直线职权，还设置了一个财务部门。它区分了政策和政策管理，并规定了二者在组织结构中的位置。它以自己的方式表达了一个概念，这个概念后来被确切地阐述为带协调控制的分权运营。

  此研究中的这些组织原则为现代通用汽车开创了工业组织中一条幸福的中庸之道——处于绝对分权和绝对集权两种极端之间。这个新的方针要求，公司既不要像原来那样，依然是一种软弱的组织形式，也不要变成一种僵硬的指令式组织形式。但是，在新的管理团队带领下，未来将演变而成的实际的组织形式——比如，哪些恰好仍保留事业部的职责、哪些将是协调性的、哪些将是政策类、哪些将是行政管理类——并不能经由源自《组织研究》的逻辑程序而推理得到。正如我将在后文说明的，甚至在实际的事件中，错误也扮演了一个重要的角色，而且，如果我们的竞争对手——福特先生是其中之一——没有使得他们本身的一些组织形式具有相当的重要性，或者如果我们没有逆转我们的某些组织形式，那么，通用汽车的地位将与现在截然不同。

  虽然公司在1920年正式采纳了这个计划，但是应急的办法仍支配了公司一段时间。新的执行委员会的人员构成就是这方面第一个突出的例子。委员会的四名成员被委以指导公司发展的职责，但他们以前从未负责过汽车生产。在通用汽车，伟大的汽车生产者过去一直是杜兰特先生、纳什先生和克莱斯勒先生，他们到1921年就已经蜚声于汽车业的领导阶层，而且，如前所述，由于命运的转折，他们当时已经或者即将进入我们的竞争对手的阵营。杜兰特先生在离开通用汽车之后不久又创立了一家公司，名叫杜兰特汽车，后来该汽车公司在不同时期生产了几款轿车，包括杜兰特轿车、弗林特轿车、斯达轿车和卢克轿车（这是他收购过来的品牌）。克莱斯勒先生当时正在威利斯—奥弗兰公司及克莱斯勒公司的前身麦克斯韦公司从事拯救行动，而纳什先生则正在经营以他的名字命名的汽车公司。

另一方面，我们看一看通用汽车新的管理层。杜邦先生在他担任通用汽车董事长的前5年里，把公司业务的运营部分，先是短暂地交给纳什先生打理，然后交给杜兰特先生负责。拉斯科布先生一直负责财务工作。哈斯克尔先生短暂地接触过业务，并未直接在事业部工作过，而且不久后他就脱离了公司的核心团队。他于1923年9月23日去世了。我是最接近有汽车生产经验的，而且，虽然我一直都在业界工作，但是在汽车运营方面仍不成熟。所以，可以说，跟纳什先生、克莱斯勒先生和杜兰特先生相比，我们四个人堪称业余选手。很快，健在的只剩下三人，而且，由于拉斯科布先生负责财务工作，所以管理公司的最高责任便落在我们两人的肩上：杜邦先生和作为其主要助手的我。杜邦先生和我密切合作、一起出差，每两周就与底特律的各位运营执行官会面一次。6个月后，我几乎成了向杜邦先生报告的执行副总裁，负责所有的经营部门。但是，在这个问题上并没有直接和清晰的界限，比如，在某一时期，除了所担任的公司董事长和总裁职务外，杜邦先生还促使自己被任命为雪佛兰的总经理，这既增加了他自己的负担，又增添了仓促形成的管理的复杂性。

如果说我们缺乏业务运营的经验，那么，我们并不缺乏跨越这块短板的干劲。整个1921年，执行委员会马不停蹄地工作了一年。

这一年期间，我们开了整整101次正式会议。在会议的间歇期，我们或个人或一起，深入无数紧急情况下和涉及未来的问题之中，并且经常视察各个事业部及其设在底特律、弗林特、代顿和其他地方的工厂。

因此，如果要我对管理层变更后三四个月的情况进行评价，我会说，我们的短处在于经验不足，我们的长处在于逻辑和干劲，而且我们正逐步获得对公司各项失控的要素尤其是存货的控制。此外，我们认识到，通用汽车在所要生产的汽车产品线方面没有任何明确的政策，而这正是接下来要解决的问题。

通用汽车公司组织图（1921年1月）

第四章
产品政策及其起源

经过1908-1909年和1918-1920年的两次大扩张——也许有人会说正因为这两次大扩张——通用汽车不仅仅需要有管理理念，同样需要有所在行业的理念。每家企业都需要有所在行业的理念。这是一个依据行业的实际情况和环境做生意的合乎逻辑的方式，如果你能搞明白的话。如果在有关企业中间有不同的理念，那么，这些理念就有可能以其最有活力和最决定性的形式表现为各种竞争性的力量。

这就是1921年汽车工业的现状。在汽车市场上以最低价格推出一款固定车型，福特先生的这个理念表现在T型车上，它就像以前10多年一样主导了这个巨大的市场。其他理念也出现了，比如，有一种理念隐含在只出产约20辆汽车中，意在拥有很低的产量和极高的价格；还有那些在中价位市场上的各种汽车背后所体现的理念。通用汽车当时还没有清晰的经营理念。的确，正如我前面所说，杜兰特先生已经建立了产品多样化的模式，体现为7个产品线：雪佛兰（有两款大不相同的搭配不同发动机的车型：标准490型和一款更高价格的FB型）、奥克兰（后来的庞蒂亚克）、奥兹、斯克里普斯—布思、谢里丹、别克和凯迪拉克。其中，只有别克和凯迪拉克有清晰的市场分割概念：别克以其较高的质量和相当高的产量处于中价位市场的高端，凯迪拉克则定价和产量相配合，在创造大量业务的前提下，坚持不懈地追求最优质量。事实上，凯迪拉克和别克长期以来一直是所在价位品类的行业领导者。

尽管如此，当时的通用汽车在整体上仍没有任何既定的汽车产品线政策。我们在低价位市场上没有一席之地，当时的雪佛兰在价格和质量上均无法跟福特竞争。1921年年初，雪佛兰汽车的定价比T型车大约高300美元（经同等配置调整后），因而从竞争的角度看被甩得不见踪影。我们当时是中价位和高价位汽车的生产商，就我现在所知，这个事实并不是有意为之，只是碰巧没人想出该怎样去和福特竞争罢了，福特当时拥有全部整车的一半以上市场。然而，应该观察到，当时没有一家生产商提供的产品线覆盖所有价位，也没有任何其他生产商提供的产品线像通用汽车那么宽。

1921年年初，我们七个产品线的十款汽车的价格区间暴露了它们的不合理。我们当时的车型及其价格（从双人座敞篷跑车到四门轿车的定价，底特律离岸价）如下表。

车型	价格区间（美元）
雪佛兰490（四缸）	795—1375
雪佛兰FB（四缸）	1320—2075
奥克兰（六缸）	1395—2065
奥兹（四缸，FB）	1445—2145
（六缸）	1450—2145
（八缸）	2100—3300
斯克里普斯—布思（六缸）	1545—2295
谢里丹（四缸，FB）	1685
别克（六缸）	1795—3295
凯迪拉克（八缸）	3790—5690

第四章 产品政策及其起源

从表面看，这个产品线令人印象深刻。在上一年，即1920年，我们售出了33.1118万辆美国产乘用车，其中雪佛兰12.9525万辆、别克11.2208万辆，余下的8.9385万辆由产品线的其他车型贡献。从汽车整车的总产出和销售额看，通用汽车1920年仅次于福特。我们在美国和加拿大共售出39.3075万辆乘用车和卡车，相比之下，福特当年的成果为107.4336万辆。整个汽车业共售出约230万辆乘用车和卡车。我们的净销售额总计5.67320603亿美元，相比之下，福特总计6.44830550亿美元。

从内部看，画面就不是这么好看了。低价位市场占销量的大头，是未来实质的增长点所在，我们在这个市场不仅竞争不过福特，而且在我们定位重叠、产量集中的中价位市场，我们不知道除了卖汽车还应该努力做些什么，这在某种意义上意味着互拆墙脚。因此，出台合理的政策势在必行。也就是说，除了要知道顾客有可能向我们提出的问题、市场竞争、行业演进过程中技术和经济情况的组合之外，还有必要知道我们正在努力做什么。在汽车产品线方面缺乏合理的政策，这一点尤其在雪佛兰、奥克兰和奥兹的定价几乎完全重叠上可见一斑。在公司层面的政策阙如的情况下，每个事业部独立运作，制定各自的价格和生产政策，使某些车型落在同一个价格区间，而不考虑公司整体的利益。

从产品线上看，谢里丹和斯克里普斯—布思的存在在我看来是没有任何理由的。这两种车都没有自己的发动机。谢里丹汽车是在印第安纳州曼西市唯一的一家工厂中装配出来的，使用的是四缸"FB"发动机。在底特律制造的斯克里普斯—布思汽车，使用的是奥克兰六缸发动机，我要补充一句，这种车在当时没有任何吸引力。二者都只有不太多的经销机构。不论是单个还是一起，它们不过是给通用汽车的产品线增

奥兹先生和奥兹车

加了累赘。那它们为什么还存在呢？斯克里普斯—布思的股票是随同 1918 年并购雪佛兰的资产而进入公司的，这种车当时并未发展到显著的量（1919 年约 8000 辆，1920 年没变化），它在通用汽车的产品线中没有合理的位置。谢里丹汽车的存在对我来说到现在还是一个谜。杜兰特先生促使通用汽车于 1920 年收购它，无疑是带有特定的想法的，我现在不能断定这想法到底是什么。在我们的产品线中，它没有一个强有力的组织或需求或可辨认的目的。

至于奥克兰和奥兹，不仅它们几乎在同一价位上竞争，而且它们的款式设计正日益快速过时。以奥克兰为例。1921 年 2 月 10 日在我的办公室开了一次会议，普拉特先生将这种车的问题描述如下："奥克兰正把［它的］努力用在试图改进［它的］产品上。有些天他们生产 10 辆车，有些天他们生产 50 辆车。现在的情况是这个，他们造出了很多不合时宜的汽车，然后他们不得不改过来……动力装置一直是个大麻烦……"在同一次会议上，我说："遇到这个问题的还有很多。当前，我们正在使奥克兰发动机获得 35—40 马力的输出功率，车轴对于这个速度［功率］来说显得太轻了，而且我们有很多糟糕的工艺以及其他问题。奥克兰汽车公司一年多前决定上马一种新的发动机。一年前被授权建一家新工厂，但是我们不得不把它停下来，因为当时我们缩减了发展计划……得到奥克兰的这种发动机，使它通过检验并适合整车，这的确是一个管理问题……"

在 1919 年这个景气年份，奥克兰的汽车销量达到 52124 辆的顶峰；1920 年，它卖出了 34839 辆，而且后来的结果是，1921 年，它仅仅售出 11852 辆汽车。

关于奥克兰就讲这些。

奥兹仅仅稍胜一筹。它在 1919 年售出了 41127 辆汽车，1920 年卖出 33949 辆，1921 年，它卖出 18978 辆。它将引入一种新车型，只是为了垂死挣扎。

凯迪拉克在 1920 年创造了 19790 辆整车的销量，1921 年售出 11130 辆，由于美国发生了大的价格下跌，它将不得不去找到一个成本、价格与产量的最优组合。

冷冰冰的事实是，1921 年，除别克和凯迪拉克外，通用汽车产品线中的其他车型都在赔钱。雪佛兰事业部当年的销量比1920年减少了大约一半，并在1921年一度达到每月亏损接近100万美元，整个1921年亏损了近500万美元。针对这种情况，我忧心忡忡，以至当有人建议改变别克的管理方式时——哈里·巴西特成功地延续了沃尔特·克莱斯勒的老政策——我给杜邦先生写信说："把通用汽车的其他部门裁掉也比拿别克的盈利能力冒险好得多。"如果说这句话看起来像是小题大做，那就考虑一下别克的地位吧。其销售量从1919年景气期的11.5401万辆到1920年衰退期仅仅稍稍下降到8.0122万辆，更重要的是，它继续创造了收入。正是由于别克的存在，不论通用汽车的产品线怎样，都有讨论的价值。

较之别克、凯迪拉克的高质量与高可靠性，这种情况非常客观地反映出当时的产品线中其他车型糟糕的质量和不可靠，而且，这些因素的影响因普遍的经济衰退的压力而强化了。考虑到经济衰退的事实和普遍的销售下滑不可避免，一个事业部较之另一个事业部的相对下降，是一个管理问题。

像通常的衰退一样，这次衰退也具有暴露种种弱点的效果。1920年，通用汽车获得了美国的乘用车和卡车市场17%的份额；1921年，我们的市场份额一路下滑到12%。另一方面，福特的份额则从1920年整车市场的45%一路上升到1921年的60%。换言之，1908年以来就没人胆敢在低价位市场"撩其虎须"的福特先生，则在我们的销量和大多数事业部的利润一直下降的时候，正逐渐"握紧其虎爪"。总而言之，在销量大的低价位市场没有一席之地，没有指导我们行动的理念，我们处境糟糕。显而易见，我们需要一个思路向低价位市场渗透并完善各车型在整个产品线中的布局，我们需要一个研究和发展政策、一个销售政策等等，用以支撑我们所做的工作，不论什么工作。

由于上述情况，1921年4月6日，执行委员会设立了一个特别顾问人员委员会，由有汽车业经验的管理人员组成，来审查我们的产品政策，这一点也不令人惊讶。这项任务将是公司发展史上意义最重大的任务之一。委员会成员包括：我，来自执行委员会；莫特，时任轿车、卡车和部件业务的集群执行官；诺瓦尔·霍金斯，加入通用汽车之前是福特销售部的一把手；凯特林，来自通用汽车研究部；巴西特，别克总经理；齐默希德，新任命的雪佛兰总经理。由于顾问人员委员会组建时我是这个特别委员会的负责人，而且是它的资深成员，所以它的工作归我管理。大约一个月后，我们完成了调研工作，并于6月9日由我向执行委员会提交了我们的建议报告，这些建议在执行委员会同意和采纳后，成为公司的政策。建议概述了公司基本的产品政策、市场策略和若干最重要的原则，它们合在一起表达了公司的商业理念。

　　上述大体的历史情况，跟上述建议的性质大有干系。通用汽车的内部环境中也有其他的情况影响了我们所要述说的内容。首先，执行委员会曾指示这个特别委员会，公司意图进入低价位市场，也就是说，公司想要向福特的统治地位发起竞争性的挑战。执行委员会要求特别委员会就这一问题提供咨询，并建议应该在两个低价位区间上设计和生产小汽车，其中较低端的车型将与福特竞争。他们还要求过一段时间开展对其他价位区间的讨论。然而，他们拒绝对已成功确立有利地位的别克和凯迪拉克作任何变动。

　　一场公司内部大论战的种子在几个星期前就已经种下，当时皮埃尔·杜邦先生领导的执行委员会决定，公司应该以一款新的和革命性的车型进军低价位市场（其详情将在下一章讨论）。这款车型看起来拥有一些新的令人激动的卖点，但是我对于我们是否能解决它所带来的所有设计问题持保留态度。实际上，出台一个明确的产品政策，从我的观点看，一个首要的原因，是要把汽车界人士引入这场讨论之中。其他各种密切相关的情况也对这场讨论有影响，其中就包括两点：一是，跟旧汽车产品线有关的事业部将很快被淘汰；二是，我们全都感到需要建立各种基本规则，即所有参与讨论的人都能接受的主要原则。不仅仅应该考虑新的产品政策本身，还应该考虑其与公司的整体目标的本质关系，为此，我们着手绘制整体的图景，并将所有已知的拼图块放进去。

　　就这样，新的管理层抓住了业务初始阶段难得出现的机遇，退后一步检讨目标，同时从具体和抽象程度两个方面处理手头的事务。要在具体和直接的问题上达成大家心甘情愿的一致意见，并不是那么容易的。比如，推出革命性汽车的想法在执行委员会中已经根深蒂固，我则想要把产品概念拓宽到业务概念。我相信正是由于这个原因，我们特别委员会首次对这个问题作了理想化的处理。我们不是从实际的公司出发，而是从一个公司模型出发，我们将针对此模型陈述政策标准。

我们说我们的目标，是为这个公司模型将来的经营绘制出真正的最佳路线。我们认识到，在切实使任何被采纳的政策标准可以执行之前，当前的实际条件使得暂时偏离上述建议的路线是不可避免的。为了达此目的，我们对这个业务流程的明细作出了各种假设。我们认为，进行资本投资的首要目的是一项业务的建立，这项业务既能支付令人满意的红利，又能使其资本保值和增值。因此，我们宣称，公司的主要目标是赚钱，而不只是造汽车。像这种明确的声明似乎有一种过时的味道，但是我仍然认为，这种商业基础知识拥有推导出政策结论的优点。通用汽车自1908年以来收集了好几种不盈利的汽车，其中有几种仍在生产。设计赚钱的产品线是关键所在。我们声称，公司的未来及其盈利能力取决于我们的下述能力：以最少的成本设计和制造出最大数量、最具实用价值的汽车。虽然不可能真正同时最大化效用和最小化成本，但是这种说法用今天的话来说，我们更准确地称之为冲突函数的优化。为了对我们的汽车提高效用并降低成本，我们的第一批结论之一是，公司里当时存在的车型数量和定位重复的情况应该予以限制。通过这种节支手段——这种手段这么多年来花样繁多——我相信，通用汽车已经给公众提供了所有为了获得成功将必须在长期内给予的服务。

执行委员会中盛行着这样一种观念：将用一种革命性的汽车设计或多或少地与福特展开正面竞争。的确，福特看起来用任何常规手段都是不可战胜的。公司里的一些人中也可能有这样的意见，即在任何基础上进入低价位市场，都会浪费我们已经从其他地方获得的资源。无论如何，我们在我们的指示中提供了一个冲量产品政策，即向有购买者的低价位市场销售汽车。对特别委员会来说，真正的问题是怎样做。我们的答案是接受这个推出新车型的观念，但是要把它放在一个广泛的产品政策的视角中。

我们所提出的产品政策是通用汽车现在久负盛名的一个政策。政策首先提出，公司应该在每个价格区间都推出一个汽车产品线，从最低价格区间的车型往上，直到针对一款极高等级的批量生产的汽车，但我们不会进入只有小量生产而价格高得惊人的领域；其次，价格台阶的设定应该不要在产品线中留下太大的缺口，但也应该大到足以保持合理的数量，从而可以发挥批量生产的最大优势；最后，公司在价格区间或台阶中不应该有任何重叠的情况。

这些新的政策从未以这种形式精确地出台过，比如，在各事业部之间，我们始终存在着事实上的重叠或竞争情况，然而，新的产品政策从本质上将新、老通用汽车区分开来，将新的通用汽车与当时的福特公司区分开来，将它与其他汽车厂商区分开来。我们很自然地认为，该政策优于业界同期的其他政策，并将战胜它们。请允许我再说一次：各公司不仅在广泛的政策上，也在具体的产品上进行竞争。从已过去的这么多年的视角看，这项政策的想法现在看起来非常简单，就像一家鞋类生产商打算出售不止一个尺码的鞋一样。但是，这在那个时候看来的确不简单，当时，福特汽车用两个等级的车型（高产量、低价格的T型车和低产量、高价格的林肯车）拥有超过一半的市场份额，道奇、威利斯、麦克斯韦（克莱斯勒）、哈德森、斯图贝克、纳什和其他公司在业界占据实质的地位，并正在或准备用其他的产品政策进行有力的竞争。正如我们当时所了解的，我们的政策可能不是操作得最好的。如果业界认为它可行，那么其他企业当时就会采纳它了。同样的政策，所有人都可以得到，但是这么多年来，只有通用汽车贯彻并证明了它的价值。

在绘制整体的政策图景时，我们把其他可能的判断标准整合其中，"可能"一词，是就它们可以作为单独的标准的意义而言的。比如，如果我们的汽车在设计上至少能和竞争对手同等级的最佳汽车相当，从而我们没有必要引领汽车设计或者冒险进行没有前例的试验，那么我们就说政策是有效的。的确，我喜欢这个概念胜过下述不可挽回的承诺：用一款革命性的汽车取代当时标准的雪佛兰汽车。这样一款汽车如果获得预期效果，那很好，但是我更喜欢首先立足于一个广泛的商业战略；而且，随着该政策得到采纳，那么显而易见，皮埃尔·杜邦先生至少原则上也同意了这个一般理念。我们特别委员会的人当然承认，可以合理预计通用汽车生产的汽车将成为所有等级的佼佼者。我们坚决认为产品线的宽度将给予我们这一能力，尽管我们当时12%的市场占有率并未在这个方面给予我们任何特别的优势。我们判断，在产品线和质量标准方面，我们过去并将可能在竞争对手擅长的领域与他们不分伯仲，在他们不擅长的领域占得上风。

生产方面也贯彻相同的思路，在这方面，我们当然必须把福特记在心里。我们指出，使任何特定车型的生产比最大的竞争对手更有效率，或者就此而言，任何特定产品的广告、销售和服务模式比竞争对手更好，这是没有必要的。我们指明，保证在本行业的优势这一基本理念是由各项政策和各事业部间的合作和协调体现的。自然可以预期，我们各个工厂的协调运营应该产生比事业部各自为政时更高的效率，这一点同样适用于设计和其他职能。通过这种方式提高我们自己的标准，我们可以合理地预期将在任何方面追平在任何等级上经过竞争脱颖而出的最强者，甚至在某些方面超越之。根据协调计划的指引，团队协作能够由此以更低的成本获得更高的产量。所以，虽然有一段时间我们的销量只占所有美国乘用车和货车的一小部分，但是我们在那时仍然相信，拥有一个在范围广泛的行业中的协调政策，通用汽车未来将在所有等级的工厂技术中出类拔萃，也同样能够在生产、广告、销售和其他领域中取得无可置疑的领导地位。

阐明这些理念后，我们接着批准了执行委员会的决议。决议是交给我们研究的，大意是应该设计和制造一种售价不超过600美元的汽车，并应该另行设计和制造一种售价不超过900美元的汽车。特别委员会进一步建议了另外四种车型，每一种都要严格保持在指定的价格区间内。它还建议说，公司应该生产和销售仅仅六种标准车型，并且一旦切实可行，整个汽车产品线应该由下述等级的车型构成：

（a）450—600美元
（b）600—900美元

（c）900—1200美元

（d）1200—1700美元

（e）1700—2500美元

（f）2500—3500美元

可以看出，较之本章前面列出的通用汽车实际的价格结构，这一全新的假设性的价格结构将汽车产品线的车型从7种削减到6种（或者说从10种削减到6种——如果将雪佛兰"FB"和奥兹的6系、8系单独计算为车型的话，因为它们差不多就是）。列表的最上端展示了一种我们以前所没有的新车型。而且，我们原来在最高价和最低价中间的价格区间有8种车型，现在只有4种。这种新的等级结构意味着通用汽车的汽车产品线应该是一个有机的整体，其上的每种车型应该是按照其与产品线整体的关系专门构想出来的。

这样分析出一组价格相关的等级结构后，我们提出了一个精心制作的战略，可概述如下：我们大体上提出，通用汽车应该将其汽车定价于每个价格区间的顶端，并且使其质量能够吸引两方面的顾客，一是稍低于该价格的目标顾客，即出售给那些可能愿意为了额外的质量而多花点钱的顾客；二是稍高于该价格的目标客户，即出售给那些能够看出这款车拥有接近于价格更高的竞争车型的质量但有价格优势的顾客。这相当于针对低于给定标价的汽车进行质量竞争以及针对高于该标价的汽车进行价格竞争。当然，竞争对手可能会以同样的策略作出反应，但是在我们市场占有量很小的价格区间，我们可以这样从上方和下方蚕食一个增量，而在我们市场占有量很大的价格区间，则由我们来决定是否维持它。我们认为，除非车型数量有限，而且除非已经计划好每种车型应该覆盖所在的价格区间，并和上下两个价格区间有所重叠，否则每种车型是无法保证取得巨大

风靡一时的福特T型车

销量的。这种巨大的销量——依靠它作为在所有价格区间中取得卓越地位的一个最重要的因素,据我们观察,对于发挥大规模生产的优势是必要的。

产品政策还特别论及了向低价位市场渗透的问题,这是一般概念的特殊情况。我们注意到,实际上,第一等级(最低价位)的汽车市场当时已被福特垄断,我们应设法侵入。我们建议,通用汽车不应该生产和销售恰好在福特车所在等级的汽车,因为福特车的售价在这个等级中是最低的。相反,通用汽车应该在市场上销售一种比福特车好得多的汽车,着眼于将售价定在或接近第一等级的上限上。我们不建议在这个等级上跟福特车短兵相接,而是生产一种质量优于福特车的汽车,但要接近于福特车的价格,从而分流福特车在这个等级上的顾客。

我们观察到,当通用汽车以上表最低价格区间的上限(600美元)出售那款新的低价汽车,而在高一个等级的竞争对手以750美元或稍低一些价格出售竞争车型,两相比较时,这种作用就会发生逆转。即使通用汽车那款新的低价车可能不完全拥有那些以近乎750美元出售的竞争车型的质量,但是它应该非常接近于那些以第二低的价格区间的中间价位出售的竞争车型的等级,以至潜在的买者将会宁愿节省150美元,并放弃他们在价格几乎相等的情况下可能对竞争车型所具有的相对轻微的偏好。

新的产品政策当时具体的竞争目标显然是在为那个模型公司设立的最低价格区间内。在这个价格区间,通用汽车1921年4月还没有自己的车型。这个价格区间唯一可售的车是福特。此外,在第二低的价格区间,仅仅雪佛兰和威利斯—奥佛兰各有一款车。所以,该政策的目的就是提供一种车型,使之与当时美国和世界上最大的汽车厂商的主力车型展开竞争。

巧合的是,1921年,所有价格区间实际的汽车价格快速下降,造成4月份市场上存在的批发价格崩溃,而这正是我们系统阐述该政策的时候。但是,虽然实际的价格水平变得不同,政策目标却保持不变,即进入相对较低价位的汽车市场。实际上,到1921年9月,雪佛兰490型旅行小客车的价格已经从820美元(1921年1月的价格）降至 525 美元，而福特 T 型车从 440 美元降至 355 美元，但是福特车的这个售价不包括可拆卸轮圈和自动起动装置，而雪佛兰车则包括，因此以同等配置而言，9 月份，福特车和雪佛兰车的价差只有大约 50 美元。这个价差仍然比较可观，但是雪佛兰逐渐开始向产品政策所指示的方向前进。因此，这个政策通过开辟新的价格区间，预示了通用汽车将向福特的统治地位真正发起挑战。

特别委员会在这些价格区间所作的实际产品部署，从低到高依次为：雪佛兰、奥克兰、新款的别克 4 型、别克 6 型、奥兹和凯迪拉克。1921 年，我们卖掉了谢里丹，并分步骤解散了斯克里普斯—布思；1922 年，我们停产了雪佛兰 FB 车型。结果，只有雪佛兰和凯迪拉克保持在原来的价格区间里。

产品政策的核心在于这样的理念：大规模地生产按质量和价格从下往上分级的全系列汽车。这一原则提供了首要的元素，将通用汽车的市场理念同旧的福特 T 型车的市场理念区分开来。具体地说，通用汽车的理念提供了让雪佛兰与福特 T 型车进行竞争的策略。没有我们的这个政策，福特先生当时在他选择的市场将不会遇到任何竞争。

1921 年，福特先生拥有全部小汽车和卡车整车市场大约 60% 的份额，雪佛兰只拥有大约 6% 的份额。在福特车几乎完全占有低端市场的情况下，和它正面竞争无异于自杀。若无美国财政部的支持，要在福特的游戏中从它虎口里拔牙，任何可以想象到的资金量都不可能承受由此带来的亏损。我们制定的策略，就是要从它所在位置——可以想象为一个价格区间——的高端咬上一口，并在盈利的基础上以这种方式逐步提高雪佛兰的销量。在后来的岁月里，随着消费者偏好的升级，通用汽车的这个新政策逐渐跟上了美国历史进程的节拍。

尽管如此，虽然这个理念为我们指明了方向，但就像后来所证明的，它出现得有些超前。经历了汽车市场的一系列事件之后，它的原则才被赋予了丰富的实质内容。同样，通用汽车公司发生的一系列事件——尤其是在研发领域，即那款革命性的汽车——也将阻碍该理念的运用，并使通用汽车的前途在接下来的数年里显得扑朔迷离。

第五章

"铜冷"发动机

人们可能会合乎逻辑地推想，一旦接受管理理念和汽车业务理念之后，新的管理团队应该继续推进，去把它们转变成现实。然而，情况并非如此。实际上，接下来的两年半，也就是在新的管理团队第一个可确定的任期里的大部分时间，我们都偏离甚至违反了这些最重要的原则。换句话说，头脑的逻辑和历史的"逻辑"并不合拍。本章是通用汽车的故事中令人痛苦的一章，但是我看不出有什么办法避开它——如果要讲清楚通用汽车的发展的话。因为甘从苦中来，这种经历的教训是最有益的教训。幸运的是，1920年和1921年为我们提供了受教育的时间，它对于塑造公司的未来具有重要的影响。

问题出在研究部门和制造事业部之间的冲突，以及同时发生的公司最高管理层和事业部管理层之间的冲突。冲突的对象是一款革命性的汽车，它搭载了一种风冷发动机，这种发动机由凯特林先生设计，

凯特林先生

皮埃尔·杜邦提议用以替代公司传统的搭载水冷发动机。

　　故事始于1918年，当时凯特林先生开始在其位于代顿的一个车间试验风冷发动机。风冷发动机并非不为人知，以前美国就曾在富兰克林牌汽车和其他汽车上使用过。据我们了解，风冷的原理是，在发动机的内壁装上散热片，用风扇吹动散热片上的空气，然后透过散热片把发动机上的热量带走。富兰克林牌汽车采用铸铁散热片来散热。凯特林先生建议使用铜散热片——铜的热传导率是铸铁的10倍——并将散热片焊在发动机的内壁上。这同时涉及发动机和冶金方面的新技术。凯特林先生在这两种金属的热胀冷缩领域遇到了若干困难的设计问题，但是他脑子里已经有了这些设计问题的解决方案并正在测试。相关的生产问题则是另一大问题，不过当然属于发展的后期阶段。

　　风冷发动机提供了一个诱人的前景，它将摆脱水冷发动机那笨重的水箱和水管系统，并有望减少发动机的零件数、重量和成本，同时提高发动机的性能。如果它实现了所有这些可能，那将真正使汽车业发生革命性的变化。但是，发动机设计从原理到实现有很长的路要走，这只须观察开发实用的喷气和火箭发动机所耗费的岁月和设计工时，或者注意到水冷式内燃机自19世纪末以来经过整个业界持续不断的努力才发展到1921年的功效水平，就知道了。尽管如此，凯特林先生虽然在该领域只有很短的一段时间，但对其新的风冷发动机信心十足。当时，由于其在电动起动装置、点火装置和照明系统方面的开创性工作，他在汽车领域拥有相当高的声望，在航空领域亦然，他在该领域一骑绝尘，竟然已经试验无人驾驶飞机了。

　　1919年8月7日，凯特林先生来到财务委员会，解释了他在代顿金属制品公司和代顿·赖特飞

1923年发现凯特林乙基汽油

机公司分别就风冷发动机和油料研究——后来的结果是四乙基铅汽油（乙烷汽油）——所做的工作。我部分参与了这次会议的筹备工作。我从1916年起就认识凯特林先生，当年他的代顿设计实验室并入联合汽车，此后我一直与他的工作保持联系。在和财务委员会会面的前一天，凯特林先生先跟代顿金属制品公司总裁哈罗德·塔尔波特先生、哈斯克尔先生、拉斯科布先生和我进行了会谈，为通用汽车做出种种安排，去收购三家代顿公司的资产，包括家用工程公司、代顿金属制品公司和代顿·赖特飞机公司。事情在财务委员会1919年8月26日的会议上获得解决。在此次会议上，杜兰特先生和杜邦先生报告了有关代顿的情况，表示："查尔斯·凯特林先生……是整件事的核心，得到凯特林先生的全部时间和精力最重要，我们认为安排他负责新的底特律实验室是合适的……根据杜邦先生、哈斯克尔先生、斯隆先生、克莱斯勒先生等人的意见，就本公司所知，凯特林先生对此职位而言，是迄今为止最有价值的人……"财务委员会的会议纪要接着写道：

> 总裁〔杜兰特先生〕就代顿金属制品公司正在开发的风冷发动机及其未来的前景向委员会提出了建议，看起来，该发明至今仍未达到绝对保证其能成功的程度，但是证明其能成功的可能性是令人满意的，在这件事中，公司的投资将提供绝佳的财务回报。

就这样，我们获得了凯特林先生的效劳、代顿的财产和风冷发动机。通用汽车历史上的重头戏开始了。

一年多如白驹过隙，诸事也如白云苍狗。1920年12月2日，即杜邦先生成为通用汽车总裁之后不久，凯特林先生向他汇报说："像福特那样的小型风冷发动机现在在做投入生产准备。"凯特林先生建议应该制造和测试少许搭载了风冷发动机的汽车，如果它们令人满意，那就可以准备1500辆或2000辆车，于1921年投放市场。

几天后，1920年12月7日，我们一队人马到代顿出差，去了解那里的情况。同行者有皮埃尔·杜邦先生、约翰·拉斯科布先生、哈斯克尔先生、雪佛兰的总经理齐默希德先生、财务委员会秘书小哈特曼先生和我。在往返代顿的火车上，我们讨论了几件事，其中包括风冷发动机。

此次讨论的一份记录写道：

> 经过仔细考虑，我们的一致意见是，正在代顿开发的新车型，在利用它做任何下一步工作之前，应该以适当的数量在最严格的条件下进行测试。当该产品的优点令人满意之后，将对它作适当改造，使之适合雪佛兰的生产线，并取代现在的490车型。

490车型当时是我们的产品线中标准的低价位雪佛兰车，我们当时用它跟福特车竞争，但不是其对手。为它配备一款新的发动机是一件大事，可以想象它是一个决定通用汽车在大容量市场中的命运的大事。

雪佛兰490车型

因此，不足为奇的是，1921年1月19日，新的执行委员会在其初期的一次会议上，一致同意对风冷发动机和雪佛兰490车型既有的水冷发动机进行一项对比研究。委员会的一致意见是，在1921年秋季开始的下一个年度车型可以不对490车型作材料变更，"而在针对1922年8月开始的生产年度作出变更的决定之前，等待风冷发动机未来的发展是适宜的"。因此，我们决定"等待"风冷发动机的新进展，在此之前不对旧的水冷式490车型作任何改动。上面所说的"我们决定"，是指执行委员会始

奥克兰汽车

终集体作决策。

接下来的两周，执行委员会扩大了议程，提议将另一款汽车奥克兰纳入风冷项目，让它搭载一款新的六缸发动机。然而，执行委员会注意到委员会内部在此问题上存在"极大的不确定性"，并命令我当时担任主席的顾问人员委员会就此提供一份报告。如果我没有记错的话，我们执行委员会中有四人的意见具有"极大的不确定性"，这主要是我心目中认为的。这一点在后来变得很明显。但是，当时的委员会是总裁杜邦先生用强硬的手腕领导的，他竭力推行风冷发动机，此时他殷切地盼望着项目的进展。

又过了一周，1921年2月23日，执行委员会开了一次会议，我没有出席。会议迅速通过了新的决议。会议纪要称："据认为，目前正在研究和开发的四缸风冷式汽车将占领最低价位的细分市场，其次是六缸风冷式汽车，售价在紧邻的900-1000美元价格区间。"凯特林先生受命"继续进行六缸风冷式汽车的设计和制造"。但是，委员会称："在对［试制］汽车进行全面的测试确实成功之前，不应该尝试任何数量的生产。"凯特林先生当时和莫特先生、巴西特先生一同出席会议，他说，他预计到1921年7月1日就能知道两种车型的优缺点，8月1日可以开始准备风冷4型车的生产，1922年1月1日，汽车下线。雪佛兰总经理齐默希德先生被招来开会，并被告知将由他的事业部按这个计划做。他提出异议，说他想要在1922年8月准备风冷4型汽车的生产。他说他已经改进了水冷的490车型，并为之设计了一种新车身。事情发展至此，执行委员会和雪佛兰事业部走的是两条道这一事实才被暴露出来。

1921年5月，凯特林先生在代顿进行了两种车型的测试工作，并汇报说可以先行生产4型车或6型车中的一种。6月7日，执行委员会商定，应该在位于代顿的通用汽车研究公司（后来更名为研究实验室）建立一个小型的制造部门——一个试点性质的经营单元，最大日产量不超过25辆。

大约在这个时候，齐默希德先生关于风冷雪佛兰车的保留意见透明化了，可以说，这个事业部的问题由此走到了台前，并持续了一段时间。现状表明，别克一直表现良好，应该暂且多少维持其原来的彻底分权的状态，并按它本身的计划行事。但是，为了便利起见，我们把其他事业部的事务集中起来管理，虽然这有违我们的组织理念，而且直接与之相反。高层人员强行让雪佛兰、奥克兰两个事业部上马一款激进的汽车设计的决定强化了这一趋势。这样，在其中一个事业部，执行委员会就可能面临最重要的问题，即为这些事业部的发动机和车型设计同时制定政策和计划。确实，执行委员会具有这个权力，而且在当时的情况下选择行使了这一权力。但是，困难不仅仅出现在关于新车型的决策是否合理的问题上，还在于如何在必须执行此决策的地方——各事业部中——使得该决策得到执行。事态之所以发展成这样，我认为是因为在通用汽车的历史上，这还是第一次要求汽车研究公司和事业部之间在一个重要的问题上展开密切的协作，而且当时没有任何明确的办法保证这种协作顺利进行。试生产和车型设计交由凯特林先生位于代顿的研究团队负责，而实际的量产交由事业部负责，所以出现了责任不清的现象。齐默希德先生想要知道在生产一事上，谁向谁提供建议：是研究部门向汽车事业部提供建议，还是反过来？即使在新车型的优缺点方面没有任何问题，这也代表着一个管理问题。结果是，雪佛兰对新的工程设计存有怀疑，而在代顿的实验室则对汽车事业部会改动他们的设计存有忧虑。事业部的工程师和总经理们在基地和代顿之间往返，一来二去，凯特林先生观察到，奥克兰的总经理乔治·汉纳姆对新车型更有好感。凯特林先生也认为他可以在当年年底前为奥克兰准备好风冷6型车。

　　1921年7月的前半个月，我在巴黎，等我回来后，我们执行委员会的全体4人再次一起出差去代顿，7月26日抵达。我们与凯特林先生及当时的汽车事业部集群执行官莫特先生进行了非正式的会谈。凯特林先生对这款新车的热情比以往任何时候都高。"……它是，"他说，"汽车界有史以来生产的最了不起的东西。"杜邦先生丝毫不怀疑他在这一判断上的信念。凯特林先生再次提到了雪佛兰和奥克兰的态度差异。自然，他急于跟表达了更多好感的事业部即奥克兰进行密切合作。代顿会议的一份抄本写道："最终的建议是，先上那款六缸汽车，那款四缸汽车目前暂停，因为在感觉上，他们将来生产4型车的时候凭他们在6型车上的经验能够盈利……"可以相信，在6型车的可靠性确立之后，能够通过劝说使雪佛兰的齐默希德先生接受风冷4型发动机。无论如何，莫特先生说，雪佛兰还有大约15万辆490车型的存货需要清理掉。

这种对雪佛兰的妥协态度是不允许持续太久的。几个星期后，杜邦先生向执行委员会提交了一份关于通用汽车的产品状况的总结报告，提议制订一项明确的公司层面的计划。他重申了关于奥克兰生产风冷6型车的决定。当他谈到雪佛兰时，他写道："在减少存货和以前的订单所必需的时间之外，将不再继续生产它［490车型］。有必要立即就一款长期生产的车型作出决定。""除非应该作出明确的政策改变"，他说，否则风冷4型车将是"雪佛兰采用的标准车型"，而且它应该在1922年5月1日前作好投产准备。执行委员会集体同意了他的提议。

整个1921年秋，有关新型发动机的开发工作在代顿持续进行，同时，针对这两种风冷车型，有关新建工厂、老工厂改造、营销计划的研究工作也于同期展开。随着第一辆测试用车从代顿向奥克兰事业部交付的时间日益临近，在公司位于纽约和底特律两地的办公室里，期望的气氛越来越强烈。杜邦先生写信给凯特林先生："值此计划中的两种新车就要生产之际，我开始觉得自己像个小男孩，当盼望已久的马戏团海报开始出现在栅栏上时，想象着马戏的每个节目如何表演以及我最喜欢哪个动作。"

1921年10月20日，执行委员会将奥克兰项目具体的日程安排正式确定如下：

现有的水冷汽车将于1921年12月1日停产；

代顿出产的两款新型风冷汽车将在1922年1月的纽约汽车展上露面；

新款汽车的量产将由位于密歇根州庞蒂亚克的奥克兰事业部进行，2月份日产100辆，此后逐渐增加。

看起来，计划没有任何问题。

就这样，第一辆风冷汽车从代顿运到了奥克兰事业部以供测试。这是除了在代顿的凯特林先生进行过的测试汽车之外，第一次对风冷汽车的有效性进行的测试。测试出现了停顿，然后是大震动。消息传来，这辆车在奥克兰事业部的测试失败了。

1921年11月8日，汉纳姆先生写信给杜邦先生：

> 考虑到使这个设计成为一件真正的产品所必需的变动，要在原定时间内使之投入生产是不可能的。实际上，完成这一车型的所有测试并且得到我们的认可，至少需要六个月的时间。
>
> 从完成当前的旧车型产量调整的时点——大约在12月15日——到我们引进风冷汽车的时点，为了度过这段时间，我们正计划引入一条全新的［水冷］产品线……
>
> 我想进一步指出，我们脑海中针对这项风冷工作的变动尚未改变我关于这项提案的观点，至少正如我相信的，当我们在加入这些变动之后第一次进行路测时，测试报告还将有一个大的改变。

就这样，不到一个月的时间，就推翻了已被采纳的公司日程表，有关奥克兰的整个形势及未来的通用汽车产品线也发生了深刻的变化。关于风冷汽车的前景，纽约出现了失望和惊恐，底特律、弗林特和庞蒂亚克则出现了悲观情绪。就新车型的测试情况，代顿和制造事业部之间出现了争吵和混乱，以凯特林先生的设计师为一方，以事业部的工程师与总经理为另一方，双方之间没有什么思想的交汇。凯特林先生感到疲惫不堪、沮丧万分。于是，执行委员会在1921年12月30日正式取消奥克兰风冷计划之后，立刻给他写了一封打气的信，原文如下：

> 亲爱的凯特林先生：
>
> 我们认为，使您的大脑远离风冷汽车的开发和其他实验室工作的烦恼，这是最重要的。
>
> 就像风冷汽车完全不同于常规的水冷产品一样，任何迥然有别于标准做法的事物，在其发展与引入的过程中，有许多"自以为聪明者"和"自以为无所不知者"站在旁边指指点点，

第五章 "铜冷"发动机

这是十分自然的事情。

为了使您对风冷开发项目的署名人职责一事完全放下心来,我们谨提出如下建议:

第一,我们绝对相信您有能力解决所有与我们提议的风冷汽车相关的问题;

第二,我们将继续对您和您完成本任务的能力抱有这种程度的信心和信任,否则,我们到时候会找上门来,当面向您坦率地说明,我们对于完成任务的可能性或可行性持怀疑态度,而且我们会首先找到您加以说明。

我们在本信中努力遣词造句,以达到完全消除您在这方面关于我们对您的信任和此项工作的担心,若我们的用语未能达成此结果,那么请您不吝写信给我们,一五一十地告知我们在什么方面未能做到,好不好?

除非风冷汽车实际投产并使用,否则批评和诟病必将持续下去。由于这个事实,若您能和我们一致同意,任何时候您觉得有必要放下其他事情,想知道我们对您和开发工作的信任和信心,您都会从您的书桌抽出本信再看一遍,看完后,考虑到我们曾坦率地声明我们若有任何疑虑都将第一时间写信给您,您将会给我们回信,这样是不是比较好?

执行委员会的四位成员和莫特先生——在信上签了名。关于莫特先生,我在前面说过,他是汽车事业部集群执行官。

危机过去了。总裁恢复了他对新型发动机的信心,凯特林先生也重燃了他的兴趣和活力,不过舞台从奥克兰转移到了雪佛兰。

1921年12月15日,执行委员会提议作出巨大努力,争取在1922年9月1日前使雪佛兰风冷4型车投入生产。为了使研究公司跟事业部和解,雪佛兰的首席工程师亨特、分别代表奥克兰和别克的首席工程师杰罗姆和德沃特斯被派往代顿,与凯特林先生合作,负责风冷4型车和6型车的设计工作。每日的测试报告按要求送往各事业部经理和总裁审阅。

1921年结束了,通用汽车的产品线没有任何可界定的进展。

这些事情让我大伤脑筋，以至我试图提高它们在我脑中的等级，心想把它们交给执行委员会处理得了。我对风冷与水冷的技术问题并没有这样或那样的看法，那是一个工程问题，是工程师的事情。如果说我现在还有意见的话，那就是凯特林先生可能在原则上是正确的，并且他领先了整个时代，与此同时，从开发和生产的角度看，事业部的观点也没有错。换句话说，在这种情况下，尽管双方意见不一致，但双方都是正确的。然而，从业务和管理的立场看，我们的行动和我们的宗旨之间产生了偏差。比如，当时我们更应该专注于特定的工程技术问题，而不是在公司开阔的目标上发散。我们都倾向于支持研究公司，而不顾那些来自最终制造并销售这些新车型的事业部的判断。同时，我们的常规水冷车型正在过时，而我们却没有采取任何正式的行动来保护它们。

1921年12月后期，我一边思考奥克兰的失败测试和新车型所带来的问题，一边给自己写下了一些备忘录来理清自己对公司问题的认识，同时想着跟皮埃尔·杜邦讨论它们。关于代顿的形势，我写道：

> 我相信，由于没有意识到——无疑我们所有人都这样——某些基本事实根本不支持凯特林先生的观点，他认为必须使通用汽车的每个人都接受他建议的新车的各个细节，我们在风冷汽车的开发上浪费了大量的时间。我相信，如果他已经开发了一种新车并证明了它的性能，或者它在独立测评人员的手中证明了它的性能，而且作为一个原则，他已经把这种车的生产责任交给其他人，那么我们的进度本来会提前。我认为我们犯了一个错误，把它全都交托给凯特林先生一个人，且没有认识到他的具体而特殊的处境。我相信公司需要——业界也需要——先进的工程技术。我们不可能指望一个平庸的头脑能够产生先进的工程技术，比如跟凯特林先生的头脑相比我们普普通通的工程师。先进的工程技术，就像其他任何先进的事物一样，总是会招致那些看得不那么远的人的嘲笑和怀疑。由于这一切原因，这样的工程技术必须用各种事实而非理论来证明，而且这

些事实必须得到公认才行。如果凯特林先生等到自己造出一种能够证明其性能的令人满意的汽车，那么我不认为在奥克兰会遇到任何麻烦或者提出任何设计改动。我担心，这种工作方式将导致我们错失许许多多我们非常需要且只能从具有凯特林先生的非凡能力的人那里获得的想法。

写这个备忘录，主要是用来记录我在风冷发动机一事上的行为的转折点。从那时起，我开始追求一种双重政策：一方面，继续支持杜邦先生和凯特林先生对新车型的希望，另一方面，支持事业部制订生产传统水冷汽车的替代计划。另外，巧合的是，有一段时间我和齐默希德先生考虑了一种新的"缪尔"蒸汽冷却系统，这种系统从未投入过生产。虽然杜邦先生对于风冷发动机的替代品没有任何热情，但是他并未禁止我采取这种态度，我们只是走在稍有差异的道路上。然而，运营组织中两位最高领导成员之间的这种情况毕竟令人不很舒服，而且不可能永远持续下去。

接下来的6个月，风冷汽车继续分散着公司的注意力，并使公司的主要领导时刻在下述问题上处于一种紧张状况：公司的这款未来产品该何去何从。

1922年年初，雪佛兰在风冷汽车方面的压力增加了，奥克兰的情况则稍有缓和。我迈出了妥协的第一步，因为我觉得，妥协对于万一新产品开发计划失败则保护公司免受影响并弥合高层管理层和事业部之间的分歧是必要的。1922年1月26日，作为负责营运的副总裁，我在斯塔特勒饭店的套房跟莫特先生（汽车集群执行官）、巴西特先生（别克）、齐默希德先生（雪佛兰）开了一个会，并取得了一致意见：雪佛兰正式的风冷计划要往前推进，但要谨慎从事。这个正式计划要求，正在代顿开发的试验用风冷4型车"如果一切正常，雪佛兰事业部应该在1922年9月1日前将其投产"，也就是说，只有7个月的时间了，尽管雪佛兰尚未从代顿收到一辆可供测试的汽车。不过，我们一致同意，"迄今为止，公司或雪佛兰事业部没有任何东西能够证明一个正面的结论：这种风冷车型将在规定的日期投入生产"。但是，1922年4月1日，经过测试之后，我们就能确定一个保险的计划。与此同时，我们商定，"应该准备第二道防线，这只是为了保险起见"。这第二道防线就是该事业部同时努力改进现有的雪佛兰水冷车型。

至于奥克兰，1922年2月21日，我向执行委员会做了汇报并得到批准，推迟新制订的风冷6型车的生产计划，风冷6型车的生产曾经被取消过。对于奥克兰，我们一致同意：

1. 将它最近确定的［水冷］车型再继续一年半，1923年6月30日截止；

2. 就奥克兰而言，杜绝考虑在上述日期之前引入任何风冷车型；

3. 奥克兰在此期间开发的任何项目都必须跟公司已立项的项目保持一致；

4. 如果奥克兰当前车型的经济状况滑落到了使事业部无法收支平衡的地步，则必须适时采取措施，即考虑了当时所有主流情况之后看起来最合适的时间。

由于代顿的研究公司是通用汽车当时唯一的公司级研究人员组成的群体，而且正忙于风冷发动机的试验，因此，对水冷发动机的技术改进工作主要移交给各事业部。那时，所有的汽车事业部都需要高级工程技术人员来打造并保持它们的传统汽车的竞争力。在雪佛兰、奥克兰和奥兹，这种需要尤其强烈。换句话说，事业部不仅需要照顾它们的主业，即当前车型的设计、制造和销售，还要注意在改进设计上投入精力。这并不是说在这个领域跟以前有什么区别，而是说我们的意图是集中一批研发人员来直接为公司工作。研究公司选择的运作方式是，围绕凯特林先生非同寻常的能力建立起一个长周期的研发组织。从这种方式可以明显看出，在他的重要职能和常规的先进设计之间已经出现了一个缺口。当时我并不知道，一个历史性的变化正在通用汽车形成，但是我看到了我面前的这个缺口，而且，1922年3月14日，我有一个为事业部寻找外部车型设计的政策获得批准。这个政策绝不能解决这个问题，但是会有所帮助，而且可能需要很多年才能完全理解并解决这个问题。亨利·克兰是我当时咨询过的人士之一，他后来成为公司的技术助理总裁，并对公司的工程技术进步做出了重要贡献，尤其是在庞蒂亚克汽车的设计上。亨利只是在近期（1921年10月）才被齐默希德先生延揽到雪佛兰担任首席工程师，所以我对他的杰出能力还不了解。

在雪佛兰的风冷和水冷发动机之间搞折中可不是一件容易的事，它很快就造成了管理层的一场变动。1922年2月1日，经莫特先生建议，原福特公司的生产经理威廉·努森进入公司的顾问人员委员会，并被委任为莫特先生的制造助理。努森先生拜访了代顿，并于3月11日提出了一份有关风冷发动机的报告，他在报告中建议"这种汽车应该立刻投产"。不过，他告诉我说，他的意思是应该组织少量的生产，供商业和技术测试之用。3月22日，经执行委员会同意，杜邦先生解除了齐默希德先生的雪佛兰总经理一职，让他担任通用汽车的总裁助理，并任命努森先生为雪佛兰的运营副总裁。杜邦先生还提议由他本人出任雪佛兰的总经理，但仍担任公司主席和总裁。提议获得了批准。

1922年4月7日，应总裁要求，我们正式将这个实验性开发项目命名为"铜冷"发动机，取代了原来"风冷"发动机的说法。杜邦先生想要把它跟其他风冷系统区别开来，但是，凯特林先生继续使用"风冷"的说法。

为铜冷雪佛兰4型车的生产作工装准备的工作开始了，预计在1922年9月15日开始生产，日产10辆，到年末达到日产50辆。但是，1922年春季匆匆过去了，这些新项目没有任何进展，铜冷发动机仍然窝在代顿，停留在测试阶段。

春季汽车销售情况显示，1922年将是恢复的一年，虽然工程设计"先天发育不良"，还是再次开始销售。1922年5月在底特律开了一次会，杜邦先生、莫特先生、努森先生和雪佛兰时任销售经理科林·坎贝尔和我出席。莫特先生在我的支持下提出了另一种折中方案，即，在当年秋天把为铜冷汽车设计的车身安装到原490车型的底盘上，这样，下个年度车型我们就有新东西可卖。坎贝尔先生对此提出异议，他说担心这样会让经销商在冬季订购过多的490车型，而到1923年春天提供给他们的却是铜冷车型。我再次设法推行我的双重政策。我说："……我们应该在［1923年］4月1日前将铜冷车型作为一种试验车。然后，如果它能够取得成功，并在实地测试中一路顺利，那就将铜冷车型投入生产，并在［1923年］8月1日作为雪佛兰唯一的产品推出这种车。如果该车型没有成功，我们可以继续生产雪佛兰490车型。"分歧就这样被摆到了台面上，但我们没有作出任何决定。

同步进行的计划及相关提议在公司内部造成了不可避免的紧张气氛。凯特林先生依然觉得事业部在拖他们的后腿。他评论说，奥克兰在铜冷开发上现在落后雪佛兰几个星期，而雪佛兰的计划在他看来是不适当的。1922年5月，他又说，他和奥兹的首席工程师罗伯特·杰克配合得最好。杜邦先生支持凯特林先生关于雪佛兰的计划，并于6月提议加快推进该事业部的铜冷计划。由于搭配新发动机的底盘和车身设计变动预计将于秋季完成，那么接下来的变动就只涉及发动机，所以他建议，铜冷雪佛兰车的生产计划应该设在即将来临的冬天。

9月，生产还没有开始，但是官方的预期却很乐观。根据计划，到1923年3月，雪佛兰将形成3000辆水冷车型和12000辆铜冷车型的月度生产能力，到1923年7月，最迟不超过10月，所有水冷车型的生产将转成铜冷车型的生产。

到了11月，凯特林先生发现，像奥克兰一样，奥兹对铜冷车型的兴趣也有所降低。我对杜邦先生说，我很担心把一个未经全面测试的新车型交给三个主要事业部投产的结果。杜邦先生笑着指出，这一决定几个月前就已由执行委员会作出，"现在唯一需要决定的是，是否改弦易辙，或者说，是否彻底放弃所有有关水冷和气冷车型的试验"。但是，他也同意在1923年5月1日前，不会对雪佛兰一事作任何最终决定，接着他提议说，奥兹项目将完全转为铜冷车型。

然后，1922年11月16日，杜邦先生和我的观点在执行委员会下述折中决议中得到了体现。

经决议，铜冷计划如下：

1.奥兹事业部截至1923年8月1日的车型将是六缸铜冷汽车……水冷汽车的所有试验和开发将从本日（1922年11月16日）起停止；

2.雪佛兰汽车事业部将继续审慎地开发铜冷车型，着眼于确定所涉及的所有因素，不论是商业上还是技术上，都始终作为出现在任何新产品的开发上而得到承认，而且在此过程中，任何时候都要使公司的损失保持在最小；

3.对奥克兰事业部的政策以后再作决定，但是，除非以广泛的方式，通过实地对足够数量的汽车进行技术和商业两个方面的实际检验，使铜冷汽车作为一个类别的地位得到确定，否则在任何条件下，奥克兰都不得投产任何种类或类型的铜冷汽车。

就这样，1922年年底，我们完全支持奥兹的铜冷项目，在雪佛兰采取双重态度，而在新车型得到检验之前，奥克兰不得上马新车型。12月，努森先生开始在雪佛兰生产250辆铜冷汽车。1922年像1921年一样，是在对通用汽车这种产品的工程设计的不确定中结束的。

在1923年1月的纽约汽车展上，带有新底盘和新发动机的铜冷雪佛兰车登台亮相。它的定价比标准的水冷雪佛兰车（现命名为"高级"型）高大约200美元，该车型在车展上轰动一时。

雪佛兰事业部的生产计划要求在2月份生产1000辆铜冷车型，并不断提高产量，直到在10月份达到5万辆的月产量。关于水冷汽车，新年伊始唯一遗留的问题是彻底放弃它的确切日期。但是，生产过程中出现了麻烦，铜冷雪佛兰未能在2月份大批量地生产出来。

在1923年的3—5月同时发生了两件决定性的事情。首先，我们发现自己处在汽车史上前所未有的最繁荣的年份，当年业界的小汽车和卡车年销售量第一次超过了400万辆。其次，生产上的困难严重地拖慢了铜冷雪佛兰的制造速度，少数上路并由事业部检测的铜冷雪佛兰出现了大量的问题，表明它们仍处于试验状态，各项性能未被证实，需要进一步的开发。何去何从的问题并不需要多费思量。我们唯一可销售的雪佛兰是老式的传统的水冷雪佛兰。虽然就算对当时而言，它不是一款高性能的车型，但是改进后的雪佛兰"高级"水冷型毕竟经过了考验，是一款可靠的汽车。当年春季，它迅速创下了销售纪录。

人们可以感受到，一个汽车需求的新时代已经开启，机不可失，时不再来，公司确定未来的产品计划刻不容缓。1923年5月10日，杜邦先生辞去通用汽车总裁一职，经他向董事会推荐，我接手了总裁职位。我们继续在铜冷项目上持不同意见，但是，现在做决策的责任落到我的身上。

在奥兹，根据当时的政策，所有关于水冷汽车的工作都已停止；汽车存货正以每辆车50美元的损失廉价甩卖，同时事业

1923年，斯隆执掌通用

部静等1923年8月1日新铜冷6型车的投产。但是，有关铜冷雪佛兰车的问题明显地对这个计划的有效性产生了威胁。

执行委员会经扩大增补了费雪车身的负责人弗雷德·费雪和莫特先生。作为总裁，我是委员会当然的主席，1923年5月18日，我主持了委员会扩大后的第一次会议，我在会上提出了奥兹的问题。我陈述了奥兹的实际情况，并指出："雪佛兰铜冷汽车生产的持续延期时刻提醒我们设计和制造中的不确定性和困难，它们势必耽搁整个项目，并可能给奥兹的工厂和我们全世界的业务带来严重困扰。"经过跟凯特林先生、努森先生和亨利先生讨论，我们任命了一个委员会，由三位工程师组成（卡什，通用汽车一个发动机生产事业部诺斯威的总经理；亨特先生，雪佛兰的首席工程师；德沃特斯先生，别克的首席工程师），并指示他们报告有关六缸铜冷发动机的情况。在1923年5月28日的会议上，他们向执行委员会提交了报告，杜邦先生、哈斯克尔先生和拉斯科布先生没有出席会议。会议的主题就是这个报告。工程师们汇报说：

> 在60-70华氏度的气温下，当以中速行驶时，[铜冷6型]发动机的预点火装置表现糟糕。尽管在从冷车到热车的过程中发动机的马力输出令人满意，但是当发动机热起来之后，压缩效率和功率降得非常厉害。
>
> 这些主要困难加上几个小一点的困难——如果你们需要，我们可以提供详细报告——使我们断定，这项工作尚未完善到可以立即投产。我们建议应该暂缓生产计划并作进一步的研究，而立即投产不在考虑之列。

听到报告，执行委员会取消了奥兹原来的铜冷计划，并指示该事业部继续开发水冷发动机，使之能够在那个铜冷底盘上正常工作。我们原则上表达了对铜冷技术作为长远开发项目的信心，并委派卡什先生在诺斯威事业部开发铜冷6型车发动机。

在雪佛兰，当时已经生产了759辆铜冷汽车，其中239辆被生产线工人拆掉，在剩下的铜冷汽车中，有500辆交付销售系统，其中约150辆由工厂代表使用，约300多辆车卖给了经销商，其中又有约100辆卖给了最终的用户。1923年6月，雪佛兰事业部决定召回所有这些铜冷汽车。

1923年6月26日，凯特林先生给我写信，建议将铜冷发动机从通用汽车中除去。他写道：

> 我们开始时做的是一件非常明确的事情，这件事一直在做，而现在和一年前没什么两样，但是在过渡阶段某些因素介入其中，把整件事搞乱了，以至现在除非能够把事情理清楚，否则我相信整个计划都将搁浅。如果我们不能在我们自己的组织中找到某种可行的办法将这一产品商品化，那么，我应该极有可能跟您讨论将这个项目从公司中分离出去的可能性，这是上个星期才发生的事情。我确信我能够找到资金和一个适当的组织，以我认为可以做到的方式去做这项工作。

看起来他当时还不了解铜冷雪佛兰的计划已经取消。4天后，一听到这一决定，凯特林先生再次给我写信，提出从通用汽车辞职：

> 我已经明确下定决心离开公司，除非公司采取某种办法，阻止这里所做的基础性工作不因组织原因而被抛至一边和怀疑……
>
> 我完全确信，倘若我们不必去克服公司内部的阻力，我们提出的任何议题都能取得百分之百的成功。这是不可能的，除非执行委员会在了解它将对公司有价值之后，能够负起责任，以执行委员会的命令的形式强制执行。
>
> 我非常遗憾情况已经发展到这一步。我的心情一直非常不好，而且我知道，由于经常跟杜邦先生和您讨论这个问题，你们的心情同样非常不好。你们并不是一时冲动任命我这个职位，使我能够坐在那里什么事情都不干的。我还从来没有在我至今承担的任何任务上失败过。我现在认识到，在实验室，这里的这项工作已经几乎百分之百会失败，但不是由于所涉及的基本原理出了问题。这些实验室已经搞出的东西，已足以对得起它们的存在，然而由于目前这样的情况，没人会在意继续从事研究活动。
>
> 值此断开我跟公司的联系之际，我唯一的遗憾是无法再和您本人、杜邦先生、莫特先生和其他人一起做美妙的事情。对于我能够做的工作，一些行业还是有很多可能性的，在这些行业，解决新事物时所遇到的问题，其难度完全比不上汽车业。因此，我希望，读过这封信之后，您能够形成一个明确的计划，凭借它，要么通用汽车内部的这种情况能够云开雾散，要么我能够从我目前的职责中解放出来。我希望就此事尽快拿出明确的结论，因为我也想制订明确的计划。

凯特林先生始终非常坦诚。在我们40年的友谊和交往中，他总是清楚地对我说出他的想法，我也以同样的方式对待他。我认为这是我们最糟糕的时刻。他的传记作家博伊德曾经写道："……1923年夏，铜冷雪佛兰的终止给了他沉重的一击。就是在那时，他的情绪跌到了他研究生涯中的最低点。"我明白这一点。但是，我很肯定我感到自己必须采取的立场，正如他也一样，而且很自然，我们身负不同的责任，其中涉及的管理问题超过技术问题。依我看，面对正在膨胀的市场，我不能支持公司中这种具有不确定性的开发项目。如果我这样做了，我不相信会有今天的通用汽车，我们肯定会与这班船失之交臂。此外，无论这种发动机在原理上多么合理，强迫事业部去做违背它们判断的事情都不是我当时或此后任何时候的处事原则。这个问题（虽然不是任何其他问题）很不幸地在公司内撕开了一道鸿沟，凯特林先生和他的实验室以及杜邦先生站在一边，我和各事业部站在另一边。我迫切地渴望填平这道鸿沟。

我现在面对的问题是调和凯特林先生对其新车型的自然反应和热情跟这种情况下的现实之间的反差。铜冷汽车未能通过有效性测试，它在奥克兰失败了。大家认为，需要由别克、雪佛兰和诺斯威的首席工程师进行联合研究，这是一个能力非常突出的团队，他们可以进一步推进开发工作。由雪佛兰生产并投入卖场的样本汽车已经因种种瑕疵而被召回，新底盘以及新发动机的不确定性使问题复杂化了。我们不得不承认，相对而言，与运营事业部的工程技术人员相比，研发公司的工程师们在底盘设计方面经验更少。我必须尊重所有这些事实和情况。

1923年7月2日，我给凯特林先生写了一封信，部分内容如下：

1. 您提到您前天获悉所有的雪佛兰车都要从市场上撤下来。现在您回想一下，在杜邦先生位于底特律的办公室里，大家曾一致同意，将停止进一步装配雪佛兰车，而且在努森先生、亨特先生和您本人向我们报告说可以这么做之前，装配工作将不再启动。您肯定记得您也参与了此事，而且，经过非常漫长的讨论，其间提出了很多技术问题，似乎大家都认为这一措施是最正确的做法。在同一次会议上，大家一致认为，8月1日开始的销售年度将继续销售铜冷汽车，并授权坎贝尔先生准备两种合同。您肯定记得这些事情。因此，事实上，会议达成了两点共识：首先，雪佛兰将在1923–1924年的销售年度继续销售风冷和水冷两种车型；其次，在获得进一步的授权之前不再装配铜冷车型。因此，您肯定看出了雪佛兰当时左右为难的处境。他们被告知将有两种车型，可是他们只能生产一种。我提到这一点，只是为了避免误解。

2. 我最近注意到有145辆铜冷车型还在行驶，将它们召回并重新组装看起来更合适。换句话说，考虑到多少还有投诉的事实，处理整车问题而非专门处理发动机问题，被认为更合适，因此需要将它们召回来并进行适当的调整。没人说这是由于发动机或任何其他问题。看起来这只是在考虑了所有因素之后，从全局上做出的召回决定。您肯定能理解，当这些事情都处理完之后，势必制定出详细的相关政策，而且，使许多人全都必须彻底理解整件事，并适当提出政策背后的真正原因，有时候是不可能的。

我略去了这里不必要的部分，直接跳到信的结尾：

7. 我并不同意您关于当前的形势毫无希望的说法。我对我们的组织有极大的信心，我指的是整个公司。我认为他们有权获得他们应得的信任，同样，他们也有权要求对他们的短处进行质疑——如果我可以这么说的话。极大的麻烦是，大家对铜冷汽车明显缺乏信心，尽管如此，公司各位执行官和执行委员会一直尽全力设法使人们了解它，但是我们的事业部至今不相信它，这使它事实上成为一个不可能完成的项目。在我看来，这才是摆在我们面前的真正的问题。这个项目的好处和花在上面的日日夜夜并不能改变当前的形势。我们必须做的事其实是让我们的人能够像您一样了解这件事。如果能够做到这一点，那么就不存在任何困难了。我并不认为采用强迫手段能够收到什么效果。我们尝试这么做过，但我们失败了。我们如果打算成功，就必须试一试其他的方式。

我之所以大段大段地引述，是因为这封信提出了各种问题，其中大部分问题是一目了然的，至少在我看来如此。

为了缓解紧张气氛，我提议了一项新的铜冷汽车开发计划。

看起来很清楚，我们犯下的一个基本错误是责权不清。执行委员会、各运营事业部和研究公司，不论是它们内部还是彼此之间，全都带有不同的观点，它们都试图扮演管理者的角色。很明显，现在我们必须重新建立明确的原则，将责权集中到一个部门，并支持它的工作。我的计划是建立一个独立的试验性组织，只受凯特林先生管辖，它在某种意义上可视为铜冷事业部。凯特林先生将指定他自己的首席工程师和生产人员，来解决制造过程中的技术问题，而且这个组织将承担铜冷汽车的市场营销工作。他们将根据情况的变化决定制造多少铜冷汽车。这个项目将为凯特林先生提供一个没有任何干涉的自由舞台，来证明他深具信心的铜冷汽车的有效性。

为了评价这个新办法，我召开了一次会议，参会人包括弗雷德·费雪、斯图尔特·莫特和我。我们全都很赞成这个拟议的针对问题的解决办法。1922年7月6日，我给杜邦先生递交了一份备忘录，部分内容如下：

> 昨天，我和费雪先生、莫特先生就一项政策作了一次长谈，这项政策将会比我们此前推行的政策更有建设性，也更根本。我们感到，强迫各事业部去做那些它们不相信或者其中有某些论证性要点还有待证明的事情，只会令我们迷失方向，并且，总工程师和凯特林先生之间的职责不清也只会令我们无所适从，除非明确将这一职责完全交至其中的一方。我们迫切地希望能够在实践中证明这一提案的商业价值，并且相信这个解决办法——现将它交由您审核批准——将是我们的唯一出路。

今天上午，我们跟凯特林先生比较详细地讨论了这件事。他对我们提出的每一点都举双手赞同。他似乎非常热切地接受了这一提案，并且信心十足地认为，沿着这些思路将能够圆满完成任务。计划基于如下原则：

1. 迄今为止，我们对铜冷汽车商品化工作的投入完全打了水漂，我们感到，由于连续失败带来的阻力，我们的处境比两年前还要糟；

2. 圆满完成这项工作的工程职责必须明确地集中在一个人手里；

3. 我们觉得，要想获得理想的结果，唯一的办法是建立一个独立的运营单位，它的唯一目的就是证明铜冷汽车的商业价值；

4. 因此，我们决定用研究工厂的一部分，尤其是飞机事业部正在腾空的那部分，在代顿组建一个新的事业部，它将多少具有一定的装配能力，凯特林先生将通过他任命的首席工程师来全面负责它的工程技术；

5. 这个新的运营单位将接手四缸铜冷发动机的工作，很可能还包括六缸奥兹，他们将以自己的名义独立营销这两种车型，以日产5—10辆起步，并随需求的增长相应提高产量；

6. 除了凯特林先生认为需要改造的部分外，所有已开发的机床设备和存货都将提供给这个运营单位；

7. 这个运营单位将具有专门的性质，由于产量相对较少、动力装置性质特殊，它的产品将非常昂贵，这将为我们确信能够通过考验的车身再增添额外的吸引力。

费雪先生、莫特先生和我本人觉得，这是唯一的出路，并将正确解决责权的归属问题，消除与其他事业部的混乱状态，使它们能够继续按照自己的方式做好自己的事情，因为它们还有很大的问题需要解决，以使它们在未来还能保持像现在这样的地位。我相信，试图在凯特林先生和亨特先生或凯特林先生和任何他人之间就铜冷技术开发时涉及的各种技术问题建立一种安排是无效的，因为他们永远都不能达成共识，最后，肯定还是其中的某个人按照自己的方式将所有的问题都解决掉。

杜邦先生并不同意这个把铜冷技术开发从事业部及其大型销售系统中分离出来的计划，但是到最后，他还是接受了计划。由于铜冷技术开发计划的负担放到凯特林先生下辖的代顿，而各个事业部轻装上阵，继续发展普通水冷项目，1923年7月25日，我给执行委员会写了一份备忘录，其中一部分摘录如下：

第五章 "铜冷"发动机

自通用汽车重建以来,两年半的时间过去了。由于我们在铜冷项目上陷入的困境,我们的雪佛兰汽车的状况并没取得我认为它应该取得的进展。我们所采取的每个步骤肯定都经过了仔细的考虑,对于这个结果,也确实存在着很多原因,而且关于究竟是什么原因导致了这个结果,很可能有不同的意见,但是,事实就摆在这里。这份备忘录的目的只是想指出,如果现阶段在车型开发方面加紧努力,我们会取得哪些优势,以及如果能够尽早推出这一车型,我们预期会获得什么回报。毫无疑问,如果我们的工厂同时生产铜冷和水冷车型,我们仍然可以取得所有的这些优势或者其中最重要的优势,因为我并不认为这两种车型之间存在着本质的优劣之分,除非两种技术间的差异能够让铜冷发动机在其他条件相同的情况下取代水冷发动机。

这份备忘录不仅仅是表达对浪费时间的遗憾,还是一项新计划的序言。采用新设计的水冷雪佛兰将按照1921年的产品计划思路投入低价位的大容量市场中去进行竞争。

铜冷车型再也没有大规模地出现,它夭折了,我也不明白为什么。[①] 当时正处于经济大繁荣时期,满足对汽车的需求并用改进的水冷汽车去应对竞争占据了我们的全部注意力和精力。

凯特林先生和他的员工们不断取得伟大的成就。他们发明、开发了四乙基铅汽油、高压缩比发动机、无毒电冰箱、两冲程柴油机——它让通用汽车在铁路领域掀起了一场革命——以及无数其他发明、改进

创新之父凯特林

与开发,他们的成果在汽车、火车、飞机和各种设备上都随处可见。

---

① 多年后,风冷发动机的技术水平发展到了实用阶段。这种铝制发动机的一个样品现在陈列在雪佛兰建造的现代科瓦尔博物馆。

铜冷发动机的重大意义在于，它让我们明白了在设计和其他工作之间有组织的协作和协调的价值，揭示了区分事业部与公司的研究职能的必要性，也指出了区分改进产品设计与长期研究的必要性。铜冷发动机的小插曲有力地证明了，管理必须符合当前的组织和业务政策，并且二者之间存在着相互依存的关系。总之，这段经历将对未来的公司组织模式产生深远的影响。

第六章
稳 定

1923年春，皮埃尔·杜邦先生辞职，由我继任通用汽车总裁一职，这次更替标志着公司第一阶段的结束。虽然产品计划延期，但公司在这个时期实现了总体稳定，这是当时最需要的。这种稳定部分由1920–1921年经济衰退的过去所致，但是最大的功臣却是杜邦先生。在公司需要的时候挽狂澜于既倒，并带领它处在显著的实力地位，这份功劳应该更多地归于他而不是任何其他人。当他意识到公司恢复正常、管理层能够自力更生的时候，他当即作出决定，把运营领导权移交给汽车人士。他是以下述方式采取这个行动的。

斯隆于1923年全面执掌通用

1923年4月18日，股东年度大会召开，并选举了新一届董事会主持来年的工作。第二天，4月19日，董事会召开一次组织会议，重新选出了包括杜邦先生担任总裁在内的原行政团队及各个委员会，再服务一个任期。然而，正当几乎所有董事——包括我在内——都认为大势已定、来年可期的时候，风云突变。

5月10日，经过一次常规会议，杜邦先生召开了一次特别董事会会议，并在要求莫特先生担任主席之后，提出辞去总裁职务。随即，董事会一致通过了如下决议：

> 经正式提议并一致通过，现作出决议，接受皮埃尔·杜邦先生的总裁辞呈，并进一步决议，在接受杜邦先生的总裁辞呈的同时，董事们希望能够将各自对杜邦先生在过去的两年半期间为公司提供的宝贵服务表示感谢并记录在案，也想要表达对他在接手总裁一职的职责时所作的牺牲的认可。在他任职期间，公司各项事务进入了高度的繁荣状态，现在杜邦先生决定辞去这一职务，董事们对此深表遗憾。他们欣慰地获知，他并不以任何方式脱离与公司的联系，而是以董事会主席的身份继续积极地参与对公司事务的指导。

接着，会议开始选举总裁以填补这一职位空缺。杜邦先生提名我担任总裁，我当选了，随后我还当选为执行委员会主席。虽然当时大家未预计到杜邦先生辞职，但是在他就职时大家就已经知道，他的任职时间将是有限的，而且在任职期间，他会把自己的许多工作职责转移给各位副总裁。事实上，他已经这么做了。

在这段关键时期，杜邦先生尽其所能，亲力亲为，他对公司的显著贡献是没人有资格评价的。在他整个的总裁任职期间，我和他一直关系亲密，我们一起出差，一起参加会议，一起商议出现的所有问题。在公司处于财务困境之际，杜邦先生毅然从退休中复出，担任这个复杂的而且他没有多少实际经验的企业的总裁。当时，员工大批辞职，市场地位下降，管理层对企业本身和未来机遇的信心逐渐动摇。然而，可以说，杜邦先生挺身而出担任总裁，光这个事实就改变了整个局面下各方的心态。银行消除了顾虑，公司重建了对未来的信心，股东们获得了鼓舞，公司全体员工决定不仅要继往还要开来，充分利用我们行业的内在性质所具有的巨大机会，而且在这方面，我们对杜邦先生出众的领导能力的信任鼓舞着我们前进。

对他来说，他的管理工作是活跃而忙碌的。他的家在加州，就在特拉华州的威尔明顿外面，他对自己的家感到自豪而满意。现在他离开了那里，把时间一分为二，在纽约和底特律两地轮流待一周。他经常出差，到现场视察财务情况，并讨论能够在现场更好地评估的问题。他白天视察和调研，晚上开会讨论，但是即使这样也难以跟上问题的发展。杜邦先生的管理可以被称为评价和指导。结果是，我们逐渐辨识了业务的各项要素，并通过不断的尝试和修正，打造出现代企业据以建立的基础。

杜邦先生的管理团队原则上采纳了一个健全的组织方案和一种健全的产品线规划方法，同时引入了会计和财务系统。拉斯科布及其前杜邦同事唐纳德·布朗一起制订了一个极其全面的激励计划，它后来经过补充，为较重要的执行官提供了一个参与企业财务收益的机会。这个供执行官参与的计划被称为经理证券计划（后面有专章介绍），是杜邦先生的一个信念促成的，他相信股东和执行官之间形成伙伴关系是正确的。杜邦先生还清盘了诸如萨姆森拖拉机一类的不盈利事业部，并指导了一场广泛的财务重组，为公司打下了健全而坚实的基础。

一个管理团队也可以由其新增或留住的人的才干来衡量。1923年，在公司里或者跟公司有关联的，是极大数量的将在美国汽车史上留下印记的人，而且其中一些已经开始出名。他们当时有：在主管弗雷德·费雪领导下的费雪兄弟；在印第安纳州的安德森，年轻的查尔斯·威尔逊担任雷米电子事业部的工厂经理，他后来成为公司的总裁，此后又成为美国的国防部长；詹姆斯·穆尼负责通用汽车海外业务的副总裁；在代顿，理查德·"迪克"·格兰特负责德科照明，他将在整个 20 年代负责雪佛兰的销售，并因此成为美国顶级的推销员；哈洛·柯蒂斯是 AC 火花塞事业部的审计官，他后来是朝鲜战争后通用汽车大扩张时期的总裁；威廉·努森，他在负责雪佛兰的工作多年之后，也担任过公司的总裁；约翰·托马斯·史密斯是公司的法律总顾问，他后来在执行委员会任职，而且我要说，在道德和公共政策问题以及法律方面，他的建议和影响在公司中排名非常之高；科勒是雪佛兰的制造部经理，他后来成为克莱斯勒公司的总裁和主席；阿尔伯特·布拉德利当时只是财务部一名重要的年轻职员，他有朝一日将成为通用汽车的主席。这样的人还有很多，比较突出的有查尔斯·莫特、查尔斯·凯特林、约翰·拉斯科布、唐纳森·布朗、约翰·普拉特，其中后三位来自杜邦公司，他们以及我之前提到的那些人，是一个由经验丰富或前途无量的汽车和财务人士组成的伟大团队。

雪佛兰顶级销售员格兰特

　　至于我本人，我认识到，当选为公司总裁对我来说是一项巨大的责任，也是一个没几个人能遇到的商业机会。我暗下决心，我将为这项事业鞠躬尽瘁，死而后已，我将用我所有的精力、经验和知识帮助公司取得卓越的成就。从此以后，通用汽车一直成为我奉献的对象。成为总裁之后，我原先作为运营副总裁所负责的工作有了少许变动，但是工作进展顺利，没有停顿。我的很多基本观点已经成为公司政策，我就是在这种吉利的情况下登上总裁职位的。公司腾飞在即。

　　但是，在通用汽车生死存亡之际临危受命，为公司未来的发展打下坚实的基础，这份荣誉必须归功于皮埃尔·杜邦先生。

第七章
委员会的协调

1923年秋,整个公司的气氛既有兴奋又有巨大的渴望:兴奋的是,汽车业首个400万辆客车和卡车年份胜利在望;渴望的是,调和由铜冷发动机所引发的组织问题。这种发动机的研制经历对通用汽车产生了深远的影响。同时,对汽车的巨大需求充当了一种外部压力。显然,是时候凝聚起来迎接繁荣的20年代的挑战,而凝聚意味着协调。

协调的问题是发展出切实可行的手段,从而使各种管理职能形成有机联系的问题。我们已经有组织原则,它们就写在1919–1920年的《组织研究》中。现在,我们具体需要的是协调公司内各个大不相同的群体,比如总部、研究部门和分权管理的事业部。通用汽车的事业部是自成一体的组织单位,集设计、生产和销售于一体,换言之,集合了创造利润的活动。公司职能部门在这些职能中每一个的工作,都要跨越这些事业部单位。比如,职能部门的工程技术职能可能且有时候直接跟任一或所有自成一体的事业部的工程技术活动发生关联。职能部门和事业部的接合点非常关键,这是我们历经艰辛才学到的。铜冷发动机的研制经历表明,如果它变成战场,这些接合点能够产生的瘫痪作用有多大。

有关协调和分权管理的广泛问题始自公司的最高层，所以现在属于我的责任。新的管理团队一上台，我就开始处理这个问题。1921年年底，在我写的一些关于公司形势的笔记中，我提出了跟最高执行团队相关的分权管理问题。首先我写下了一个原则声明：

……我是从彻底相信分权组织的角度来处理这个［组织］问题的。经过了一年的工作，我仍然同样坚定地相信，分权组织是唯一能发展所需的人才以应对公司的大问题的组织，但是某些事情，虽然是分权组织，也必须辨别出来，而且我对这些比我以前明白得多……

期盼着对1921年的紧急事件全盘清理的主要问题，我写道，跟公司运营体系中的最高机构执行委员会相关。这些问题是：执行委员会作为政策制定者的角色如何发挥、运营方面的声音如何体现以及总裁个人的权威如何有必要。我写道：

A. 执行委员会［应该］更具体地局限于应由［运营组织］给它提出的原则，使这些原则得到恰如其分的发展和经过深思熟虑的执行，而不是像现在这样把自己视为一种集体管理。

考虑到我所作的叙述，这一点不怎么需要解释。但是让我来说，虽然不了解我的人经常批评我是一个推崇委员会管理的人，而且在某种意义上我的确是这样的人，但是，我从未相信像这样一个群体能够管理什么事情。集体可以制定政策，但是唯有个人才能推行政策。当时，尤其涉及铜冷发动机的时候，我们执行委员会的四个人在我看来是在努力管理事业部。

我的下一个观点并不是特别针对缺乏汽车行业经验，而是针对这个最高执行委员会和运营组织的整合问题：

B. 执行委员会中运营方面的代表权还不够强。这一点应该通过增加执行委员会的人数来纠正。我建议增补莫特、麦克劳克林和巴西特三位先生。执行委员会不要经常开会,每两周不超过一次,或许每月一次。

我接着建议,总裁应该承担更多而非更少的职权。这一点并不像初看之下那么令人惊讶,因为它符合应由个人而非集体来管理的原则。事实上,在我担任运营副总裁的时候,一般的运营工作已经交由我处理,而且我们当时的职权情况比较混乱。我接着写道:

> C.无论谁负责运营工作,都应该被授予真正的能用于紧急情况的职权。如果公司总裁能够绝对拥有主持运营工作的职权,那大概最好不过了。如果这一点无法办到,那就应该委派专人负责,而无论谁负责,都应该发展一个合理的组织,去跟运营方面以及跟执行委员会打交道。

接下来,我给出了区分政策和管理的例子。我写道,制定总体定价政策的权力应该保留给执行委员会。显而易见,既然我们以事业部为基础来划分价格区间,我们不大可能希望凯迪拉克推出一款处在雪佛兰的价格区间的汽车。

就执行委员会对产品特征和质量的管理问题,我写道:

> 执行委员会很少适合去批准计划产品的规格甚或主要特征,除非它们具有特殊的意义,比如涉及进入新的市场,或者可能破坏当前正盈利的产品线。执行委员会应该从政策的角度,并在如下方向处理问题:调节事业部间产品的总体质量,以便获得健全、审慎的按价格区间划分的产品分布,避免不同事业部间不适当的冲突。一个经过精心设计的政策应该阐述清楚,能够向事业部传达所需信息,使它们全面了解产品所应达到和保持的总体质量,而且,所有重大的变更都应该报送执行委员会,供他们从这个角度予以批准。执行委员会不应试图对机械特性发表意见,而必须依靠运营组织中某个胜任的个人或团体。

总之，执行委员会的工作是指导性的，他们应该制定政策，并用清晰、明确、详尽的语言把政策传达下去，为授权的行政措施提供基础。

我现在记不清杜邦先生对这些提议是怎样表达自己的意见的。我认为他肯定同意了，因为他与我合作把它们付诸实施了。1922年，在他的推动下，运营经验丰富的莫特先生和弗雷德·费雪进入执行委员会。后来，1924年，当时我担任执行委员会主席，在他的帮助下，委员会增补了巴西特先生、布朗先生、普拉特先生、查尔斯·费雪先生和劳伦斯·费雪先生，委员会扩至10人，其中7人有运营经验，2人有财务经验，最后1人是杜邦先生本人。执行委员会由此获得了一个带有运营组织的身份，此后，无论名称怎么变化，它都保留了这一特征。最终，执行委员会仅限于政策事务，而将行政管理交给总裁。

现在轮到职能部门、基层和总部官员的关系问题。这里，我将描述为组织引入规范的步骤。

早期的两个步骤，一个在采购领域，另一个在广告领域，帮助指明了建立一个实用的组织形式的道路。成立综合采购委员会是我1922年从事的一项任务。关于这个委员会，有两件重要的事情需要考虑。一个是它本身的价值，或者说建立它的必要性，另一个是它作为协调方面的一个教训的附带价值，这一点跟下面要讲的故事相关。

集中采购并不是我们原创的想法。在那段日子，它被认为是一项重要的工业节约措施，在某些情况下我也相信如此。作为福特的供应商，我在海厄特的时候体验过规模经济。但是，我们观察到，由一个采购办公室去执行涉及公司多个事业部的合同的集中采购是一种过度简化的观点。正如我1922年看到的，通用汽车的问题是要通过综合的合同获得规模优势，比如轮胎、钢材、文具、篷布、电池、滑轮、乙炔、研磨剂等物品的大宗采购，与此同时，还要允许各事业部对它们自己的事务有控制力。我在一份初步的备忘录中论证说，协调好采购工作将每年为公司节约500万—1000万美元；将更容易控制尤其是降低存货；在紧急情况下，一个事业部可以从其他事业部获得原料；公司的采购专家可以充分利用价格波动。然而，我继续指出，"当考虑到公司几乎所有的产品都极具技术性这个特征，并认识到在多年处理某些产品而非其他产品的过程中逐渐形成的个性和观点后"，特殊的困难出现了。换句话说，这是一个承认对分权管理的自然约束的问题，这些约束融入了产品的技术中，进入了经理人的脑子里。没过多长时间，这些经理人便证明了这一点，当时我首次提出让一名采购员负责协调。他们举出他们长期的经验、需求的多样性以及事业部的责任减少作为论据，说明集中采购能够影响他们完成各自汽车计划的能力。

为了应对这些反对意见，我提议成立综合采购委员会，主要从各事业部抽调人手组成。当事业部获悉它们的利益是有代表可以参与制定采购政策和程序、决定技术规范、草拟合同并拥有最终决定权时，它们支持了这一提议。就这样，根据安排，在采购委员会中，各事业部的代表有机会在他们的具体需要和公司的总体利益之间取得平衡。一位公司采购专员将管理委员会的决策，而不是对决策指手画脚，也就是说，采购委员会和采购专员的关系是"委托人与代理人"的关系。采购委员会持续了约10年，在此期间运转得相当好。但是，有关它的价值，出现了几个限制：

首先，一个事业部所需的任一特定产品的数量通常很大，大到足以证明供应商给予该事业部尽可能低的价格是合理的；

其次是管理问题，比如，如果公司给所有事业部提供了一个采购合同，结果有可能是，某家未得到合同的供应商会找到其中一个事业部许以更低的价格，即使他已经参与了最初的报价，这将会导致混乱和不快；

最后，大量要采购的零部件和供应品缺乏共性，它们是一些适用于特定的工程技术理念的特定物品。

因此，我认为综合采购委员会本身无法援引为一个成功范例。然而，它促使我们作出极大的努力使物品尽可能标准化。这一点和标准生产流程的描述都是非常重要的事情。综合采购委员会真正而持久的成功就是在物料标准化领域取得的。

该委员会还提供了我们第一个协调方面的教训。这是我们第一次处理事业部之间的活动,结合了基层(在事业部的职能层次)、职能部门(一个综合采购部门)和总部官员(我是该委员会的首任主席)三方面的要素。两年后,在回顾它的工作时,我写道:

>……那些负责各项职能活动的人可以携手工作,兼顾他们自己的利益和股东的利益,并且,无论从哪方面看,这种协调都比试图将一些集中管理的功能下放到各事业部要好得多。我相信,综合采购委员会展示了这么做的方法的好处并证明了这一点。

接下来迈向协调的重要步骤落在广告领域。我在1922年作了一些消费者调研,我们发现,整个美国,除了华尔街和百老汇,几乎没人了解通用汽车。所以,我认为我们应该对母公司进行广泛的宣传。巴顿、德斯廷和奥斯本广告公司,即现在的BBDO,提交给我的一个计划获得财务委员会和最高层执行官的批准。但是,由于涉及事业部的事务,于是我邀请事业部人员和底特律的其他执行官就这样一项计划是否妥当发表各自的观点。大家一致认为这项计划是值得的,于是布鲁斯·巴顿被授予全权负责该项活动。我们接着成立了公共广告委员会,由各汽车制造事业部的经理和职能部门的人员组成,他们协助巴顿先生,并"促使与公司宣传工作的其他各方面形成必要的协调"。我制定了一项规则:如果任一广告主题涉及某个事业部,则它必须得到该事业部的批准。这是部门关系方面的另一个小经验。

然而,向协调方面迈出的真正的一大步是从铜冷发动机的相关经历中产生的。当这个问题到最后不可收拾,参与各方形成了针锋相对的两个阵营(即以研发部的工程师为一方,事业部的工程师为另一方)时,就必须采取行动去治愈创伤,并解决追逐新理念的群体和负有汽车生产责任的群体之间这种基本的冲突。首先,需要一个能够让这些人坐在一起、心平气和地交换意见并消除分歧的地方。在我看来较为可取的是,举行这种意见交流会应该有总部执行官在场,后者必须在结束时制定或批准推动项目前进的重大决策。

第七章 委员会的协调 105

我没有试图完全通过回忆描述这整件事，我在这里详细地引述一个提案，而且相信它是整个事件中的关键陈述。这个提案是1923年9月期间由我撰写，给公司几位执行官传阅，并最终获得赞成的。

过去很长一段时间，我一直感到，如果能够制订一项合适的计划，得到所有相关各方的支持，那么某种内部合作就能为公司带来巨大的收益，这就是各业务部门之间，特别是我们的汽车制造事业部之间，具有工程技术性质的合作，因为它们平常处理了太多具有类似的一般特征的问题。这类活动早已以采购的方式开始且大有裨益，而且随着时间的推移，我相信，除了会给公司带来实实在在的利润，它还将会以非常多的不同的方式证明自己的益处。我们公共广告委员会的活动是建设性的。有一天，杜邦先生在一次此类会议之后对我说，即使忽略广告本身的价值，发展出一种通用汽车紧密团结的氛围以及这个代表公司各项活动的不同方面的委员会所有成员的协同工作的精神，这二者给公司带来的其他利益……就足以证明所有的努力是正确的。我完全相信，我们全都同意这些原则，倘若的确如此，而且没有理由怀疑这些相同的原则不能应用于工程技术领域，那么，将这些原则付诸实践，在我看来是完全值得认真尝试的。我彻底相信它能取得令人惊叹的成功。因此，我相信，我们值此之际应该成立一个可被称作综合技术委员会的机构，该委员会拥有某些权力和职能，它们应该一开始就进行宽泛的界定，并随着工作的开展在看起来能够证明其合理的时候以各种方式加以充实。

在试图概述更一般的可以据以开展工作的原则之前，我认为，有一点应该非常明确地提出并让所有人明确地了解，那就是，在任何情况下，该委员会的职能都不要涉及任何特定业务部门任何特定的工程技术活动。根据通用汽车的组织计划，我相信我们全都衷心地赞同它，任何特定事业部的活动都要处在该事业部总经理的绝对控制之下，该总经理仅受公司总部官员的节制。对于健全得如此彻底的一类组织，我肯定不想提出哪怕稍许偏离于它的建议。正相反，我的确相信而且过去很长时间一直相信，通用汽车公司面临的重大问题之一，是要在目前的组织计划中增加某种方法，通过这种方法可以发挥公司整体的优势、增进股东的利益。我觉得，随着时间的推移，在任一业务部门的活动和我们所有事业部整体的活动之间，能够而且必然建立一种适当的平衡。我们现在的方式，即邀请各组织中具有相同职能关系的人坐在一起，并给予这个群体以权力，在他们觉得能够建设性地使用该权力的时候去解决问题，然后让他们自己决定在需要协调的地方应该做些什么，就我此时此刻所见，尚未有任何比这更好甚或同样好的方式。我相信，这种适当制订的计划将在每个事业部和公司本身之间引入必要的平衡，并在任何意义上不限制任一部门行动的独立自主的情况下，在协调行动有益的地方实现此类行动所有的好处。

假设这一点原则上正确，我便可以具体提出在综合技术委员会的情况中会有哪些职能，我认为这种讨论同样适合他种委员会，只要它们涉及的所有职能为所有制造企业所共有。

1. 委员会将处理所有事业部都感兴趣的问题，其处理的事项将在很大程度上形成适用于公司的一般的工程技术政策。

2. 委员会将承接早已建立的专利委员会的职能（后者将被解散），并在承接这些职能时有权处理早已授予专利委员会的专利事务。

3. 就原则而论，委员会将不涉及任何事业部个体的具体问题。事业部的各项职能仅处在该事业部总经理的绝对控制之下。

需要指出的是，顾问人员委员会中专利部的职能和其他职能部门有本质的不同，它在某种意义上是通用汽车组织计划的一个例外，因为事实上，所有的专利问题都直接受到专利部主管的控制。换句话说，所有的专利工作都是集中管理的。不过，专利程序针对发明委员会，以及针对如何跟专利部主管合作、如何在相关条件下分解专利事务中的职责作了规定。事实上，发明委员会的成员在很大程度上肯定与综合技术委员会是重叠的，考虑到这个事实，为简化起见，将二者合而为一被认为是明智的。

　　还需要考虑位于代顿的通用汽车研究公司的职能。我感到，迄今为止，[通用汽车]公司一直未能充分利用有了适当的行政管理系统之后可以利用的东西，诸如我们在代顿的优势本应充分挖掘。我认为这有几个原因起了作用，其中最重要的是缺乏适当的管理政策，或者可以说，不能聚在一起好好地协作。大家都期望，该计划将能提供的，不仅仅像刚刚说的那样，是与研究公司更好的协作，而且是各个运营事业部本身之间更好的协作。我相信，我们全都会同意这一点，即我们在代顿的许多研究和工程问题只能通过各事业部的接受度和商品化得到利用。我充分相信，更密切地接触研究公司正在做的工作是完全必要的，它将有助于实现我们期望的结果，并加强全[通用汽车]公司整体的设计力量。

　　我的想法是，综合技术委员会应该获得相称的独立地位，此外，就像后文描述的那样，通过委员会秘书制订一个大家相信将对委员会全体成员都有帮助和有利的会议计划。计划将引导他们开展其性质和范围经委员会判断可取的研究和调查。为了实现这一目的，他们可以使用研究公司和任何运营事业部的设施，甚至任何外部来源的设施，只要委员会判断会产生最有利的结果。具有这种性质的项目可以由委员会本身的任一成员提交给委员会，也可以由研究公司或通用汽车有限公司的任何成员经由委员会秘书提交给委员会。从1924年1月1日起，通用汽车有限公司的运营成本都将受到预算系统的控制，而为实现这一目的所开展的活动都将得到预算资金的支持。

　　我已经在运营委员会的一次会议上提出了上述想法，所有对此事感兴趣的汽车事业部总经理和集群副总裁都是运营委员会的成员，他们似乎全都认为这一步骤具有建设性，并将得到所有人的支持。

　　因此，为了能够将上述内容具体化为几个足以构成出发点的原则要点，我提出如下建议：

　　1.这种合作应该在汽车事业部和公司（包括通用汽车研究

公司的工程技术和研究活动在内的）工程技术部门之间建立，而且这种合作将采取委员会的形式，这个将要成立的委员会将命名为综合技术委员会；

　　2.该委员会原则上将由各汽车事业部的总工程师和一些相关人员构成……

　　综合技术委员会由此成立，它成为公司在工程技术方面最高级别的顾问团体。它汇集了参与过铜冷发动机项目的那些人：各事业部的首席工程师，尤其包括亨利先生；职能部门的工程师，尤其包括凯特林先生；还有几位公司最高层官员，包括担任委员会主席的我本人。正如我的提案所说的，它是总部一个独立的机构，拥有自己的秘书和预算。1923年9月14日，委员会召开首次会议，我很高兴地坐在这些优秀人士中间：凯特林先生，主管研究工作；亨特先生，主管雪佛兰的生产—工程技术工作；亨利·克兰，我的工程事务助理；和其他一些人。大家在友好的气氛中汇聚一堂，重新迈向汽车发展的未来。

　　综合技术委员会提高了这个工程技术群体在公司中的威望，并支持他们去争取更合乎需要的设施和人员。他们的活动强调了产品整体性的重要性，认为其是公司未来成功的基本要求。它有一个显著的效果，即能够激发公司内部各个地方对产品诉求和产品改进的兴趣和行为，还促进了新的、先进的想法和经验在事业部的工程师中间的自由交流。一句话，它促进了信息的协调。

　　综合技术委员会被赋予了一些特别的职能。有一段时间它负责专利事务，但这些事情不久就移交给一个专门的新设备委员会。更重要的是，综合技术委员会作为某种董事会的角色，负责管理我们在密歇根州的米尔福德新建的大型试验场。对我们产品的未来而言，测试已经成为至关重要的一个问题。迄至那个时候，公共道路测试是汽车业通行的做法，而带有可控环境的试验场是迈向更高台阶的合乎逻辑的一步。委员会务必做到，试验场开发标准化的测试程序和测量装备，并使之成为公司对各事业部的产品和竞争对手的产品进行独立比较的核心。尽管发动机的测试未授予试验场，但是委员会负责开发发动机的测试规程，这将为各个事业部生产的发动机制定统一的测试标准。

综合技术委员会还是最温和的组织，研究团队是其最重要的角色，它被视为一个研究会。它召开的会议通常是宣读一两份有关某个具体的工程问题或设备的报告，然后围绕它们展开讨论。有时，委员会的讨论在最后会批准一个新的设计或者一个有关工程政策和程序的建议，但是更经常的结果只是信息从一人向全体传播。委员会成员开完会回到各自的部门时，能够更广泛地理解汽车工程的新发展和当前面临的问题，并了解公司其他领域的同行们正在做什么。

综合技术委员会通过报告、文件和讨论来研究一些短期的工程问题，比如刹车、耗油率、润滑油、由四轮车闸和"气球"轮胎（这导致产生了一个与橡胶公司交换意见的分委员会）引发的转向装置中要求的相关变化，以及导致汽车内部锈蚀和油泥积垢的燃烧浓缩物（最终采用了曲轴箱通风排除漏入的燃烧产物）。1924年和1925年，委员会关注了对经销商和销售部门有关当前工程发展的广告和销售价值的培训。我要求委员会制定一系列标准，这样就可以客观地确定不同构造和车型的"汽车价值"。同样在1924年，我交给委员会一个任务：建立广泛的不同汽车的规范，以协助我们努力使公司的几种汽车保持独特性和差别性，并保持它们之间适当的价格和成本关系。

在委员会的早期岁月，凯特林先生的部门作了大部分的长期调查，提交了大部分的报告。他们讨论了诸如汽缸壁温度的控制、汽缸盖、筒阀发动机、进气歧管、汽油四乙基铅添加剂和传动装置等问题。基本上，主题是油料和冶金学，自那时起汽车性能方面最重要的改进就是由这两个领域提供的。

1924年9月17日，委员会开了一次讨论传动问题的会议，它是委员会如何开展工作的一个好例子。我是依靠会议纪要作下述描述的。一开始，凯特林先生描述了不同传动装置的相对优缺点，然后从工程角度对惯性传动的可用性展开了长时间的讨论。亨特先生从"商业角度"讨论了几种类型。他说，不断增长的交通问题需要一种车型，它应该"加速迅猛、刹车有力"。经过几番讨论，我以如下发言结束了会议的这个部分:"我以为委员会的观点是这样的:首先,我们应该注意最终目标,这是一个研究性的问题,而解决惯性传动问题为成功提供了最大的可能性①。这个作为严格意义上的研究问题,难道委员会不应该交由凯特林先生尽一切努力去开发它吗?……其次,目前,我们各个事业部都要求尽量减少离合和传动装置的惯性和摩擦,这个问题是他们自己的问题。"

通过这种方式,我们把研究公司和事业部的职能区分开来。但是,在那段日子里,事业部也有一些长期项目,比如雪佛兰就开发了一种低价六缸车型。

那年夏天,我就技术委员会在加拿大奥沙瓦开的会议给凯特林先生写了一封信。下面这段话是信中的大体想法:

> ……我们召开了一次成功的会议,这不仅仅就会议本身而言,而且,这些家伙一直待到星期六,有些人还待到了星期天;有些人去钓鱼,有些人去打高尔夫。这对于把沿着同一方向思考的人更紧密地聚集在一起大有裨益。在考虑到未来图景之宏大和所有此类事情之后,我情不自禁地觉得,这种工程领域的合作进行得太好了。我们必须有耐心,但是我们确信,随着时间的推移,较之一种更军事化的方式,我们将会从我们目前采用的方式中获得充分的回报,我不认为更军事化的方式能把我们推进到哪里。

这种事业部间的委员会以初步的方式在采购和广告领域试过,在综合技术委员会上体现得更多,是有关公司内部协调的第一个重大理念。我们继续从综合技术委员会出发,将这一理念推行到各事业部的大多数主要职能活动中。接下来要成立的事业部间的委员会是在销售领域。销售领域的开发程度较低,因为汽车工业在20年代中期才首次进入商业阶段。因此,我安排组建了综合销售委员会。该委员会由各轿车和卡车事业部的销售经理、总部销售部门人员、

---

① 技术上,惯性传动的确看起来最有可能成功,但是从实际性能看,它并未证明在平滑性能或寿命上足以保证投产。

总部最高层官员组成，我担任委员会主席。1924年3月6日，我召开了委员会首次会议，作了如下发言：

> 尽管通用汽车明确致力于分权的运营管理，但是显而易见，只有通过协同工作才能更好地执行对公司、股东和各个事业部都有益的一般计划和政策。
>
> 在更广泛的活动领域采取协调行动实有必要。或许在不久的将来，我们的一些竞争对手会合并他们的利益，从而有可能强调这种必要性。如你们所知，这是汽车业的趋势。利润的摊薄将加剧这种趋势，在可见的未来高度竞争的情况下，我们可以预期本领域的环境将大变模样。
>
> 如你们所知，在将自己的产品排成不同的价格组方面，通用汽车取得了相当多的进展，相对而言，这一点基本没有竞争者。从设计和制造的角度看，通过我们的事业部经理和工程师的合作，我们已经在协同的方向上取得了令人赞叹的进步。
>
> 而在销售领域，有太多东西需要通过类似的协作获得了。我认为，在通用汽车，我们全都要认识到"瓶颈环节"将出现在销售环节。这在任何行业都十分自然，瓶颈环节最终总要移到销售环节，如果说汽车行业以前还没有进入，显然现在已经进入了这一时期。
>
> 我们的想法是，本委员会将负责所有那些影响公司整体的销售问题。它是你们的委员会。你们完全可以自由地提出任何看起来要求一般探讨和协调努力的销售问题。无论你们决定作出什么政策或行动，都会得到母公司的充分支持。
>
> 我相信，我们应该在此类讨论中把我们的讨论限定在影响所有事业部的共同利益的问题上。意识到你们所有人都极其忙碌，我们将尽力只涉及基本问题而避免细节。我们将在能力范围内尽一切可能让这些会议更为务实且直指要害。比如，不用花时间去准备发言稿等等，除非在某些情况下你可能想要这么做。孔瑟先生[销售部主管]将担任委员会秘书。他拥有的这个职能部门如有必要可以扩张，并随时为在座的各位服务。

我们没有为此类会议设定任何议程，因为我们认识到你们处在更好的位置，知道哪些问题需要我们最迫切的关注，所以想把这类事情留给你们，虽然我们可能会不时提出一些建议，至于你们是否就这些建议采取行动，完全取决于你们自己，只要你们觉得合适……

由于承担了对生产和销售问题的统计和财务控制职能，综合销售委员会主席一职后来授予财务副总裁唐纳森·布朗。销售方面的协调就这样扩展到财务部。

1924年后期，普拉特先生对事业部间的委员会的形式进行了研究，证实这是我们到那时为止所能找到的最佳的协调方式。它多少具有官方性质，并扩展到工厂经理及动力和维护部门的人员。同样类型的协调后来进一步扩展到极高的管理层，只是稍有不同。

读者应该记得，在杜兰特先生的领导下，执行委员会主要由各事业部的经理组成，他们为各自部门的利益而争权夺利。后来，我们新成立了一个临时的4人执行委员会，把前委员会成员，即那些事业部经理，安置到一个咨询性质的运营委员会。有一段时间，这个委员会不是很活跃。我担任公司总裁后，执行委员会的规模再次扩大。此后，它会在不同的时期吸纳一两位事业部经理，这要视情况而定，或者考虑到最大的汽车事业部应在其中有代表。但是，这些只是例外，并不是规则，因为原则上我相信，最高级别的运营委员会应该是一个与具体事业部的利益无关的政策制定团队。换言之，该委员会只应由公司最高层的执行官组成。根据这一观点，我在担任总裁之后觉得，应该采取措施在政策制定人员和事业部总经理之间建立定期的联系。于是我重启运营委员会，并把执行委员会中所有的总部运营官员和主要事业部的总经理放在其中，从而使之成为这两种执行官员之间定期联系的主要地点。运营委员会并不涉及政策制定，实际上它是一个讨论政策或政策需求的论坛。运营委员会能够得到有关公司绩效的全套数据，并据此对绩效进行检查。"论坛"一词可能暗示赋闲的味道，但是我向你们保证，在我们这种情况中，这种理解是错误的。在大企业里，为达成共识有必要采取一些手段。由于政策制定者全部在座,当就某项政策建议达成一致时,即使建议由某位事业部总经理提出,也等同于公司运营方面的认可,也许注意到这一点就足够了。

于是,大体上,1925年和以后数年,公司的协调情况是这样的:各事业部间关系委员会给出一个协调衡量标准,去量测采购、工程设计、销售等的职能,包括各事业部总经理在内的运营委员会对各事业部进行评估。与所有各方都有联系的执行委员会制定政策,它位于运营机构的顶端,直接向董事会负责,实际上它是董事会的一个委员会,但是要受到财务委员会在大额拨款上的审查。在运营方面,执行委员会至高无上,其主席同时兼任公司的总裁和首席执行官,拥有推行既定政策所需的全部职权。这就是通用汽车新的管理结构,这个结构后来产生诸多发展、历经大量变迁,一直延续至今日。

通用汽车公司组织结构图（1925年1月）

第八章
财务控制的发展

20世纪20年代初期，委员会协调的发展伴随着另一种形式的协调，即财务控制。我相信，通用汽车的进步主要是公司在两方面取得进展的结果，一个是财务管理领域，另一个是组织和产品政策领域。如同组织政策一样，我们的现代财务政策也是在1920年的废墟中产生的。

对于新接管公司的行政团队中的领导成员而言，提供新的财务控制形式的必要性不言而喻。问题是应该做什么和怎么付诸实施。在很大程度上，通用汽车中具体的财务控制形式是由唐纳森·布朗和他的年轻同事阿尔伯特·布拉德利引入的，前者于1921年年初从杜邦来到通用汽车，后者于1919年加入通用汽车，后来接任布朗先生的首席财务官一职，再后来接任我的董事会主席一职。他们对财务思想的贡献长期得到人们的认可。他们就这一主题撰写的论文是20世纪20年代的经典之作，与此同时，他们将自己的理念付诸通用汽车的实践中。现任主席和首席执行官弗雷德里克·唐纳、执行副总裁乔治·罗素及其他有才华的财务部成员，都出自这所伟大的财务学校，并在长期的服务中为公司作出了他们自己的贡献。虽然我以报告的形式就财务主题撰文，特别是部门间的业务和拨款问题，但是我的经验主要来自运营方面。我的职责涉及财务方法的应用，因为财务不可能存在于真空中，而必须融入运营中。

我认为我已经解释清楚，杜兰特先生没有系统的财务方法论，那不是他做事的风格，然而，当代财务概念是在他执政期间引入通用汽车的。杜兰特先生在安排杜邦的执行官进入财务委员会并负责公司的财务工作方面起到了重要作用。我相信，通用汽车在跟杜邦的结盟中所获得的显著利益正是在财务领域。另外，在董事会任职之外，杜邦还是一个负责任的股东。杜邦公司在早年间有几位在会计和财务领域经验丰富的人加入通用汽车，并担任了关键职务。

布朗先生就是其中之一。用他告诉我的一句话概括他的背景：20世纪初期，他在杜邦公司的销售部门工作了几年。1912年，他以没有职务的助理身份进入杜邦公司一个部门的总经理办公室，那是科尔曼·杜邦任杜邦公司总裁的时候。该部门总经理受健康问题困扰，有一段时期不在办公室办公。当时杜邦的执行委员会正寻求有关公司各运营部门的效率的真实情况报告，杜邦公司几乎完全参与制造爆炸品：爆破火药、炸药和类似的东西。布朗先生毛遂自荐，他要发展一种方法，去展现有关该总经理辖下的若干活动的真实情况。他选择的方法强调计算投资回报率时资金周转率和利润率的重要性。布朗先生将自己的报告呈交给高层执行官，这给科尔曼先生留下了深刻印象，以至后者推荐他转到财务部。皮埃尔·杜邦是当时的财务主管，拉斯科布先生是助理财务主管。拉斯科布先生让布朗先生担任初级助理财务主管，"非常初级"，布朗先生说。我猜想，有拉斯科布先生在身旁，他的确非常初级。但是最终，拉斯科布先生接替杜邦先生担任财务主管，而布朗先生也在拉斯科布先生到通用汽车后，接任了这个职务。布朗先生把经济学家和统计人员引入杜邦公司，这在那段日子是一个不同寻常的做法。从那以后，每当杜邦公司的执行委员会和部门总经理开会，布朗先生都会用图表展示各部门的绩效，这是他首创的一种演示技巧。

1921年1月1日，应拉斯科布先生要求，布朗先生加入通用汽车，担任负责财务的副总裁。关于企业运营中详细、自律的控制措

第八章 财务控制的发展

施的价值,他和我有类似的观点。从他抵达公司的时候起,我们就发现了这个相似之处,并开始了一段长期的意气相投的关系。

1917年进入通用汽车之后,杜邦集团便作出努力,在拨款资金方面将投资回报原理应用于公司的运营方面。然而,虽然拉斯科布先生总体上有正确的思路,但是他还没有准备好用于通用汽车的手段。我在前面一章中描述过,在1919年扩张期间,种种问题如何因松散的拨款方式而起,存货失控和现金短缺如何在1920年的衰退中给公司带来危机。这三个紧急问题,即拨款超限、存货失控和现金短缺,暴露了公司缺乏控制和协调。正是在努力应对这些特定的紧急问题的过程中,通用汽车才发展出了财务协调和控制的新方法。

今天,财务方法如此精妙,以至看上去有些例行公事。然而,这种方法——有人称之为财务模型——即组织和展示有关企业内外正在发生的事情的重要事实,是战略业务决策的主要基础之一。在任何时候,尤其是在危机时期,或者无论什么原因引起的收缩或扩张时期,它在企业的运营中都具有重要意义。1920年的情况从反面证明了这一点,而且我们将在后面关键的年月从正面证明这一点。

我前面叙述过,1919年和1920年,在缺乏拨款控制系统的情况下,每个事业部经理都得到了令人满意的最大拨款申请,而公司方面没有真正努力去评估这个申请,或者用可用资金对所有拨款申请的总额进行调和。这一点连同拨款超限、存货上升,代表了可用资金的消耗,后者必须以某种方式去应对。为了得到现金,我们出售了普通股、公司债券和优先股,然而操作起来不那么容易,也没筹到我们期望的数额。1920年结束前,我们还不得不从银行借贷了约8300万美元。从那时起一直到1922年,我们为销账、存货调整和清算损失额外支出了约9000万美元,相当于公司总资产的约1/6。在这个节骨眼上,财务控制不只是值得做的事情,而且是必须做的事情。为了生存,我们不得不悬崖勒马,并找到一个总体的解决方案。

我们如何做的呢?故事可分成两部分。第一部分涉及公司如何消除事业部过度的自由(这自由大到足以威胁公司的生存),以及如何建立相应的控制机制。这些速效疗法不可避免地带有集权的特征,因为公司承受不起让事业部重蹈覆辙的风险:虚弱的事业部威胁到强大的事业部的生存，而强大的事业部则置自身利益于公司利益之上。这些集权式疗法大部分是运营控制措施，它们暂时扭曲了我们的一般政策，以致后来不得不加以纠正，以便回到可行的分权管理上。故事的第二部分涉及财务工具的发展，使带有协调控制的管理成为可能。

实现公司控制：资金支出授权

就在1920年经济崩溃之前，也就是1920年6月，成立于1919年年底并由我担任主席的拨款申请规则委员会向执行委员会提交了一份报告。报告是由我、普拉特先生和普伦蒂斯先生准备的，它标志着通用汽车拨款程序发展中一个历史性的转折点。

我们的理念的核心就在于确定提案项目的适当性。有四项原则需要满足，它们分别是：

A. 作为商业投资，项目是否合乎逻辑或者必不可少？
B. 在技术方面，项目是否已有适当的进展？
C. 考虑到公司整体的利益，项目是否适当？
D. 相对于其他待考虑的项目，此项目对公司是否更有价值？这一点不仅应考虑将要投入的必要资本的回报率，还要考虑项目在支持公司整体运营方面的必要性。

考虑到公司当时在这一领域的主要缺点，我们在报告中写道：

> ……贵委员会方面对这个问题的谨慎考虑将不可避免地得出结论，至少就大工程而言，由项目申请事业部或子公司之外的组织对拟议项目的各个方面进行独立的公正的评估和审查是必要的，而且随着时间的推移以及公司的运营变得日益交织和复杂，这一点将越来越明显。

这个程序要求在将请款报告呈送执行委员会或财务委员会批准之前，必须经过拨款委员会的审查，而前两个委员会负责政策审查。

我们将它们审查的范围界定如下：

> 在贵委员会看来，[执行和财务]两委员会成员的兴趣应该在于从一般政策的角度审查项目，他们批准项目的出发点应该是项目对公司总体发展的财务回报或必要性，而不应该是车床或磨床的特定类型，或者需要多少此类车床和磨床才能保证拟议项目的适当推进。

遵循这一推理路线，我们允许每个事业部的总经理自主支配一笔小额开销。对于大额开销，我们提出了一个详细的有关用款进展并附上支撑性数据的程序，而且在这一点上，我们建议将公司的两个主要部门联合起来："在支出问题上，贵委员会能够看出财务部和运营部之间建立协调的必要性……"为了具体可行，我们建议公司制作一部拨款手册，详细列出事业部和子公司应提供的信息种类，以便从经济和技术两个角度证明所申请的拨款的合理性。

1920年9月，执行委员会批准了我们的建议，并要求我们起草拨款手册。这部手册1922年4月由执行委员会和财务委员会批准，它在通用汽车建立了首个明确界定的资金支出程序。它要求成立拨款委员会，在财务委员会和执行委员会的领导下行使职能，来管理所有的拨款事宜，并协调涉及多个事业部的项目。各事业部要每月向拨款委员会提供在建项目的报告，后者转而每月编制一份汇总报告，提交给财务委员会。在被批准之前，每项拨款申请都要从公司和事业部的角度加以考虑和分析，准确记录资金支出和批准情况，并统一处理整个公司的拨款申请。一句话，我们将首次获得准确和有序的信息。从此以后，是否批准一项申请将是一个商业判断问题。后来，这个程序不时被修订，拨款委员会本身也在很久以前就已解散，然而，其精髓仍然存在于通用汽车现今的资金支出审核方式之中。

现金控制

1920年，我们现金短缺，是因为我们寅吃卯粮，因而向银行借贷，贷款额在当年 10 月底达到 8300 万美元的顶峰。此后的一段时间，我们在现金问题上一直尽量节约。

那段时间，处理现金的方式几乎令人难以置信。每个事业部都控制着自己的现金，将所有进款存入自己的账户，并从同一账户支付账单。因为只有事业部销售产品，这些现金收入没有一分钱直接流入公司总部。我们没有有效的程序把现金从有现金的地方调拨到需要现金的地方。作为一个运营实体，当公司必须支付红利、税款以及诸如租金、薪水和总部员工的其他支出等项目时，通常的程序是公司财务主管向各事业部要求调入资金。然而，这可不像听起来那么简单，因为独立运营的事业部设法使手中的现金结余很高，足以满足自己高峰时的现金要求。因此，当拥有超出当时需要的现金时，它们不急于上交给公司。

我记得，比如别克当时就非常厌恶上交手头的现金。当然，这个盈利部门是公司最丰厚的现金来源，而长期的经验使别克的财务人员高度擅长拖延报告他们手中的现金。别克形成了一个在其工厂的销售部门保留大量现金的惯例。直到别克提交整个事业部的月度财务报告时，总部才能弄清楚这笔现金的数额，而这通常是事后一两个月了。当公司需要现金时，当时的财务主管迈耶·普伦蒂斯会极力猜测别克实际拥有多少现金，他大概能够从中弄到多少钱。然后，他会找到弗林特，讨论别克与总部之间可能未解决的其他问题，最后不经意地提起现金问题。针对普伦蒂斯先生的狮子大开口，别克的财务人员无一例外地表示惊讶，偶尔还会试图抵制这种要求。自然，这种猫鼠游戏产生不了最有效的资金利用，尤其是在有些事业部拥有超出其运营需要的现金，而另一些事业部缺乏运营资金的时候。

1922 年，我们通过建立一个统一的现金控制系统改变了这一切。这对大公司而言是一个新概念。我们在美国大约 100 家银行中建了储蓄账户，所有进款都必须存入这些账户，记入通用汽车有限公司的贷方。所有提款都必须接受总部财务部门的管理，各事业部不能从这些账户转出现金。

在这个系统下，银行间转账可以迅速而自动地完成。根据开户银行的规模和账户的资金活动情况，公司的财务部为这些账户设定了最高和最低余额。一旦某个账户的资金超出最高值，则超出最低限额的部分会自动通过联邦储备系统转移到几个中央储备银行之一的公司账户上，这些账户也由公司的财务部管理。事业部需要现金自用时可以向总部申请转账。在两三个小时内，一个城市里多余的资金就可以转移到需要现金的事业部，尽管它所在的城市可能位于国家的另一端。

通过取消事业部间的现金结算，现金的转移量也减少了。我们建立了公司内部的结算程序，通过这个程序，总部的财务部门扮演了事业部间票据交换所的角色。公司内部结算采用凭证而非现金。

现在，在考虑销售计划、工资名册、物料付款清单和其他内容之后，我们也开始提前一个月做好该月每天的现金使用计划。我们将公司每天实际的现金使用情况跟这一预测数据进行比较，如果发生偏离，我们就会设法找出偏离的原因，并在公司的适当层级采取纠正措施。

新的现金系统有一个额外的作用，那就是扩大了通用汽车可用的信贷供给。通过和大量银行建立良好的工作关系，我们能够发展出大量的信贷额度，一旦需要就可以利用它们。通过减少我们在银行中的现金余额，这个系统也使我们能够将多余的现金主要投资到短期政府债券上。这样，死钱变活钱，我们提高了使用资金的效率。

很多人对这个现金计划的创建作出了贡献。拉斯科布先生最早看到了这种需要，他要求普伦蒂斯先生准备这个计划。在很多人的帮助下，普伦蒂斯先生起草了计划纲要。总体上，通用汽车现在还在使用他们开发的技术来控制现金。

存货控制

紧急问题中最严重的是存货问题。我前面叙述过，事业部经理如何无约束地采购原材料和半成品材料，结果到 1920 年 10 月，公司的存货总额达到 2.09 亿美元，超出执行委员会和财务委员会规定的最高限额 5900 万美元，也远远超出各工厂当时的生产用量。财务委员会基于临时应急政策，从各运营事业部那里接管了对存货的控制，并在 1920 年 10 月 8 日任命了一个存货委员会，将存货纳入控制之下。委员会以普拉特先生为首，他是杜兰特先生的助手。

据我所知，约翰·普拉特是最优秀的业务执行官之一。他最初是一个土木工程师，1905年加入杜邦公司，从事工厂的布局和建设工作。1918年，他被任命为杜邦发展部一个下属机构的负责人，该机构当时给通用汽车提供帮助。他和杜兰特先生建立了密切的关系，1919年应杜兰特先生的邀请来到通用汽车，担任杜兰特先生的助理。普拉特先生为通用汽车做了许多高级别的工作，而且主要在他的领导下，弗立吉代起死回生并在随后几年发展壮大。他还继我之后担任各个配件事业部的负责人。此后，普拉特先生、布朗先生和我在运营方面共事多年，我们在同一个楼层办公，并就出现的所有问题相互沟通。你也可以说，在我担任总裁期间，普拉特先生是我的替身。他能力极强，不显山露水地处理大问题，总能直指要害。

普拉特先生后来写信给拉斯科布先生说，1920年危机期间，"存货委员会的第一步"是"以通用汽车有限公司的名义发出一封信，指示所有总经理停止一切采购；对所有已下达的采购停止装运，直到存货委员会与每一位总经理一起评估当前形势，并确定哪些材料可以接收、哪些不予接收为止……这项工作的大头就是到各位总经理的办公室，坐下来跟他们一起详细检查他们的存货情况"。

接着，这些总经理分头与供应商协商，我只知道出现过一次遭到起诉的情况——发生在拖拉机业务，而不是汽车业务。然后，各事业部被置于一个控制系统之下。普拉特先生的一份备忘录原件描述了这个过程："物料流入停止之后，每一位总经理会向存货委员会提交一份月度预算报告，其中显示了未来四个月的预估销售情况以及为满足这些预计销量而投入生产所需的预计物料和付款情况。存货委员会将仔细审查这些预算，并与各位总经理共同讨论。达成一致意见后，存货委员会到时会发放一个月生产所需的物料。"就这样，他们控制住了失控的存货、降低了存货并节约了现金。比如，存货水平从1920年9月底2.15亿美元的高峰降低到1922年6月9400万美元的低谷，存货周转率从1920年9月的大约每年两次提高到1922年的超过每年四次。

布拉德利先生曾经对我说，我们从这次经历中学习的精髓是削减库存，尤其是业务下滑时，唯一的办法是降低物料和供应品的采购量和合同量。显而易见，对吗？不完全是。无论如何，我们花了很长时间才从经验中学到这一点。在那段日子，总经理们往往很乐观，就像汽车业务销售终端的大多数执行官员在当时一样，或许现在还是这样。他们总是预期销售量将上升，因而要相应增加存货。当预期的销售量未能实现时，问题就出现了，这种问题是不可能有完全令人满意的解决办法的。因此，我们学到了要对预期的销量上升持怀疑态度，作为应对存货上升问题的解决办法。我们采取的立场是，应该降低实际的存货、采购和委托量，因为我们知道，若实际销售有保证，我们可以很快提高它们的数量。

可以说，我前文描述的紧急措施使得公司能够真正掌握自己的运营。但是，这种集权模式不符合我们有关通用汽车恒久的做事方式的理念。我们不久便再次转向分权管理。

1921年4月21日，唐纳森·布朗向财务委员会提交了一份报告，其中提议了一项长期的存货控制政策：

> 可以相信，导致存货委员会成立的紧急情况已经过去。现在是时候解散这个委员会了，并将相应的存货控制权连同其他运营问题置于运营副总裁之下。
>
> 存货委员会的功能一直是传达生产计划，根据这些计划，所要求的物料可能按照安排由各运营单位发放，并在某些情况下，委员会授权或否决接收超出当前运营需要的物料。
>
> 必须正视各运营单位在存货控制中的主导地位。在财务委员会下面插入一个存货委员会，使它拥有在存货控制方向上的代表权，从而造成权力的重叠，这在正常情况下是不健康的和要不得的……

换言之，是时候放弃这一领域的应急措施，并实施原则性的政策和做法。重要的事情是，确定一个能够有望避免重蹈1920年危机之覆辙的存货政策。为此，布朗先生提议在财务政策和运营组织之间建立一种新的关系。他写道：

在［存货和合同量］涉及运营资本要求问题的范围内，财务委员会必须在控制权上有发言权。但是这最好通过涵盖一般政策要点的规则，而不是通过尝试直接的行动来做。此外，这在组织原则中看起来既合乎逻辑又合理，因为公司指望负责运营的副总裁或首席执行官，去留意各事业部按照财务委员会的政策或者良好的商业做法来有效地控制存货。

在这件事上，公司的财务部门密切相关，并且应该可以预计，他们会随时跟踪情况的发展，从而使财务委员会可以通过定期的财务预测或其他报告，尽可能全面地了解公司的情况和未来的资金要求。

这些评论概述了第一批切实的措施，用于在通用汽车建立新的财务控制系统。它们在1921年5月获得财务委员会批准，从而成为公司的政策。存货委员会解散后，存货管理的权力重新回归事业部。然后，控制工具变为事业部对未来4个月预期业务量的预测，这些预测汇总到时任运营副总裁的我这里，也就是说，它们在1921年中期以后才送到我这里。这些预测是存货控制的关键，而我的职责是评估并批准它们。就这样，事业部经理可以购买物料，但是他们被允许购买的量只够去生产各自获批的生产计划中规定的小汽车和卡车数量。

生产控制

然而，应该了解，这些产生于1920–1921年危机时期的措施，无论在概念上还是实践中，主要涉及的是未完工的产品和与此相关的采购合同。更令人畏惧的控制已完工产品的存货问题仍有待解决，其中涉及的问题不仅是销售手头的汽车，还包括控制汽车生产的水平。为了达到这个目的，我们扩大了前面提及的四个月预测的范围，使其包括工厂投资、运营资本和在制品存货以及对销售、生产和收入的预测。这一扩大了的预测发端于各事业部，每月25日汇总到我手里。预测的时间包括当月和随后的三个月。在咨询了负责财务的副总裁之后，我会根据这些预测批准或修改各事业部的生产计划。

这种安排持续了几年，使我和布朗先生结下了良好的伙伴关系，在我担任总裁之前和之后，我们一直保持着这种关系。我对生产计划的批准构成了对各事业部经理的授权，使他们可以安排生产、采购或签订交货合同。

这一程序为通用汽车首次引入了正式的预测工作。在1921年的紧急情况之前，唯一的预测是财务主管为财务委员会做的。他的预测涵盖了公司整体的销售、收入、运营资本和现金状况，对总体财务规划有用。然而，它们没有反映各事业部自己对预期运营结果的估计，实际上，它们甚至不包括各事业部下属公司的情况。因此，事业部经理几乎不可能对实现由远离他们的总部机构所作的预测负责，所以这些预测对于评价和控制事业部的运营计划没什么价值。既然财务主管对销售的预测不外乎从远离顾客的地方所作的假设，所以其准确性并不高。

1921年，新的管理团队同样没有多少据以制订生产计划的数据，但是我们不得不硬着头皮前进。考虑到公司的业务性质，我们不得不为春季销售建立库存。然后，在6月和7月，即年度旧车型结束之前三四个月，为了年度新车型的平衡，我们不得不估计销售情况，争取在新车型出现后能够尽量清空当前车型的存货。这种估计是很难改变的，因为我们必须根据它来计算所需物料的准确数量。我们的预估程序这么多年来演变了不少，但是原则上我们仍在做同一件事。

当然，预测的关键元素是预计销售量，这个数字决定了所要制造的小汽车和卡车数量。生产指定数量的汽车，以备在指定日期卖出，它所要求的生产水平以及支持这个生产所要求的物料数量，可以通过纯技术性的计算准确地确定。这一点相对容易做到。真正的问题是预测我们能够销售多少辆汽车。

为了努力使销售预测尽可能准确，我们把这个责任直接交给事业部总经理，因为他们更靠近消费者，因而最有可能了解销售趋势。1921年开始，我要求事业部总经理每月10日、20日和月底那天向我提交有关这10天来真实的产销量报告。在每月月底，我还要求他们向我汇报还有多少订单尚未完成、他们的工厂里还有多少成品汽车以及他们估计经销商手中还有多少汽车。当时，这样的报告——尽管他们对经销商存货的估计很粗糙——是一种新颖的东西，并且若干年来它们提供的唯一的事实依据均用于通用汽车确定汽车生产的各项要求。

不论在总部还是事业部，我们的信息系统中的大缺口是在零售环节。我们了解我们的事业部向经销商销售了多少辆客车和卡车，但是我们不知道这些汽车当前销售给大众的速度。我们和实际的零售市场一直没有建立起联系。事业部经理给我出具有关经销商手中的汽车数量的月度报告，但是其中大部分人在估计经销商的存货时，没有要求经销商本人提供当前的数据。这种方式限制了我们对变动不居的市场趋势的敏感，并使总部人员在预测销量时只能使用质量较差的数据，而且通常是几个星期前的旧数据。这样一个时滞可能很危险，实际上，它成了新一轮危机的来源。

1922年开始，我要求各事业部经理除了常规的四个月预测之外，在每年年末还要就来年的预计运营结果提交估计报告。这种年度估计实际上是一含三，因为我要求他们基于悲观、保守（即最有可能）和乐观三种预期，去预测他们来年的销量、收入和资本要求。我们并不把这些视为承诺——因为它们并未证明是非常准确的。短期预测的准确性一直很好，1922年和1923年的长期预测相当不错，但是事实证明，1924年的预测高得离谱。那一年，甚至悲观预测都太高了。

这是有原因的。1923年的情况非常好，以至我们的一些汽车事业部，尤其是雪佛兰，因为无法提供足够的汽车而流失了不少潜在顾客。大多数事业部经理都把这个教训纳入1924年的预期中，以争取不再因为产量不够而流失任何消费者。他们为1924年初期设定了极高的生产率。快到1923年年底的时候，有些事业部经理针对预计的来年春季需求，要求允许他们超出他们冬季期间的生产许可。我建议财务委员会批准这个要求，后者照办了。

尽管我同样相信销售量预计将上升，但是我也认为，有些事业部计划生产的汽车比适度的销量改善更多。我要求几个事业部经理再考虑考虑他们的生产计划。他们都告诉我，在他们看来，生产计划没有问题。

危险信号在 1924 年年初开始出现。我曾向财务和执行两委员会提交一份报告，注明日期为 1924 年 3 月 14 日。我在报告中指出，公司和整个行业现在压在经销商、分销商和各分支机构手中的未售汽车大概比以往任何时候都多。与上一年度的同期数字相比，1923 年 10 月 1 日到 1924 年 1 月 31 日这四个月的销售和生产数字表明，我们的生产量上升了约 50%，而卖给最终消费者的销售量却减少了约 4%。这时，时滞问题出现了，因为直到 1924 年 3 月的第一个星期，我才得到这些数字。

我警告各事业部经理要小心危险在增加，而且，我坚持雪佛兰和奥克兰应立即并大幅缩减生产计划。事业部经理们勉为其难地答应了。迟至 3 月底，仍有两三位经理认为他们的令人失望的销售数字完全是恶劣的天气造成的，一旦天气好转，火爆的销售将证明他们原来的生产速率是正确的。

那个时候，我关心的不是当前库存，而是到 7 月 1 日出现危险的过剩的可能性。布朗先生的数字表明所有的情况都不妙，虽然这些数字让我震惊，但是，我对于否决那些负责销售的事业部经理的决定感到犹豫不决。统计人员和销售人员之间总是存在某种冲突，因为销售人员会很自然地认为他们能改善统计情况，因为他们经常能做到这一点。我则站在中间，在布朗先生和事业部之间，当现实冲突发生时，我经常这样做。但是，1924 年 5 月，布朗先生和我作了一次现场考察，在一些经销商的销售场所，跟他们讨论了分销问题。此次旅程让我确凿无疑地知道了，3 月份的生产调整还不够，7 月份将出现过度生产不只是一种可能，而是一种必然。大公司的首席执行官很少有机会通过检查库存亲眼看到生产过剩的情况。但是汽车个头大、很好数。我的第一站在圣路易斯，然后是堪萨斯、洛杉矶，我站在经销商的场地，看到成排停放的库存汽车。这一次统计人员是正确的，销售人员错了。每个地方的存货都过多了。

我当时下了一道干脆利落的命令，这是我担任通用汽车首席执行官期间下过的几个干脆的命令之一。这个命令指示所有事业部经理立即削减生产计划，整个公司的总减产量达到每月大约3000辆。通过大幅削减生产计划，我们能够在几个月的时间里将经销商的存货降低到可管理的水平，但是，这给公司为此而解雇的员工带来相当大的经济压力。

1924年7月13日，财务委员会批评我未能预期并阻止这次过量生产。财务委员会通过了一项决议，要求我解释我们的生产计划是如何制订的、谁对春季和夏季通用汽车在经销商手中的过量存货负有责任以及我们应该采取什么措施来防止这种情况的再次发生。财务委员会将问题陈述如下：

第一，在此之前，生产计划的制订遵循了怎样的程序？

第二，2月25日的预测已经承认，到2月底，整个系统的存货大约是23.6万辆，那么，该预测指出4月份的生产计划是10.1209万辆汽车，其依据是什么？

第三，为什么各运营事业部没有及早采取措施更猛烈地削减生产计划，从而使其与整个系统中的库存汽车和消费者需求保持一致？

第四，为防止过度生产，将采取哪些措施来保证在未来有效控制生产计划？

第五，将以何种方式把这种情况的总体形势通知财务委员会，使之能够确定，当前对消费者的销售情况是否与委员会对当前总体经营情况的判断一致？

在9月29日给财务委员会的答复中，我谴责了一些事业部，特别是雪佛兰和奥克兰。我指出，只有凯迪拉克是根据对最终顾客的销售情况指导生产计划的，其他事业部则以各种各样的方式制订生产计划，通常是遵循这样的观念：只要将产品交付给销售商或分销商，销售工作就算完成了，公司没有必要关心后续的情况。我们对1924年的事件的反应构成了我们制订生产计划控制程序的转折点。我当时在给财务委员会的一份报告中描述了这种情况。

第八章　财务控制的发展　129

　　第一，截至1924年7月1日，产品计划的制订方式多种多样，主要基于这样一个理论：只要将产品交付给销售商或分销商，销售工作就算完成，公司没必要关心后续的交易，而且只要能够强迫经销商或分销商拿货，就认为形势是健康的和积极向好的。

　　第二，从未针对基本情况作任何真正的研究。我的意思是，虽然在过去的两年间，多少可以收集到有关对消费者的汽车销售的信息——明显是实际的指数，但是公司从未开发和利用这种基础数据作为准备生产计划的指导。

　　第三，1924年7月1日，我们开发了一个基于真正的基础指数的程序，我们相信该程序能把生产计划建立在完全科学的基础之上。制订这种生产计划的管理责任现在明确地建立在各运营事业部和公司之间，后者对这种情况感到满意。这个名为"消费者交货、生产、存货和销售月度预测"的程序的副本已经提交给贵委员会，但是，为了报告完整起见，其中涉及基于消费者交货预测分析生产需求的部分，作为"演示A"附在报告后面。

　　第四，生产计划缺乏适当的和基本的发展，这种情况绝不限于通用汽车各事业部，因为事实上，整个行业都遵循同一种方式。这种情况是造成一般的汽车经销商陷入当前的经济状况的原因之一，他们的情况我已经在5月份实地考察之后给贵委员会的报告中提及。

　　第五，经过适当考虑，我代表公司发布了一项声明，正如经销商、分销商和汽车杂志的社论所表明的，该声明已被公认为做了一件有价值的好事，并开创了一个其他汽车制造商在将来如法炮制的先河。

在我当时给财务委员会的陈述中，我总结了自己的个人感受：

　　（a）这更像是对通用汽车有限公司的反思，同样是对整个行业的反思，以前居然从未做过这种事情。尽管如此，就像很多其他应该合乎逻辑地发生而一直还没有发生的重要思考一样，这应该被视为一个尚未完全稳定的行业中一件自然的事情；

（b）通用汽车现在拥有对其生产计划的绝对控制权，我认为这一点没有任何问题。我进一步感到，公司首创的这个政策，正如公司的经销商政策和其他制造商方面的类似声明所表明的，只会对经销商的经济状况提供帮助，因而对通用汽车身为其中重要部分的汽车行业是一个巨大的帮助。

我是由于其后果才叙述1924年的这段插曲的，因为它标志着通用汽车相当有效的生产控制的开始。在某种非常重要的意义上，这涉及对通用汽车中两种类型的人的工作进行调和，我认为，任何具有全国分销的消费品的公司基本都是这样。一种人是销售经理，他们发自内心地热情、乐观，并相信通过自己的努力能够影响整个销售状况；另一种人是统计人员，他们基于广泛的一般的需求证据客观地进行分析。解决这两种观点的冲突，会给人以联想，比如，人们应该预期经销商会进多少货。在我们尚未解决有关生产水平与季节性销售峰值之间的协调问题的那段日子，这种冲突表现得尤其激烈。当然，它的背后是基本的生产控制问题。

这里涉及两件事：首先是预测的艺术，其次是当预测被证明是失误的时候缩短反应时间。即使在拥有复杂的数学预测技术的今天，预测失误的情况也时有发生。

既然我们总部已经开始去开发实情调查和分析的工具，所以在预测整个年度车型内全行业的需求量和各事业部的产品销量方面，我们的处境比各事业部更强。而且，由于生产计划、经销商的存货水平和一般的财务规划在很大程度上全都依靠模型运行的结果，我们在1924年决定：一、建立正式的全公司范围的消费需求估计机制，即对下一年度整个行业在每个价格区间销售给公众的汽车数量进行估计；二、考虑到预计通用汽车在各个价格区间有可能获得的市场占有率，把上述估计结果跟各事业部经理的预测关联起来。这一全公司范围的预测的基础是公司在过去三个销售年度期间真实的销售经历和对下一年度的总体业务展望的评价。

1924年春，我们实际迈出了对事业部施加限制的第一步。根据上述思路，我和布朗先生对整个公司和各个事业部下半年的业务量进行了估计。我们将这个预期销售量称为"指标销售量"，也就是说，被视为12个月期销售指示器的销售量。1924年5月12日，运营委员会批准了这个指标销售量之后，我向所有的事业部经理发出了一封信，要求他们基于这个指标对1924年后6个月的情况进行预测。这封信的部分内容如下：

> 此前我们一直将这些以业务量为基础的估计［事业部销售预测］留给每个事业部自主进行。这一次，从处理下半年的预测开始，我相信我们将向前迈出建设性的一步。我的意思是，运营委员会已经确定总体来讲从7月1日开始的制造年度大概的业务趋势……这样，我们就能够提供具体的信息，帮助我们的事业部更准确地预测它们的经营结果。
>
> ……我第一次相信，现在把通用汽车作为整体对待之后，我们通用汽车在未来一年的走势方面，有了一个明确而表达得合乎逻辑的观点。当然，趋势可能会变化。它可能向好，而且我个人相信将会如此。它也可能变差，但是我认为这几乎不可能。无论发生哪种情况，我们都将按照这种方式逐月调整，从而消除大起大落的情况，而这种情况正是此前整个行业以及通用汽车的典型特征。

那么，这个关于统计的内部冲突归根结底是什么呢？本质上，这是一个统计控制与推销术之争的问题，紧随红火的1923年之后的总体经济衰退在1924年达到了需要解决这个问题的地步。那个时候，销售人员和总经理们都沉浸在乘风破浪的错觉中。在我们当时极度分权的体制下，我只好让他们乘风破浪了。然而，实际上，这并不是纯粹偏向于销售人员，因为我也没有令人信服的信息来跟他们的直觉对着干。我前面说过，这类信息既不可靠又有时滞。说信息不可靠，是因为它既不准确又不够全面，它是从经销商的存货和未完成的订单推出来的。虽然这信息对于一段时期来说还不错，但是关键的麻烦恰恰是这一信息收集周期的长度。我们对最近五六个星期的汽车实际销量一无所知，因此，这个缺口就靠猜测来填充。一边是使用趋势曲线的统计人员，另一边是带着乐观的直觉的销售人员。正如我已经说过的，我处在中间，没有任何办法对争执双方的主张进行裁决，对于首席执行官来说，这可不是一个舒服的位置。

所以，我们首先需要用下一年度车型的销售预测来限制各事业部。但是，由于市场的实际发展很容易就能推翻这一预测，所以进一步需要一个正确的工具，使我们能够向后撤回（或向前超越）这种预测，或者对预测进行调整。记住，在汽车行业，没有规划和计划将寸步难行。这是一个把反映未来的数字当做工作指导的问题。这里的基本元素是预测和修正，二者同样关键，因为针对实际生产水平的工装计划和费用及其他准备工作都依赖于提前几个月所作的年度车型预测。年度车型开始之后，这个预测（指标销售量）虽然经常修订，但它是后续6—8个月的指导标志，在此之后，一个最终的不容更改的生产决策将结束整个年度车型。当然，工具作业会提前解决、不容更改，但是年度车型开始之后，我们将依靠当前信息的准确性以及把信息作为一种控制机制接受时的灵活性，通过这种机制作出其他必要的修正。这些就是1923-1924年的教训，而且它们引发了下面的行动。

1924年和1925年，我们开发了一种统计报告系统，经销商每10天通过系统将数据报至事业部。这些报告的核心信息是经销商在这10天期间向消费者销售的轿车和卡车数量，连同二手车的成交量以及经销商手中的新车和二手车的存货总量。二手车的库存很重要，因为如果它们堆积在销售商的手中，它们会妨碍新车销售。有了这种10天一更新的信息在手，各事业部现在对现场的情况有了实时、全面的了解。然后，事业部和总部职能部门就能够采取修正措施，并作出新的具有更大准确性的预测。

为了进一步帮助销售预测，我们使用独立的零售销售数据，作为对经销商的十日报告的补充。自1922年年底起，我们从波尔克公司获取有关新车上牌情况的定期报告（业界其他公司也可获得这种报告）。就这样，整个过程把公司的生产和计划建立在更自律的基础上，并清晰地界定了各运营事业部和公司管理层在制订生产计划方面的职责。

我们始终努力改进和完善我们在估计零售需求的领域中的技术，而分销和财务人员在市场分析领域已经取得了一定的成功。1923年，基于当时流行的"需求金字塔"（布拉德利先生于1921年提出）概念，公司销售部门对整个汽车市场作了一次全面的研究。这项研究试图预测后续几年的市场容量、各价格区间的市场潜力、降价对市场容量的大致影响、新车和二手车的竞争关系以及市场何时达到所谓的"饱和点"。这项研究的结论低估了汽车市场未来的成长，但是，它使用的综合分析方法代表了汽车业在市场分析技术上的重大进步。尤其是，按价格区间对市场潜力的分析是一个重要的概念，它以前从未发展到令人满意的程度。而且，1923年的研究明确证实了潜在的汽车需求和美国的收入分布情况之间的关系。有了这些知识，我们就能更好地认识需求金字塔的意义，规划好我们的销售战略和产能。

1923年的研究未能准确估计未来的市场增长，很大程度上是因为，它低估了两个重要因素对新车销售的影响。第一个因素是持续的产品改进过程，它通过提高产品的性能价格比刺激了消费者的需求，第二个因素是持续的经济增长以及一般经济情况对任何特定年份的行业销售量的影响。针对后一因素，布拉德利先生后来在考虑市场潜力时引入了一个概念：汽车销售量和总体经济活动之间存在着一定的关系。他和他的部门进一步研究了汽车销售量的升降与商业周期的关系问题，他们发现，当国民收入处于上升趋势时，汽车销售量以更快的速度上升；当商业处于下降趋势时，汽车销售量下降的速度比收入更快。随着有关整体经济的统计材料的增多，我们能够不断改进我们的技术，并证明汽车销售量和个人收入之间显著密切的关系。今天，汽车销售量和个人可支配税后收入仍存在这种关系。

回到生产控制的话题。一旦已经预测某个事业部的总年度生产量，该事业部总经理的任务就是把这个生产量分到年度各月，以尽可能均匀的速度维持其产出，同时允许销售的季节性波动。这可不容易。汽车业务在某种程度上仍是季节性的，这一点在我们采取改善公路、拥有封闭式汽车以及诸如促使经销商在淡季提高以旧换新折让的财务刺激等手段之前的20世纪20年代初期，表现得尤为明显。

从方便销售商和最经济的成品存货控制的角度看，工厂应该调整其产出以适应季节性波动。这种做法将使经销商和生产商双方降低产品过时的风险和储存制成品的成本。另一方面，从工厂和劳动力的有效利用角度、从员工福利的角度看，理想的情况是绝对平坦的生产或者尽可能接近它。既然经济地销售和经济地制造这两种考量由此完全对立，那么就要求进行规划和判断，以找到二者之间一个合理的平衡。

在这项任务上，总部人员通过对年度销售量预测的季节性分析，计算每4个月预测期结束时各事业部必须维持的最低日常库存，以及超出该最低库存之上的最大的季节性需求量，来帮助各事业部经理。每10天，当收到来自经销商的报告后，各事业部经理都会将实际结果跟当月预测进行比较，并审查自己的生产和采购计划。这是整件事的核心。如果销售跟不上预测，就要削减生产。如果销售火爆，他就能够在工厂产能的限制内提高产出水平。各事业部经理每个月都要调整其对未来4个月的预测，使其符合当前的销售趋势。因此，我们并未无视外界实际需求如何变化，而制订一个必须遵守的4个月期生产计划并固守不变，相反，当销售情况向管理层指明有必要改变生产计划时，我们也能够审时度势，对生产计划作相应的改变。我们使生产水平与所显示的零售需求保持一致，同时保证各事业部和经销商手上的成品存货不低于最低保障水平。

因此，更重要的事情不是年度车型指标数据的准确性，而是通过即时的报告和调整获得对实际市场需求的敏感。信息的客观性和系统使用对总部职能部门和公司各事业部产生一种协调作用，它降低了诸如1924年那样的非理性冲突再度发生的可能性，也作为基本的控制手段对支出、就业、投资和类似问题起到作用。

这些新的预测和计划手段在运营方面成效显著。物料存货保持在最低位。1921年，物料、在制品、制成品的总存货周转率大概是每年2次，到1922年，存货周转率提高到每年4次，到1926年则达到每年7.5次。生产性存货（总存货减去制成品存货）的周转率显示了更大的改善，它在1925年达到每年10.5次。

稳定就业方面也取得了进步。但是，部分由于无法完全解决有关对不确定性的未来进行销售预测的问题，平稳生产的问题今天仍未解决，而且将来很有可能仍然如此。其他问题，如周期性和季节性的需求水平波动、车型变动的影响以及普通大众的购买习惯，也跟平稳生产有很大的关系。事实上，我们能够实现较完善的预测，但是仍然发现在平稳生产方面并不比今天强很多。

当前的生产计划和制成品与最终消费者的销售情况更匹配，从而改善了经销商的存货周转率，也改善了他们的盈利状况。通用汽车在整个美国的经销商手上的新车存货周转率在1925年是12次，比此前任何一年至少高25%。

1925年，我们的生产控制系统基本完成。从此，这一领域的主要工作是精益求精。

对分权运营部门进行协调控制的关键

由此在拨款、现金、存货和生产等具体领域建成了控制技术之后，还留有下述一般问题：我们如何能够用跟分权组织体制相一致的方式对整个公司实施长久的控制？我们从未停止过对这个问题的探索。实际上，我们无法避免某种解决方案既不损害我们公司实际的分权结构，又不背离我们的分权思想。我在前面的章节中涉及过此问题的组织方面，因为通用汽车在20世纪20年代早期从理论和实践上对它作了探索。光这些是不够的。关于带协调控制的分权管理，最后一个必要的关键正是在财务方面发现的。原则上，该关键是这样一个概念，如果我们有手段去评价和判断经营效果，那么，我们就能放心地将执行留给负责它们的人。结果证明，其手段是一种把投资回报的一般原则转换成衡量各事业部运营的重要操作工具之一的财务控制方式。在通用汽车中，财务控制的基本要素是成本、价格、销售和投资回报率。

说几句关于作为商业战略原则的回报率问题。我并不是说，回报率是一根适用于每一种商业场合的魔杖。有时候，你只是为了在生意场上维持下去就必须花钱，而不顾可见的回报率。竞争是最终的价格决定因素，有竞争力的价格才能带来利润，这可能迫使你接受一个比你的期望更低的价格，甚或因此而接受暂时的亏损。而且，在通货膨胀时，回报率概念会遭遇就资产重置而言资产低估的问题。不过，在我了解的财务原则中，没有哪条比回报率更适合作为商业判断的客观工具。

自1917年以来，这条原则就一直支配着通用汽车财务委员会的思考，正如它在此前一直支配着杜邦公司的人和美国其他某些商人的思想。我不知道这个原则本身的起源。哪怕头脑最简单的投资者，也会用他的投入来衡量他得自股票、证券或储蓄账户的盈利。所以，可以想象，每一名商人也会用他的总投资来评价盈利。可以说，这是一条游戏规则。还有其他的手段用以衡量企业的经营，比如销售利润、市场渗透度，但它们不能取代投资回报率。

然而，问题并不仅仅是在一段特定的时间内使回报率最大化。布朗先生对此的想法是，基本的考虑因素是较长一个时期内的平均回报率。根据这一概念，通用汽车的经济目标不一定是追求动用资本可达到的最高回报率，而是追求跟可获得的市场份额相匹配的最高回报。长期投资回报率应该是跟企业的稳定增长相一致的最高预期回报率，我们称之为"可达经济回报率"[1]。

唐纳森·布朗先生来到通用汽车时带来了一把财务标尺。这是一种使有关企业各个方面（比如存货控制、跟预期生产需求有关的资本投资计划、成本控制等）的管理效率的真实情况变得明朗的方法。换句话说，布朗先生以某种方式发展了投资回报率概念，从而使之可用以衡量每个事业部的运营效果，也可用来评价广泛的投资

---

[1] 布朗先生这样写道：

"一个垄断行业或者一家企业，在特定的环境下可以维持高价格，并从有限的产量中得到非常高的资本回报率，代价是牺牲有益于健康的扩张。降价可以扩大需求，并提供高度有益的总量扩大，即使资本回报率可能降低。现在的限制因素是资金的经济成本、提高供给的能力和降价带来的需求增长程度。

"因此很明显，管理的目标不一定是可能达到的最高资本回报率，而是跟可达到的总量相一致的最高回报，其中要注意去保证，每一个增量的利润至少要等于所需的追加资金的经济成本。因此，基本的考虑因素是单项业务所用资金的经济成本。"（《定价策略和财务控制的关系》，《管理与行政》，1924年2月）。

决策。他的这个概念可以表达为方程的形式用以计算投资回报率，而且它现在仍是杜邦公司和通用汽车用以评价各事业部的绩效的标准之一。不过，本书不是用方程展示此类技术的地方。我只会提及财务控制的一般概念。

当然，投资回报率受企业中各种因素的影响，因此，如果能够看出这些因素如何分别作用于投资回报率，就能看透这家企业。为了获得这种洞见，布朗先生将投资回报率定义为利润边际和所投资本周转率的函数（二者相乘可得投资回报率）。如果看不懂这个，那就略过它，只须注意到，可以通过提高与销售相关的资金周转率、提高利润边际，来提高投资回报率。利润边际和资金周转率这两个元素，布朗先生将其中的每一个都作了详细的分解，这种情况你可以理解为，通过对相关数字的综合和分解，来了解业务中利润与亏损的结构。本质上，这是一个使事物可见的问题。其独特之处在于，它使我们可以基于经验，针对运营资金和固定资金要求以及各种成本要素，建立详细的标准或标尺。为了得到衡量商业费用和制造费用的标准，布朗先生使用了由未来的计划修订了的过去的绩效，然后将由此而建立的标尺跟实际绩效进行比较。这种财务控制原则的核心就在于上述比较。布朗先生能够创建表格来说明，比如，存货和运营资金的规模如何影响不同事业部的资金周转率，或者销售费用对利润的拖累达到什么程度。

为了使这个概念发挥作用，就得要求每位事业部经理提交关于其总的运营成果的月度报告。来自这些报告的数据由总部的财务部门整理进标准表格，从而为使用投资回报率衡量各事业部的绩效提供标准的基础。每位事业部经理都会得到相关表格，此表格反映了相关事业部的真实情况。有几年时间，通用汽车用这种做法对每个事业部在公司中的投资回报率进行了排名。

高层执行官们不断研究这些事业部的投资回报率报告。如果所显示的结果不令人满意，我或者某位总部执行官就会跟相关事业部总经理交涉，协商出所要采取的纠正措施。当我担任首席运营官拜访各事业部的时候，我总是带一个小黑皮本，里面以系统的方式打印了有关各事业部的历史信息和预测信息，其中包括各汽车事业部的竞争地位。数字不会自动给出问题的答案，它们只是暴露一些事实，人们可用以判断各事业部的经营是否符合对它的期望，这反映在先前的绩效或它们的预算中。

这种早期的投资回报率表经过一些修订后至今仍在通用汽车中应用，它是在投资回报率作为绩效标准的意义和重要性方面对我们的运营人员进行教育的第一步。它给执行官们提供了可靠决策的量化基础，从而为即将成为通用汽车最重要的特征之一打下了基础，这个特征是，公司努力实现对真实情况开放的交流和客观的思考。

刚开始时，我们的方法的很多局限是一目了然的。比如，上述报告在基于统一而一致的标准建立之前，是不可用于评价和比较的。口径统一对于财务控制极其重要，因为如果没有它，比较即使不是不可能，也是很困难的。因此，当务之急之一是加强总部和各事业部内的会计系统，并在整个公司推行标准的会计作业。1921年1月1日，整个公司的会计分类完成了标准化。1923年1月1日，一部列明一整套程序的标准会计手册开始在全公司实行。1921年，为了协调各事业部和总部财务部的财务组织，我们重申了事业部审计官的双重职责原则，这条原则是1919年引入的，使得这些审计官不仅要对事业部总经理负责，而且要对公司审计官负责。

统一的会计作业的发展使我们能够分析每个事业部的内部情况，并比较不同事业部的绩效。但同样重要的是，虽然也有例外，这种统一的会计作业为管理成本会计提供了指导方针，既可用于实际的生产成本，也可用于开发衡量运营效率的标准。

标准产量概念

虽然我们开发和应用了投资回报率概念，并在使我们的程序标准化方面取得了进步，但是在1925年以前，我们并没有任何界定良好的治理目标以供衡量成果时参照。在实践上，由于受产量变化的影响，我们的成果呈现很大的年度波动，这使评价工作进行得特别困难。因此，从1925年开始，我们采纳了布朗先生提出的一个概念，它将一个明确的长期投资回报率目标跟若干年的平均或"标准产量"期望值关联起来。我们的观点是，这种令人渴望的长期投资回报率目标的存在，将提供一个有用的标准，用于评价运营效率及竞争压力对定价的影响。有了这种方法，我们就不大可能忽略长期盈利的目标，而且在评估我们的价格时，我们始终会知道，竞争会在多大程度上阻碍目标的达成。当然，布朗先生提出的只是一个理论概念，因为经营结果是由两方面的相互作用决定的，一个是由竞争决定的实际价格，另一个是不管产量多少，当年实际发生的总成本。但是，通过应用一个不受短期产量波动影响的标准，我们可以评价当前成果偏离我们的长期盈利目标的程度，并对潜在的原因作透彻的分析。这个概念很好地阐明了我们的管理哲学，即，定义一个构思合理的理论参照物，来引导我们实际管理我们的事务。

标准产量概念是一个方法，以许多年的平均产量为基础，对我们企业及其事业部业务的长期绩效和发展潜力进行考察。1925 年 5 月，在以程序的形式确定这个策略时，我写道：

……我们的股东关心的是年复一年的回报，其平均值可以公正地衡量我们所从事的业务的可能性。我们相信，本程序中所概述的原则的确立将导致这个结果。

必须承认，还没有哪个明确的定价规则可供我们照搬。这绝不是有意为之。然而，我们相信，制定能够反映跟成本、产量和动用资本回报率的适当关系的标准价格，在引导公司确定在各种具体情况下应该做什么时将是最有用的。

标准产量方法中有如下元素：产量、成本、价格和资本回报率。若给定产量、成本和价格——理论值但基于经验——就可以计算想要的回报率。如果实际上没有产生预期的回报，这可能是因为竞争导致价格的改变，或者某处的成本超出了常规，这提示我们看一看各项成本。你也许会发现有 50 个人因工厂混乱而坐在某处的屋顶上。虽然这不常见，但确实发生过一次。如果实际产量高于或低于所采用的标准产量，则对投资回报率的计算本身能够告诉你会预期得到什么。

在这个领域，布朗先生和布拉德利先生的主要理论贡献在于把对多年生产率中单位成本变动的影响考虑进去的方式。只要材料成本和工资率相当稳定，生产单位产品的直接成本往往保持不变，而与产量无关。所生产的每辆汽车都包含一定量的钢材。它还有发动机、轮毂、轮胎、电池等等；制造和装配汽车还需要一定量的人力工时。我们的生产工程师和成本估算师可以确定每种外购件的支出金额、所使用的各种原材料的数量，以及制造和装配作业中要求的工时。

当然，固定的间接成本就表现得迥然不同。这些固定成本包括：监管、维护开支及折旧；工装、外观设计和工程技术成本；管理费用、保险和地方税。在建成具有一定产能的工厂设施之后，此类固定成本的总量是相对不变的，与业务水平无关。因此，单位产品分摊的固定间接成本会与产量成反比例变化，产量上升则它们下降，产量下降而它们上升。为了更准确，这个概念还需要由不会自动随产量上升而下降的半固定成本来限制。但是，总体上，单位成本在产量低的时期会上升；相反，它们在产量高的时期会下降。

为了避免产量波动对用作标尺的单位成本的影响，我们以标准产量为基础计算单位成本。标准产量可被定义为年度正常或平均的产能利用情况下的产量估计值。产能必须大到足以满足周期性和季节性高峰的要求，这种波动在汽车行业中比较典型。标准产量综合考虑了在不同的生产水平上和多年的时期内经营企业的必要性。在实际应用中，虽然每年各异，但是事实证明，通用汽车的标准产量接近多年的实际平均利用情况。

给定工厂的产能，用标准产量计算成本的概念可以使我们在不受产量变化影响的基础上，年复一年地评价和分析我们的成本。这些单位成本的变化仅反映工资率、材料成本和运营效率的变化，而不受产量逐年变化的影响。更重要的是，标准产量的单位成本给了我们一个衡量成本—价格关系的基准。它们还提供了一组前后一贯的单位成本数据，可以将其与实际单位成本相比较，从而充当一个标准，用以逐月和逐年衡量我们的运营效率。

重要的是要认识到，成本计算中引入标准产量概念还使我们可以为制造费用建立详细的操作标准。我们统一的会计作业使我们可以在工厂的各个部门中分摊间接制造费用，我们称之为"负担"。负担通常包括三类成本：首先是固定负担成本，比如租金、保险、折旧和摊销，无论作业水平如何，它们通常保持不变；其次是半固定成本，比如主管的工资，它们在合理的产量范围内也是固定的；最后是可变负担成本，它们往往直接随生产水平而变化，比如跟制造、切削工具、包装和装运用品、润滑材料及维护直接有关的人工成本。所有这些费用随部门而异，在计算产成品的成本时如何适当分配这些成本，这在制造企业的任何会计系统中都是一个困难的部分。为了完成这一点，我们将间接成本跟直接的生产性劳动关联起来，后者可以根据长时间的研究和已知的工资率推算得出。可以通过标准产量方法，把固定成本和半固定成本转换成单位固定成本和单位半固定成本。可变单位成本（直接人工、材料和负担）则基于过去的运营经验、当前的材料成本和工资率来确定。就这样，对制造成本的这种分类把事业部管理层可以控制费用的领域作了分割。通过对比实际结果和为这些项目建立的标准值，自然就会给工作人员产生压力，使他们在工作中尽力去维持达到成本目标所需的效率。其指导原则是使我们的标准难以实现但可以达到，我相信这是最有效的利用运营人员的主动性、智慧和才能的方式。

很明显，有了稳定的材料成本和工资率，如果我们的基准显示单位成本较之价格很高，则效率降低了。由于竞争抑制价格上涨，所以只能通过降低单位成本去维持利润。如果整个行业的原材料和人工成本普遍上升，竞争性劳动力就可能允许价格上涨；如果对汽车的消费需求强烈，这种情况就有可能发生。如果在这种情况下不涨价，汽车行业就无法长期、持续地供应市场所需的汽车。然而，甚至在这种情况下，制造商个体仍处于降低单位成本的压力之下，因为竞争大概不会允许他把价格提高到足够抵消成本上涨的水平。

严格按实际或预期生产水平的实际单位成本对价格进行评价，这是标准产量政策的一种替代方法。由于我们的固定成本如此庞大，这就意味着，单位成本在高产时期会下降，而在低产时期会上升。在低产时期，即使竞争允许，任何涨价以抵消单位成本上涨的尝试都会使已经低迷的销售雪上加霜，结果是进一步走低的利润、更少的雇用量以及对经济产生一种总体压制的影响。在高度周期性的行业中经营，就像我们这样，采用实际的单位成本评价方式无论在社会上还是在经济上都是不合理的。然而，我想澄清一点，即在任何一年，所达到的产量对我们的收入——必然反映所有的实际成本——产生了重要影响。无论生意好坏，固定成本都是要支付的。如果我们的产量低于标准，则我们总的固定成本中只有一部分能够分摊到单位成本中，未分摊的部分则必须扣除，这就是你们看到的收入。相反，如果产量高于标准，则总收入将会提高，因为固定成本会分摊到更多的产成品中。

从前文可以明显看出，利润是基于制造商能够把成本保持在由市场竞争所确定的价格下方的一种剩余。也就是说，利润代表着竞争性市场上所能达到的价格跟总成本之差，它受到产量的极大影响。我们可以非常严密地估计出标准产量下单位产品的利润，但是这跟实际产量下的实际利润是两码事。在汽车行业，利润是一个变量，而且是一个易变的变量。

对财务控制的需要产生于危机。引入控制措施是为了保证危机不再发生。它们的效果尤其在 1932 年的衰退中得到证实。公司当年在美国和加拿大的整车产量比 1931 年低 50%，比最高峰的 1929 年低 72%。但是公司并没有像 1920 年那样士气低落，而且仍有盈余。做得这么好的公司并不多。

通用汽车开发的财务控制措施为公司提供了有效的运营评估手段，从而降低了由高层对运营进行管理的需要。总部的管理层可以知道分权管理运行的好坏，并且可以在事实的基础上对企业任何特定部分的未来进行判断。我们刚好及时完成了控制系统的基础工作，使我们可以从容面对汽车市场迄今发生的最重大的变革之一。

第九章

汽车市场的转型

到20世纪20年代中期，通用汽车完成了一些事情，但是除了生存和重组之外，它们更多地停留在思想阶段，而不是付诸实践。正如前文所述，我们已经知道了我们提出的据以应对汽车业务的战略、我们提出的如何在财务上管理企业，以及我们想要在不同角色的人员中间建立的关系。但是直到1924年年底，这些很少体现在我们的汽车市场的实际行为中。在1921年衰退之后，尤其是1923年，我们的业务规模的增长，主要归因于总体经济的改善和汽车需求的增长，而不是我们自己的智慧。虽然从内部看，我们取得了大量的进步，然而从外部看，我们却是原地踏步。但是，万事俱备只欠东风。

现在，我们很幸运，东风来了：在20世纪20年代的前半段，尤其是在1924—1926年各年，汽车市场的性质发生了一些变化，使汽车市场呈现出一些到那时为止从未有过的特点。（很罕见。像在整个20年代中期发生的这种急速变化，也许汽车史上只有另一次可相提并论，那就是1908年之后T型车的兴起。）我之所以说我们幸运，是因为作为对当时已经确立了市场地位的福特汽车的一个挑战者，我们得到了变化的青睐。我们跟汽车业的旧方式没什么关系，对我们来说，变化意味着机遇。我们很高兴能竭尽全力地乘变化之东风，并充分利用之。我们也准备好了前文描述的各种商业概念，虽然我必须承认，我们只是将它们看作我们的做事方式，而不是要使它们一般地应用于或合乎逻辑地参与整个汽车业的未来。

为了便于理解，让我从商业角度将汽车史分为三个时期。1908年以前是第一个时期，这个时期，汽车价格昂贵，完全是上层人士市场的时期；然后是从1908年到20世纪20年代中期的时期，是大众市场占主导的时期，福特汽车及其"低价位的基本交通功能"理念占统治地位；在此之后是第三个时期，大众市场上出现的汽车越来越好、越来越多样，这或许可视为大众—上层人士市场。我认为第三个时期正好符合通用汽车公司的理念。

所有这三个时期的共同点是美国经济的长期扩张，每一个时期的范围都是由这种增长及其向社会大众扩散的相应程度构成的。少数有支付能力的人购买昂贵但不可靠的汽车——以今天的标准看——的意愿使汽车业得以启动。然后，当大量的个人能够负担得起几百美元的花费时，他们使价格低廉的T型车的发展成为可能（也可能是，这个市场一直在等待像T型车这样的汽车的出现）。当以汽车工业为首的经济在20世纪20年代上升到历史新高水平的时候，一系列复杂的新要素开始出现，使汽车市场再次转型，并促成了把现在和过去一分为二的分水岭。

我认为，这些新要素可以在没有显著损失的情况下归纳为四个：分期付款的销售模式、二手车的折价销售、封闭式车身和年度车型。（如果把汽车市场的外部环境考虑进去，我会加上公路状况的改善。）这些要素如此融入当今汽车业的本质之中，以至若没有它们，汽车市场几乎不可想象。1920年前后的一段时期，典型的汽车买主都是在买自己的第一辆车，他们通常用现金或通过一些特殊贷款协议来购车。所购汽车通常是双人座敞篷车或旅行车，最有可能和上一年度的车型相同，而且可以预计和下一年度的车型相差不大。这种情形在几年之内不会变化，即使变化也不会突然，除非在转折点上。因为新的致变因素全都在相互作用，这导致汽车市场彻底转型之前，每一个因素都是独立出现、独立发展的。

第九章　汽车市场的转型

　　第一次世界大战之前不久，正规形式的汽车分期付款销售才首次小规模地出现。这种借贷或者说反向储蓄的形式一旦成为日常惯例，就使大量的消费者能够购买像汽车这么贵的商品。在那段日子，分期付款的统计资料很糟糕，但是很清楚，它从1905年的低水平上升到1925年占新车销售量的约65%。我们相信，随着收入上升和对收入持续上升的预期，有理由认为消费者会把他们的目光瞄准更高质量的汽车。我们认为，分期付款销售会刺激这种趋势。

　　随着第一批购车者回来作二次购买，用自己的旧车作为分期付款的首付款，交易惯例就建立了。汽车业从事交易业务，这不但对经销商的销售安排，而且对制造乃至整个生产特性都产生了革命性的影响，因为经销商通常不得不把车卖给那些拥有不到报废期的旧车的人。

　　1925年以前，有关二手车折价销售的统计数据像分期付款一样寥寥无几。然而，有理由认为，第一次世界大战后的二手车交易曲线向上翘，但愿是因为一战前的汽车保有量相对很少。直到20世纪20年代初期的某个日子，大多数汽车买主才开始购买他们的第一辆车。1919-1929年，美国乘用车的保有量每年大致成百万辆地增长，具体数据如下：600万、730万、830万、960万、1190万、1370万、1570万、1680万、1750万、1870万、1970万。另一方面，汽车业在这些年为国内和国外市场生产的乘用车以百万辆计，大致如下：170万、190万、150万、230万、360万、320万、370万、370万、290万、380万、450万。① 这个生产量足以满足汽车的新增量和报废量。二手车也许要交易两三次后才最终报废。所以，我推测，二手车的折价销售一直处于上升之中。

　　封闭式车身在一战前是一种特供品，而且主要是由顾客定制的。1919-1927年各年，封闭式汽车的年增长率大致如下：10%、17%、22%、30%、34%、43%、56%、72%和85%。

　　关于年度车型，我将在后面详细介绍，这里说一点就够了：20

---

① 上述数据仅指乘用车。1919-1929年各年，所有的车辆（包括小汽车和卡车）的产量数据如下：190万、220万、160万、250万、400万、360万、430万、340万、440万、530万。

世纪 20 年代初期，它并不是一个像我们今天所了解的正式概念，除了当它在福特的静态车型概念中所表达的贬称。

当 1921 年通用汽车的行政团队更换时，我们对这四个要素的逐渐明朗并非毫无察觉。1919 年，我们在分期付款财务领域启动了通用汽车票据承兑公司（GMAC）。我们在制造封闭式车身的费雪车身公司中拥有权益。作为中高价位汽车的大型销售商，我们很早就遇到了二手车折价销售问题。我们努力使我们的车型一年比一年更有吸引力。然而，今天回过头看，我们当时并没有看到这些因素在整个汽车市场中如何起作用——尤其是它们的相互作用。当时，我们把它们视为不确定的、未知的、趋势性的事物，适合以数字的形式进行纸面研究。然而，我们在 1921 年的产品规划中制订的活动计划，在逻辑上越来越好地适应这种逐渐明朗的形势。

我相信，正是 1921 年的计划、政策或战略——不管怎么称呼它——比任何其他单一因素，更使我们能够充满信心地进入 20 世纪 20 年代迅速变化的汽车市场：我们知道我们从商业角度看将要做什么，而不是四处寻找幸运之星。由战略原则推断，那个活动计划最重要的具体目标，正如前文所说，是为雪佛兰开发更大的市场空间，其下端为福特汽车，上端为中价位汽车，这是一种拓宽市场定位的情形。起初做的就是这些，虽然这个计划就整个市场而言需要完善。

我们解决铜冷发动机一事后，工作告一个段落，其间我们放弃了最初那个追逐汽车工程梦想的战略计划中的商业意识。借助 1923 年美国市场 400 万辆汽车和卡车的销量，我们从那件蠢事中被救了出来，市场当年消化了约 45 万辆雪佛兰车，而且我们亲眼看到当年销售量明显上扬的假象后来原形毕露，在 1924 年的衰退中跌落下来。因此，事情在我们看来很明显，仅当在产品的设计中赋予 1921 年计划以意义，计划才会有意义。

几次失败的事实尤其给我们留下了深刻印象。1924 年，美国市场的乘用车销量下滑 12%，而通用汽车公司的销量下降 28%。整个汽车业的销售量减少 43.9 万辆，通用汽车公司的销售减少量几乎占其中的一半。我们的乘用车整车市场份额从 20% 降至 17%，而福特的份额却从 50% 升至 55%。通用汽车公司的销售数量下降有一部分来自别克和凯迪拉克，这在衰退时期的高价位汽车上是可以预期的（奥兹的销售量有所上升，奥克兰的销售量没有变化）。但是，其中大部分是由雪佛兰造成的，它的销售量锐减37%，而福特汽车仅下降4%。当然，这种情况不完全归因于1924年的事件，包括某种糟糕的管理，而是归结于当年的衰退连同早期的事件。汽车设计和生产之间的时滞是汽车业中一个独特的特性。当年发生的事件总是部分归结于一到三年前所作的决策。因此，雪佛兰1924年销量暴跌的幅度可以适当地归结于此前三年间汽车设计开发的拖沓。除了其他事情外，雪佛兰汽车还有一个声名狼藉的尾部；不过，现在细数它的不足之处于事无补。奇怪的事情是，我们当时有一个基于两种理念的计划，一种是制造越来越好的汽车，其一揽子配件和改良超出基本的交通功用，另一种是生产一款更高价格的雪佛兰车，它有令人信服的吸引力，足以把买主从T型车那里吸引过来。就抱负和现实之间的距离而言，很难找到比1921年的计划和1924年的雪佛兰车所代表的距离更宽的了。尽管如此，我们没有改变最初的计划，也许是因为我们比任何人都更了解我们的销量下降的原因。

实际上，1923年夏季，从放弃铜冷发动机方案时起，以亨特先生为首的雪佛兰工程师们就已开始紧锣密鼓地将旧款汽车重新设计成一种新车型，被称为K型车，是为1925年度车型准备的。K型车有一些新的特性，包括：更长的车身；更大的腿部空间；采用迪科漆面；通体一块的挡风玻璃上装有封闭式汽车都具备的自动雨刷；一个在轿式汽车和大轿车上会安装的圆顶灯；一个克拉克森牌汽车喇叭；一个经过改进的离合器；一个可靠的后轮轴机架取代了以前麻烦不断的旧机架。它远不是一种真正的新款车，但是比它的前身好得多，而且上面提到的那些细节首次真正表达了我们想要做什么。K型车赶上了1925年的市场上扬，并一举恢复了雪佛兰的市场地位，轿车和卡车的出厂销售量高达48.1万辆，比1924年高64%，超过1923年的峰值6%。

福特的销售在1925年大致持平，其轿车和卡车的销量约200万辆。但是，由于当年整个市场比1924年大幅增长，福特的市场份额相对下降了，由原来的54%降至45%，这是一个危险的信号，如果福特先生选择看到这点的话。然而，福特仍拥有低价位汽车市场近70%的份额，并且其售价290美元的旅行车——没有起动器或可拆卸边框——似乎在这个领域堪称无敌。雪佛兰旅行车在1925年的售价为510美元，虽然加上其他附件，它还不完全能跟福特车相提并论。当时，装有起动器和可拆卸边框的福特大轿车售价660美元，雪佛兰K型车售价825美元。雪佛兰车给经销商的折扣幅度比福特车大，这就造成了交易方面的不同。

当时，雪佛兰内部的政策声明是，我们的目标是建立"雪佛兰的性价比高于福特"的大众口碑。事实上，如果基于大致相同的配置来比较福特车和雪佛兰车，福特车的价格并不比雪佛兰车低很多。在质量方面，我们打算向消费者证明，虽然我们的汽车价位稍高，但是绝对物有所值。另外，我们打算定期改进我们的产品。总的来说，我们预计福特车将维持原样。我们将这个计划付诸实施，计划也像预测的那样运转。

然而，尽管雪佛兰K型车取得了成功，但是它在价格方面仍与福特的T型车相去甚远，没有像我们希望的那样撼动福特先生的低价车市场。我们的意图是继续对它进行改进，并在一段时间后将其价格降低到T型车的水平。

正如我们在1921年的产品政策中说过的，任何一种汽车都会受到那些在价格、设计上相差不多的相关车型的影响。因此，合乎逻辑的是，当我们对比价位更低的福特车考察雪佛兰车时，同样考虑如果价位高于雪佛兰车的竞争车型采取类似的行动，雪佛兰车可能会遭遇什么情况。1924年期间，当我们准备推出雪佛兰1925年款K型大轿车的时候，我们一直在考虑这个问题。

瞥一眼通用汽车那一年的汽车价目表就可以发现，我们仍需争取实现1921年的计划中设立的理想的或理论上的价格。1924年，仍然主打的旅行车的价格如下：雪佛兰，510美元；奥兹，750美元；奥克兰，940美元；别克4系，965美元；别克6系，1295美元；凯迪拉克，2985美元。

从价目表中可以看到，相邻车型最明显的差距有两个，一个是高价位的凯迪拉克与别克6系之间，另一个是低价位的雪佛兰与奥兹之间。为了填补标准凯迪拉克和别克6系之间的缺口，我提议凯迪拉克研究一下制造一种售价约2000美元的家用轿车的可能性，这最终导致1927年推出著名的拉萨尔轿车。然而，在当时，从战略角度看，最危险的缺口是雪佛兰和奥兹之间的那个。它大到足以在雪佛兰的价位之上形成规模需求，而我们在这一细分市场还没有相应的产品。因此，它是一个需要填补的重要缺口，兼具进攻和防御。说它具有进攻性，是因为这里有一个要去满足的市场需求；说它具有防御性，是因为竞争者会进来并冲击雪佛兰，就像我们计划用雪佛兰车对付福特车一样。出于这一考虑，我们作出了通用汽车历史上最重要的决策之一：用一种配备新型六缸发动机的新车型去填补雪佛兰上方的那个缺口。我们从工程学的角度逐渐相信，未来人们将青睐六缸和八缸发动机。然而，为了使这个战略奏效，有必要用一种还具备一些规模经济性的汽车填补这个缺口。另外，由于这种新车型会分流雪佛兰的部分消费者，降低雪佛兰的规模经济性，从而两败俱伤，因此我们断定，新车型必须设计得在构造上与雪佛兰车相得益彰，从而分享雪佛兰车的规模经济性，反之亦然。

开发这样一种车型的想法是我在担任了总裁几个月之后，与亨特先生、克兰先生首次讨论的。我们曾经在试图为铜冷和水冷发动机研制出可以互换使用的车身和底盘时学到了有价值的东西。我们现在讨论的是基于尽可能把雪佛兰的车身和底盘用在新车型上，来开发一种六缸汽车。作为一款雪佛兰6系车，它行驶起来比雪佛兰4系车平稳，它还需要加长轮轴底座、更换更大马力的发动机，并增加车身重量。克兰先生建议加长、加深整体结构，加重前轮重量，采用短杆六汽缸的L头引擎。这些建议构成了这种新车型的基本特征。

当公司的工程技术委员会着手设计时，我仍未确定把这种车型放到哪个事业部去。奥克兰事业部总经理汉纳姆先生给我写了一封信，提议由他的事业部来承担这种车型的开发工作。1924年11月12日，我给他回了一封信，从与雪佛兰车的协调以及竞争的角度，谈了我对新车型的一些看法。我写道：

我在底特律收到您10月11日的来信。但是您应该记得，关于那款所谓的庞蒂亚克汽车，我并没有形成一种清新的看法。某种程度上，我对这款庞蒂亚克汽车如何发展尚未有定论。虽然我认真地把信读了好几遍，但是，对于有关看似最好的政策的看法如何具体化还悬而未决，所以我没有给您回信。

我从一开始就深信，并且现在彻底相信，这种新车型会有一席之地，其次，如果通用汽车不进入这一块，早晚会有人这么做。如果整个细分市场留给通用公司，我不知道会否如此，虽然我对此事非常着急，但是，当然啦，这对我们来说很幸运，不过我料想情况不是这样，所以，我们必须重视其他对手有可能做什么。

在所有这些讨论中，一直有一件非常困难的事，那就是脱离那个想法中的雪佛兰部分的倾向。每次提及它，都有人提出改动意见，结果是，如果接受所有人的意见，那么我们得到的是另一个奥兹或奥克兰，更有可能是另一个别克或凯迪拉克。换句话说，我们将永远取得不了成功，我相信你也赞成这一点，除非我们坚持原则，即，在雪佛兰的底盘上搭载一台六缸发动机。

既然情况就是这样，我当然得出了一个结论：为了沿着最小的阻力前进，唯一要做的事情是，让雪佛兰工程技术部门来承担开发工作，因为只有这样做，我们才最有可能充分运用雪佛兰的资源，用以对抗另一种方式——使用他物的倾向，这要归因于独立的工程师将自己的个性和理念注入设计之中的自然而特有的倾向，它们或许不利于这款车型，但肯定不会有害于这个具体的开发工作。这个开发工作必须走雪佛兰路线，如果我们想要利用雪佛兰的零部件、装配厂和其他工厂的话，无论是在一开始，还是在某个未来的日期当产量增加后证实如此的时候。

因此，我一直在和努森先生讨论这个问题，并感到，在认可整个图景必将如何之后——他的首席工程师亨特先生也这么认为——我们应该把所有已完成的东西移交给他，让他仔细权衡，让他着手沿着推定的路线，为我们制造六缸发动机。事实上，雪佛兰应该自力更生地进行发动机的开发工作，而且这两件事应该同时进行……

同一天，我把有关此事的想法写成报告，提交给执行委员会，标题为"所称的庞蒂亚克车的状况"。我从报告中摘录了一些段落，涉及成本、竞争、协调和公司内部任务分配，这些都是最终需要在决策中解决的问题。

> 布朗先生已经让他的部门估算了一些成本，这些成本，虽然在任何情况下都不是定论性的，但似乎能够证明我们的感觉是有道理的，也就是说，加上平均分摊的其他成本项目，仍可以考虑标价700美元的样子，其利润将给予我们非常好的资本回报率。这个数据一直是根据使用奥兹发动机的数字拟定的，关于奥兹发动机，我们知道它的成本过高，并由于这个原因大概将无法使用。从经济成本和对股东的实际利润的角度看这项开发，结果是非常令人满意的，的确值得我们继续往前走。
>
> 除此之外，一些未经证实的消息似乎表明，我们的一两家竞争对手也打算尝试类似的事情，这促使我们思考，这种情况将很可能分流奥兹和雪佛兰的业务，与其让竞争对手这样做，还不如让我们自己的事业部来做。现在看来，这两种情况好像最终都会出现。
>
> 这个提案我们一直搞了大约一年，我要坦率地说，我们没取得什么进展。看起来就好像每次我们将它提交讨论，执行委员会对它的实用性的认识总会发生一些不确定的变化。我已得出一个明确的结论：如果我们把它交由一个独立的工程技术部门，或者发起它的奥克兰事业部来开发，那么，沿着我们为了使之成功而势必会采取的路线走下去，我们将一事无成。我进一步明确认识到，唯一的成功机会就是让它在雪佛兰事业部中开发。在它的主持下，围绕着底盘的协调必将自然而然地发生，不会仅仅因为工程师非常自然而适当地将他自己的个性注入作品之中，而有引入这样和那样的差异的倾向。换

句话说，如果我们想要获得成功，就要顺其自然，该怎么发展就怎么发展。

在这个报告中，值得特别注意的事情，是要考虑制造不同车型时的协调问题。因为庞蒂亚克代表

1926年，第一辆庞蒂亚克

了公司在制造过程中协调实际产品方面的首次重要进展。当然，某种形式的实际的协调是大规模生产的第一原则，但是在当时，从T型车的例子看，人们广泛认为，以某个宏大的规模进行批量生产要以同一种产品为基础。庞蒂亚克跟另一价位的车型进行部分协调，是要证明汽车的大规模生产可以与产品的多样化和谐并存。这再一次跟旧的福特观念背道而驰。通用汽车拥有按汽车品牌区分的五个基础价位类别，每个类别都有几个车型子类别，对公司来说，庞蒂亚克理念的含义对整个产品线意义重大。如果高价位类别的汽车能够受益于低价位类别的规模经济，那么，大规模生产的好处就可以扩展到整个产品线。这为1921年的产品计划提供了新的意义，并最终在事实上被通用汽车所有汽车事业部不同程度地应用。

上面提到的庞蒂亚克车型，在雪佛兰进行了总装和道路测试，然后重新委派给奥克兰，作为奥克兰的一款姊妹车，由该事业部全面负责它的最终开发、生产和销售。我们把它安排在1926年度车型中发布。

在此开发期间，另一个多少有些独立的事情发生了，它将深刻地影响庞蒂亚克、雪佛兰和T型车的命运。1921年，哈德孙汽车公司的罗伊·查宾推出价格1495美元的伊塞克斯轿车，比伊塞克斯旅行车高300美元。对于封闭式车身来说，这个价差与其他制造商的车型情况相比是比较小的。到1923年，伊塞克斯4系轿车已经降价至1145美元。1924年年初，伊塞克斯6系车取代了4系车，其轿车以975美元的价格出现在市场上，比旅行车高125美元。当年6月，

轿车的价格上升到1000美元，旅行车上升到900美元。然后，从1925年开始，查宾先生把轿车的价格降到895美元，比旅行车低5美元。业界以前从未见过这样的事情，伊塞克斯轿车一时间大为流行。这表明，以批量生产为基础进行定价的封闭式汽车在将来甚至能够主导低价位市场。

这种进程无疑是不可避免的。但是事实上，伊塞克斯车的竞争立刻在两件事上刺激了我们，首先是我们封闭式车身的总体开发，其次是我们为即将面世的庞蒂亚克轿车所作的准备。通用汽车已经在向封闭式车身转移。1924年9月18日，执行委员会"表达了一个观点，我们的经理应该警觉起来，非常谨慎地对待敞篷汽车的生产计划，因为趋势似乎正迅速转向封闭式汽车"。10月，我们将封闭式汽车的生产比例从当年大部分时间的40%提高到11月的75%。一年后，1925年年底，全公司封闭式汽车的生产比例上升了差不多80%。

我不记得伊塞克斯轿车对庞蒂亚克计划产生了什么直接影响，但是伊塞克斯和即将出现的庞蒂亚克明显是竞争对手。事实上，我们设计的首批庞蒂亚克轿车，无一例外都带有封闭式车身，无论单排座双人轿车，还是双排座轿车。

在执行委员会1925年9月30日的会议上，我自信地汇报："……当'庞蒂亚克'轿车12月面世时，它将给我们带来我们一直为之努力的一切，即，用雪佛兰部件组装的可能最低价格的六缸轿车。"

在执行委员会1925年10月21日的会议上，我就市场日益紧张的总体形势作了报告。我从会议纪要上摘抄了一段话："大家要注意一个事实，伊塞克斯正从上方冲击雪佛兰的市场，而在另一端，福特公司（其政策似乎是改进汽车的质量，而不是降价）是一个强大的竞争者。"

庞蒂亚克轿车在1926年度车型如期面世，售价825美元，大约位于645美元的雪佛兰车和950美元的奥兹车的中间，我们的产品线中的缺口闭合了。

这件事奠定了通用汽车未来多年的产品线态势。凯迪拉克和别克分别排在汽车价格金字塔的第一位和第二位。雪佛兰始终是金字塔的底部。生产庞蒂亚克车的奥克兰后来更名为庞蒂亚克事业部，奥克兰车停产。庞蒂亚克车凭借自身力量成为一款有特色的汽车，同时保持其最初的经济性。这把奥兹置于庞蒂亚克和别克之间，从而构成下述基本的产品线：雪佛兰、庞蒂亚克、奥兹、别克和凯迪拉克，至今都没有多少变动。

这里我不想讨论 20 世纪 20 年代所有产品线的演变情况。我只想说，奥兹和奥克兰一直不很活跃。别克尽管基本上一直很强大，但也有起起落落。凯迪拉克在其价格类别一如既往地强大，虽然从 1925 年开始，有一段时间它的市场龙头地位被取代了。我对这些事业部中有趣的记录略而不论，是为了集中讲述这一时期发生的一些最重要的变化：我们针对福特汽车在抢占份额的低价位、大容量市场竞争中的变化。

在这场竞争中，最后的决定因素我相信是封闭式车身，它是自解决了汽车的机械可靠性之后汽车发展史上幅度最大的一次跃进。封闭式车身使汽车成为一种全天候的舒适的交通工具，从而扩大了汽车的使用价值。1925 年，相比双人座敞篷车，雪佛兰 K 型轿车的销售量超出 40%，封闭式私家小轿车则超出 57%。

尽管伊塞克斯首次证明了大规模生产的封闭式汽车在价格上可以与敞篷车一较长短，但是，上述两种伊塞克斯汽车的价格还是较高。伊塞克斯从上方对雪佛兰形成威胁，但是它并非真正处在低价位类别。尽管雪佛兰车 1925 年的定价仍比福特车高，但是部分由于与费雪车身公司的关系，它在低价位封闭式汽车市场销售形势喜人。

多说几句负责生产通用汽车大部分车身的费雪车身。前文说过，1919 年，通用汽车取得了费雪车身有限公司的 60% 权益，根据协议，费雪车身尽其所能地为通用汽车的所有乘用车提供车身。1926 年，我们收购了费雪车身剩余的 40% 权益，并将其改造为通用汽车的一个事业部。这么做有几个原因。早在 1925 年 2 月 3 日，执行委员会就认为"需要注意一个事实，雪佛兰的销售当前受制于生产新车型的能力，这在很大程度上取决于费雪车身供应车身的能力"。还有通过协调车身与底盘的装配所要达到的运营经济性考量，而且随着封闭式车身逐渐在行业中占据主导地位，将车身业务全部纳入通用汽车中似乎是明智之举。而且，我们觉得，使费雪兄弟与我们公司建立更紧密的关系是有益处的。

费雪兄弟的故事是一个非凡的家族传奇，我希望他们有朝一日把这个传奇记录下来。我与他们的接触比较晚，因为我是借由底盘介入汽车业的，当时他们从事车身制造。但是，我知道他们是拥有马车从业背景的熟练技工。费雪车身公司组建于1908年，费雪封闭式车身公司因150辆凯迪拉克车身的订单而创建于1910年，加拿大费雪车身公司创立于1912年。1916年，三家公司合并为费雪车身有限公司。他们为几家公司制造车身，包括别克和凯迪拉克。我是当弗雷德·费雪1922年进入通用汽车执行委员会时才首次跟他熟悉起来的。他是这个早期团队中宝贵的一员。1924年，他进入财务委员会，同年查尔斯·费雪和劳伦斯·费雪进入执行委员会，1925年，我任命后者负责凯迪拉克事业部。其他几个兄弟，包括威廉·费雪、爱德华·费雪和艾尔弗雷德·费雪仍留在费雪车身有限公司，威廉·费雪任公司总裁。劳伦斯·费雪在通用汽车外观设计发展史上扮演了重要角色，这个故事我将在后面一章中介绍。

随着封闭式车身的迅速发展，其行业销售占比从1924年的45%增长到1926年的72%和1927年的85%，雪佛兰封闭式车身的生产比重从1924年的约40%升至1926年的73%，再升至1927年的82%。从任何方面看都是一个巨大的变化。

封闭式车身的兴起使福特先生不可能维持他在低价位市场的领导地位，因为他已经冻结了他在T型车上的政策，而且T型车曾经是一种统治性的敞篷车。较轻的底盘使它不适合承载较重的封闭式车身，所以不到两年，封闭式车身就使T型车已经过时的设计毫无竞争力。但是，福特先生还是给T型车装上了封闭式车身，这种轿车在他1924年的销量中占了37.5%。尽管接下来的三年间封闭式车身的市场份额急速扩大，但是他在1926年和1927年的相应比例仅为51.6%和58%，而同一时期雪佛兰封闭式车身的相应数据已经上升到82%。

1925-1927年，由于成本下降导致价格下调，雪佛兰车就像我们希望的那样，变得比福特车更有竞争力，雪佛兰双门轿车在这一时期逐步降价，从 735 美元降至 695 美元，再降至 645 美元，最后降至 595 美元，而福特的都铎式 T 型车从 1925 年的 580 美元降至 1926 年 6 月的 565 美元，再降至 1927 年的 495 美元。就这样，老的 1921 年战略计划可以说针对"T"被证明是正确的，但是在细节上却出人意表。福特这个汽车老将未能把握住变化。不要问我为什么。感伤主义者树立了一个传奇，说的是福特先生留下了一辆伟大的车，一辆价格低廉、满足基本交通要求的车。事实上，他所留下的车已经不再适合购买，即使作为原始而基本的交通工具。

从 1925 年和 1926 年的数据不难看出，雪佛兰车正在接近福特车。1925 年，雪佛兰在美国的工厂售出了 48.1 万辆轿车和卡车，而福特的工厂销量则接近 200 万辆。1926 年，雪佛兰的工厂销量上升到约 69.2 万辆，而福特的工厂销量则下降到约 155 万辆。他那宝贵的销量规模，作为其地位的基础，正在迅速消失。他无法在继续失去销量的同时维持住自己的利润。因此，由于工程技术和市场原因，T 型车失败了。然而，没有多少观察家预料到福特先生会选择在 1927 年 5 月以如此灾难性的和几乎古怪的方式倒下，当时，福特先生完全关闭了他庞大的红河工厂，并为了重组停工了将近一年，而把这块市场拱手让给雪佛兰车，并向克莱斯勒的普利茅斯车敞开。福特先生后来在 1929 年、1930 年和 1935 年重获领先地位，但是总的来说，他已经将领先地位让给了通用汽车。福特先生曾在早年间拥有那么多闪光的洞见，他现在似乎无法理解那个曾经令他功成名就并且他所习惯的市场发生了多么彻底的变化。

重新回顾一下全行业首次实现 400 万辆销量的 1923 年。从那之后直到 1929 年，除了这些年里的起伏之外，新车销售有一个 7 年的平稳期。然而，正如我前面显示的，汽车保有量继续上升。虽然整个市场（包括二手车市场）扩大了，新车销量却呈平稳状态，而且正如我说过的，新车的角色只是填补报废汽车和市场增长缝隙。与此同时，价格明显低一大块的二手车满足了不同层次的基本交通的需求。福特先生没有意识到，不必由新车来满足基本交通的需求。有鉴于此，福特先生的美国市场理念已经不足以适应 1923 年之后的现实。从那时起，旧车在美国的基本交通市场（不像欧洲）占据了主导地位。

当买过一辆车的购车者再次光临汽车市场，用他的旧车作为新车的首付时，他们是在卖掉作为基本交通工具的旧车，对所购新车的要求就不仅于此了。中等收入的购车者在分期付款和折价销售的帮助下，创造的需求不仅有基本交通工具，还包括更先进的新车，他们要求舒适、方便、功率和外观。这就是美国生活方式的真实潮流，顺之者昌，逆之者亡。

因此，正是我在本章用以开始这个讨论的四个基本要素，即分期付款、旧车折价、封闭式车身和年度车型在20世纪20年代的相互作用，促成了汽车市场的转型。但是，我的故事还没有讲完。究竟什么是年度车型呢？

20世纪20年代，年度车型并不是一项通用汽车宣之于口的政策，或者说我相信任何人都未宣之于口。然而，它是每年推出更大、更好的组合这个方针内在的要求。这一概念必然带来对推销方法的需求。

在综合销售委员会1925年7月29日的一次会议上，我陈述了我们的商业政策。

> 作为一家大公司，我们选择了制造以公平价格销售的优质产品，虽然业界有其他厂商并未完全追随这项政策，但我确信，我们现在达成了相当全面的一致意见，即我们的政策是正确的。然而，与此同时，我们必须承认，这样的政策给我们的销售部门增添了一项职责：设法获得品质成本和品质利润。
>
> 为了对我们的销售部门公平起见，事实上，在过去，我们的声誉因某些产品而有了污点，致使我们一直受到了不利影响，但是，随着我们进入新的制造年度，我们拥有的汽车产品线让我们引以为豪，没有例外。我相信我们全都同意，这些新产品非常可靠且价格适中，无论在竞争上，还是从成本角度看。一些售价下调造成的收入减少已经通过成本节约得到消化，特别是因费雪公司的产量上升而在封闭式车身上的成本节约；通过各种无损于质量的设计变更，实现了其他方面的节约。然而，

必须同时认识到，我们的利润也降低了。

为了便于理解其含义，我换个说法。如果我们拿出刚过去的 1925 年 6 个月中的收入，按照新报价和新成本（换句话说，按照成本和售价之间新的差额）对这些收入细算一遍，并假设销量相同，就可以发现我们的利润减少了约 25%。

就目前情况而言，通用汽车还没有大幅提高业务规模。我们前半年的成功源自成本与售价之间喜人的差额。今年至今为止，我们卖给消费者的销量大约跟去年相同，而且，虽然我们的价格除了少数例外，一直都没有超出常规，但是因竞争的关系，我们自 8 月起的产品价格线肯定会促使我们扩大销售。实际上，我们制定新价格的唯一正当理由，照我看来是以未来销量增加为前提的。这个增加的销量意味着我们的销售部门肩上将有更大的责任。有了我们目前这样的价格和质量阵容，我们必然会同意，这是一个直接取决于我们的销售部门的销售问题。

接着，就如何避免大型组织中的惰性，我作了一个鼓舞士气的讲话，并以行业已经在那时进入新时期的评论，结束了我关于商业政策的发言：

就营销而言，我们应该更上进和进取。有许多事情跟营销有关。我判断，通用汽车总体上销售工作相对较弱。事实上，整个汽车工业都是以机械和技术人才而不是商业人才为核心建立起来的，而且我认为，我们刚开始认识到汽车业中的商业方面的重大意义。

事实证明，我对通用汽车的惰性问题是过虑了——就像一位足球教练在求全责备一支冠军队。"优质产品，公平价格"的用语描述了销售更大、更好的轿车的基本政策——这项政策与 1921 年产品计划毫无二致。与此相伴随的是另一项政策，即在每个事业部中构建强大的经销商机构。我们相信，有必要拥有一支繁荣兴旺、充满活力、战略布局合理的经销商队伍来做销售和贸易。关于这个问题，后面有专章讨论。

所以，这是浑然一体的。你以一个政策开始上路，然后发生了一些未预见到的事情。对产品而言，这个政策意味着持续和永恒的变化。我描述过1925年在雪佛兰K型车中做过的一些变动。1926年，我们把外观作为一个单独的概念引入凯迪拉克事业部，并首次作为一个专业引入行业。1927年和1928年，我们对雪佛兰车作了外观改造。1928年，我们给雪佛兰车装上了四轮刹车装置，并将它的车架加长了4英寸，以搭载新的六缸发动机。但是，我们将这种新型发动机一直雪藏到1929年，当时福特先生推出了搭载四缸发动机的A型车。

前面提过，在综合销售委员会1925年7月29日的会议上，我们把新车型称为"年度车型"，但又尽力避免正式承诺采用这个概念。这次讨论的记录被命名为"年度车型与持续改进"。在此标题下进行的谈话，也是我20世纪20年代保存了记录的唯一谈话，可能值得关注一下：

斯隆先生：然而，推出年度车型会导致很多不利情况，由于这个原因，我们全都反对这一提法，我只是看不出能够对此做些什么。

[理查德·]格兰特先生[雪佛兰的销售总经理]：我反对年度车型的提法，而且我认为，我们应该逐渐地进行改良，只干不说，而不是将我们的改良雪藏到每年某个规定的日期。

斯隆先生：当然，最好能与一些变化关联起来，但是，如果采用全新的车身，就意味着严重的困难。

格兰特先生：问题是"我们要推出年度车型吗"？我说"不"，我们不应该推出年度车型。我们应该不动声色地进行所有可见的改动。现在，如果我们改动了产品线或者车身，那么我想我们必须推出一种新车型，但是我不认为每年都应该这样。推出车型的时间间隔可能是一年七个月，或者两年。我觉得，我们不应该把一切都集中在8月1日。另一方面，我不认为我们应该跟随道奇的政策，说我们永不增加新车型。

斯隆先生：如果采用他们的政策，那就是在说行业不再发展。尽管可以作一些细小的改动，但是被迫推出新车型的日子肯定会到来。你可以说你不准备做这个，但是你将迟早不得不做这个。道奇和福特是两个仅有的追随这项政策的例子。恰恰由于我们正在讨论的这个原因，新福特现在正推出一种新车型。它是被逼着这样做的。道奇则是在1923年年初被迫这么做的。第31期国家［新车登记］报告表明它们如何一直在下滑。现在我们全都面临同样的困境，而且我认为，通用汽车一直太易受影响而未对政策作出改变，但是我认为这归因于我们的产品还不够稳定这个事实。

格兰特先生：也许这里提出这个问题的方式有点令人困惑。如果这意味着，假如我们有一种棒极了的新车型要推出，而不准备马上利用，那么我就要唱反调了，但是我的确相信，年度车型的提法应该抛弃，而且仅当我们有必要推出时我们才推出新车型，然后充分利用它实现最大的好处，并对它广而告之。我认为那些正宣传这个永不推出新车型的政策的人是在作茧自缚。毕竟产品线在变化、车身在变化。

［林恩·］麦克诺顿先生［凯迪拉克的销售总经理］：我们已经感到，在摆脱车型的名称后，我们可以获得公众对"凯迪拉克"牌子而非该车型设计的关注，而且，我们不打算用任何车型名称来称呼新车型，它不过是凯迪拉克的产品线中的一种产品罢了。过去的三四个月，人们开始询问我们什么时候推出新款的V-65，但是，我们不打算采用任何其他名称，除非就公众而论，是凯迪拉克中一种没有产品型号的新车型。我们只准备宣传凯迪拉克，而不是具体车型。

斯隆先生：当然，从费雪车身的角度看，这有一个问题。同时制造所有这些模具给他们公司造成的问题之大十分可怕，几乎不可能解决。

格兰特先生：我认为，我们应该做的事情是改变我们处理政策的方式，而且我认为，当我们在推出新车型方面有优势时，我们应该推出新车型，但是我不认为应该把日期设定在8月1日，我也不认为如果我们打算在两个事业部引起变动，它们将必须出现在8月1日。将其中一个事业部的变动选择在1月1日更好些，就像去年做的那样。

斯隆先生：你们真的要被迫在8月1日作变动了，因为任何其他日期都会和你们的销售季撞车。必须在8月1日至11月1日之间做完。作为一项政策，你们肯定不想在1月1日作变动，除非你被逼无奈这样做，就像去年的雪佛兰那样。

格兰特先生：从我们目前的态势看，今年的1月1日可能是一个好日子，但是如果你明年这么做，可能就是最糟糕的日子，因为我不认为到时候我们打算拥有大量的存货。

[丹·]埃丁斯先生[奥兹的销售总经理]：如果我们能将新车型在12月1日投产，我们就能在春季到来前建立起满足春季需求的库存。但如果是从1月1日到2月1日，你们的工厂就无法实现这一点。另一方面，8月1日引入新车型的其他制造商将会击败我们，并抢占我们的生意。

斯隆先生：8月1日和9月1日之间是唯一合乎逻辑的时间，因为如果你们从8月1日向前移，就会压低春季生意，而如果试图在11月1日行动，那么经销商手中将有成千上万的汽车难以销售。你们将不得不在淡季清算这些库存。

格兰特先生：我认为我们应该保持我们的政策不变，并尽可能避免对车型作许多激进的改变。换句话说，我们应该改变我们当前政策的操作方式。

事实上，通用汽车在20世纪20年代就有年度车型，1923年之后每年都有，并一直保持至今。但是，正如上述讨论表明，我们在1925年还没有形成今天众所周知的年度车型概念。我不知道我们确切是什么时候形成的，因为这是一个渐进的过程。最终，我们每年进行车型变革的事实及对其必要性的认识，促使我们将它常规化。大约在20世纪30年代，当车型变革常规化后，我们开始谈起年度车型。我不相信老福特先生真正关心过这个理念。他1928年推出的

A型车就当时而言堪称一款做工精良的小型车,但无论如何,它在我看来只是对其效用至上的静态车型理念的另一种表达。

当福特先生的工厂因新车型后继乏力而关闭的时候,我仍然认为他的方针和我们的方针都将存续下来——福特的方针是新瓶装旧酒,虽然以新车型的形式体现,但表达的是适应当时更高的技术发展水平的旧政策。换句话说,我在1927年还不清楚福特的方针已被时代淘汰,通用汽车的汽车升级换代方针取得了胜利,其意义比体现在雪佛兰的销量大涨上的要大得多。

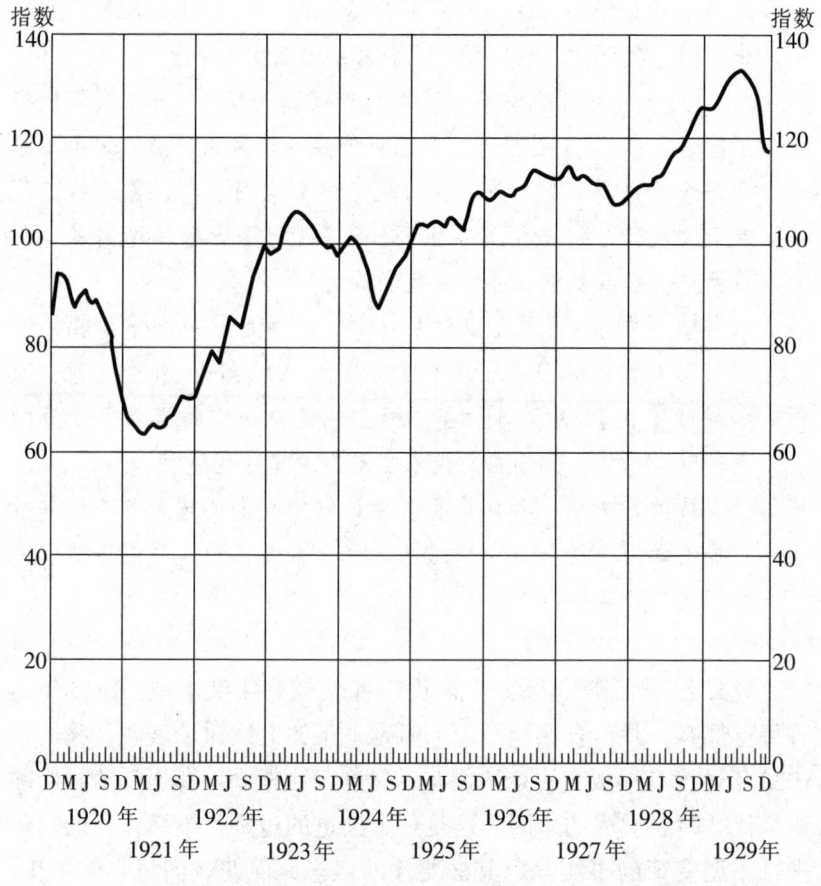

美国联邦储备银行 1920-1929 年工业生产指数
(经季节调整,1923-1925 年 =100)

第十章

政策制定

1929年，汽车市场的转型基本完成。假如在这个现代经济体（美国）的这个关键年份里，福特先生仍然顽固地坚守他那陈旧的反映在其新的A型车中的理念，那么，他就会被克莱斯勒先生逐渐蚕食并平分秋色。克莱斯勒曾经远远落在后面，但他已经以其巨大的活力和类似于通用汽车的市场政策，从一无是处中迎头赶了上来。在那一年销售的500万辆美国造汽车中，福特先生生产了近200万辆，这一成绩值得炫耀，然而，从长期的视角看，这只是偶然的，不是一种趋势的标志。

通用汽车本身已经从1920年杂乱无章的大杂烩转变为一个整合有序、高效强大的企业。它的管理哲学，即带协调控制的分权管理，适合它那个时代，所以运转良好。它的财务方法已经变成某种第

1923年，通用第一次在海外的哥本哈根设立生产厂

二天性和一个持续演进的创造性的过程。它的汽车产品线展现了发轫于杜兰特先生的多样性，并在原则上体现了1921年产品计划中所提出的价位区间思想。也许我应该顺便补充一点，我们在汽车出口方面达到了史无前例的历史高点，我们在海外开启

1925年，通用在西班牙组装汽车

了新的航线，还分别在英格兰（1925年）和德国（1929年）拥有了我们自己的制造业务。在所有这些事情上，公司都反映了整个经济发展的趋势。毫无疑问，它影响了其中的某些趋势。我们在汽车工业中的进步影响了美国其他大型企业，他们过来调研并采纳了我们的经营方法，尤其是分权管理和财务控制。

由于不是历史学家，所以我对这一时期许许多多大众感兴趣的事情一带而过，而是继续讲述有关通用汽车的发展历程的故事。

20世纪30年代初期的大萧条虽然导致了紧缩，却没有从性质上改变公司的一般特征，只有一个除外：紧缩要求提升协调程度。就是说，我们必须找到办法，对这种最困难的变化迅速作出反应，并精兵简政、厉行节约。这些需求将导致通用汽车的组织体制新一轮的基本改造。实际上，由于预料到了新的情况，这些变化早在1929年10月股市大崩盘之前就开始了，但是我们一点也不知道将来会怎么变。

首先，雪佛兰取得了巨大的成功，因此我想把雪佛兰的人放到战略性位置上，从而使其管理上的益处惠及整个公司。1929年5月9日，雪佛兰的格兰特先生和亨特先生当选为公司的副总裁，分别负责公司的销售和工程技术工作。同时，原德科—雷米的威尔逊成为分管制造的副总裁。几年后，一直担任雪佛兰总经理的努森先生当选为公司执行副总裁，分管所有的小汽车、卡车和车身制造业务。因此，也可以说，在这一时期，一支新的执行团队升迁后进入公司总部，把他们的影响作用于整个公司。

然而，在当时，除了财务、凯特林先生的实验室及与事业部间委员会有关的工作之外，公司总部只是一个人数不太多的组织。当我们有必要启动一个先进的工程项目时，我们便设立一个专门的"产品研究组"，并把它放到某个制造事业部中。因此，对这些人的选择将开始新一轮的人事活动，这将最终取代旧有的事业部间的委员会，并发展成为我们今天所拥有的大型的职能部门组织。这些职能部门的故事将在后面各章中介绍，这里只讨论它们如何涉及协调方面的某些总体进展。

1929年春末夏初，国民经济达到顶峰，其后工业生产急剧减少，股市持续上涨，直至10月大崩盘。[1]7月8日，我向运营委员会发表陈词，就公司是否能够对变化作出反应表达了我的忧虑，并就为实现这个目的而开展的新的协调形式发表看法。内容如下：

> ……我觉得，我们一直以来都有一个弱点，我们没有准备好，或者也许没有从政策的角度，去落实许多建设性的建议，这些建议涉及已经确立的项目和政策。在我们所有人的脑海中，通常的反应是反对任何改变，而且我觉得，我们的行政管理一直受到诟病，批评我们没有把作出的改变坚持下去；在推行观念上，在没有及时、有效地处理已知存在的缺陷上，浪费了太多的时间。正是由于这个原因，过去一段时间我一直觉得，我们必须拥有一种更有效、更明确的协调形式。换个方式来表达，反对进步的阻力一直大于促进进步的努力，于是，进步一直很慢。现在我觉得，如果公司打算维持其地位的话（更别说提高其地位了），这一点必须改变。我们不能像今天这样这么长时间地维持原状，因为竞争正变得越来越激烈，问题正变得日益困难。我上面说的这些话并不太针对日常的商业活动，它们针对的是，我们承认有新的必要去采取更好的一般原则和政策的形式，以贯彻执行这些原则，以及采取更好、更有效的详细的组织形式……

---

[1] 1920–1929年间的工业生产指数，参见第9章结尾。

1929年10月4日，股市崩溃之前不久，我给公司全体人员写了一封信，其中提到扩张的结束，并公布了一项新的针对全公司的经济政策：

> 依我看，在这个时候，提请全体有关人员对一个问题予以真切的关注，是再合适不过的了。我相信它是一个非常重要的问题，我将用黑体把它突出出来。
>
> 过去相当长的一段时间，我们的日程表满满当当，我们的设施满负荷地运转。这一点实际上适用于所有的运营部门，无论是国内还是海外。除此之外，我们的产品的特征发生了实质的变化，这些变化使得有必要对我们的一些生产设施进行更新或改造，并且或多或少（实际上是它们全部）作了修改。这就对管理工作，除了日常问题之外，添加了一个责任，即提供用于扩张的工厂和设施以及有效地运作它们的组织。
>
> 与上述计划相关联，大量的资本已经被消耗掉，还有更多的资本投入在形成新的基础设施上，用来做以前未曾做的事情，换言之，就是修建新的工厂，用来形成

1926年，通用汽车加速扩张

> 更多的生产能力，去生产我们正在销售的各种产品。这一切都具有建设性，而且被我们已经取得的成果所充分证明。我可以肯定，我们在这个总体方向上已经完成的工作，现在已经并将在未来提高和增强我们在过去和当前的地位。
>
> 上面所述的目的，是为了阐明一个观点：依我看，至少在当前和多少看得见的未来，采用一种不同的处理方式是必要的。在我看来，管理层现在应该把精力集中起来，通过**增加效率、降低支出、提高盈利能力**。换言之，过去若干年的驱动力是造

第十章 政策制定 167

出更多、更好的价值持续增加的汽车。从现在开始，我们应该像以前一样努力造出更好的汽车，但是我们必须对涉及价格的价值给予更详细的考量。而且作为本计划的一部分，现在应该把过去一直如此铺张浪费地耗费在扩张和发展上的精力，贯注到对经营的精打细算中。

上述文字并不意味着传达这样的想法：当前的趋势要求进一步依赖于我们的生产设施，而我们未来数年时间的趋势将不具有这种性质。我相信，若在合理的价格下有一款优质的产品，同时跟工程思想的进展保持同步，那么，我们所能达到的成就是没有止境的。另一方面，不可能假定我们每年都能实现最近几年那样的增长百分比。而且，可以合情合理地假设，我们必须更密切地跟随整个行业的一般趋势。我在上一段所说，并不是想要表达费用因素一直未受到监控，因为我知道我们已经这么做了。我试图传达的想法是，在未来，把以前贯注于扩张和发展的精力，投入推动最艰巨的厉行节约上，这应该是每一个事业部和子公司的首要考虑因素。换言之，在经营中厉行节约必须成为公司的主旋律，而不是进行工厂和设备的扩张。我在这里所说的"费用"，不仅指制造费用，还包括伴随销售成本而来的每一项费用。

当然，贯彻这项计划的责任落在每一个事业部和子公司身上。为了使我能够跟总体趋势保持联系而不落伍，我正要求布拉德利、格兰特、亨特和威尔逊诸位先生，以各种方式与各个事业部和子公司的相关职能部门合作，从参谋的立场研究整个形势，具体情况将在适当的时候作简要介绍。通过这种方式，我们将携起手来，向着更好的总体结果前进。

为了与上述说法背后的思想相一致，可以推断，应该以前所未有的审慎来审查新项目，证明新项目是否适宜的责任应该更清晰和明确。根据当前的组织结构，副总裁威尔逊将对提交上来的新项目进行初步的审查。每一个正在考虑或者感到有必要扩张的事业部和子公司，在推进相关项目之前，应该先咨询威尔逊先生的意见。当然，上述意见并不在任何意义上针对那些已经明确批准的对于生产设施的正常运行必不可少的扩建、新建项目。

当然，正如事实证明的，我还是不够悲观。实际上，我们是否能够应付接下来一连串令人难以置信的事件，很快就成为一个问题。虽然大萧条并非一夜之间发生，下行的步伐却是巨大的。通用汽车的销售额从1929年的15亿美元下滑至1930年的9.83亿美元，降幅约1/3。

1930年结束后，我在年度报告——我通常亲自撰写——中这样写道："这一年期间，世界上几乎所有的主要消费国的经济形势都实质性地失调了。由于公司以一种重要的方式涉足世界上几乎每一个国家的商业活动，因此公司的经营受到了这种形势的不利影响，结果出现了非同寻常的管理和政策问题。要想使股东利益得到保护，就必须积极行动起来，对这些问题予以有效的处理。我们公司未来的地位，不仅从信心的角度看——公众满怀信心地注视着公司，信心也是公众的良好意愿的反映——而且从它未来的经济发展的角度看，都要求对所有问题进行最仔细和彻底的分析……"

然后是相关的分析。

为了调节气氛，说一说一个像通用汽车这样的大公司，在遇到灾难性的事件时，它的管理层如何自圆其说，这可能是比较有趣的。1931年1月9日，我给运营委员会写了下面这封信：

为了让缺席了运营委员会星期四会议的人明白，为了给出席了这些会议的人提个醒，我想说的是，下次会议讨论的主要事项之一，将是广开言路，各位委员建言献策，看看各位的意见中，何者指出了在刚刚过去的一年里，在程序、政策或思路方面应该消除的缺陷，哪些新的建议能够得到展开，从而在1931年中有所帮助。

旧岁过去、新年来临之际，给我们在心理和现实两方面提供了处理这种问题的机会。自然，我们必须处理广泛的政策原则问题，而不是思考管理上细枝末节的问题。

为了举例说明我脑海中的想法，我将根据我以前就此主题所做的一些笔记，给出下面这些思考：

第一，我认为，我们过去缺乏——也许现在仍缺乏——勇气去处理人事方面的缺陷。我们知道缺陷存在，但我们容忍它们，并在容忍它们长得反常的时间之后，最终才作出改变，然后抱憾于我们为什么没有及早采取行动；

第二，我认为，尽管我们享有实事求是的组织的美誉，但是我们并没有像应该做到的那样，完整地得到真实情况，甚至现在依然如此。我们在还没有掌握真实情况的前提下，就围坐在一起讨论问题。我认为我们应该去掉这样的习惯，而且对于任何重大问题，在委员会的所有成员都获得相关的真实情况之前，都不允许委员会的任何成员把问题摆出来进行讨论和决定，否则这对委员会自身、对公司都是不公平的，因为它没有充分履行其对此问题的职责；

第三，我认为，我们逐渐变得太浅薄，这种倾向必须予以改正。问题正向我们蜂拥而来，我们却时间有限；会议有时候开得很长，我们自然会感到疲劳。这些情况和许多其他的情况导致我们在没有充分考虑的情况下犯错，于是，错误的发生在所难免。与其随意地做事，或者未经应有的考虑便做事，还不如什么都不做，即使机会因此而白白失去，它或迟或早也会再次出现，而且从长期看，通过周全地处理我们的问题，我们将会受益良多。

上面只是我的一些想法，我提出这些想法，是为了抛砖引玉，向你们指出这些问题，若你们能仔细考虑，我将十分感激。希望委员会的每位成员都能真正地建言献策。

这在当时的情况下是一个相当温和的陈述。但是，每一个行业、每一种职业、每一个人群都有其自己的方式，而且常常有其自己的行话。高级管理层都明白，上述信函是呼吁他们仔细考虑每一件事情。接下来的6个月，洪水般的备忘录使我的办公桌泛滥成灾，涉及的问题五花八门，几乎无所不包，还出现了意见分歧。普拉特先生、穆尼先生、努森先生感到我们已经变得过度集权了。

1931年1月12日，普拉特先生这样写道：

> 我的意见是，在通用汽车有限公司的程序和政策中，最大的缺陷是这样的倾向：运营委员会引出并讨论各事业部详尽的问题，而不是坚持各事业部提出它们各自的政策和问题，然后将它们的解决方案往上递，提请运营委员会审核和批准。
>
> 在过去的一年中，无论是有意还是无意，我们经营通用汽车的方式，已经有一种令人担忧的向集权化发展的趋势，所有的倡议和行动都在运营委员会。我认为事情有必要反过来。倡议必须由各事业部提出，我们的工作是要看出公司有各位总经理，他们将带头行动，而不是试图从总部来提出所有的倡议。
>
> 我还想建议说，若认为有缺陷，就应该把它们摆在桌面上进行坦率的讨论，而不用顾虑人事问题。

毋庸置疑，在严重紧缩的冲击下，发生了某种程度的过度集权，这是错误的。

但是另一方面，威尔逊、格兰特、亨特和布拉德利诸位先生及所有的顾问人员则认为情况相反。他们每个人都建议了某种具体的增进协调的形式。威尔逊先生想要在生产组织、设备和加工工艺等方面，将所有的事业部都提升到最进取的事业部的水平。格兰特先生在销售和综合管理方面有一个类似的提议，但是他承认，他也不确定怎样以符合分权的方式做到这一点。"至少，对这个问题，"他说，"我暂时只知道一个答案，那就是，在和我们的事业部接触时，要有大量的自制力、耐心和推销能力……"亨特先生具有工程师的务实作风，他提议将可互换车身计划尽可能地推广到各个汽车产品线上，而且，各种工程技术研究若能马上用上，则应用在车型的特色上。布拉德利先生注意到运营委员会的讨论准备不充分，他提议设立分委员会，加快这个上级委员会的日常工作。

我相信，事情的真相是，双方都是正确的。旧有的两难困境的号角再度吹响。我们必须有更多的协调来应对这些新的情况，与此同时，我们必须阻止最高管理层陷入试图去管理各分权事业部的事务的绝望处境之中。

1931年6月19日，通过任命几个顾问组，我迈出了通往新体制的第一步。我是这样提议的："应该把顾问组作为集群执行官的咨询机构而组建，其目的是搜集最广泛的事实与意见，使提交给［运营］委员会的建言以及运营政策的决策，甚至在它们未提交给委员会的时候，就能像公司中最好的想法所允许的那样具有建设性。"

这项提议的意义，在于它努力在总部官员、职能部门和各事业部之间，建立更广泛、更积极、更正规化的联系，同时又未给予职能部门任何凌驾于事业部事务之上的职权。有人担心这个举动会鼓励那些职能部门的执行官向事业部经理发号施令，但是正如我一会儿将表明的那样，这种担心是没有必要的。

建立顾问组的提议于1931年正式通过，但是到那年结束，对广泛的组织问题的进一步讨论让位于引人注目的紧急措施，目的是在全国和世界都跌入大萧条的谷底时能够生存下来。美国和加拿大的汽车工业从1929年零售价值约51亿美元的约560万辆小汽车和卡车产量，跌到1932年零售价值约11亿美元的约140万辆。这比1918年这个战争年份以来的任何一年都要低。

幸亏有财务和经营的控制措施——它们的进展情况我在前面几章中描述过——通用汽车才没有像它在1920-1921年的衰退中那样步入灾难。我们在所有的事务上，包括削减工资和薪水在内，都一步一步地进行了有序的紧缩。较之1929年的约190万辆，我们在美国和加拿大的工厂1932年的销售量跌到了52.6万辆，若考虑到许多费用是固定的，这是一个巨大的跌幅（72%）。我们的经营情况比整个行业相对要好，这是有事实根据的：我们的市场份额从1929年的34%上升至1932年的38%，这可是大萧条正肆虐的年份啊。我们的利润从1929年的约2.48亿美元下降至1932年的16.5万美元，仍有盈余，这主要归因于我们的财务控制程序。1932年，我们实际的产能利用率低于30%。

为了节省开支，我们对采购、设计、生产、销售方面的工作进行了更大程度的协调，其中的一些变动具有持久的价值。比如，在采购和生产方面，我们实现了对零件更精细的分类，提高了零部件在事业部之间的可互换性，其中最重要的单项可互换工作是把车身的数量减少到三个标准类型。最困难的节支工作是在商业或销售费用上，在这方面，我们采取了最激烈的重组手段。1932年3月，运营委员会经过3天的大讨论，对1921年的产品政策进行了彻底的修订。委员会决定，将雪佛兰和庞蒂亚克的制造部门合并，均归努森先生管辖。别克和奥兹也受命进行了类似的合并。在销售端，别克、奥兹、庞蒂亚克的销售活动合并为一个单一的新的销售公司，即B.O.P.公司，允许经销商销售多种品牌的汽车。实际的结果是，从管理角度看，在一年半的时间里，通用汽车的5个汽车事业部削减为3个。

收缩的严峻性和公司内外参与了收缩的压力促使我进行反思，我们的管理体制是否能够对这样一个时代作出适当的反应。难道我们被拥立上位是要去随意地收缩和扩张？去协调政策和管理并仍然保持二者之间清晰的界限？如果我们还原传统的5个事业部，那么在新形势下我们将怎么处理这些车型？不可避免地，当一个工业企业由于诸如我们在大萧条开始时遇到的一类力量而动摇的时候，混乱就必然会出现。1933年11月，我开始就新政策的主题撰写备忘录。开门见山，我便直指政策主题本身。我写道：

> 我觉得，一般组织问题的这个方面对通用汽车具有特殊的重要性，不是由于它的规模，而是因为它的行业性质，这种行业要经历我可能称作的"急速变化"，就像现在这样。换言之，我断言，跟可以选择用来比较的任何其他工业中的单位相比，汽车工业中的一个单位远不具备"沿海航行的能力"，这是我可能使用的术语。在我展望未来、分析我们的前景的时候，我们的成功，或者要我说，我们现有位置的保持，绝对取决于我们公司制定战略的能力，因为它使我们能够预测我们感兴趣的活动中正在发生并将继续发生的快速变化——涉及所有落在这类活动之内的职能事业部，并针对这些变化作出迅速而充分的应对。

> 在作这些陈述时，对于多快好省地执行可能被采纳的政策

的重要性,我并没有在任何意义上极度轻视它,我只是在努力试图强调一点,这个政策具有至关重要的意义,因为,除非我们能够在过得去的智慧下对付这个问题,不论我们可能拥有的行政机构多么能干,它都受限于能够发挥的机会。我想进一步补充一点,向前看,我觉得我们必须比过去更积极进取地处理我们的问题的这个方面。要同时维持我们的竞争地位和盈利状况将会更加困难。在未来,我们不可能再像过去那样,针对正在影响我们的地位的趋势变化,负担得起慢慢花时间去决定我们应该做什么……

上述段落节选自一份备忘录。在该备忘录中,我的主要目的是重申执行委员会的纯政策制定角色。我还指明,委员会"所处的位置"应该是"要坦诚、积极地与任一事业部打交道,或者处理任何两个事业部之间的关系"。为了更好地做到这一点,我认为委员会应该只包括总部的执行官,而非事业部的执行官。那么,这些制定政策的执行官们将怎么取得并使用他们的资料呢?对此,我写道:"……我们必须发展出诸般方法和手段,来保持执行委员会的成员们与相关问题的联系,从而使他们对问题不仅能够作出明智的判断,而且是明智的独立的判断……"

当然,执行委员会不仅在法律上而且在实践中都一直充当公司的最高运营委员会,但是由于它与运营委员会有人员重叠,而且由于作决策时负责政策的人员和运营的人员都有参与,因此政策和行政管理之间的界限并未清晰到历历可辨的地步。当前的首要问题是,将执行委员会局限于独立地作出政策决策,而不受负责行政的、运营的人员的支配。

因为汽车市场出现新的情况,而且,如果像我提议的那样,如果我们还原传统的五大事业部,管理上就会出现问题,所以,重新确立政策制定的独立性,这一点特别重要。

当时的情况是这样的:在1933年的汽车市场中,低价位车型相对增长到了囊括整个行业整车销量的73%,与之相比,1926年是52%。这意味着,对于我们旧有的汽车产品线来说,我们会有四种车型的生产线处于27%的市场中，而一种车型的生产线处于73%的市场中。布朗先生出于节约成本的考虑，觉得3个事业部更可取，我则倾向于5个事业部，虽然这会带来额外的成本，但是我认为，这额外的成本我们可以通过更大的量弥补过来。我在1934年1月4日给财务委员会的一篇报告中，申明了并部分重申了我长期以来关于商业政策的观点。由于它们后来成了公司的政策，我在这里引述如下：

关于通用汽车公司汽车产品计划的基本构想

委员会的某些成员有可能回想起，当杜邦先生担任通用汽车的总裁时，他上任之初的首批行动之一，是委派一个小组去研究非常重要的汽车产品问题。直到那个时候，公司一直没有基本的概念或计划——不同事业部的产品之间没有任何确定的联系，换言之，没有任何协调。普遍承认，这其中本应该有某种确切的关系和某种程度的协调。该研究的目的是要确定它们应该是什么。这项研究已获执行委员会的一项决议授权，决议的签署日期是1921年4月6日——距离今天已经接近13年……［这里所说的该研究，就是早前所讨论的涉及产品政策的研究。］

我注意到汽车在过去的13年里更为激烈的竞争压力下的演变过程，并观察到一辆汽车的价值已开始集中于某些考虑因素——外观或风格、技术特性、价格和品牌声誉。我那个时候的印象是，这些方面的差别比早期岁月更小，而且，因为工艺技术的最新动态大家都可以获得，所以从销售的角度看，汽车技术在未来不会产生引人注目的影响。我以前的总体观点是，汽车营销已开始集中于消费者的个人偏好，尤其在汽车风格问题上，尽管我现在相信总体观点是有效的，但是我在这一点上搞错了。我这样写道：

人们喜欢不一样的东西。很多人不想拥有和邻居一模一样的东西。任何一款汽车的设计都是艺术和工程相妥协的产物。

任何一款车都不可能囊括所有令人满意的特性。那些相对不重要的特性将经常左右一辆车的出售[，]就其他重要得多的特性而言，这与顾客的利益相对立。对于任何一辆特定的汽车，没有哪个预期聪明到足够明确地确定所有进入该辆车的元素的加权价值。消费者也会极大地受到其个人与经销商的关系的影响，而且他们有时正确地、其他时候则错误地厌恶某个特定的经销商。通用汽车销售了业界全部整车的45%，也就是说，基本上每两辆车中就有通用一辆汽车，所以就所有这些问题而言，公司应该承担一份巨大的责任。在这些条件下，新顾客是很难去获得的，老顾客流失之后也是很难去替换的。45%的市场份额和5%的市场份额是完全不同的。

　　从工程技术和制造的角度看，推出这样两款汽车是完全有可能的：一、二者在价格和重量上相差不大；二、二者在外观上差别相当大；三、二者在技术特性上有一定程度的差别；四、二者均用相同的基本工装加工制造。

　　考虑到汽车的量都集中在一个狭窄的价格区间之内，公司基于上述及许多其他考虑，而把所有鸡蛋都放在一个篮子里，这种做法是不是可取呢？或者，不同的东西对不同的人有吸引力；并非所有合理的工程设计理念都能够加入一辆整车中；经销商的影响是一个重要的考虑因素，利用好这些经过验证的事实，是不是更好一些呢？……

针对这些问题，我用下面几段关于我的商业政策的陈述作答：

　　……我相信，在低价位细分市场：将要集中80%到90%以上销量的市场，我们应该有不止一种有吸引力的汽车。我们的代表性车型，不论它可能是哪款汽车，都应该仔细考虑加入有足够差异的基本设计元素，以造成对这个最大的消费人群尽可能广泛的吸引力。作为这个原则的一个必然推论，我承认一个事实，即制造和分销是复杂的。很遗憾，我们不可能造出一件人人都会购买的东西。我认为，在目前的状况下，这是不可能发生的。

在潜力很大的社区，必定有许许多多彼此竞争的经销商，他们用同一种产品在相同的市场进行竞争。我相信，在这些地方，限制争取销售同一品牌产品线的经销商的数量，并通过增设另一款有吸引力的汽车，而不是让它到别的地方去卖，来吸引更多数量的潜在消费者，这将是一个更好的政策。

下面举例说明。假设有这样一个社区，我们在其中可能维持着X个经销商。与其让这X个经销商在完全相同的商品的基础上进行非常令人沮丧的竞争，倒不如让其中一部分经销商，当然是其中的主要部分，彼此角逐雪佛兰产品线的经销权，而让其他经销商角逐不同于雪佛兰的多样化的产品线，我相信这样反而更好。

由于所有上述原因，我个人觉得，执行委员会多年以前［1921年］概述的政策应该作实质性的修订。意见如下：

在承认销量集中于低价位市场之后，公司的政策应该是，提高公司在该细分市场的代表性，但是在这样做的时候，必须充分考虑消费者偏好的多样性，以便在让消费者满意方面构筑最坚实的基础。

主张汽车款式的多样性，并把不同事业部在一个拥挤的价格区间中的销售工作分隔开，这样的提案要求公司有新的协调形式。你协调得越多，你拟定进入政策领域的问题就越多，从而政策和行政管理之间的差异就越细微。比如，当两个或更多的事业部使用共同的组件时，它们之间必须有一个公共的计划，在这个意义上，每个事业部的独立性都是受限的。因此，必须有人出面来协调这样一个计划。由于这个协调过程复杂而细致，所以，除原来的问题之外，原先属于行政管理领域的问题也会进入政策领域。我一直相信，保持政策制定和行政管理之间的区隔势在必行。没有这种区隔，一个分权管理的组织就会在何者应该分权处理、何者应该集中管理方面处于持续的混乱中。这样一来，政策问题就成了大问题，它要求一个综合的解决方案。我们当时作出的解决方案在今天仍是通用汽车基本的决策程序。它包含在下面这个我于1934年10月向执行委员会提出的建议中：

  一项政策的制定要么发源于中央当局，要么出自相关事业部或子公司之手；一项政策的终结或批准完全操持在由主管委员会代表的中央当局之手，这已经是成熟的惯例。无论政策发端于哪个来源，那些涉及核准的人只有充分了解提案在影响企业当前和未来的地位方面的含意，才有资格通过提案，这是基本的要求。在一项政策涉及重要的后果的地方，比如就通用汽车的业务部门来说，就有必要从尽可能多的不同的角度，建立尽可能广泛的想法和事实基础，以及发起提案的途径。核准流于表面的程度有多高，企业地位受到伤害的程度就有多深，或者说，其发展受到的不利影响就有多大。

  上述多少有些哲理性的讨论，其目的主要是建立理论和让人放心，以便对行政管理的政策制定方面，形成比在通用汽车的发展过程中迄今为止存在的东西更宽泛的概念。

  这个程序首次确立了以下原则：

  1. 建设性和先进政策的制定与发展，就像定义的那样，对于企业的进步和稳定具有至关重要的影响；

  2. 在通用汽车有限公司的组织中，只要合情合理地可行，就要把政策制定的职能独立出来，使之不受政策执行的支配，刚刚叙述的事实应该通过各种方式得到认可。

上面描述的政策制定概念具体体现在通用汽车中，就是一系列被称为政策组的新机构。一般而言，这些政策组各有其职能性的名称，比如工程设计政策组、分销政策组等等，后来还出现了一些业务线小组，比如海外政策组。这些政策组把包括公司总裁在内的高级执行官和职能部门人员组织在一起，每个组都负责将其职能领域里的政策建议汇报给公司的最高运营政策委员会。各个事业部中负责行政管理的总经理则被特意排除在政策组之外。这些政策组作为工作组，它们本身并没有被授予凌驾于事业部之上的权力，或者被授予任何终结政策的权力，但是既然它们包含了公司的主要官员，那么在正常情况下，政策组的建议都会被相关业务领域的主管委员会采纳。在1934-1937年，我们在工程设计和分销两个领域试行了政策组，在随后的年份扩展到其他职能领域和某些业务部门，并正式接纳它们进入公司的组织结构。[①] 它们以更复杂的形式表达了我在1919-1920年的《组织研究》中明确表达的管理政策，那就是，带协调控制的分权管理的管理政策。

公司目前有9个政策组，分为两类。第一类是职能性政策组，处理工程技术、分销、研究、人事和公共关系等职能，全都在很大程度上涉及但是并不只是涉及汽车制造业务部门。第二类政策组主要处理某些集群业务，即海外业务、加拿大业务、通用发动机、家用设备。就每个职能性活动而言，这些政策组都得到了总部相关职能领导所辖的部门的庇护，比如，工程技术政策组通过工程技术部副总裁跟工程技术部建立了联系。就业务部门而言，每个政策组都会得到分管那一组业务部门的集群执行官的保护。

这些政策组的成员在公司的最高层次有极大的影响力。比如，董事会主席和首席执行官参加了6个政策组，总裁参加了7个政策组。就分销、工程技术、研究、人事和公共关系政策组而言，都有执行委员会的成员和负责运营管理的其他委员会的成员在内。公司的执行官们在这些政策组任职，可以使他们的才能获得跨部门的发挥。因此，这些政策组在团结职能部门和直线业务部门、准备政策建议、提供决策支持方面有着极大的分量。

政策组的活动随着政策决策的需求变化而变化。比如，工程技术政策组定期碰头致力于新的产品项目。[②] 通过这种活动，各事业部总经

[①] 通用汽车有限公司1937年和1963年的组织结构图在本章结尾。

[②] 工程技术政策组的组长由分管工程技术的副总裁担任，组员包括公司的主席兼首席执行官；公司总裁；统管职能部门的执行副总裁；分管财务工作的执行副总裁；分管各汽车和零配件事业部的执行副总裁；分管其他运营事业部的执行副总裁；分管车型、分销、研究和制造的执行副总裁；还有其他副总裁，他们同时是分别负责轿车和卡车集群、车身和总装集群以及代顿、家用设备和发动机集团的集群执行官。工程技术政策组的15位成员中，有8人是执行委员会（它总共才8人）成员，另有4人是财务委员会成员。

理可以个别地或集体地，即以个人身份或通过事业部下辖的职能性部门，密切接触政策组的工作。正如我前面所说，他们不是政策组的成员，因为政策组负责政策的开发，而总经理们负责各自部门的行政管理。

以工程技术政策组在通用汽车一次新车型的开发中所担负的职责为例，可以很好地说明政策组的工作情况。在任何事业部中，一个产品项目都是由事业部总经理负责启动，由其工程技术部门协作，当然，这要受市场的影响，即通过其销售部门反映出来以及与其他运营事业部的需求进行重要的协调。我们如果回溯25年或30年就会发现，一个事业部提出的产品项目和任一其他汽车事业部提出的项目之间，几乎没有什么协调。但是随着时间的推移，大量的协调已经变得必不可少。换言之，一个事业部的产品项目，非但不能自给自足地完成，反而深度涉及许多其他事业部的产品项目。因此，必须从公司的角度对它进行开发。当前，任何一个新的产品项目，从构想到最终上市的时间大概是两年。如果是先进的工程技术概念，就很有可能超过两年，而且在这期间会遭遇数不清的变化。因此，在开发期间，所有汽车事业部的工程技术部门、总部的外观设计部、费雪车身事业部，或多或少还有其他配件事业部，彼此之间必须持续地保持详尽而彻底的联系，因为它们全都涉及同一个问题并进行攻关。这时，总部的工程技术部就会出现并与各事业部合作，以促进必要的协作。在这一过程中，工程技术政策组就是负责牵线搭桥、传递其间所出现的问题的协调机构，如果可以这样称呼的话。它的各项决定通常会被执行委员会采纳，因为整个过程都有执委会的成员参与。

如前所述，正是经济衰退以及它在产品协调过程中促成的精简节约，导致了管理中这种新的协调形式。随着1937年各政策组的确立，肇始于1919–1920年的《组织研究》的管理方案完成了。

经过对政策和管理进行区分的长期思考，1937年，我也开始考虑把这一概念更精确地应用于公司各个管理委员会的组织工作中。是年年初，我提议我们应建立一个专注于为公司制定总体政策的政策委员会和一个专注于执行政策的行政委员会，取代当时的财务委员会和执行委员会。经过大量讨论，同年5月，我们采纳了这个提议。财务委员会和执行委员会被撤销了，成立了一个新的政策委员会。当然，它包括董事会全体成员，还把高级运营官员、高级财务官员和外部董事吸收进入一个高级小组。新的行政委员会完全由负责运营的官员组成。

政策委员会接管了原财务委员会的所有职责，还增加了制定运营政策的职责。1937-1941年，政策委员会在一些重要领域制定了很多运营政策，比如，它建立了广泛的劳工政策和计划的纲要，还确定了很多分销政策，尤其是有关经销商关系的政策。由于国际形势变得日益动荡，它的时间越来越多地用于决定海外子公司的运营政策。随着战争的趋近，政策委员会不得不处理原材料越来越短缺的问题、与政府的关系问题以及应政府要求生产飞机引擎、坦克和其他军用物资对我们的民用业务的影响问题。

1941年12月，美国参加二战，这要求我们的委员会的组织结构作出相应的调整。为了快速转移到全面的战时生产，1942年1月5日，我们组建了一个战时紧急委员会，由6位高级执行官组成，主要来自政策委员会。这个委员会每周碰头一次，有时更频繁。从1942年1月直到4月，它全面负责通用汽车的工作。政策委员会和行政委员会除了临时批准战时紧急委员会的工作外，没做什么工作。但是，随着我们全面进入战时生产，1942年5月，我们取消了战时紧急委员会。随后，我们把由所有总部的执行官和集群副总裁组成的行政委员会改组为战时行政委员会。接下来的两到三年，战时行政委员会实际上全面负责公司的工作。这是因为我们的战时政策已经固定下来，公司几乎所有的工作就是战时生产。除了生产的技术问题外，我们关于政策的决定主要涉及我们与各个政府部门的关系。

到1945年，随着我们开始进行广泛的战后规划，政策委员会恢复其原来的职责。由于从战时到平时的复原工作和战后业务的重要性如此巨大，以至几乎所有的主要问题，甚至一些涉及业务运营的问题，都堆到了政策委员会。作为政策委员会工作负荷过重的结果，我们开始重新考虑董事会下辖的各个委员会的结构和职能。

针对区分政策和行政的问题，一个单纯的政策委员会是理想的解决方案。但是，两个正在发展的因素很有可能使之在新的形势下不切实际。首先，公司各项活动的量和复杂度增加，这显然要求在董事会层面扩大运营和财务的职权。其次，很难找到有经验的外部董事能在一个处理运营和财务政策的委员会中投入足够的时间。所以，我们在 1946 年解散了政策委员会，取而代之的是两个传统的委员会，并更名为财务政策委员会和运营政策委员会，分别负责财务和运营工作。1958 年，我们恢复了它们的旧名，即财务委员会和执行委员会，并在进一步细化职能后，扩大了它们的规模，使两个委员会有更多的人员重叠。

关于通用汽车在政策制定方面的组织形式的演变就介绍到这里。现在我想就公司最高权力机构董事会的角色谈谈我的见解。当然，就像大公司的董事会通常做的那样，我们的董事会在很大程度上也是通过它的委员会行使职能的。通用汽车有 4 个这样的委员会，每一个都完全由董事组成，它们获得授权，在公司的业务和事务管理中行使董事会的权力，它们分别是财务委员会、执行委员会、红利薪酬委员会和审计委员会。在这里，我仅对两个作为政策决策的中央权力机构的委员会，即财务委员会和执行委员会进行评论。财务委员会的大部分成员都是外部董事，即不参与业务管理的董事。他们包括像我这样的前任运营官员，还有那些除在董事会任职外从未与通用汽车有关系的董事。执行委员会的所有成员都是从事实际管理的董事。两个委员会处理的是与行政管理泾渭分明的政策问题，两个委员会的行动都接受董事会的指导并改正。

财务委员会的核心职责是看好公司的钱包。该委员会有权依照章程决定公司的财务政策，并指导公司的财务事务。它还有权对所有的资本拨款是否进入新的业务范围进行审查。它负责评估并批准执行委员会制定的定价政策和程序，察看公司是否有充足的资金满足需要、投资回报率是否令人满意，还负责向董事会提出分红建议。

执行委员会负责运营政策。我在前面描述过政策是如何在政策组形成的，政策组的职能是沟通运营职能部门和公司其他权力机构的工作。然而，运营政策是否采纳则是执行委员会的职权。资金支出的拨款申请在该委员会的监督下进行准备，然后提交给财务委员会。在实践中，财务委员会授权执行委员会可以自主批准额度为 100 万美元以内的资金支出。

通用汽车的董事会每月举行一次全体例会，有时候还开一些特别会议。它不时地从董事中挑选合适的成员进入我上面描述的委员会任职，还从中挑出人选——公司官员——去负责业务管理，并对需要董事会出面的法定事务和公司常规事务采取行动，比如宣布分红、发行新股。

在我看来，基于我的经验，通用汽车的董事会还有一项具有重大意义的职能，我相信这是一项独特的职能，那就是我所称的"审计"职能。这里所说的审计并不是通常的财务意义上的审计，而是对整个公司中正在发生的事情进行持续的检查和评价的审计。当然，通用汽车所有的分支机构都很大，而且有很高的技术性，因此，设想董事会的每一位成员要对最高层考虑和采取行动的每一个技术问题都有极深的了解和业务经验，这是不可能的，而且，不具有此类职责的董事会成员也不会有时间对所有这些事务进行检查并作出决定。董事会面对的问题太多、太多样、太复杂。尽管如此，虽然董事会也许没有能力去处理这些技术性的操作问题，但是，它可以而且应该对最终结果负责。通用汽车的董事会可以通过在事前对我们希望实现的目标进行推测，在事后对报告和其他数据进行评价，来处理这些公司事务；它已准备好在需要的地方采取适当的行动。

为了这个目的，通用汽车的董事会对于由公司及其业务部门组成的错综复杂的全景图成竹在胸。它的执行委员会和财务委员会每月向它提交报告，其他常设委员会也定期提交工作汇报。董事会有一个用来查看公司实际情况的大屏幕，让人一目了然：上面显示有关公司地位的每一个方面的材料，财务的、统计的、竞争方面的以及对近期的预测。这些数据有相关说明性的评论和一份有关总体业务展望的概要来支撑。另外，运营官员还会就公司各个领域的业务情况作口头报告。同样，各个职能部门的副总裁和高级运营执行官也会就他们所负责的领域的进展情况向董事会作正式报告。然后，董事们提出有关问题并寻求解释。这种审计职能，就像通用汽车的董事会行使的那样，对公司及其股东都具有最高的价值。我无法想象，在获取有关所有时刻变化的真实情况和外部形势的信息，从而能够有针对性地作出明智的应对方面，还有哪个董事会比通用汽车的董事会做得更好。

通用汽车公司组织结构图（1937年6月）

通用汽车公司组织结构图（1963年10月）

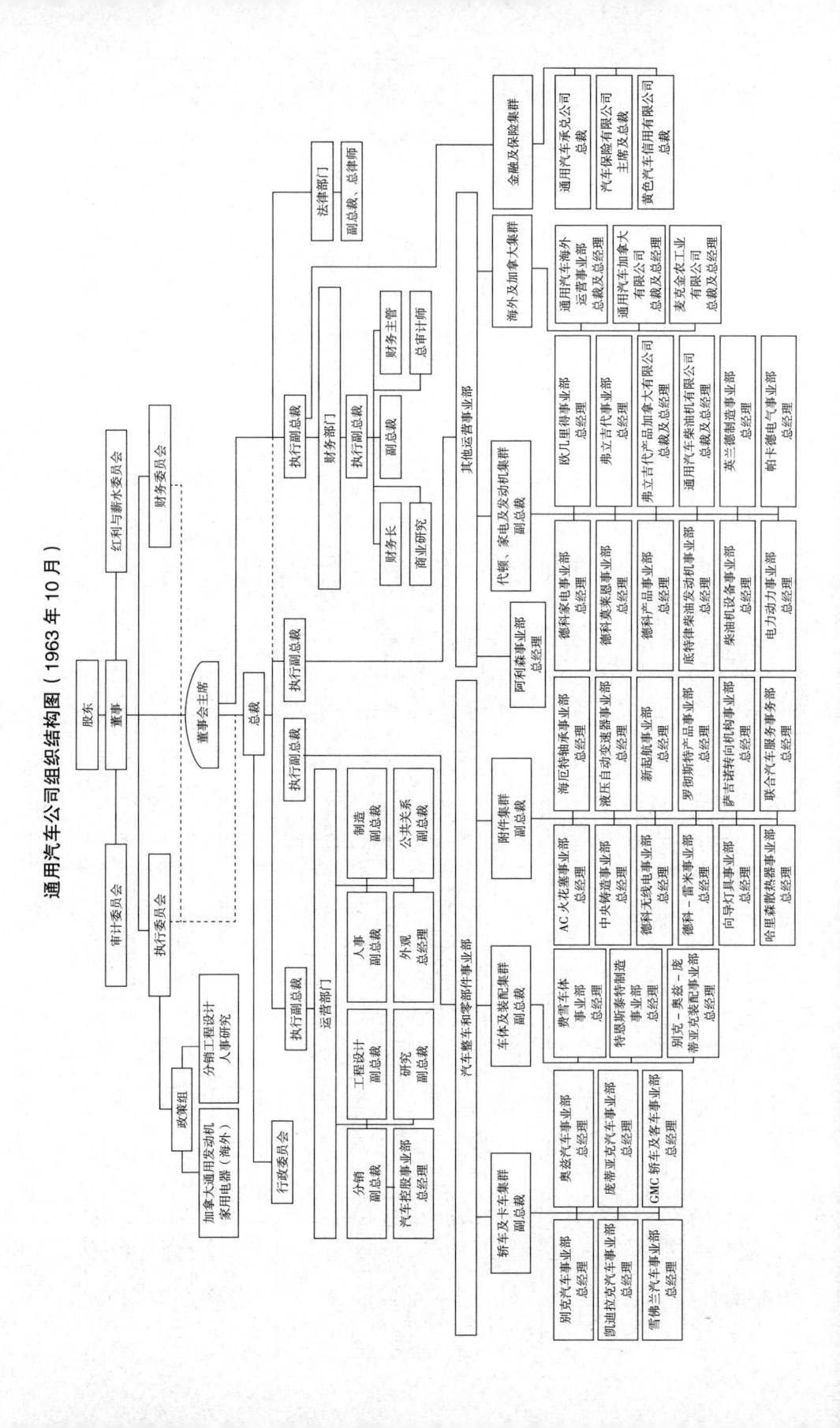

第十一章
财务成长历程

通用汽车是一家成长的公司，总结我所写下的一切，均体现了这个事实，在通用汽车早期阶段的大部分时间，它的成长速度并不比整个汽车行业快。但是，1918年之后，特别是由于现代行政团队所采取的措施，公司的成长比行业快，并成为首屈一指的汽车生产商。我们愿意相信，我们已经作了身为行业领袖应有的贡献。公司雇员、股东、经销商、消费者、供应商以及政府在很大程度上已经分享了通用汽车的成功。虽然进步是为了所有这些利益相关方而取得，但是，本章要讲述的财务成长的故事，主要反映的却是股东的视角。

公司是怎么为它的所有者服务的呢？我相信，通过查阅公司的财务记录，我们可以最好地看出这一点——资金是如何供应或得到保证的，以及从公司创立到现在资金是怎么使用的。

我们的股东已经从公司的成功中获得了实质的货币利益：通过分配，他们获得了自公司成立以来所实现的收益的大约2/3，这个分配比例比绝大多数企业都高。为了保证这些获利的安全，股东们自愿将其中相当大的部分再投入公司，以满足公司成长时的资金需求，股东们就这样反过来保证公司的成长。不可避免地，在扩张时期和运营资本需求的高峰期，这意味着分红低于平均值。股东们因而承担了建设风险——未来的回报具有不确定性，而且在早期阶段回报来得很慢。那个时候，金融界总体上对包括通用汽车在内的汽车工业及其前景持悲观态度。虽然全都渴望成功，但业界当时的很多汽车公司还是消失了，结果，它们的股东的投资打了水漂。因此，用于通用汽车这样一家未来不确定的企业，根据股东能承担的风险来分配其货币回报，这似乎是唯一合适的做法。

概括地说，从财务角度看，公司的历史可以分为三个时期。第一个是从1908年直至1929年长时间的扩张期；第二个是从1930年直至1945年的经济衰退和二战时期；第三个是二战后的岁月，这个时期开始了新一轮的扩张。

然而，这三个时期内，每个时期又有扩张、收缩、稳定的子时期。前文叙述过，杜兰特先生1908年和1909年怎样通过合并许多企业创立通用公司，其中最重要的是别克、凯迪拉克和少数几家汽车零部件生产商，以及此举所产生的巨大的财务问题怎样使杜兰特先生1910年失去其总裁职位。然后，紧随这段快速扩张的初始时期而来的是1910-1915年间的收缩和稳定期。这段时期，银行家们精简并整顿公司，公司有些许的增长，但是低于行业水平。然后，在1916-1920年间，尤其是1918-1920年，杜兰特先生——与拉斯科布先生和杜邦资本合作——通过包括举债和发行股票在内的各种金融手段，再次使公司扩张。

早期扩张期——1918-1920年

1918-1920年的3年间，公司的工厂、设备支出总计约2.15亿美元。此外，在1918年1月1日至1920年12月31日，超过6500万美元投入到未合并报表的子公司，导致总的支出超过2.8亿美元。对于这段时期，这实在是令人惊愕的金额，因为在1918年1月1日的计划之始，通用汽车的总资产大约为1.35亿美元，其全部工厂的资产总额合计只有4000万美元。到1920年年底，总资产达到5.75亿美元，是1917年年底总资产的4倍还多，工厂资产总额接近2.5亿美元，是1917年12月31日资产负债表上相应数据的6倍还多。

第十一章 财务成长历程 187

尽管有一些不如人意的投资，比如萨姆森拖拉机项目，这个扩张计划确立的原则将指导通用汽车在后杜兰特时代的投资。正如1920年的年度报告中所说：

> 公司官员和董事们认为，从事与汽车关系不大的物质生产（即大量生产并不直接用于汽车生产的产品）是不明智的。因此，在所生产的全部轮胎中，只有较小的部分由汽车生产商消耗，而较大的部分直接销售给了汽车的使用者，供他们更换轮胎用；在所生产的钢板和其他品种的钢材中，较大的部分通过贸易进入了其他行业，而不是被汽车工业消耗，因而公司并没有在这些领域作投资。通过对这个政策的追求，通用汽车公司紧紧围绕小汽车、卡车和拖拉机建立了牢固的阵地，而没有对只有较小比例的产品消耗在汽车制造上的一般行业进行投资。

1918—1920年间的资金支出为通用汽车在20世纪20年代另类的巨大成长奠定了基础。1918年年初，通用汽车有1个卡车事业部和4个小汽车制造事业部，即别克、凯迪拉克、奥克兰和奥兹。公司没有能力生产一种针对低价位市场的小型汽车。公司没有结盟的供应商为公司提供许多的部件和配件，诸如照明、启动和点火装置、滚轴、滚珠轴承等，也没有研究设施。通用汽车1920年销售的小汽车和卡车（39.3万辆）几乎是1918年（20.5万辆）的2倍。我们的生产能力从1918年年初的年产22.3万辆轿车和卡车，提高到1922年的75万辆，这些增量的大部分是由生产大众化价格的雪佛兰车的生产设施贡献的。此外，公司有足够的能力生产自己的电气设备、散热器、减摩轴承、钢圈、转向装置、传动装置、发动机、轮轴、敞篷车身，而且通过在费雪车身公司的股份，拥有了一个提供封闭式车身的供应来源，这种封闭式车身当时刚开始流行。通用汽车还拥有自己的研究设施。

不用说，完全靠盈利是不可能支持如此快速的增长的。汽车业仍处于起步阶段，而通用汽车则是一个正在为未来的高产量做打基础的工作。为了取得雪佛兰和联合汽车的资产，为了收购费雪车身公司60%的股份，通用汽车用它自己的股票作为支付手段。但是，大部分的支出是用现金支付的，所以公司不得不求助于资本市场。1918年12月31日，公司董事会批准将24万股普通股出售给杜邦公司，以便为扩张计划提供额外的资金。这使公司得到将近2900万美元。1919年5月，公司授权纽约市的多米尼克公司和威尔明顿市的莱尔德公司组建一个辛迪加，来负责6%的借款股份（优先股）的公开发售。杜兰特先生写信给这些承销商：

> 本公司需要大量额外的资金来利用这些机会……以有利可图的方式扩大业务，并已决定，获取这笔资金最精明的方法是发行额外的借款股份……而且，一家从事像我们这样的业务的公司，让尽可能多的人对公司的繁荣感兴趣，极大地符合公司的利益。相应地，公司希望在目前的自由借款活动结束后的这三个月内，能够发行并尽可能广泛地分销这批面值5000万美元的借款股份……
>
> 如果你们愿意立即组建一个辛迪加，目的是分销这次拟议的借款股份发行，并且……明确同意为该辛迪加承担其中面值3000万美元的借款股份……那么，我们同意将这批面值3000万美元的借款股份，连同余下的2000万美元的全部或任何部分借款股份，交由你们打理……

当辛迪加于1919年7月2日解散时，仅发行了面值3000万美元的借款股份，公司实际进账2500万美元，其余2000万美元的借款股份一股都没有卖出去。

这批借款股份的发行不足以同时满足工厂支出和运营资本的需要，尤其是存货，它的增长甚至超过了新工厂和新设备的支出。因此，20世纪20年代早期，在另一次主要的融资活动中，公司决定定向增发7%的借款股份，已发行在外的6%的借款股和优先股的持股人被给予认购权，每股可认购两股新股，这些股票要么全部用现金付款，要么一半用现金付款，余下部分用原6%的借款股和优先股按1:1的比例支付。杜兰特先生这样告诉这些股东们：

展望更长远的未来，谨慎的预测表明，你们的公司要想继续占据其在汽车工业中的领先位置，就要进行大量的资本投资，因为光靠我们的收益是供应不了的，通过发售7%而非6%的优先证券，来资助我们的这个增长部分，才有可能更好地满足这些资金要求。这将立刻给我们一个机会和一个认购权，我们将获得按照面值或高于面值发行这些优先证券的机会，而不是按照我们目前的证券销售中所不可避免的大折扣价发行，并使我们的优先股持有人有权在极有吸引力的基础上优先认购这次增发的7%的借款股。

这次增发活动失败了，它暴露了金融界对通用汽车越来越没有能力控制其内部事务的担心。杜兰特先生和拉斯科布先生本来希望通过这次新的借款股份发行筹集大约8500万美元，他们实际只筹集了1100万美元。于是杜邦家族不得不介入。在他们的帮助下，1920年夏，通用汽车发售了价值6000多万美元的新增普通股，稍后又从一些银行那里借到了8000多万美元的资金。

总之，在1918年1月1日至1920年12月31日的扩张期，通用汽车使其动用资本[①]增长3.16亿美元。这个增量中，5400万美元来自公司在支付总计8500万美元的红利之后再投入公司的收益，其余部分主要来自新股发售所得的现金和新股发行所取得的资产。

与公司1918年年初至1920年年底的动用资本中这笔3.16亿美元的增量相对照：用于工厂和设备的支出以及用于未合并报表的子公司的投资支出，合计约2.8亿美元；运营资金[②]项目——主要一项是存货——增量巨大，从4700万美元增至1.65亿美元，增加了1.18亿美元。

---

① 动用资本包括由证券持有人投资于公司的资金。这些资金来源于证券发行（普通股和优先股）、债券发行、额外的资本投入（资本盈余）以及供公司使用的留存净收益（已获盈余）。动用资本用在两大类上——运营资本和固定资本。

② 净运营资产代表了当前资产（现金、短期有价证券、应收账款和存货）超出当前债务（应付账款、税金、工资和累积的杂项）的部分。

短暂的收缩期——1921 年和 1922 年

紧随 1918 年、1919 年和 1920 年的扩张之后,是在 1921 年和 1922 年的瘦身中进入收缩。到 1922 年年底,我们已经清偿了银行债务,对存货和工厂也进行了保守的估值。当尘埃落定的时候,我们准备了一年生产 75 万辆小汽车和卡车的产能,虽然我们 1922 年仅售出 45.7 万辆。

回升期——1923–1925 年

尽管 1923 年标志着汽车工业一个伟大的产能扩张新时代的开始,但是,1923–1925 年的 3 年间,通用汽车并没有潜心于重大的产能扩张,因为杜兰特—拉斯科布计划已经提供了充足的基础,来迎接汽车市场中一个可观的增长。我们 1923 年 83.6 万辆小汽车和卡车的销售量比 1922 年的 45.7 万辆高出 83%。然而,在这 3 年里,公司花费了不到 6000 万美元用于工厂和设备,却提供了将近 5000 万美元用于折旧。新的控制措施成效显著,销售量实现了这么大的增长,存货却下降了 500 万美元,从 1923 年年初的 1.17 亿美元降至 1925 年年底的 1.12 亿美元。同一时期,净运营资金增长 5500 万美元,增幅 44%,而销售额从 1923 年的 6.98 亿美元升至 1925 年的 7.35 亿美元,净收益从 1923 年的 7200 万美元增长到 1925 年的 1.16 亿美元。总之,由于我们更经济地生产了更多的汽车,我们 1923–1925 年总的净收益达到 2.4 亿美元。我们从这笔款项中,拿出 1.12 亿美元支付给普通股股东、2200 万美元支付给优先股股东,合计 1.34 亿美元,占同期净收益总额的 56%。

新的扩张期——1926–1929 年

我们在 1925 年之前销售的快速增长表明,需要对工厂和设备作进一步的投资,1926 年我们便开始了一个延续至 1929 年的新的扩张期。这个举动很快被证明是有道理的,因为在 1926 年,我们售出了总计 123.5 万辆小汽车和卡车,比此前 1925 年的最高销量增长了几乎 50%。然而,不同于先前各个时期,这次所需的资金来自收益、折旧准备金和新发行的股票所得。总之,在这4年中,我们在未合并报表的子公司和其他单位的投资增加了1.21亿美元,并追加3.25亿美元投资于工厂和设备,包括1926年对费雪车身公司的收购而取得的工厂和设备。

这个扩张计划在几个方向上扩大了我们的设施。我们扩大了汽车生产能力,尤其是新设立的庞蒂亚克和雪佛兰事业部,后者的整车销量在这4年里几乎翻了一番。由于汽车装配能力的增长,我们扩大了配件制造事业部的生产能力。我们生产了更多的零部件,扩大了经营业务,包括海外的装配工厂和仓库,从而使我们的产品更接近最终的消费者。我们1925年在英国取得了一个小型制造基地沃克斯豪尔,1929年在德国收购了一个更大的基地亚当·欧宝80%的股份。我们还扩大了若干其他业务,比如弗立吉代事业部,并在航空和柴油机领域进行了投资。

1925年,英国沃克斯豪尔加入通用

总而言之,在1926年1月1日至1929年12月31日期间,我们的工厂资产从2.87亿美元翻了一番多,达到6.10亿美元,我们在未合并报表的子公司和其他单位的投资额差不多是以前的2.5倍,从8600万美元上升到2.07亿美元。总资产从7.04亿美元增长到13亿美元。

由于财务和运营控制措施,我们能够基本上依靠收益和折旧准备金资助这整个的扩张计划,还拿出了净收益的几乎2/3支付给股东。这时期唯一

1929年,德国欧宝加入通用汽车

的外部融资是 1927 年面值 2500 万美元的 7% 优先股的发行，其余的资金来自留存收益。不过，1926 年动用了 66.4720 万股股票，以取得费雪车身公司余下的资产，其中 63.8401 万股股票是新发行的。净收益从 1926 年的 1.86 亿美元升至 1928 年的 2.76 亿美元，这是一个创纪录的高点，1929 年回落到 2.48 亿美元。总之，我们在 1926–1929 年的 4 年间赚了 9.46 亿美元，其中，5.96 亿美元（63%）派发给股东，余下的 3.5 亿美元再投入公司。这个时期预提折旧费共计 1.15 亿美元。

下面是将 1923–1925 年和 1926–1929 年这两个时期合在一起，跟 1922 年作比较的数据。

通用汽车在美国和加拿大的小汽车和卡车销量翻了两番，从 1922 年的 45.7 万辆增至 1929 年的 189.9 万辆；销售额是原来的 3 倍多，从 4.64 亿美元增至 15.04 亿美元。不同于前一期失控的存货，我们这次产量和销售实现了惊人的增长，而存货只有 60% 的增幅（净运营资本从 1922 年 12 月 31 日的 1.25 亿美元升至 1929 年年底的 2.48 亿美元，其中现金和短期证券从 2800 万美元升至 1.27 亿美元）。工厂资产从 2.55 亿美元增至 6.10 亿美元，动用资本从 4.05 亿美元翻了一番多，达到 9.54 亿美元。这 7 年间，我们总共赚了 11.86 亿美元，其中 7.30 亿美元派发给股东，余下的 4.56 亿美元投入了再生产。

萧条期和恢复期——20 世纪 30 年代

20 世纪 30 年代早期开始进入萧条期，这 10 年的中期是稳定和扩张。这个时期随着业界受第二次世界大战的备战影响而结束。

由于 1930–1934 年的大萧条，通用汽车开始收缩。但是，这一次不同于 1920–1921 年，虽然形势更严峻，收缩却是有序的。不可避免地，这几年中某些年份的红利支付低于另一些年份，但是公司没有一年未能盈利或未支付红利。在 1931 年和 1932 年，公司支付给股东的红利超过了盈利，这减少了在更景气的时期里积累的一些资金。

整个 20 世纪 30 年代，红利支付总计达到净收益的 91%，因为我们发现，在这一时期总体上令人沮丧的经济形势下，我们拥有的资金多于我们能够进行的有利可图的投资。

当然，最艰难的岁月是股市崩溃之后的 3 年。我在前面提到过，1929-1932 年，美国和加拿大的小汽车和卡车产量下跌 75%，从 560 万辆降到 140 万辆，销售额的下降甚至更陡峭，零售额从 51 亿美元降到 11 亿美元，降幅近 78%。然而，通用汽车却能够在这 3 年期间盈利 2.48 亿美元，并向股东支付总计 3.43 亿美元，比公司盈利多 9500 万美元。虽然有这个红利超过盈利的事实，公司的净运营资金却只减少 2600 万美元，而且所持现金和短期证券实际上增加了 4500 万美元，增幅 36%。你可以认为公司通过清盘取得了这些成果。

在一个很多耐用消费品生产商失败乃至接近破产的时期，我们却出现这种反常的情况，该作何解释呢？归因于我们这方的任何先见之明是不公平的，和任何其他人一样，我们也没有看到即将来临的萧条。我认为，我前面讲述的故事表明，我们只是学会了如何快速反应。这也许是我们的财务和运营控制系统带来的最大回报。

由于销量开始下跌时我们反应迅速，所以我们能够与销量下降同步减少我们的存货并控制成本，从而使业务保持盈利。1929-1932 年，我们的销售额降幅为 71%，从 15.04 亿美元降到 4.32 亿美元，但是，我们的存货降幅为 60%，减少了 1.13 亿美元。1932 年，尽管销售额下降超过 10 亿美元，净收益下降 2.48 亿美元，但是我们在支付了 6300 万美元的红利之后，仍设法盈利了 16.5 万美元。

如前所述，在 20 世纪 30 年代初，我们并未感到需要在新的工厂和设备上花费大量的资金。在 1930-1934 年的 5 年里，这类支出总计 8100 万美元，1932 年，我们只花了 500 万美元。而且，我们在这些年还关闭了一些富余的工厂和设备。在后来数年，我们根据需要恢复了部分工厂的正常生产。

到 1935 年，我们在美国和加拿大的销售量恢复到 150 多万辆轿车和卡车，这是 1929 年峰期的约 80%，在 3 年里有将近 3 倍的增幅。下一年，我们在美国和加拿大的轿车和卡车销量接近 1929 年的纪录，并在 1937 年创造了 192.8 万辆的新纪录。然而，1937 年的净利润是 1.96 亿美元，未达到 1929 年的 2.48 亿美元或 1936 年的 2.38 亿美元。1937 年的收入受到了年初一场持续 6 个星期的罢工和成本上升的不利影响。比如，1937 年，美国公司时薪雇员正规工作时间的平均工资率比 1936 年高 20%，比 1929 年高 28%。但是，由于我们的投资需求相对较少，1936 年，我们的红利支付创下了纪录的新高，达到 2.02 亿美元，而 1937 年为 1.70 亿美元。这两年时间，红利是净收益的 85%。

销售和产出的这种快速恢复意味着我们的生产设施再次处于紧张状态。正如前面注意到的，我们开始重新启用了部分尚未因产品或技术变革而遭淘汰的闲置工厂。而且，我们也开始需要新的设施。随着 1935 年产出的迅速增加，为评定我们的生产能力，我们根据未来可能的销售情况，对公司在国内和海外的制造类资产进行了一次全面的调查。我在 1935 年的年度报告中写道：

> 由于车型每年都要更新，汽车业中正不断发生的快速演变，会导致生产设施飞快地过时。自然而然地，就产量而论，特殊的工具和机械设备一有改变就必须提供，以使产量与下一年的销量展望相协调。由于这些原因，在萧条期的这些年份，公司用来生产当前产品的各工厂的实际产能已经消减了。此外，为了覆盖公司正在其中竞争的各个市场，必须生产更多的车型，公司对产能会施加进一步的限制。风格的变化和技术特性的添加容易导致制造复杂度的提高，这一点也有重要影响。

> 还有一个事实同样重要。虽然由于汽车工业的演变，生产工人的每周工作时数一直都在经历一个缩减的过程，但是这个萧条期要求进一步缩减工人每周的工作时间……与往年相比，由于工作时数减少，若不计有可能证明这种工作时数合理的环境因素，便不可能保持以往年份的年度平均时数，这往往减少了工厂和设备的生产能力。

所以，公司于 1935 年批准了用于重组、重新调整和扩张生产设施的拨款。拨款金额最终超过 5000 万美元。

第十一章 财务成长历程

　　公司的生产和销售继续迅速扩张，于是根据公司当前和预计的产品需求，我们对公司的运营设施又作了一次调查。我们对三种影响产能的特殊因素给予了考虑：每周工作时数缩短的趋势、运营效率降低的概率以及劳工纠纷导致生产中断的可能性。对后两个因素的预测在1937年被证明是正确的。

　　鉴于这些因素，雪佛兰事业部的产能是不足的。在后续的3年里，该事业部每一年都未能满足其产品需求（在1935年和1936年，雪佛兰的轿车和卡车产量均超过100万辆）。其他几个事业部也遭受了产能不足之苦，虽然程度小一些。而且，通用发动机集群和家用设备集群的新产品开发将它们推到了必须扩大产能才能恰当利用这些新产品的境地。此外，这种产能不足并不是由于局部区域的瓶颈所致，在这个方面，公司的生产设施平衡得非常好。但是，牵一发而动全身。上述情况的出现，意味着任何必要的产能增加，都要求对整个相关生产领域进行投资。因此，我们批准了一个计划，除了用于现代化和更新换代的必要款项之外，还要求一笔6000多万美元的支出用于新建产能。这个扩张计划于1938年完成。

　　1937年下半年和1938年上半年，美国经济急转直下，接着以相当快的速度掉头向上。美国汽车的零售情况大体跟随了这种经济趋势。美国经济在1939年上半年踌躇了一下，然后受欧洲战争爆发的影响而加速，在下半年扶摇直上。

　　整个20世纪30年代这10年，公司在新的工厂和设施上花费了3.46亿美元。鉴于30年代大体上以清算为特征，这是一笔巨大的资本支出，但是和我们之前10年的支出相比就不算什么了。然而，总的资本支出比我们的预提折旧费少4600万美元。在1930–1939年间，我们向股东支付了11.91亿美元的红利，占我们收益的91%，相比之下，20世纪20年代是7.97亿美元。这是在未减少公司的流动性的情况下做到的。与之相反，净运营资产从1930年1月1日的2.48亿美元升至1939年12月31日的4.34亿美元。现金和短期证券从1.27亿美元增至2.90亿美元，而动用资金则轻微上升，仅从9.54亿美元升至10.66亿美元。

二战时期——1940-1945 年

接下来的 6 年，通用汽车面临着巨大的需求。我认为我可以说，像美国大多数同行一样，公司馈之以优异的表现。第二次世界大战开始时，通用汽车迅速转身，从国内最大的汽车制造商变身为国内最大的战争物资生产商。战争结束时，通用汽车又迅速转回平时生产。这种能力在两种情况下均源自我们的管理体制和大量的规划。

然而，随着国防计划全面刺激经济体中的购买力，公司 1940 年的轿车和卡车产量实际上增长了 32%。通用汽车当年的军工总产值仅仅 7500 万美元（相比之下，当年的商业销售收入为 17 亿美元），但是，快到年底的时候，订单迅速增加，到 1941 年年底，公司跟我国政府和同盟国政府的军工合同额总计 6.83 亿美元。1941 年的军工产值增加到 4 亿多美元（相比之下，当年的商业销售收入为 20 亿美元），而且在珍珠港事件之前，军工产品以每天 200 万美元的速度交付。

当然，美国一参战，我们便开足马力，转而为全面战争进行批量生产了。我们 1942 年总的军工产值上升到 19 亿美元，商业产值仅为 3.52 亿美元。到 1943 年，我们让我们的设计和生产能力马力全开，军工产值上升至 37 亿美元。1944 年，它稍微上升至战时峰值的 38 亿美元。产量的增长（15%）甚至比产值的增长（3%）还要高，因为我们随着产量扩大而降低了产品价格。当然，欧战胜利日之后，随着战时合同的取消，公司开始部分转向平时生产，对日战争胜利日之后，公司开始进行全面转向。因此，整个 1945 年，公司的军工产值降至 25 亿美元，而其商业产值轻微升到 5.79 亿美元。总之，通用汽车一共生产了 125 亿美元的军工产品。在制造这一巨大的战时物质流时，我们在 1940-1944 年的数年里，竭尽所能地利用了我们既有的设备——以 1.3 亿美元的代价改造并在很多情况下扩建了它们，我们还负责经营政府机构所有的价值 6.5 亿美元的工厂。

战争年代并不是高收益、高红利的岁月。尽管我们的销售额从 1939 年的 13.77 亿美元扩大到 1944 年的 42.62 亿美元，收益却没有什么增长。在战争之初和远在利润再协商法获得通过之前，我们就正式通过了一项政策,将我们在军品业务的税前利润率限制为 1941 年民品业务所实现的税前利润率的 50%,在 1941 年,自由竞争的市场条件仍然盛行。只要可能,我们就以固定价格为基础接受战时生产合同,而且,当我们能够降低成本的时候,我们把调低价格作为一个惯例。因此,1940–1945 年间,我们从 176.69 亿美元的销售额中仅盈利合计 10.70 亿美元。我们从这些利润中拿出 8.18 亿美元作为红利分给了股东。1940 年和 1941 年,我们向面值 10 美元的已发行普通股支付红利每股 3.75 美元,1942 年和 1943 年降至每股 2 美元,1944 年和 1945 年为每股 3 美元。

尽管股东们在 1940–1944 年间收到了占净收益 77% 的红利,但是,由于战时的短缺和优先顺序问题,我们不可能按照正常的计划表更换设备,因此公司的流动性有了很大幅度的增长。我们 2.22 亿美元的资本支出低于这五年里的预提折旧费。因此,在 1940 年 1 月 1 日至 1944 年 12 月 31 日期间,我们的净运营资本从 4.34 亿美元增长到 9.03 亿美元,我们的现金和短期证券从 2.90 亿美元上升到 5.97 亿美元。1945 年,我们的资本支出增长到创纪录的 1.14 亿美元,我们的净运营资金下降到 7.75 亿美元,而我们的现金和短期证券下降到 3.78 亿美元。

在我们的财务历史上,各个旧时代有时单独地、更经常地合在一起体现了商业周期和我们的投资决策,现在它们曲终人散,我们进入了据我们现在所知自二战以来伟大的扩张周期,所以在继续讨论之前,有几件事情应该注意一下。

假如你能够对一家经营中的企业产生影响,那么产业金融中的战略问题就是如何优化它的各个要素。在这方面见仁见智,大家可以各抒己见。但是,我认为有一点大家通常都会同意:原则上,债务可以提高股东的投资回报,虽然与此同时会增加有关的风险。我认为大家还会同意一点:杜兰特先生和拉斯科布先生有强烈的花钱欲望,对举债也没有什么顾忌。杜兰特先生在通用汽车中深入地践行了这种态度,以至于在 1918–1920 年间出现了一种财务情况,它将不仅仅服务于公司在接下来的 6 年的扩张需要。即使如此,如果 1918–1920 年间的扩张有财务和运营控制措施的帮助,也可能不会使公司陷入危机。显而易见，造成杜兰特先生在 1920 年的经济衰退中陷入灾难境地的罪魁祸首，是他的私人事务中的债务。这个话题就说到这里。

同样显而易见的是，1921–1946 年，公司避免了长期债务。我本人反感借贷，这也许是因为我在自己的经历中见到过它的后果。然而，我也不能真的说我们在那个时期有一项反对借贷的政策。各种事实表明，当时我们大体上不借贷也可以。一直到 1926 年，我们都不需要多少支出。从 1926 年一直到 1929 年，在以我们认为合理的速度支付红利的情况下，在收益的框架内进行扩张是没有困难的。换句话说，在 20 世纪 20 年代的那几个时期，我们取得了成功并成长壮大，除了银行贷款外没有其他债务。20 世纪 30 年代是一段收缩的时期，举债经营的问题没有出现。在战争年代，我们通过政府安排了一笔 10 亿美元的银行信贷，以便为我们的应收账款和存货提供资金支持，但是此类安排下的借款是受限的。最大借款额是 1 亿美元，借款期限不超过一年。

然而，当我们进入战后时期，虽然我们有流动资产，我们还是将再次遇到各种财务问题，比如，有必要通过借债和股票发行来提供大量的资本支出并获取额外的资本基金。

战后时期——1946–1963 年

1946–1963 年的 17 年间，我们的工厂支出合计超过 70 亿美元。这个金额是该时期开始时这些工厂的价值的近 7 倍。由于通货膨胀导致设备和建设成本增加，这些增加的成本占战后支出中一个相当大的比例，所以这个比例并不预示着实际产量的增加。这 17 年间，公司的净运营资金增长了 27.63 亿美元（从 7.75 亿美元增至 35.38 亿美元）。在全部的工厂支出中，有 43 亿美元即 61% 涉及预提折旧费用。不可避免地，其余的资金不得不要么来自再投资的收益，要么来自新的资本，或者二者的某种组合。

这 17 年间，通用汽车赚了大约 125 亿美元，并由于企业的需要，留存了超过 45 亿美元，占收益的约 36%，这个比例比我们过去一直以来的做法都要高。即使如此，为了应对计划好的扩张，我们在这 17 年间不得不求助于资本市场——这是自 20 世纪 20 年代初期以来，除了一些小的例外情况之外的第一次——筹资 8.465 亿美元，其中到 1962 年年底，我们为 2.26 亿美元的还款预先作了安排。另外，公司还发行了 3.50 亿美元的普通股，主要是为了 1955–1962 年期间的各项员工计划。因此，通过收益的再投入和新的股票发行，公司在这个时期的动用资本从 13.51 亿美元上升到 68.51 亿美元。

在战争结束之前，我们就开始对这种战后发展进行了广泛的规划。1943 年，我向全国制造商协会作了一个名为《挑战》的演讲，提出了一个战后计划的概念。我在这个演讲中论证说，在战后时期，整个工业将面临大众被压抑已久的对其产品的巨大需求，我们应该基于这个假设进行大胆规划。我这么说，相当于反驳了经济学家中的另一种意见，这种意见预言战后经济将走向毁灭，而且，我可能要补充一句，这对我来说不仅是论证的问题，更是实实在在的花钱的问题。换句话说，我们认识到，当战争结束时，我们迫切需要尽快将工厂从战时生产转向平时生产，以满足消费者的需求、提供和平时期的岗位，并履行我们对股东的义务，而这一切都代表着机会。相应地，我们已经让各职能部门开始进行各种长远的需求研究，基于全面的经济展望、可能的消费需求以及我们满足该需求的生产和财务能力对我们未来五到十年的地位进行预测。

在这些研究的基础上，我公布了一个要求耗资 5 亿美元的战后计划。这在当时被认为是一笔巨款，而且公告引起了相当大的反响。它比公司在 20 世纪 20 年代或 30 年代花在新设施上的支出多很多，并比我们 1944 年年底工厂净资产的价值多 3/4。

正如我们在 1944 年的年度报告中所总结的，这个计划涉及：

> ……重新安排与组织工厂、机器和其他设施，以用来生产那些构成通用汽车和平时期的产品的轿车、卡车和其他商品。它要求用新设备代替在战争时期卖给别人的设备。它规定对设

备进行现代化更新，并对战时遭受严重损耗的旧工具进行更新换代。具体内容包括：为满足战后的需要对基础设施进行扩建，使全部设施在短期预期和长期前景之间保持适当的平衡……

所以，在战争结束之前两年，我们就在通用汽车为我们能够重返大规模生产轿车和卡车的日子作准备。我们为每个事业部都制订了详细的扩张计划，我们还做出计划，以便与数以千计的供应商和转包商重续和平时期的供应和转包关系，他们在战前跟通用汽车有生意往来，其中有很多在战时生产中仍然跟我们有联系。比如，只要可行，我们就会向我们的战前供应商们提出建议，告诉他们一旦战争条件允许，他们便可以就某些和平时期的商品的订单做计划。就这样，我们使他们有可能做他们自己的战后计划，并缩短他们的转向所需的时间。

在制订战后计划时，我们曾预期通用汽车依靠收益、折旧费用和其他储备就能够为全部成本提供资金支持。比如，随着我们在1941年、1942年和1943年将设施转向战时生产，我们留出了7600万美元的储备，以抵补我们估计在把设施转回商业生产时会发生的费用，而且，我们一直在积累十分充裕的流动资产，以备我们有朝一日能够再次购买新的厂房和设备。因此，1944年年底，我们拥有9.03亿美元的净运营资本，其中包括总计5.97亿美元的现金和短期证券。

考虑到建设成本和新资本品中发生的通货膨胀程度，我们在战时对战后扩张计划的花费所作的估计非常准确。我们的转向成本总计8300万美元，与之相比，我们预留的是7600万美元。从1945年到第一次大扩张计划基本完成时的1947年，总的工厂支出额达到5.88亿美元，相较之下，我们的估计值是5亿美元。

然而，我们对公司战后运营资本需求的估计却偏低了。这些需求有了极大的增长，这不仅是我们在战后要做的业务量扩大所致，而且还受战后出现的剧烈的通货膨胀所影响。在1935–1939年的战前时期，我们每年年底的净运营资金平均为3.66亿美元，存货为

2.27 亿美元，而在 1946-1950 年的战后 5 年间，净运营资金平均为 10.99 亿美元，存货为 7.28 亿美元。

到 1945 年年底，公司大部分的工厂因美国汽车工人大罢工而关闭，我们的现金和短期证券投资下降了 2.19 亿美元，为 3.78 亿美元。到 1946 年 3 月 13 日大罢工尘埃落定的时候，我们的流动性甚至更低。劳工纠纷在某些工厂继续持续了 60 天，而且其他产业中的罢工导致原材料短缺，这些问题在我们自己的劳工纠纷解决之后，阻止了我们的产量上升。结果，公司在转向的初始阶段仍未能赚到令人满意的利润，尽管需求水平高得反常。1946 年，我们的盈利只有 8790 万美元，比我们的红利支付额低 2140 万美元。

甚至在罢工问题解决之前，公司就已经确定可能需要额外的资本，并要求对可能的融资问题进行研究和作出报告。到 1946 年年中，我们达成协议，定向发行年息 2.5% 的 20 年期或 30 年期票据，从一个由 8 家保险公司组成的财团借款 1.25 亿美元。当时还探讨了其他的备选方案，但是，将公司票据私下配售给这些拥有过剩的长期资金的机构投资者，似乎是最快捷、最便宜的融资方式。这个私募配售的谈判很快就谈妥了，不需要承担公开发售时必不可少的等待时间和文件申报工作。

这笔借款的实际进款于 1946 年 8 月 1 日到账，并在公司满足其增长的资金需求时给了公司大得多的灵活性。但是，财务政策委员会觉得公司还需要更多的长期性质的资金，于是，1946 年 8 月 5 日，委员会授权布拉德利先生去跟股票承销商协商，"目的是确定未来增发 1.25 亿美元优先股的销售工作的基础"。委员会也考虑过获得长期资金的其他方式。我们考虑的一个因素是，我们可以在公开市场出售这样的优先股，而我们可以在特定的条件下随时使这些优先股到期，而且它们不带有任何要求在某个时间之前到期的强制性条款。然而，到头来，公众市场吸收不了我们所希望的那么多的优先股，除非附上一些我们认为过于苛刻的条款。结果，股票发行金额不得不削减到 1 亿美元，即每股面值 3.75 美元的 100 万股优先股。这批股票于 1946 年 11 月 27 日正式发售，在承诺支付扣减额和佣金之后，给公司带来 9800 万美元的收益。这是公司近 20 年里第一次公开的证券发售，而且是一次非常成功的发售。

下面的事实可以对我们在这个转向时期资源的消耗情况提供某种衡量标准。1946年，我们的净运营资金减少了700万美元，现金和短期证券减少了4200万美元。即使我们当年筹集了2.23亿美元新的资金，假如我们没有求助于资本市场，那么我们1946年的净运营资金将会减少2.3亿美元。

有了这些新的资金，加上公司已经准备就绪的扩张计划，公司现在整装待发。1948年，我们在美国和加拿大的整车销售量已经上升到214.6万辆轿车和卡车，几乎等于1941年的战前最高纪录，净收益也从1946年的8800万美元和1947年的2.88亿美元增长到4.4亿美元。1949年，虽然一般业务有所下滑，整车销售量却达到了创纪录的高点，利润率有所提高，所以净收益上升到6.56亿美元。我们还能够大幅提高存货周转率：销售额增加10亿美元的同时，存货却降低了6500万美元。而且，因为扩张计划已经完成，所以我们的工厂支出相对不高，1948年和1949年均为2.73亿美元，仅仅比预提折旧费用多6400万美元。实际上，我们的资金状况改善得如此之快，以至我们决定在1949年12月提前支付那笔1.25亿美元的借款，从而消除了我们的债务。我们还能够提高我们的流动性并支付了大量的红利。

我们接下来的一个主要扩张是朝鲜战争的副产品。我们已经从经验中学到战争会将未被满足的需求积累起来。经过大量思考，我们得出结论，汽车市场长期积累的需求要求我们的生产能力进行一次大扩张，并证明把公司的钱花在进行军工生产的工厂设施上是合适的，因为它们最终能够用于商业经营。我给财务政策委员会成员写了一封信（注明日期为1950年11月17日），简要介绍了我的观点，其中提出了下列建议：

  1. 我们应该进行一项调查——它已在进行中，来定量地确定未来10年的需求趋势，尤其是5年后的趋势。重整军备计划使得民用生产缩减，从而导致需求延迟，进而在未来可能出现的消费高峰，我们应该考虑的就是此类消费高峰；

2. 正如我们的判断确定的那样，这种预期的产量增长，如果有的话，我们就应该作一个总体规划纲要来应对。这个规划应该包括能够最好地实施此类扩张的方法和手段，它应该涵盖事关公司当前发展格局的各个生产类别，每个生产类别要附上对其未来发展的分析。一有新的真实情况，就应该充实到这个纲要中……

3. 我们将应要求为重整军备计划提供生产设施。这类需求应该整合进拟议中的总体规划纲要，这样一来，当形势证明是合理的时候，我们将能够更迅速、有效地采取行动。我们应该将公司的资金用于重整军备所要求的此类新厂房——如果这使我们能够从相较总体计划而言的长远立场更好地控制这些厂房的话。加速折旧和高额税收的存在，使得这样使用公司资金更加切实可行。我们应该避免转换，我们的政策应该是扩张。

公司的政策的确是扩张。在 1950-1953 年的 4 年间，我们在新的厂房和设备上花了 12.79 亿美元，其中约 1/3 用于军品生产设施。然而，在这一时期，我们的收益受两方面的制约：一是超额利润税，二是在我们的政策下军品业务的利润率低于商业销售利润率的事实。总之，在支付了红利 16 亿美元或净收入的 65% 之后，我们能够拿出 8.71 亿美元投资于再生产。这些留存收益和 5.63 亿美元的预提折旧费加在一起，也仅仅比 12.79 亿美元的厂房支出多 1.55 亿美元。因此，只有这区区 1.55 亿美元可用来满足其他要求，比如，给钢材供应商的预付款及用于军工生产的装备费用。通货膨胀成本在公司的财务结构上留下了它们的印记。我们的净运营资本从 1949 年 12 月 31 日至 1953 年 12 月 31 日略有下降，虽然我们 46% 的销售额增长要求更多的运营资本。

1954 年年初，由于我们的财务资源已经面临压力，所以我们宣布了一项工厂支出前导计划，要求在两年内对工厂投资 10 亿美元。这一计划旨在更新现代化设备，并为我们的四个汽车事业部提供额外的产能，以满足日益扩大的市场需求，我们还不得不大大扩充了用于生产自动传动装置、动力方向盘、动力刹车和 V-8 发动机的产能。

考虑到该厂房支出计划的巨大规模和通货膨胀对成本的压力，很显然，如果我们要想继续从每年的收益中拿出很大的部分用于支付红利，那么我们将不得不筹集新的资本。快到1953年年底的时候，财务政策委员会评估了当前的问题，并确定可以进行有利的债券发售。然而，与1946年的情况相反，保险公司和其他机构投资者手中没有任何多余的资金，相反，他们承诺再过一段时间就有余钱了（尽管它们此前曾承诺购买公司的债券）。于是我们求助于公开市场，并于1953年12月发行了一笔25年期3.25%利率的3亿美元债券，净收入（扣除承销商的费用和佣金之后）2.985亿美元。这也是一次显著的成功。

但是，这仍然不够。1955年1月，我们的工厂支出计划从10亿美元膨胀到15亿美元（后来又增至20亿美元）。因此，在分析了我们的资本需求量之后，我们确定需要筹集更多的外部资本。当年3月，公司当时的总裁柯蒂斯先生在美国参议院银行和货币委员会面前陈词说：

> 我们近期决定进一步寻求外部资金，这是我们对未来的资本需求分析的结果。这一分析依据的是我们对经济趋势的预测，以及对竞争激烈的汽车市场的展望。它使我们断定，如果我们意图与国家经济共同成长、满足消费者对我们的产品日益增长的需求，同时维持一个合理的红利政策，我们就额外需要大约3亿到3.5亿美元的长期股权资本。

因此，1955年2月，我们向普通股持有人提供优先认购438.0583万股新股（每股面值5美元）的权利（每20股旧股可以认购1股新股）。每股新股的认购价为75美元。在发行结束之日，价格上涨到了96.875美元。这次股票发行是由330个承销商组成的财团承销，但是他们自己只能认购其中12.8%的股票。公司在支付承销商的费用和佣金之后，实际到账接近3.25亿美元。这是迄至那时美国最大的一次工业类普通股股票发行，并且是一次非同寻常的成功，在很多专家认为这么巨额的股票发行是一次巨大冒险的时候，它证明了我们对市场的估计非常正确。

我们的股票和债券发行使我们有能力实施我们的扩张计划，同时继续我们慷慨的红利政策。在1954-1956年这3个扩张年份，我们在新的厂房和设备上花费了总计22.53亿美元，使我们的工厂总资产增长74%（从29.12亿美元升到50.73亿美元）。总的预提折旧费达到8.73亿美元，在用净收益的57%即16.2亿美元支付红利之后，我们还进行了12.11亿美元的再投资。结果，在这段异乎寻常的资本支出的时期，我们的净运营资金增长5.1亿美元，我们所持有的现金和短期证券（不包括指定用作纳税义务支付款的证券）从3.67亿美元增长到6.72亿美元，几乎翻了一番。1957年，我们的流动性增长得更多，因为随着扩张计划的结束，资本支出下降得相当快，虽然计提折旧费继续上升。

就这样，我们安然度过了这个决定性的扩张期，财务状况比任何时候都强劲。1957-1962年的这段时期包括两个衰退年份（1958年和1961年）以及一个在公司历史上销售额和利润最好的年份（1962年）。在回顾这段时期的事件时，我觉得它们无可争议地证明了公司在财务上是成熟的。1958年这个衰退年份见证了公司在美国生产的轿车和卡车销量比上一年下降22%，虽然整车销量的下降对收益的影响具有放大作用，但是这种影响被有效地减轻了。1958年每股2.22美元的收益只比1957年每股2.99美元的收益低25%。上述成果的取得，很大程度上归因于我们这些年来在我们的组织中建成的有效而及时的财务控制措施。

1958-1962年这段时期的工厂支出，包括海外扩张项目的成本在内，总计达23亿美元，大约和我们在1954-1956年这几个主要扩张年份花费的差不多。尽管如此，计提折旧费用足以支持美国本土的这些支出，而在德国的扩张项目则部分通过当地借款解决。结果，公司在这一时期能够支付33亿美元的红利，占收益的69%。另外，净运营资金增长了17亿美元。

因此，若把这个战后时期作为整体来看，公司的股东活得相当滋润。尽管我们的工厂总资产的价值增长了超过6倍，从1946年1月1日的10.12亿美元升至1962年12月31日的71.87亿美元，这主要是由收益和折旧准备提供资金解决的，我们还是向股东支付了总计 79.51 亿美元的红利，占净收益的 64%。这段时期，经股票拆分的调整之后，每股红利从 1945 年的每股 50 美分上升到 1962 年的每股 3 美元，每股股价从 12.58 美元上涨到 58.13 美元。

通用汽车的财务故事是一个成长的故事，是产品和服务的成长、参与人数的增多、物理设施的增加、财务资源的增长。从 1917 年 8 月 1 日由原来的通用汽车公司变为通用汽车有限公司开始，至 1962 年 12 月 31 日结束，公司的员工人数从 2.5 万人增加到超过 60 万人，股东人数从不到 3000 人发展到超过 100 万人。公司扩大了其在美国和加拿大生产的轿车和卡车的销售量，从 1918 年的 20.5 万辆增长到 1962 年的 449.1 万辆，并且，通用汽车在海外的工厂制造的轿车和卡车的销售量合计达 74.7 万辆。销售收入增长的速度甚至更快，从 1918 年的 2.7 亿美元增长到 1962 年的 146 亿美元，公司的总资产从 1.34 亿美元增长到 92 亿美元。通用汽车作为美国经济生活中的一个机构的重要性，由此可见一斑。

然而，作为一家企业，衡量商业企业的价值的标准不能仅仅是销售或资产的增长，还应包括对股东的投资回报，因为正是他们的资本在承担风险，也正是以他们的利益作为一切的出发点，通用汽车才被认为一直以私营企业的方式进行经营。我相信，历史记录表明，我们对股东尽职尽责、值得称道，同时没有疏忽对员工、客户、经销商、供应商和社会的责任。

在 1938 年的年度报告中，我这样描述我关于财务成长的哲学：

> 由于经济需求的力量并经过一系列演变，整个行业中的企业已经越做越大。这是因为，以不断降低的价格生产更有用的商品，导致了工业产品和服务的市场规模持续扩大。而大规模生产所涉及的制造过程的一体化程度越来越高，它对这一演变过程施加了额外的影响。这样一种演变对资本结构的影响，要求公司所需的资本量不断增加。

通用汽车的财务成长就遵循了这条道路。在没有用债务加重公司或股东的负担的情况下，主要通过收益再投资的方式，公司总的动用资本从 1917 年的大约 1 亿美元成长到今天的大约 69 亿美元。在这增加的 68 亿美元资本中，大概有 8 亿美元（经后来偿还）是通过资本市场筹集的。还有 6 亿美元是通过新股发行筹到的，其中 2.5 亿美元是为了收购相关的公司，3.5 亿美元是为了实施员工计划。总额近 54 亿美元的全部剩余部分都来自收益再投资。然而，不像某些快速成长的公司，我们的收益再投资并没有以派发给股东的红利为代价。这 45 年间，红利支付额总计接近 108 亿美元，占总收益的 67%。

通用汽车的动用资金的这种成长体现了公司的进步。在一个以竞争为基础的经济中，我们是作为理性的商人进行运营的，这个事实，我设法通过对我们的管理方法的近距离描述进行了展示。结果是一个高效的企业。应该注意到，一个不断上升的成功的经济，就像美国经济这样，不仅仅代表着机遇，它还大大需要那些拥有勃勃的雄心去驾驭机遇的人。我们的表现，在我们生产和销售有益于社会的产品的过程中，日复一日地展示着。我很高兴通用汽车能够用这种表现让人评说。

通用汽车有限公司
历年销售、税前和税后净收入、红利

年份	美国和加拿大轿车和卡车销量（辆）	净销售额（美元）	税前净收入 金额（美元）	税前净收入 占销售额的百分比	美国和国外所得税*（美元）	税后净收入 金额（美元）	税后净收入 占销售额的百分比
1917#	86921	96295741	17143056	17.80	2848574	14294482	14.84
1918	205326	269796629	34939078	12.95	20113548	14825530	5.50
1919	391738	509676694	90005484	17.66	30000000	60005484	11.77
1920	393075	567320603	41644375	7.34	3894000	37750375	6.65
1921	214799	304487243	(38680770)	(12.70)	—	(38680770)	(12.70)
1922	456763	463706733	60724493	13.10	6250000	54474493	11.75
1923	798555	698038947	80143955	11.48	8135000	72008955	10.32
1924	587341	568007459	57350490	10.10	5727000	51623490	9.09
1925	835902	734592592	129928277	17.69	13912000	116016277	15.79
1926	1234850	1058153338	212066121	20.04	25834939	186231182	17.60
1927	1562748	1269519673	269573585	21.23	34468759	235104826	18.52
1928	1810806	1459762906	309817468	21.22	33349360	276468108	18.94
1929	1899267	1504,404472	276403176	18.37	28120908	248282268	16.50
1930	1158293	983375137	167227693	17.01	16128701	151098992	15.37
1931	1033518	808840723	111219791	13.75	14342684	96877107	11.98
1932	525727	432311868	449690	0.10	284711	164979	0.04
1933	802104	569010542	95421456	16.77	12217780	83213676	14.62
1934	1128326	862672670	110181088	12.77	15411957	94769131	10.99
1935	1564252	1155641511	196692407	17.02	29465897	16722510	14.47
1936	1866589	1439289940	282090052	19.60	43607627	238482425	16.57
1937	1927833	1606789941	245543733	15.28	49107135	196436598	12.23
1938	1108901	1066973000	130190341	12.20	28000334	102190007	9.58
1939	1542545	1376828337	228142412	16.57	44852190	183290222	13.31
1940	2025213	1794,936642	320649462	17.86	125027?41	195621721	10.90
1941	2257018	2436800977	489644851	20.09	28799343	201652508	8.28
1942	301490	2250548859	260727633	11.59	97076045	163651588	7.27
1943	152546	3796115800	398700782	10.50	248920694	149780088	3.95
1944	278539	4262249472	435409021	10.22	264413156	170995865	4.01
1945	275573	3127934888	212535893	6.79	24267778	188268115	6.02
1946	1175448	1962502289	43300083	2.21	(44226228)	87526311	4.46
1947	1930918	3815159163	554005405	14.52	266014032	287991373	7.55
1948	2146305	4701770340	801417975	17.05	360970251	440447724	9.37
1949	2764397	5700835141	1124834936	19.73	468400704	636434232	11.51
1950	3812163	7531086846	1811660763	24.06	977616724	834044039	11.07
1951	3016486	7465554851	1488717641	19.94	982518081	506199560	6.78
1952	2434160	7549154419	1502178604	19.90	943457425	558721179	7.40
1953	3495999	10027985482	1652647924	46.48	1054528446	598119478	5.96
1954	3449764	9823526291	1644959366	16.75	838985469	805973897	8.20
1955	4638046	12443277420	2542827439	20.44	1353350357	1189477082	9.56
1956	3692722	10796442575	1741414610	16.13	894018508	847396102	7.85
1957	3418500	10989813178	1648712588	15.00	805120153	843592435	7.68
1958	2712870	9521965629	1115428076	11.71	461800000	833628076	6.65
1959	3140233	11233057200	1792200149	15.95	919100000	873100149	7.77
1960	3889734	12735999681	2037542489	16.00	1078500000	959042489	7.53
1961	3346716	11395916826	1768021444	15.51	875200000	892821444	7.83
1962	4491347	14640240799	2934477550	20.04	1475400000	1459077550	9.97

\# 指的是1917年12月31日之前的五个月。
* 本栏1917年至1920年的数据包括特别费用准备金。
表内括号（ ）中的数字指的是赤字。

通用汽车有限公司
历年销售、税前和税后净收入、红利（续表）

年份	优先股红利（美元）	可供用于普通股的净收入（美元）	普通股红利金额（美元）	占可用收入的百分比	留作企业使用的收入（美元）	面值1又2/3美元的普通股每股 金额（美元）	红利（美元）
1917#	491890	13802592	2294199	16.62	11508393	0.15	0.02
1918	1920467	12905063	11237310	87.1	1667753	0.07	0.10
1919	4212513	55792971	17324541	31.1	38468430	0.30	0.10
1920	5620426	32129949	17893289	55.7	14236660	0.14	0.09
1921	6310010	(44990780)	20468276	—	(65459056)	(0.19)	0.09
1922	6429228	48045265	10177117	21.2	37868148	0.21	0.04
1923	6887371	65121584	24772026	38.0	40349558	0.28	0.11
1924	7272637	44350853	25030632	56.4	19320221	0.19	0.11
1925	7639991	108376286	61935221	57.1	46441065	0.47	0.27
1926	7645287	178585895	103930993	58.2	74654902	0.73	0.42
1927	9109330	225995496	134836081	59.7	91159415	0.87	0.52
1928	9404756	267063352	165300002	61.9	101763350	1.02	0.63
1929	9478681	238803587	156600007	65.6	82203580	0.91	0.60
1930	9538660	141560332	130500002	92.2	11060330	0.54	0.50
1931	9375899	87501208	130500001	149.1	(42998793)	0.34	0.50
1932	9206387	(9041408)	53993330	—	(63034738)	(0.03)	0.21
1933	9178845	74034831	53826355	72.7	20208476	0.29	0.21
1934	9178220	85590911	64443490	75.3	21147421	0.33	0.25
1935	9178220	158048290	96476748	61.0	61571542	0.61	0.38
1936	9178220	229304205	192903299	84.1	36400906	0.89	0.75
1937	9178220	187258378	160549861	85.7	26708517	0.73	0.63
1938	9178220	93011787	64386421	69.2	28625366	0.36	0.25
1939	9943072	173347150	150319682	86.7	23027468	0.67	0.58
1940	9178220	186443501	161864924	86.8	24578577	0.72	0.63
1941	9178220	192474280	162608296	84.5	29865992	0.74	0.63
1942	9178220	154473369	86992295	56.3	67481073	0.59	0.33
1943	9178220	140601868	87106758	62.0	53495110	0.54	0.33
1944	9178220	161817645	132063371	81.6	29754274	0.61	0.50
1945	9178220	179089895	132066520	73.7	47023375	0.68	0.50
1946	9782407	77743904	99158674	127.5	(21414770)	0.29	0.38
1947	12928310	275063063	132167487	48.0	142895576	1.04	0.50
1948	12928315	427519409	197845688	46.3	229673721	1.62	0.75
1949	12928316	643505916	351380264	54.6	292125652	2.44	1.33
1950	12928315	821115724	526111783	64.1	295003941	3.12	2.00
1951	12928313	493271247	350249851	71.0	143021396	1.88	1.33
1952	12928313	545792866	349041039	64.0	196751827	2.08	1.33
1953	12928312	585191166	348760514	59.6	236430652	2.24	1.33
1954	12928309	793045588	436507196	55.0	356538392	3.03	1.67
1955	12928305	1176548777	592245497	50.3	584303280	4.30	2.17
1956	12928302	834467800	552853282	66.3	281614518	3.02	2.00
1957	12928300	830664135	555453812	66.9	275210323	2.99	2.00
1958	12928298	620699778	558940800	90.1	61758978	2.22	2.00
1959	12928296	860171853	561838126	65.3	298333727	3.06	2.00
1960	12928293	946114196	564190599	59.6	381923597	3.35	2.00
1961	12928292	879893152	707383013	80.4	172510139	3.11	2.50
1962	12928290	1446149160	850465125	58.8	595684035	5.10	3.00

#指的是1917年12月31日之前的五个月。
表内括号（）中的数字指的是赤字。

第二篇

第十二章
汽车的变迁

在汽车工业的早期岁月，工程师和发明家们的直接目标仅仅是可靠性，也就是让一辆汽车依靠本身的动力去往某地并返回。很多关于汽车的聪明的想法最后以一匹马、一根拖绳和嘲笑而告终。虽然进步代价很高，美国的驾车者们仍然心甘情愿地支付了账单。在他们对个人交通工具的热情似火中，这些人买下这些或可靠或不可靠的汽车，从而为投资于实验和生产的风险资本提供了其中很大一部分来源。得到顾客如此厚爱的产业并不是很多。在20年的时间里，相对于当时的街道和公路情况，汽车的可靠性有了相当不错的提升。机械化的个人交通工具作为人类进步过程中的伟大成就之一，成了生活中司空见惯的东西，每个人都可以享用它。

虽然自1920年以来工程技术进展巨大，但我们今天拥有的此类机器跟该行业最初20年制造的基本相同。我们仍然使用由汽油发动机驱动的车辆，发动机的心脏仍然是汽缸中的一个活塞，活塞靠汽油和空气混合物的燃烧来推动，而混合物则由来自火花塞的电火花以固定的间隔点燃。活塞的推力所产生的力量推动曲轴，然后经由传动机构来带动后轮转动。弹簧和橡胶轮胎减缓了驾驶员和乘客所受颠簸的影响，而刹车则通过对车轮施加制动力使汽车停止。

不过，自 1920 年以来，汽车在方方面面都有了巨大的改进：发动机的效率有了极大的提高，相同量的燃料可以更平稳地提供更多的功率，而燃料本身也有了巨大的改善。传动系统在实现今日的全自动化之前经历了复杂的演变。悬挂系统经过了类似的演变，轮胎也一样，它们合在一起为我们提供了 40 年前难以想象的驾驶体验。驾驶员可以使用额外的动力源，来提供制动和转向以及操作车窗、座椅和无线电天线。在各种色调中闪闪发光的车身通常全部由钢材料制成，并配有安全玻璃。随着汽车的发展，它在日常生活中的重要性有了巨大的提高，而且对道路和公路提出了更高的要求。很难想象，如果有今天这样的道路，它们对 20 世纪 20 年代早期的汽车发展会产生什么影响。

当然，今天的驾驶员会觉得 1920 年典型的汽车完全不令人满意。这种汽车有一个四缸发动机，发动机的曲轴以及相关联的连杆和活塞存在固有的不平衡。通常，这种汽车采用两轮刹车，只限于后轮进行制动；没有独立的前轮减震；有一个滑动齿轮传动和一个低功率的发动机。这种车经常振动和晃动；踩刹车时会转向，有时候还会打滑；驾驶起来很困难，要用很大的力气；离合器抓得过紧；齿轮在移位时经常碰来碰去，并且由于提供的动力很低，在坡度明显的山坡上，齿轮必须不停地转换。但是这种车通常往返于起伏不平的地方；幸运的是，它无法开得很快或很远，所以它的很多不足之处尚不足以成为严重的缺陷。这种汽车大致适应当时的环境，而且它的主要部件相互适应得还不错，不管其集成度和效率水平多么低下。

汽车发展面临的问题是提高它的效率水平，而这经常意味着提高它的集成度。今天的汽车，不再是五十多年前松散的零部件和机械装置的集合，而是一部非常复杂和紧密集成的机器。只是在最近几年，机械工艺的发展才使得高性能、操作方便和驾乘舒适的综合效果成为可能，上述三者刻画了现代汽车的主要特征。

过去的五十年间，通用汽车的研究实验室和工程技术部门在汽车的发展过程中扮演了一个重要的角色，并将继续处在工程技术发展的前沿。我不可能描述通用汽车和汽车工业做过的每一件重要的事情，这将需要再写一本书。这里只讨论一些在此发展过程中重要的和相关的进步。

乙基汽油和高压缩比发动机

如何使燃料和发动机之间的关系更令人满意一直是汽车技术的中心问题。有效地使用燃料，从而由一定量的燃料得到最大动力的能力，这就是活塞发动机的效率，它取决于发动机的压缩比。压缩比的概念比较简单，但是对于一般读者，可能需要用几句话说明一下。活塞在发动机的汽缸中运动时有一个最低位置和一个最高位置。当活塞位于一次往复运动的底部时，汽缸中充满了燃料——雾化汽油和空气的混合物。当活塞到达往复运动的顶部时，燃料被压缩。由于火花塞的作用，燃料开始燃烧，所产生的高温气体将会膨胀，同时推动活塞向下运动。然后这个下行动作推动曲轴，从而将动力传送到车轮。压缩比指的就是活塞下行到最低位置时汽缸中的体积和活塞上行到最高位置时汽缸中剩余的体积之比。这个比例仅仅比较了燃料处于未压缩状态时的体积和其处于压缩状态时的体积。在20世纪早期，平均压缩比大约是4∶1。

正如我前面所说，要想将一个给定尺寸的发动机设计得有更大的效率和功率，就需要提高压缩比。然而，这时一个严重的问题挡住了去路——发动机爆震。汽油和空气混合物应该燃烧得比较慢才能推动活塞下行。如果混合气体被引爆，即燃烧过快，活塞将无法足够迅速地移动来利用所产生的力量。实际上，发动机爆震不仅造成了能量损失，而且这突如其来的力量将会给发动机部件带来严重的张力，这可能并的确会损坏发动机。

通用汽车技术中心

获得高压缩比的关键在于找到某种减少发动机爆震的方法。但造成发动机爆震的原因是什么呢？在使用汽车的早期日子里，人们发现，通过调整产生火花的时间就可以减少发动机爆震。有很长一段时间，大部分汽车都有一个手动操作的火花调整控制杆，方便驾驶员根据不同的驾驶情况选择最佳的火花设置。人们学会了在驾车上坡时延迟火花产生的时间，从而让发动机在高张力下工作时避免发动机爆震。

查尔斯·凯特林长期以来一直对整个的点火、燃料和相关问题感兴趣，正是他开始了通用汽车重要的发动机爆震研究，并对我们突破性地解决这个问题起到了主要作用。今天，没有哪辆汽车、没有哪架使用往复式发动机的飞机，在运行时未得益于凯特林先生所倡导的抗爆燃料的发展。他将自己对这个问题的早期了解带到了通用汽车，在找到这个问题的解决方案时，他是通用汽车的研究主管。该解决方案基本上就是乙基汽油，它是通过在汽油中添加四乙基铅得到的。

一直到第一次世界大战的时候，爆震都被认为是火花位置过远引起点火过早所致。第一次世界大战之后不久，人们发现了另外一种爆震，被称为"燃料爆震"，因为在不调整火花的情况下，仅仅改变燃料和燃料的参数，就能够减轻或消除这种爆震。已故的小托马斯·米奇利就是致力于解决该问题的人士之一。在代顿工程实验室，他是凯特林先生的助手，并一路成长起来，直至20世纪20年代早期成为通用汽车研究公司燃料部的主管。米奇利先生的亲密朋友、印第安纳州的标准石油公司前主席罗伯特·威尔逊博士这样说：

……[米奇利先生]已经明确证实，与人们通常相信的相反，爆震和提前点火是两码事，爆震是燃料的一个化学特性。他指出，苯和环己烷产生的爆震现象大大少于汽油，而汽油大大少于煤油。苯和环己烷是他后来在其位于代顿的实验室里成功研制出的。

几乎每次看到汤姆，他都会有某种关于爆炸机制和抗爆行为的新理论，对这些理论我是持职业怀疑态度的。虽然理论被提出后通常被进一步的实验所证伪，但是这些理论始终激励并频繁地导致重要的发现。在这方面，最显著的例子出现在他早期的工作中，那时他正在努力对为什么煤油的爆震现象比汽油严重提出理论化的解释。他抓住了二者挥发性的显著不同，然后提出假设：煤油直至燃烧之前可能大部分保持为小液滴的状态，之后由于所产生的过快的爆炸而被非常突然地气化。如果这个解释是正确的，那么他就有理由推断，通过给煤油染色，让小液滴状态的煤油从燃烧室中吸收辐射热从而更快地汽化，也许是可能的。

假如汤姆是一名优秀的物理学家，那么他多半能够通过计算发现这个理论是站不住脚的，但是由于他是一名机械工程师，他幸运地判断出，实验比计算容易得多。于是，他来到储藏室寻找某种可溶于油的染料，像往常一样，储藏室刚好缺少他想要的东西。不过，弗雷德·蔡斯向他建议说碘酒可溶于油并能够给煤油染色，于是汤姆立即将大量碘酒溶解到煤油中，然后在适度的高压缩比发动机中试验，结果他高兴地发现爆震现象消除了。

汤姆马上出发，走遍代顿收集所有可用的溶于油的染料，并于当天下午快速地连续试验了若干种不同的样本，但任何一种都没有得到哪怕最微不足道的结果。为了最终确定这件事，他又把一种无色的碘酒化合物添加到汽油中，结果发现这阻止了爆震。就这样，第一个关于燃料爆炸的理论走向了墓场——它现在塞得满满当当，但是伴随着这个理论的让位，作为化学家的汤姆新生了，而在接下来的几年时间，他成为一名永不知足的学生，徜徉在每一个化学分支，他这么做是为了帮助他去设法解释他的发现，并且合成新的化合物用作抗爆剂进行试验……

此后，汤姆对苯胺作为抗爆剂的可能性产生了特别的热情，就像每当他发现一种新的抗爆剂时似乎总是会发生的那样，他不得不继续努力改进试剂的生产方法并降低成本，直到试剂在经济上可行。他当时还对他的首个乙基化合物乙基碘酒抱有一些希望，要是他能够找到大量的碘酒就好了……

正是在1922年1月于纽约举行的汽车工程师协会的年会上，汤姆一副兴奋异常和神秘的样子，给我看一丁点儿盛放在试管中的四乙基铅，并告诉我那就是整个问题的答案。他说，这种抗爆剂的有效性比以前发现的任何一种化合物都高得多，并且看起来没有出现此前解决该问题的尝试中遇到的任何一个困难。当然，他那个时候还没有意识到毒性或沉淀问题。

就这样，经过凯特林先生、米奇利先生和通用汽车研究公司所有这些年的实验，我们有了这项发明。但是完成一项发明是一回事，把它推向市场是另一回事。长话短说，1924年8月，为了把作为防爆化合物的四乙基铅推向市场，一家名叫乙基汽油公司的企业成立了。这是一家合伙企业，通用汽车和新泽西州的标准石油公司各出资50%。起初乙基液是由杜邦公司按照合同制造的，一直到1948年，乙基汽油公司才开始自己生产所有产品。

四乙基铅只是高压缩比发动机的发展中必经的一步。尽管它改进了燃料的品质，但是燃料本身在20世纪早期质量差异巨大。事实上，在针对另一种燃料评价某种燃料时，没有一种已知的方法可以确定其用于汽油发动机中的相对价值。

通用汽车对这种情况进行了研究，并开发了一种方法用于测量燃料的防爆品质，或者说发动机在给定的燃料下产生更高压缩比的能力。这种方法根据燃料的"辛烷值"来衡量其品质。辛烷是一种几乎不会产生爆震的燃料；在当时的工艺条件下，实际地讲，辛烷等级100就被认为是完美的燃料。乙基汽油公司的格雷厄姆·埃德加博士于1926年有了辛烷值标度的设想，凯特林先生和其他研究人员开发了第一台单汽缸、可变压缩比的测试发动机，通过这台发动机可以测试衡量燃料品质的辛烷值。一台利用了可变压缩比原理的测试发动机后来成为汽车业和石油业的标准。

当然，我们提高辛烷值的方法是加入四乙基铅，不过还有另一种方法，那就是通过更好的精炼原油的工艺流程。人们在分裂和"重组"原油中的碳氢化合物方面取得了巨大的进步，既增加了每桶原油的汽油产出数,又提高了添加四乙基铅之前的汽油的辛烷值。这本身是研究领域又一个引人注目的故事,同时也是凯特林先生和他的同事们在其中扮演了一个十分重要的先驱性角色的故事。汽车加油站提供的商业汽油的辛烷值从20世纪初的50到55之间提高到了目前的95以上甚至有些超过100(航空汽油的辛烷值甚至更高)。这对燃料经济性——根据汽车使用每加仑给定性能标准的燃料所行驶的里程数来衡量——对我们今天使用石油资源的效率产生了引人注目的影响。①

　　另一个减少爆震的因素是发动机自身的设计。我们今天知道,在发动机的燃烧室中,燃料的爆炸会产生十分复杂的冲击波。这些冲击波会使燃料的温度急剧上升,从而引起爆炸和爆震。关于各种燃烧室集气装置形态和周线的研究建议用一些特定的形态来获得最少的爆震现象和最高的压缩比。

　　这里我将附带提一下发动机设计问题,这个问题完全与燃料无关,但是对更强大的发动机的开发产生了严重的限制,通用汽车的工程师们对此问题的解决作出了重要的贡献。这就是发动机的振动。振动总是令人不快的,随着汽车速度的上升和功率的加大,振动逐渐变成一个更严重的工程问题。发动机中不平衡的旋转和往复运动部件成了破坏性振动的源头,以及对整体汽车进步的一个限制因素。

　　主要振动源头之一是曲轴——"发动机的中枢"。曲轴中的任何不平衡都会传导到发动机和汽车上。20世纪20年代初,通用汽车研究公司开始处理如何使发动机平衡的问题,他们开发了一台机轴平衡器,并用在1924年的凯迪拉克发动机上。这种机器,如今全世界广泛使用,乃是通用汽车独家发明的,并使我们的技术在汽车业的发动机平衡领域长期领先。就像我们很多的领先技术一样,我们安排将这个设备卖给了其他发动机制造商。更好的平衡在减少对整个汽车结构的磨损和撕扯,推动业界朝着令人满意的利用我们制造

---

① 通用汽车在乙基公司中的角色于1962年结束,当时通用汽车和标准石油公司将各自在乙基公司的股份都卖给了弗吉尼亚州里士满的雅宝造纸公司。根据其发展方针,通用汽车通过这次出售转让了最后一个拥有部分股份的子公司。现在,它所有的业务活动都通过事业部或全资子公司运营。

的几乎所有发动机提供的更大功率和速度的方向更快的发展方面，是一个非常重要的步骤。

随着我们对爆震了解得越来越多，朝向更高压缩比的发动机的进步成为可能。压缩比已经从20世纪初的4∶1提高到目前的10∶1甚至更高。燃料和发动机的发展是以蛙跳式的方式前进的：具有高压缩比的发动机需要更好的燃料，更好的燃料的出现又会刺激更高效的发动机的生产。在汽车工程师的敦促下，石油工业开发出了一般用途的具有越来越高辛烷值的燃料。通用汽车也为石油工业提供了很多高压缩比的试验发动机，以帮助他们开发更高辛烷值的燃料。

以这种方式，四乙基铅和高辛烷燃料的发展使得内燃发动机的长期改进成为可能。

传动装置的发展

我假设几乎人人都知道，传动装置的目的是将动力从发动机传送到汽车的车轮，这涉及汽车发动机和车轮之间的速度关系的变化。发动机产生的动力取决于几个因素，但是主要和发动机机轴的旋转速度密切相关。只要驾驶低功率的老式汽车爬一次坡，人人就能意识到这一点。爬坡时，通常要求发动机强有力地加速并换挡到低速挡以获得所需的动力。回到20世纪20年代，使用通常的三速系统手动换挡往往会导致相当大的撞击，除非驾驶员拥有高超的技巧。

自从通用汽车研究公司1920年创立以来，传动就是研究和讨论的一个重要课题。起初，我们把注意力集中在各种类型的电传递，因为最初的工程技术人员大部分具有电力背景。我们开发了一种电气传动器，而且一种这个类型的机器就一度用在通用汽车生产的公共汽车上。电传动在汽车发展史的极早期就试用过了（在哥伦比亚和欧文电磁客车中使用），但是最终在大型车辆领域才找到了其主要的商业用途。这种特殊的传动形式今天还用在我们的柴油机车中。

从1923年开始，我们的研究组织用在客车上的电传递的兴趣逐渐减少。我们开始研究类型广泛的自动传动，包括"无级变速"类型（即驾驶员可以采用各种连续的速度，而不是像标准自动传动中只能使用几个固定的速度）和分段比率类型（即驾驶员可以自动选择固定数量的速度）。而且，早在 20 世纪 20 年代中期，人们就研究了一种使用叶片涡轮的水力传动。就这样，在自动传动可供用于批量生产的汽车之前至少 15 年，制造全自动传动装置所用到的大多数一般原理就已经为我们所知，并得到细致的研究。

20 世纪 20 年代后期，通用汽车开发了同步啮合变速箱，有了这种装置，几乎所有的驾驶员都可以在不撞击齿轮的情况下从一个速度换到另一个速度。

这个意义重大的技术进步在 1928 年由凯迪拉克实现商品化。其原理被通用汽车其他汽车事业部的工程师所采用，并且作了进一步的开发，以便由我们原来的芒西产品事业部投入大规模的生产。到了 1932 年，我们已经能够将同步啮合技术一路向下延伸，遍及整个通用汽车的产品线，直至最低端的雪佛兰客车。

到了 1928 年，通用汽车研究实验室对一种可能满足要求的自动传动形式达成共识。这是一种采用了类似于滚珠轴承的机械原理，使用堆叠钢片摩擦推进的无级变速类型。别克事业部受命承担了此项传动装置的开发工作，因为那个时候我们总部还没有工程技术部门。他们制造了很多此类部件并进行了测试，最终于 1932 年决定生产这种类型的传动装置。虽然我们作出了最大努力，但由于始终无法解决其中涉及的所有问题，所以这种传动装置从未出现在通用公司出售给公众的任何汽车里，尽管很多此类实验性部件在我们的测试汽车中试用过。当然，有关无级变速传动的问题，我们学到了很多东西，但是事实证明，这种特定的堆叠钢片摩擦推进的方式不是解决这个问题的答案。我确信继续下去只会耗费巨大，于是否决了将这种装置用在我们的汽车上。

我们的研究和工程技术人员继续从事有关各种类型的自动传动的工作。到 1934 年，凯迪拉克事业部的一群工程师终于找到了一条通向量产的道路，用于客车的自动传动装置首次进行了规模化生产，这就是液压自动变速器，一种现代的自动传动形式。这个特别设计小组于 1934 年年底转入公司的工程技术部，成为传动开发组。他们开发的传动装置更接近分段比率传动类型而不是无级变速类型，然而，它就像今天所有的自动传动一样，能够在扭矩的作用下自动切换（扭矩是由发动机向主动轴传递的旋转作用）。这个开发组还准备了不同尺寸的此类装置的生产计划，以满足一系列不同的动力和负载用在不同的通用汽车整车中的需要。

研究人员建造和测试了一系列的试验性模型，并将其移交给奥兹的工程师们。在1935年和1936年期间，各种不同的实验件在美国本土的一端和另一端之间进行了数千英里的测试。1937年，配备了这类半自动传动装置的奥兹和别克（1938年款）上市（半自动传动装置能够提供一系列分段比率挡位，其中一个或多个由手工选择，另外一个或多个是自动选择）。这些汽车是由别克事业部制造的，仍然需要使用一个主离合器踏板用于起步和停车。我们的工程师们后来发现，主离合器及其踏板可以由集成在传动配件中的液压联轴节替代。这个发现，连同全自动控制装置的发展，导致了液力自动传动装置的诞生，这是由新组建的底特律传动事业部制造的。它于1939年发布，并首次出现在奥兹的1940年款汽车上。凯迪拉克是下一个接受这种新的传动装置的事业部，用在它的1941年款车型中。

同一时期，GMC卡车和长途汽车事业部的工程技术人员研制了另一种不同的自动传动装置。它以带有闭路、液力涡轮类型的扭矩变换器而著称。这种装置包含一组装有叶片的叶轮，所有的叶片以一定的角度固定，这样一来，由发动机的旋转直接驱动的一个叶轮可以把里面的液体泵入第二个叶轮，后一叶轮与驱动轴相连，所以能够给驱动轴带来转动力。这里可能需要另外一个叶轮，用来改变流体流动的特性，从而影响发动机和驱动轴之间的速度差，即它们的速度比率。在液力扭矩变换器中，这个比率能够极细微地、逐渐地改变，而不是一个台阶一个台阶似的变化，所以净驱动效果是非常平稳的。

这种最先由通用汽车的工程师们研制的液力扭矩变换器在欧洲得到了发展。他们最终设计出了一种更符合美国公共汽车操作标准的装置。1937年，我们首次将这种传动器用在我们自己的公共汽车上，它很快便被广泛接受。1941年10月，美国正式参战前夕，我们的工程技术部传动开发组致力于将液力扭矩变换器应用在客车上。

随着美国的参战，我们在客车用自动传动装置上领先的工作被迫暂停，但是一个巨大的自动传动新领域打开了。对于客车驾驶员而言，自动传动由于操作方便和简单而颇具价值，他除了开车不必考虑其他问题。当涉及公共汽车、卡车、坦克、拖拉机和现代战争中的巨型车辆时，需要用自动传动装置来保证其平稳地运行。早在1938年，军方的工程师们就敦促我们考虑为诸如M-3和M-4坦克一类的大型车辆设计传动装置的问题。那个时候，这类车辆是由操纵杆控制方向的，在某些情况下，操作员必须放开其中的一个转向杆才能换挡。他在这么做的时候相当于暂时放弃了方向控制。此外，在换挡期间，车辆的速度会急速下降，并可能导致停转，从而成为一个固定的靶子。

工程技术部传动开发组为此类坦克设计了重型液压自动变速器。但是还需要更重的坦克，以便携带更大的炮管和更多的装甲，对于这类坦克，我们探索了采用液力扭矩变换器的可能性。在我们参战后不久，工程技术部研制了一个液压扭矩变换器试验模型，解决了在发动机速度和车辆速度之间的比率改变时保持车辆运动的问题。通用汽车各个事业部在第二次世界大战期间制造了大量的这类传动装置。

我们的传动开发组还设计了一种被称作交叉传动的坦克专用传动和转向系统。这使得驾驶员有可能用相对较小的力量准确地控制一辆超过50吨重的车辆，无论是在驾驶、制动还是自动传动方面。这种交叉传动装置广泛应用于炮车、水陆两用和常规运输工具，以及其他有巨大重量的车辆，而且，我们在这个领域的开发工作在战争结束之后继续进行着。

随着战争的结束，我们的工程技术部开始了一项密集的研究计划，旨在将液力扭矩变换器应用于客车上。计划很成功，并导致了1948年别克的戴那伏洛变速器和1950年雪佛兰的鲍尔格莱德变速器的出现。戴那伏洛变速器是首个批量生产的客车用液力扭矩变换器。

就这样，到1948年，通用汽车经过多年的研究和工程技术开发，向公众提供了两种不同的全自动传动装置——液压自动变速器和液力扭矩变换器，它们可以进行经济、有效的生产，甚至可以用在低价位汽车上。从一开始，大众购车者就显示了对自动传动装置——我们所有的汽车上都有——的认可，他们愿意为之支付额外的费用。其他汽车制造商纷纷效仿，开始尽快将这种装置用在他们的汽车上，在有些情况下，用于他们的汽车上的自动传动装置是通用汽车为他们生产的。在 1962 年度车型，美国市场上销售的所有客车，包括通用公司的汽车在内，其中有约 74% 配备了自动传动装置。在通用汽车生产的客车中，67% 的雪佛兰、91% 的庞蒂亚克、95% 的别克、97% 的奥兹和 100% 的凯迪拉克都配有自动传动装置。在 1962 年度车型期间，业界共销售了大约 500 万台自动传动装置，其中约 270 万台用在通用汽车生产的汽车上。就这样，这个可选装置成了美国汽车一个确定的特性。

低压轮胎和前轮悬挂

如何提供更平稳、柔和的驾驶体验从一开始就是汽车工程中最复杂的问题之一。由于汽车比马拉的车速度快得多，它会把路面的不平整部分更密集地传递给乘客。内燃机也以振动的形式给汽车增加了一个不舒适感的来源。因此，改进对驾驶员和乘客的缓冲是必要的，而且这种需求随着汽车速度的提高而增加。

对于这个问题，第一个基本的解决办法是通过轮胎。早期的汽车使用的是硬质橡胶或带孔的硬质橡胶轮胎。它们很快便被充气轮胎取代了，但是在这个早期阶段，橡胶和构造都不够好，没完没了地更换轮胎在任何长途旅行中都是一个令人沮丧的必然之举。

到 20 世纪 20 年代初，橡胶公司在构造方法、化学、橡胶硫化和材料的选择方面已经学到了很多。轮胎比以前好得多，工程师们开始考虑低压轮胎的可能性，因为低压轮胎能够在车轮下面创造一个更柔软、更有弹性的气垫。有许多问题需要去应对，尤其是转向和驾乘方面。工程师们不得不去解决各种问题，前置不稳定性、轮胎面划伤、转弯时的尖叫声、急刹车条件下的驾驶以及一种被称为车轮跑偏的特殊情况，这是由轮胎和车轮的旋转质量轻微的不平衡造成的。这些现象起初并不明显，直到驾车者们开始作高速长途旅行，就成为主要问题了。

在此发展期间，通用汽车的工程师们为现代低压轮胎作出了巨大贡献，我们做了各种条件下很长里程的道路测试工作。综合技术委员会从一开始就跟轮胎行业保持紧密联系，二者在尺寸的标准化以及在最佳类型、轮胎面、部件的确定方面进行合作。我们根据自己的研究给出的建议年复一年地融进了更好、更安全的轮胎中。

第二个改善驾乘体验的基本方法，同时也是更复杂的工程技术方法之一，是通过改变悬挂方式，即连接车轮和底盘的方式。

在我早期的一次出国旅行途中，欧洲汽车产品中的一项工程进步引起了我的注意，这就是独立前轮弹性装置。直到那个时候，独立弹性装置还没有用在美国的汽车产品中。当然，这种原理的使用将显著提高驾乘的舒适性。

在法国，我与一位名叫安德烈·杜本内的工程师取得了联系，他对这个问题作过相当多的研究，并且取得了一项关于某种形式的独立弹性装置的专利。我把他带回美国，让他和我们的工程师建立联系。

无独有偶。在完全独立的情况下，凯迪拉克事业部当时的总经理劳伦斯·费雪雇用了一位名叫莫里斯·奥利的工程师，这位工程师以前在劳斯莱斯工作过，同样对驾乘舒适性问题的研究感兴趣。奥利先生给我写过一封信，信中记录了他对独立悬挂系统的发展的回忆。这里，我将用他的原话继续我的故事：

> 您向我问起过关于我对通用公司汽车上的独立弹性装置的回忆……您得原谅下面描述中浓郁的个人色彩，它可能会给您这样的印象：独立弹性装置是一场个人秀。实际情况远非如此，这项技术要极大地归功于亨利·克兰、欧内斯特·西霍尔姆［凯迪拉克的首席工程师］、查尔斯·凯特林以及一些凯迪拉克和别克的工程师。还要感谢劳伦斯·费雪的宽容和始终如一的支持，当时他指责我是通用汽车中第一个花费25万美元造两辆实验车的人！
>
> 您应该想起我是1930年11月从劳斯莱斯来到凯迪拉克的。坦白地说，发现劳斯莱斯如此受欢迎让我很惊讶。一辆劳斯莱斯汽车刚刚在新的通用汽车试验场里结束了一项异常测试，

然后被拆卸进行检查……

在劳斯莱斯，过去数年我们一直从事着一个关于提高驾乘质量的攻坚战。这家英国工厂被这项工作迷住了，其原因是这样一个事实：在英国道路上可接受的汽车被认为一旦出口就远远不是可接受的，哪怕在美国经过改善的道路上。于是我们开始认识到，这不是由于……美国的道路差，而是因为其道路起伏情况不同。

在劳斯莱斯，人们做了大量工作，沿着摆动着的汽车行进线路，从高架枢轴上测试它们的转动惯量……测量底盘结构和车身的刚度……以及……测量那些安装在实际汽车上的弹簧的悬挂率。这家英国工厂还开发了第一批实用的测震仪之一，该仪器只能简单地测量在不同的速度下经过同一段测试距离后，从一个敞口的容器中溢出了多少水。

1930年，凯迪拉克也进行了一些类似的实验。很快，我们也有了摆动着的汽车、测量安装好的弹簧的刚度等等。我们还沿袭劳斯莱斯的技术线路，建立了我们自己的"颠簸试验台"（安装在底特律的第一台），并用它在固定的汽车上模拟人造的驾驶场景。

1932年年初，我们建造了"K^2平台"……它由一辆完整的七座豪华轿车组成，在该平台上，可以通过移动砝码，在前后弹性装置的相对挠度和车辆的转动惯量方面产生任何想要的变化。这个平台没有使用任何仪器来测量驾乘情况。为了检验我们所作的努力，在亨利·克兰的帮助下，我们只是简单地问自己，在什么条件下我们获得了最好的驾乘体验。

这是最好的办法，因为我们当时不知道，而且现在也不知道，哪次经历才算是好的，但是我们可以在一天的行驶中，在这辆车的乘坐方面造成这么多的基本变化，以至我们的印象始终是新鲜的，从而可以进行直接比较。

正是在这个阶段，即1932年年初，我们开始感觉到了对独立悬挂系统的迫切需要。K^2平台毫不含糊地告诉我们，如果我们使用的前簧比后簧的硬度更低，就可以获得一种平稳的乘车经历，这是一种全新的驾乘体验。但是您应该记得，所有在传统的前车轴上使用硬度极低的前簧的尝试都很不成功，原因是晃动……以及总体上缺乏操作稳定性……

于是，继 K² 平台之后，下一步是造两辆实验用的凯迪拉克汽车……这两辆车拥有两种不同的独立式前悬挂……[其中一种是杜本内先生开发的；另一种，即叉骨悬挂，是我们开发的] 一种独立式后悬挂也用上了，因为我们记得，我们也应该尽快抛弃传统的后轮轴（这个变化在我看来现在已经迟到了几年）。

公司有很多工程师驾乘过这些汽车，从中可以明显看出，我们在改进驾乘和操作体验方面拥有非常特别的东西。我们也遇到了我们通常会在这方面遇到的问题。其中首要的是转向装置，尤其在那辆采用叉骨悬挂的汽车上，操控方向时免不了晃动。

我们不得不屡次重新设计转向装置……

终于，到 1933 年 3 月，我们准备了盛装表演。3 月初，综合技术委员会聚首在凯迪拉克工程大楼，他们要乘坐我们的两辆实验车和一辆没有独立式前悬挂但配备了 I.V.[无级变速] 传动装置的别克轿车……

我记得您和格兰特先生乘坐的是一辆[采用叉骨悬挂的]汽车，而欧内斯特·西霍尔姆和我坐在一辆陪同车中，在胭脂河市的一个红绿灯处我们停在了[你们]旁边。我们能够看到[您]向后座的狄克·格兰特[销售副总裁]大笑，手掌向上下[和]左右移动着。从凯迪拉克工厂出来后，两英里之内的平稳行驶证明了一切！

斯隆乘车

乘坐这三辆车到达门罗镇并返回后，委员会在凯迪拉克工厂中开始了他们的讨论，我和西霍尔姆则在后面等待裁决结果，心中虔诚地希望凯迪拉克先于其他事业部整整一年采用新的悬挂装置。

我记得，亨特［分管工程技术的副总裁］先开口询问格兰特先生对这新的自动传动系统有什么想法。

您应该记得，1933年3月，美国没有一家银行开业，任何拥有农场的人都谢天谢地，至少自己手中有粮，心中不慌。在这种情况下，狄克·格兰特的反应不令人惊讶。他否决了［自动］传动系统，从而省去了随之而来的百余美元成本，就好像那是一个别克车买主有没有都无所谓的东西。"不过，"他说，"如果我用15美元就能够享受到你们刚才所展示的驾驶体验，那么我会想办法给你们找到那笔钱。"

别克的［首席工程师］荷兰人鲍尔表示他支持新的前轮悬挂装置，奥兹和庞蒂亚克的工程师们似乎也下了决心，他们要让这种装置明年11月份在纽约亮相。

接着，比尔·努森［雪佛兰总经理］终于开口，用几个单音节词宣布雪佛兰不打算落后于人。O.E.亨特极力劝他说，美国没有足够的无心磨床，可供用来加工出雪佛兰车上的螺旋弹簧中的金属丝。但是努森坚定不移，说机床业的情况不佳已有多年，但是他们即将——至少在接下来的一年中——忙起来。后来，雪佛兰的确在11月的纽约汽车展上展出了他们采用了杜本内悬挂系统的1934年车型。庞蒂亚克从雪佛兰那里继承了这个悬挂系统，另外3个事业部则采用了叉骨悬挂系统。

这次聚首我现在仍记忆犹新，因为它是美国企业证明自己仍在行动的一个巨大宣示。面对当时存在的形势，公司承诺的上百万美元支出证明了一种我从未体验过的勇气。我现在仍然记得凯特林的话："在我看来，我们承受不起不做这个项目的后果。"

就这样，我们同时引入了两种不同的独立式前悬挂系统。然而，经过对叉骨悬挂系统进行若干进一步的改进后，情况变得很明显，它制造起来更便宜、更容易，操作起来更可靠，所以很快我们所有的汽车产品线都采用了它。

杜科漆

如今，如果大白天从空中俯视美国，引人注目的景象之一就是每一个停车场呈现的那片宝石般鲜艳的颜色。汽车的颜色五花八门，外表面差不多不可破坏。

这一切跟 20 世纪 20 年代初期的汽车外观形成鲜明的对照。在那个时候，福特、道奇、奥弗兰和通用只在高产量汽车上使用黑色瓷漆。汽车的表面做工当时是人们普遍抱怨的主题。马车行业的做法未经大改便沿用到了汽车制造业。在其存在的头 25 年，汽车使用的是马车的油漆和清漆。顾客无法理解为什么马车的外表面能够保持这么长的时间，而当顾客买了汽车后，车上的油漆有时很快就剥落了。当然，事实是，马车和汽车是极为不同的机械装置。汽车的使用环境艰苦得多，汽车在更多样的气候下使用，发动机的热量所产生的高温使汽车的某些部分发生改变——结果是对外表面的灾难性影响。

杜科漆

我们曾经梦想过，如果能够开发出某种外表面，具有该外表面的汽车哪怕在各种气候下使用，外表面都能持久，那会是多么美好的一件事情啊！我们也开始认识到，优良的、快干的末道漆表面处理能够彻底改变我们的时间进度计划和由此而来的生产成本。

那时候，使用油漆和清漆进行的末道漆工序缓慢而烦琐。一辆汽车从准备进行外表面处理到末道漆工序结束，大约需要二到四个星期不等，具体时间取决于温度、湿度和其他情况。很容易就能看出，这给我们带来了糟糕的库存问题。

为了解决其中的一些问题，有一段时间，很多汽车制造商从油漆和清漆转向了烘干的瓷漆。比如道奇兄弟公司的敞篷车，外表面就完全是烘干的，没有使用任何油漆和清漆。这是一种黑色的沥青瓷漆，非常经久耐用。然而，烘干的外表面只是一个过渡，这个问题有更好和更廉价的答案。

1920年7月4日，我认为这更可能是一种巧合而非故意，在杜邦公司的一个实验室里，研究人员注意到了一个化学反应，正是它导致了一种硝基纤维漆的开发，这种硝基纤维漆最终被命名为杜科。研究人员观察到，以一层硝基纤维漆为衬底，可以承载悬浮液中更多的颜料，并产生更明亮的颜色。需要进行三年的实验和开发，才能解决这件新产品中的各种问题。这是凯特林先生领导下的通用汽车研究公司和杜邦各实验室合作进行的一个项目。1921年，通用汽车组建了一个油漆和瓷漆委员会（具有讽刺意味的是，油漆和瓷漆后来均很快被取代了），首辆使用了这种新型漆的汽车于1923年下线，这就是1924年产品线中的"正蓝"奥克兰。

这种冠以杜科商标名称的新漆产品，1925年开始向整个汽车行业供应。仍有很多问题有待解决，相关研究工作在杜邦和通用汽车的实验室继续进行。这个工作中一个非常重要的部分是底漆的开发，因为最初开发的杜科黏合性不太好，有时候会从金属上脱落。杜科还要求使用数量有限、质量多变的天然树脂。人工合成树脂的及时发明使我们摆脱了对这类多变的天然产品的依赖。

不管是在油漆—清漆时代还是在其后的瓷漆时代，汽车的外表面一直有其他颜色可供选择，但是它们价格高、数量有限。通过降低彩色外表面的成本、大大增加颜色的范围，从而能够经济地应用在汽车上，杜科使颜色多样、风格各异的外表面成为可能。此外，杜科的快干特性消除了大规模生产中余下的这个最重要的瓶颈，使汽车车身的生产大大加快成为可能。较之油漆—清漆时代的2-4周时间，今天的一辆汽车可以在一个8小时的班次中完成末道漆工序。

只考虑节省空间一项：在油漆—清漆时代，因为末道漆工序平均需要3个星期，一天生产1000辆汽车就要求有存放1800辆汽车的空间，也就是20英亩有屋顶的室内空间。试想一下，以如今每天15000辆甚至更多的生产速度，这意味着什么。

自从硝基纤维漆在20世纪20年代引入以来，人们继续开展研究，对它们加以改进并降低应用成本。1958年，通用汽车引入了一条新的基于丙烯酸树脂的外表面生产线。这些又花了我们 8 年时间，是我们的实验室与树脂制造商合作的研究成果。与硝基纤维漆相比，丙烯酸树脂漆甚至更经久耐用，并能产生甚至更多讨人喜欢的颜色。

通用汽车还在许多其他重要的改良工作中扮演了重要的角色。20 世纪 20 年代的曲轴箱通风装置消除了其中一个导致发动机劣化的主要因素。"内置的"曲轴箱通风可以减少空气污染，它是通用汽车于 1959 年倡导并于 1962 年向业界提供的。四轮和液压制动器的开发为更安全、更有效地使用汽车作出了极大贡献。四轮制动器并不是通用汽车一家开发的，但我们参与了对它的改进，帮助促进了它的批量生产，并成立了一个专门的事业部为我们的汽车生产四轮制动器。公司还在汽车的动力制动器、动力方向盘、汽车空调系统和无数其他改进方面发挥了领导作用。这些只是从我们公司成千上万的研究人员、工程师，以及其他曾经对高效、舒适的个人交通工具的开发给予了专业兴趣的人员，经过独造性的和不知疲倦的工作所取得的成果中，精选出来的少数几个重要的例子。

第十三章

年度车型变化

　　年度车型现在是美式生活中十分自然而被大众广为接受的一部分，以至于我能想象，没几个人思考过它们背后凝聚了我们管理层多么巨大的努力。我们在设计一辆典型的美国乘用车时所遵循的过程是截然不同于针对国外汽车和特殊设计的国内汽车所遵循的过程的。

　　每一年我们都必须推出一系列车型，它们能够体现先进的工程技术和外观特性，而且将在价格上有竞争力并满足零售顾客的需求。这个系列中的车型必须有一些共同的风格特性，使它们全都有"通用汽车的样子"，但与此同时，它们彼此之间必须有清晰的区别。它们还必须在价格上相互补充，这意味着，它们本身的成本要素和具有竞争力的价格必须早在生产之前就进行估算。

　　在通用汽车，除了生产工人外，还有数以千计的员工涉及新车型的创造，他们包括：设计外观风格的艺术家和工程师、科学家、财务和营销专家、各个事业部的技术部门成员，以及公司总部的执行官们和职能部门的技术人员，更不用提外部供应商。协调他们各种各样的活动的问题是极度复杂的。

第十三章 年度车型变化

平均而言，从我们首次作出有关新车型的决定，到这些车型出现在经销商的样品间，中间大约需要两年时间。通常，这两年间发生的事件序列主要是由车身生产的要求决定的。当然，从某一年到下一年，车身通常变化很大，而且车身相关工作会耗费最多的时间。当然，底盘的部件也有连续的变化，但是只是在很偶尔的情况下，某一年我们才会在所有底盘部件中引入变化，包括车架、发动机、传动装置、前悬挂和后悬挂。

为了广泛推广新车型，车型开发的第一年专用于展示新车型基本的工程和外观特征；第二年主要致力于解决在使新车型能够全面投产之前所遇到的工程问题。要在远少于一年的时间里把这些工作中的一项做好都是极其困难的。如果我们压缩原定于确定基本风格概念的时间，我们就会增加"闭门造车"的风险，将来所生产的产品无法获得零售顾客的认可。而如果我们压缩工艺—生产时间，我们将来就要付出额外的加班时间，造成存货问题，并可能耽搁我们能够开始生产的时间，进而可能意味着新车型发布日的延期和销售方面的损失。

另一方面，拉长新车型投产之前所需的时间是不明智的。当然，原则上没有任何理由，说我们为什么不能提前3年甚至5年启动车型变化的计划——事实上，我们有过类似的想法，但是存在着一个现实的困难：制订计划者远离最终市场，新车型将在最终市场实现销售，从而他们的工作将在这里接受检验。甚至，当前所要求的两年周期都给公司正确判断市场的能力施加了巨大的压力。这个问题可以这样来看：像其他汽车公司一样，通用汽车不得不投资数百万美元设计新的产品，可是这些新产品必须经过很长一段时间才能够销售。在此期间，顾客的品位、收入和消费习惯全都可能发生根本的变化。对于这个问题，我们甚至不能确定，新车型在我们最初构思它的时候是否"正确"。对草图和调查问卷的回应通常是靠不住的。眼见为实，耳听为虚。市场调查领域有一个格言，在能够实际看到实物之前，汽车消费者从不会知道自己是否对看中的汽车足够喜欢到购买它。但是，到我们有一种可以向他们展示的产品时，我们必须致力于将这种产品卖掉，因为从开始构思到将它推向市场已经耗资巨大。每家汽车制造商都偶尔有过新产品被消费者冷遇而功亏一篑的遭遇。尽管如此，我们仍必须计划并齐心协力地将新车型推向市场，这是理所当然的。

这种十分特别的协作方式是从多年的规划经验中演变而来的。我描述过通用汽车在1921–1922年经历的近乎灭顶之灾，原因是没有任何明确的使几个不同的管理群体能够就同一个新车型项目携手合作的协作程序。在那次经历之后，我们逐渐把系统和方法注入公司新车型的开发中。1935年，我们第一次（我相信是）把规范新车型产生的程序落在纸面上。这是一本手册，设计它的目的是"提供一种明确而有序的方法用于递交所需的必要数据，以便可以正确地评估拟议的新产品在经济、金融、工程和商业方面的状况；第二，从批准之日到投入生产，新产品的进展可以得到确立，以得到所有相关信息"。这个产品批准程序在1946年进行了重大修订，而且在一定程度上是不断更新的。应该强调的是，这些书面程序并不完全是我们的车型开发必须遵照执行的"时间表"。

前面说过，车型开发周期大致平均两年，我说这些话，并非暗示我们的每个车型在这个周期伊始都是从一张白纸开始的。例如，负责外观风格的设计人员在不停地为遥远的未来的车型试验各种新设计，任何时候都肯定会储备有数目可观的新的外观设计想法供我们使用，其中，有些相当传统，有些非常前卫。而且，每个汽车事业部都在不断地设计各种各样新的特性，主要是为底盘设计。其中一些特性可能是从其他部门转来的，如研究实验室、工程技术部，也许还有配件事业部，这些特性经过汽车事业部的精益求精，直至看起来可以把它们引入要生产的车型；另一些特性可能是完全在各汽车事业部所属的机械车间和实验室开发的。

通常，在关于新车型的首次正式会议之前会有很多非正式的讨论。例如，汽车事业部的管理层和外观设计部会回顾过去的生产计划的优缺点、检查顾客调研报告和市场分析，并讨论所要设计的新款汽车总体的包装尺寸和外观设计概念。其中一些问题可能要提请总部的工程技术部和费雪车身以及公司的主要官员考虑。

即使关于未来车型的一些重要工作始终在公司内部进行，我们

第十三章　年度车型变化

大多数人也已逐渐把工程技术政策组召集的一次会议看作每个新车型计划的"开端"。读者应该记得，这个组直接向执行委员会报告，其成员包括公司的董事会主席、总裁和总部的主要执行官，该组的主席是负责工程技术部的副总裁。由于该组研究的对象是一般的公司政策，所以其成员并不包括各个汽车事业部和费雪车身的总经理们，虽然这些人和这些业务单位的首席工程师们经常应邀出席该组的会议，检讨各自所涉及的计划。

这个首次会议的主要事项，是确定我们各项外观设计和工程技术计划的大纲，也就是说，确定这些车型总体的外观和尺寸特性，并指明外观设计工作和各事业部的开发工作下一步的方向。我们想要的座椅宽度、头部和腿部空间，以及整车外部的高度、宽度和长度，全都需要考虑。外观设计部会展示全尺寸外观样式图纸，从而让在场的人对车辆的外观、尺寸和宽敞特性能够有直观的感受。随这些图纸一起，我们通常还会展示全尺寸座椅模型的安排情况，通常被称为"座椅构架"，这是为了模拟拟议中的汽车的内部情况。这个"座椅构架"允许我们检查车辆的进门空间情况、视线、宽敞程度和座椅位置。你可以说，该组的成员要仔细检查外观设计人员自项目开展以来的工作成果。

以这次"启动"会议形成的建议为指导，外观设计部逐渐为我们这一产品线中的每种汽车设计若干系列的全尺寸外观图纸，以及全尺寸黏土模型和座椅构架。为了实现所期望的项目目标，为了保证跟工装和制造要求同步，外观设计部在首次会议之后的数月，必须跟各汽车事业部和费雪车身紧密合作。一般来说，确定每种汽车的基本外观是外观设计部的职责。也就是说，他们设计出通用公司的四门轿车、轿式小汽车、金属顶盖汽车、旅行车和敞篷车的基本外观——而且通常其工作就是以这种顺序做完的。每个事业部在外观设计部中都有自己的工作室，这些工作室负责给每种汽车系列赋予各自与众不同的特性——比如，将雪佛兰系列和庞蒂亚克系列区别开来的特性。

在项目开始的这头几个月里，各种黏土模型被不断地改变和完善；而且在每个阶段，座椅排列情况按照黏土模型所建议的外观进行修改。这些变化中有很多是在图纸和小比例黏土模型的帮助下完成的，而外观设计部开发这些图纸和模型，是尝试实验更新颖、更吸引人的概念。

在此期间，各汽车事业部和费雪车身的工程技术部门一直与外观设计部持续合作，以便就底盘尺寸，也就是就轴距、离地距离、轮胎面以及发动机和驱动机构所要求的空间取得一致意见。就这些基本问题达成一致，对于使外观设计部有可能"夯实"其对这些新车型的概念是必不可少的。

首次会议后大约两个月，外观设计部把一个相当前卫的外观风格建议书，连同一个全尺寸黏土模型和座椅构架，提交给工程技术政策组（此建议书应该已经被感兴趣的汽车事业部和费雪车身所认可）。其后，工程技术政策组至少一月开一次会，这些会议上将陆续展示针对其他车身类型的建议书。然而，这并不会导致建议书按照规定的顺序得到批准。在下一个评论和修改阶段——这可能要持续四五个月——完全有可能使例如轿式小汽车风格先于四门轿车风格得到大体接受。然而，在开始生产之前至少18个月，工程技术政策组应该批准四门轿车的黏土模型，以便外观设计部能够开始向费雪车身公司发放外观设计图纸。

黏土模型获批之后，外观设计部会制作一个廉价的塑料外部模型。塑料模型对于检查外观概念是有用的。黏土模型看起来难免比真车笨重，而塑料模型经过油漆之后，能够发出跟成品车一样的反光，而且实际上，如果加上玻璃和模拟的镀铬装饰，它的外部就几乎跟成品车一模一样了。

生产开始之前约18个月，就可以对新车型的成本进行某些计算了。汽车的尺寸和估计重量到这时候已经为人所知，费雪车身也开始生成有关生产—工艺成本的信息，即模具、夹具和固定装置等的成本。甚至在黏土模型被工程技术政策组批准之前就开始估算这些成本，这通常是费雪车身的做法。在这个阶段，权衡某些特性在比照成本之后的销售吸引力，并在必要时修改设计，这些都有了可能。

在近些年，由于通用汽车技术能力的提高，在某些情况下能够利用若干不同的车身所共有的结构特点和内部面板，所以汽车的工装成本已经被设法降了下来。

　　黏土和初始塑料模型经常经过一定的修改，在被工程技术政策组、费雪车身和汽车事业部批准之后，外观设计部的工程师们开始制作新的精细得多的塑料模型，这些模型从内到外都跟将来从生产线上下来的车型完全相同。这些强化塑料模型首先被用来快速、经济地制造通用汽车的巡回展览用车和其他的实验用车。此后，我们使用这些塑料模型，只是为了让我们自己"最后看一眼"即将投入生产的车型。在强化塑料被开发出来之前，我们曾不得不使用木头和金属的外观模型来达到这个目的，制作一个此类模型耗时达12-14个星期。强化塑料模型可以在四五个星期里制作完成，这给了我们更多的时间去制作工具和模具。

　　在接下来的6个月左右，围绕新车型协同工作的问题变得非常复杂。在制作最终的塑料模型的同时，外观设计部将有关主要金属板表面的图纸，以及诸如门把手、成型部件之类的小类部件的图纸，送到相关汽车事业部和费雪车身。一收到这些信息，费雪车身便以最快的速度开展生产工装的设计工作，这项工作是从较大和复杂的部件开始的，例如外壳罩、门板、车底、车顶等，然后再向更小和更简单的部件推进。

　　生产开始前12个月，工程技术政策组必须对展示在最终的强化塑料模型上的设计给予最终的批准。然后费雪车身才能对工具类设计最终定稿，并且准备它们的生产。

　　工程技术政策组的这个批准构成了对这完整的系列车型的总体接受度。从这个时点起，汽车事业部与外观设计部直接合作，致力于对特定零部件的核准工作，例如车身成型、装饰、仪器面板，当然，他们还处理由各个外观设计工作室开发的车前部、侧面和后处理。这些零部件设计也要提交给工程技术政策组批准。同一时期，汽车事业部将手工加工供测试用的试验底盘，并向费雪车身提供详细的底盘设计图。

　　换句话说，这些新车型在经销商的展厅中亮相之前大约一年，有关的主要政策决定已经作出——如果一切顺利，至少应该如此。工程技术政策组跟费雪车身的代表、外观设计部和汽车事业部都已经审查了各个已完工的塑料模型。推测起来，这些模型已经获得批准。从此时起，对这些模型的任何实质改动都将涉及重做昂贵的冲模和各种额外的工装成本，还有严重的时间损失，这些都可能意味着过多的准备和生产费用。然而，这类改动有时候是不可避免的，因为上述一年的审查，可能仍未发现建议车型中的严重缺陷。现在，汽车事业部的管理层和公司的主要官员要把这整个车型系列当做将出现在陈列室中一样进行视察，并把这些汽车跟通用汽车现有的车型系列和目前竞争性的车型进行比较。有些车身设计在图纸上看来很好，其黏土模型或初始塑料模型曾经看起来不错，现在却需要修改，出现这种情况是完全可能的。虽然在这个阶段进行改动代价高昂，但是较之上市后因车型不能打动人而造成的销售损失，还是值得的。我们不止一次不得不面临这种重大的抉择。

现在，新车型工作已经开始一年，离公开发布之日还有一年，值此之际，我们大体处于什么状况呢？外观设计部已经完成了其新车型的基础工作。现在在手头上有许多看上去跟最终的成品车完全相同的强化塑料模型。外观部门仍在完成有关新座椅、仪表面板、内部装饰和新材料的设计工作。不过，外观设计部可以暂时推迟有关装饰材料、颜色等的决定，这样将来就能更接近新产品推向市场时消费者品位的潮流。费雪车身正在工程制图以及冲模和其他生产工具的设计方面迅速推进。各事业部有关新车型底盘的工程设计工作正接近完成，底盘样机也为测试做好了准备。从这个时候起，费雪车身和汽车事业部的工程人员必须在一起密切配合，以保证车身和底盘工作的适当协调。

生产工装阶段现在做好了开始的准备。各汽车事业部的总经理将通过工程技术政策组向通用公司总裁呈递各自最终的"产品计划"。这些计划描述了新车型的诸般特性：它们的性能特点；它们的尺寸；它们的预计重量；它们的预计成本，其中包括车间重新布置、工装和设备所需的费用。工程技术政策组进一步将新车型的规格参数与竞争对手当前的车型进行对比，同时比照新车型所涉及的生产成本，再次权衡新车型的吸引力。总裁和工程技术政策组的其他成员将从头到尾对整个新车型计划进行审核。当他们批准该计划后，每个事业部都将提交拨款申请，请分管该事业部的集群执行官批准，请主管制造的副总裁审核，然后请执行副总裁、总裁、行政委员会、执行委员会和财务委员会批准。然后，生产工具的制造开始了。

汽车事业部的工程技术部门现在开始发布大量有关新车型的零部件的图纸。这些图纸被分别转发到以下部门：技工领班的部门，由它们决定这些零部件由自己生产还是向外购买（在某些事业部中，这是由一个"生产或购买"委员会决定的）；加工部门，让它们准备工艺流程表，详细说明零部件加工的作业顺序；标准化部门，由它们决定每项作业的直接工时定额；成本部门，由它们就人工和材料成本的所有各项建立各个成本计算表。制造部门连同技工领班的部门和现场工程部门，一起决定生产线将要如何装配——需要哪些新的设备和机器并把它们安置在何处以及必须对工厂车间进行什么样的重新布局。

到了这个时候，外部供应商和公司内部实际的生产工程也都开始了。一旦我们最终批准了新车型，我们就会跟很多供应商，比如车轮、车架、橡胶产品等的供应商，进行商议，以推动他们的工程技术和开发工作，并帮助他们制订生产计划。

大约在新车型将要上市销售之前7到8个月，费雪车身应该已经完成了第一个原型车身，其中包括很多手工制作的零部件。我们现在可以组装出完整的原型汽车用于测试。生产之前大约3个月，我们通常会在费雪车身的一条试验生产线上为每个车型造出若干车身。这些车身是用生产模具制造的，因此这条生产线提供了对一个车身用生产模具和工具的测试，以及一个锻炼生产管理者的机会。从试验线上造出的这些车身，有很多安装在原型底盘上，并用于在试验场和汽车事业部的工程部门进行额外测试。最终，从各条试验线上下线的汽车可以被销售部门和广告部门用作对外宣传，例如用于提前向我们的经销商进行展示。

直到新车开始出售之前约6个星期，真正的生产线才投入运行。当然，这些新车型正式向大众推出的那天，我们的工厂正高速满负荷生产，而且成千上万辆新型汽车已经到了经销商的手中。新车型项目正式结束，我们也准备更彻底地将注意力集中在将于今后一两年抵达经销商手上的新车型上。

因此，完整的新车型项目有三个阶段。外观设计主导项目的第一年；工程设计几乎贯穿整个两年周期，只是在大规模生产开始前才结束；设备和工装开始于外观设计部完成其工作之前，并包括实际制造汽车所要求的各式各样具体的程序。也许，这里的关键点是整个过程的中途，即第一年结束的时候，这时，新的设计获得批准，我们因要开始生产阶段而"闭门谢客"。

这是我们的程序所要求的推出新车型的方式，而且这在很大程度上是实际推出新车型的方式。然而，一旦我们为实际情况"绘制了蓝图"，我们立刻就开始改变之。最近几年，竞争形势有时要求我们在稍微少于两年的时间里生产出新车型。与此同时，逐渐增加的竞争步伐已迫使通用汽车和其他制造商加快新的设计和工程特性的开发速度。自然而然地，如果一款新车型较多的部分是"新的"，那么会对设计过程和产品准备施加更大的压力。

我们持续处于这个生产更好的新车型的过程中。虽然在新车型项目从概念到实施的这个漫长时期，有很多复杂的步骤都代价高昂，但它们都是值得的。因为，年度车型变化现在是汽车工业发展理所当然的一部分。从其最早期的那些天起，远在"年度车型"一词使用之前，创造新车型的过程就已经产生了汽车的进步。

第十四章

总部各技术部门

通用汽车是一个工程技术组织。我们的工作是切削金属并在此过程中增加价值。大约19000名工程师和科学家在公司工作，其中17000人在各个事业部中，2000人在总部各个技术部门。我们很多的领导官员，包括我本人在内，都拥有工程技术背景。这很自然，因为我们本来就一直应该懂得，我们的进步与技术进步息息相关，要想实现进步，就必然永不停息地付出努力。1923年，我在成立综合技术委员会的时候，就这个主题提出了一个方针：在通用汽车，研究和工程技术应该跟业务处于相同的组织层次。

汽车业中研究与工程技术的恒久驱动力是加速技术进步，将科学和技术中取得的进步融入产品和制造中，并缩短从开发到生产之间的时间。为了实现这些目标，我们很久以前就从运营功能中分出了一个职能部门功能。20世纪20年代初期，我们组建了一个研究部门，大约十年后又组成了一个工程技术部门。今天的通用汽车，我们除了运营单位之外，拥有四个技术部门：研究实验室、工程技术部、制造技术部和外观设计部。[1]我们在底特律附近投资1.25亿

---

[1] 本章和其他地方所论述的组织结构图出现在本书结尾。

美元兴建了通用汽车技术中心,这些部门都聚集在这里,彼此互相挨着,处于一种现代大学的氛围中。

把这些部门在地理上聚集起来是有合乎逻辑的原因的。在其工作的创造性上、在其工作更广泛的科学和技术方面,它们中间都存在着某些相似之处,同时它们中间还有重叠的兴趣和活动领域,这就要求彼此合作。

研究实验室

在通用汽车,目前的研究方法是演进的结果。公司中的这种或那种研究,都可以追溯到几乎50年前。1911年,亚瑟·利特尔有限公司为通用汽车组建了一个实验室,主要是进行材料分析与测试。然而,通用汽车的研究工作的主流,则源自代顿工程技术实验室公司。该公司是查尔斯·凯特林(和 E. A. 迪兹一起)于1909年,即他来通用汽车之前,独立组建的,为的是从事汽车领域的开发工作。

当然,凯特林先生是通用汽车研究工作的演进中出类拔萃的人物。多年来,他都是公司这项技术活动的领袖,这与我本人类似。1912年,在他与通用汽车建立联系之前,他就创造了汽车工业的历史,当时他推出了第一台实用的电动式启动装置。他的公司之一、代顿工程技术实验室购买了用于启动装置的零部件并开始组装,就这样,它成了一家成功的制造商和一个研究实验室。3年后,市场上有18家公司提供电动式启动装置。凯特林先生的这家公司,将其名称的首字母组合在一起,便形成了目前著名的商标德科。当德科1916年连同我的公司海厄特一起并入联合汽车公司的时候,我才近距离地了解了凯特林先生。

凯特林先生是一名工程师、一位蜚声世界的发明家、一位社会哲学家,我还可以说他也是一名超级推销员,他在吸引了其兴趣和想象力的各个领域,投入了大量的时间和精力开展研究。在他1919年加入通用汽车之前,他的实验室已经在燃烧领域开始了他们了不起的研究工作。他名下的机构被通用汽车收购后,于1920年与其他研究活动合并在一起,在俄亥俄州的莫雷纳成立通用汽车研究公司,凯特林先生任公司总裁。1925年,我们把研究公司迁到底特律,并

第十四章 总部各技术部门 243

把通用汽车所有综合性的研究活动统一起来，归凯特林先生领导。1947年，凯特林先生退休，由查尔斯·麦丘恩接任。麦丘恩是一位杰出的工程师，是从奥兹莫比尔公司一路晋升上来的。麦丘恩先生遵循着一种先进的工程技术方法，并且在通用汽车许多重要的领域取得了非常不错的成果，直至他于20世纪50年代退休。

1955年，声名卓著的核能科学家劳伦斯·哈夫斯塔德被任命为负责研究工作的副总裁，由此，通用汽车的研究工作开始了一个新的阶段。当然，哈夫斯塔德博士此前所受的专业训练并不是要成为汽车工程师，他以前从未跟汽车公司有过任何联系。他的上任反映了一个事实，即通用汽车研究实验室的工作重心将稳定地朝着具有新的、广泛的研究问题的方向迈进。

今天，研究实验室的活动主要有三类工作。首先，他们为整个公司做排忧解难的工作，研究人员可能随时受命到需要其专业知识的地方去帮忙，例如消除齿轮的噪音、检测铸件的材料缺陷，或者减少振动等。其次，在解决问题的过程中，他们进行具有创造性的工程技术改良。此类问题范围广泛，从传动流体、油漆、轴承、燃料等的改良，到高层次的应用类研究，诸如有关燃烧、高压缩比发动机、制冷剂、柴油发动机、燃气涡轮、自由活塞发动机、铝合金发动机、金属材料和合金钢、空气污染之类的工作。最后，他们鼓励某种增强版的基础研究。

近年来引人注目的科学成就已经吸引每一个人开展无尽的想象，并导致整个工业界进入了一个"研究时代"。产业界以多种不同的方式使用了"研究"一词：表示科学发现，或先进的工程技术，甚或传统的和日常的产品改良，这最后一种显然是对该术语的滥用。一直以来，以一种把基础研究和应用研究区分开来的方式对研究进行界定，始终是一件困难的事情。关于客观地说一项研究应该有多"基础"，可被称作"基础研究"，并没有任何举世公认的明确易懂的准绳去判定。目前似乎得到广泛同意的界定是，基础研究是为了知识本身而去追求知识。在这个意义上，我们这个国家现在还差得远。

这个问题的解决主要落在各所大学和政府活动上，但是在近些年，私有工业在这个问题上的作用开始显现。显而易见，这项工作的主要部分必须由各所大学承担。他们有学术观点、目的、传统、氛围和人才，为了知识本身而去追求知识。我的个人观点体现在艾尔弗雷德·斯隆基金会中，该基金会支持在各所大学的物理学科中开展一个基础研究项目。下述事实表明了此研究属于基础研究：其引以为据的不是该项目本身，而是项目中研究人员个人的才能，他们是依据其个人的兴趣、意愿和能力来选择他本人的研究的。

同样显而易见的是，有些基础研究所要求的独特而昂贵的设施为大学的资源所不及，这类研究应该由相关政府机构来组织实施，例如标准局，以及较近期的原子能委员会和国家航空航天管理局。

关于工业界参与基础研究，问题包括两个部分：在工业组织内部的研究和在工业组织之外进行但是由工业组织资助的研究。首先，我认为，既然基础研究的成果是工业界所使用的知识的基础，那么把基础研究委托给外部的大学，这对于工业界来说是恰当的，也是一种开明的利己主义的表现。换言之，工业界之所以应该这么做，是因为从长期看这将对工业界有帮助。我相信，股东们和管理层原则上会同意我在这方面的观点的。

工业界应该在其本身的边界之内参与基础研究到何种程度，这是一个复杂的同时稍微有待解决的问题。我看不出来在其本职工作之内，工业界如何能够适当地将其注意力以一种广泛的方式从它本身的实际项目中转移出来。从基础研究是为了知识而追求知识的观点来看，很明显，基础研究在基本的意义上不属于工业界。

然而，这并不能说明工业界就根本不应该参与基础研究。我认为它应该参与到某种程度。这里需采取某种折中的方式。科学家追求知识主要是为了知识本身，而工业界追求知识是为了最终的应用。然而，工业界参与某些特定领域的基础研究是合乎情理的，只要在这些领域中，任何的知识进展，不论是多么投机性的，都有可能最终对工业界有用：一种科学复兴。换言之，工业界可以正当地雇用科学家，在工业界内的某些领域开展基础研究，在这些领域，科学家的兴趣范围与工业界一致，即使二者各自的动机不同。

例如，某位科学家可能会说："我的主要兴趣是金属个体性质之于合金性质的关系。我不关心这具有什么用途。我只想知道为什么是这样。"合金制造商帮不上什么忙，但对研究结果感兴趣。只要科学家和工业界的动机不相偏颇，对他们来说，建立一种工作关系是合乎情理的。在这里，需要折中的不在于动机，而在于相重叠的目标兴趣领域。科学家的"基础研究"可能是工业界的"探索性研究"。我认为这就是工业界有正当理由参与的那种基础研究，因为姑且不论科学家的动机是否公正无私，对其研究成果的应用是存在合理的期待的。为了避免对研究活动任何可能的限制，我们需要工业方法和学术方法携手并进。

因此，总而言之，我的观点是：基础研究若定义为出于知识本身而对知识的研究，则主要属于各所大学；工业界应该对各所大学的基础研究给予支持；工业界有着特殊的兴趣参与工业界内部若干种存在着共同的广阔的主题领域的基础研究。来自基础研究的有用成果比以前出现得更快，所以，工业界内部的基础研究群体现在成为各个自然科学中有价值的智力团体。反过来，以其在基础科学中的工作著称的科学家的存在，有助于提高工业界的实验室和工业企业本身的士气和声望。

工程技术部

工程技术部在研究实验室公司和各事业部的工程技术活动之间起到了一个承上启下的媒介作用。他们主要开发新的工程技术概念和设计，并对它们进行鉴别以作商业应用。

通用汽车直到 1931 年以前，都没有一个以"工程技术部"为名的部门或处室。但是组织在一起构成这个部门的各种人员和职能则已经存在。其中一些要回溯到 20 世纪 20 年代初期。比如，1924 年和 1925 年，亨特先生和克兰先生在雪佛兰事业部逐步发展了一种新的庞蒂亚克车型，这其实是一种为了某个特殊目的临时组织人员的运作方式。1923 年成立的综合技术委员会则是向工程技术部这一概念迈出的又一步。当时，我们的各个事业部不论在各自的工程技术惯例，还是在工程技术工作的质量方面，都大不相同。我们的产品，有些设计得很好，另一些则不然。我前面描述过，那时各事业部之间缺乏任何广泛的信息交流，或者任何能够保证实现这一点的手段，也描述过为了这个目的，如何把研究部门、各事业部的工程师和总部的执行官员联合起来，成立综合技术委员会。脱胎于我们在铜冷发动机方面的经验而成长起来的综合技术委员会，是通用汽车中所有工程技术合作的开始。公司的第一个常规测试项目就出自该委员会。在当时，汽车是在公共道路上测试的，并没有任何简易的方法来判定，被测驾驶员是按照为达到必要的里程数而要求的测试计划行驶，还是其间在路边停下车，小憩片刻，然后以超过测试计划的速度行驶。有一次，我们的一名工程师发现，一家舞厅外面有一辆测试车被千斤顶顶起，发动机仍在轰鸣，以便使里程表累积到所需的里程数。

使测试程序标准化并进行改进，最重要的步骤就是1924年通用汽车试验场的建成，它是业界同类场地的第一个。我们的想法是，我们将拥有一个得到适当保护，并对公众完全封闭的大型场地。它将提供各种类型的道路，代表着从高速、各种等级的斜坡、平坦的道路、粗糙的道路和强暴风雨中经常要求的汽车涉水能力等的角度看，对所有各类汽车的要求。在那里，我们能够证明，我们的汽车在受控的条件下，不论是投产前还是投产后都是合格的，而且我们还能对竞争性车型进行综合测试。

这个想法获得了批准，所需的资金也到位了。接下来的问题是查明何处可以找到这样一个试验场。我们需要的是一个多样化的地形，坐落在我们位于兰辛、弗林特、庞蒂亚克和底特律的制造业务的中心。密歇根的土地相当平坦，起初我们很难找到一块足够大的满足我们各个等级之需的土地。然而，美国的几乎每英尺土地都已经过地形学测量，其记录可以在华盛顿查到。于是我们来到华盛顿，并从那里提供的地质测绘图中确定了一个足够大的地方，看上去可以满足我们的需要。然后，总部的执行官们和各个事业部的工程师们还有我本人，在这个有望成为测试场的地方度过了一天。我们走遍了这个地方，中午在树底下野餐，最终得出结论：这块位于密歇根州米尔福德、占地面积1125英亩的土地——现在是4010英亩——将满足我们心目中的诸般要求。

我委派我的执行助理之一W. J. 戴维森为代表，负责试验场的建

第十四章 总部各技术部门

设工作,他又任命F. M. 霍顿为第一任驻地经理。此后不久,经他本人要求,霍顿先生去了奥克兰,他在试验场的职位由O. T. ("波普"·)科鲁瑟先生接替。这三人都对此项目的成功贡献极大。

我们对这块土地进行了严格的测量;铺设了多条直线跑道,使我们能够检测不同风速的影响;修建了一条跑道并筑上护堤,这样一来,车辆以达到甚至超过一百公里的时速在跑道上运行,其安全性还是不错的。工程师们的办公楼也建了起来,从而可以进行跟室外测试相关的室内测试。为工程师们提供了总部大楼和基础设施。最终还为各个事业部工程技术部门的职员提供了独立的工程技术中心和测量设施,这样他们就能保持各自部门的测试自治权。比如,除了公司进行的测试之外,雪佛兰如果想做的话,也可以进行相应的测试。我们还建了一个俱乐部会所,为往来试验场的工作人员提供住宿、餐饮等设施,因为试验场本身离任何可以提供食宿设施的市镇都有相当远的距离。

在那些日子,我经常每隔一周就在试验场度过一天一夜,有时候甚至是更长的时间。我会仔细检查通用汽车和竞争对手在汽车上的工程设计。我会检查在测试未来的产品方面正在做什么。因此,试验场给了我和我的同事们一个极好的机会,从工程技术的角度查明业界正在发生什么。此后,除了最初的试验场,我们又增建了两个试验场,一个位于亚利桑那州的梅萨,是一个专门的沙漠试验场;另一个位于科罗拉多州的马尼图斯普林斯(派克峰),是一个山地驾驶试验场,附有为我们的测试车辆提供服务的修车场和商场设施。

大家应该能回想起,综合技术委员会在20世纪20年代充当了试验场的某种董事会角色,作为它在整个公司协调和标准化工程技术程序的工作的一部分。该委员会还负责管理总部某些其他职能部门的活动,比如专利处、负责对外部人员递交给公司的技术设备进行评估的新设备处,以及一个对外工程联络处。

但是综合技术委员会没有自己的工程技术人员。在20世纪20年代,具有全公司利益的先进的工程技术工作要么是由研究实验室负责进行的,要么是由各个经营性事业部的工程技术部门负责进行的。经过若干年让每个经营性事业部承担某种具有长期意义的问题后，我们形成了一套惯例。20 世纪 20 年代，这些事业部工程技术部门是公司现代的工程技术部的前身。这并不是世界上最好的安排，因为事业部的职责是负责本事业部主制的产品。负责每年推出一款新车型的事业部，会不断遇到属于其主要职责的新问题。当你给这种情况增添一个长期的研究和开发项目时，你相当于给一个已经满负荷的组织又添加了某种它无法恰当地给予关注的担子。认识到这一点导致了向公司总部负责的工程技术部的成立。

工程技术领域的这个巨大进步始于 1929 年，当时雪佛兰的 O. E. 亨特被任命为公司分管工程技术的副总裁。于是亨特先生接替了我的综合技术委员会主席一职，并接受了对全公司的前沿工程技术工作进行协调的任务。在亨特先生的指导下，各事业部的前沿工程技术成了总部某个部门的职责。原综合技术委员会的职能逐渐被公司的其他部门吸纳。比如，各个专门的产品研究小组就是为了解决某些主要问题而建立的。产品研究小组是一个由分配到某项特定任务的工程师们组成的"特别工作组"。一个产品研究小组虽然在多数情况下会实际落在某个特定的事业部内，但它是一项公司活动，受到公司预算的直接资助。最高层的经营团队会努力确定主要方向，指导汽车开发工作。然后，我们将找出一位精明能干的工程师，建立一个由他领导的小组，以解决某个选中的问题。1929 年，我们建立了第一个产品研究小组，以使雪佛兰车适合使用英国的沃克斯豪尔进行生产；该小组同时为德国的欧宝和其他小型汽车制造商设计汽车。此后，我们在凯迪拉克事业部建立了悬挂产品研究小组和传动产品研究小组（后来涉及奥兹莫比尔事业部及 GMC 卡车和长途汽车事业部），在别克事业部建立了发动机产品研究小组。其中，第一个小组负责开发独立式前悬挂装置；第二个小组开发用于客车的全自动液压传动装置和用于大型商用车辆的相关部件；第三个小组负责汽车发动机中的多项改良。随着时间的推移，我们对产品研究小组进行了改制，将它从实际落在经营性事业部内的公司特殊工作组变更为在四大关键领域内从事持续的研究和测试过程的永久性独立组织，这四大关键领域是动力装置开发、传动装置开发、结构和悬挂装置开发，以及新型汽车设计。最后，我们将它们从事业部中分离出来，并把它们和工程技术部组织在一起，称它们为开发小组。它们构成了今天的工程技术部的核心。

工程技术部透过分管工程技术的副总裁，跟工程技术政策组有着紧密的联系，因为该副总裁主管工程技术部，同时担任工程技术政策组的主席。由于工程技术政策组负责审查新车型开发中的主要步骤，检查是否对既有的工程技术惯例有大的偏离，因此它跟经营性事业部的工程技术工作有着密切的联系。工程技术部的最佳想法对各事业部的工作具有直接的影响，各事业部对工程技术部的开发工作也有直接的影响。我相信，当前的组织结构能够保证最快速地发现工程技术新概念，并将其转化到目前运行的汽车中。

制造技术部

可以合乎逻辑地认为，我们整个的工程技术工作分成两大领域：一个以产品为中心，另一个以产品制造过程为中心。制造技术部跟推测性、实验性和先导车型概念打交道；当这些概念证明能够成功地解决问题时，它们就会以改进了的制造工具、设备和方法的形式，经过调适后用于我们常规的制造业务中。该部门主要处理生产制造从物料进入工厂之时一直到成品被运走为止的各个方面。这些方面包括机器和工具设计、厂房布置、物料处理、工厂维护、设备维护、工作标准、方法工程、物料利用，以及用于产品的加工、最终装配和测试的流程和设备开发。[①]该部门的总体目标是改进产品质量、提高生产率、降低制造成本。

把这些活动集中在总部一个单一部门中的想法，是我们的执行官之一 B. D. 孔克尔提出的。1945 年，看到产品研究小组在产品开发领域中所履行的职能后，他觉得制造领域中也需要有类似的职能。汽车制造已经迅速变成一个越来越复杂的过程，要求对新的材料、新的机械和新的方法进行持续不断的研究，应该由专业人员想出点子用于制造过程的想法由此诞生。逻辑上，这是一个职能部门的功能，本身由总部的某个团队来履行可能比单独的事业部更好。

[①] 该部门还有一些跟不动产、工业摄影、产品控制和物资供应有关的其他职责。

制造技术部的技术工作大部分集中在其制造开发处的工艺工程活动中，这里会出现有关自动化的问题。工艺工程学必然包含自动化操作。有了半自动和自动机械，半自动和自动工厂的景象就隐约可见了——这整个模糊的领域可以用"自动化"一词来概括，它常常难以把科幻小说和现实的制造可能性区分开来。在通用汽车，制造技术部在这个领域中将扮演一个主要角色。自动化应该达到什么程度，这是一个很难回答的问题，必须在最高的公司政策层面来决定。在这个领域，通用汽车和制造技术部倾向于比其他制造商稍微谨慎些。存在着一种广泛流传的观点，"自动化的就一定是好的"，但是我们的经验表明，事情往往并非如此。

关于这个问题，当时负责工艺过程开发的罗伯特·克里奇菲尔德写了一篇论文，提交到通用汽车1958年工程与科学教育者大会上，其中提出了一个比较平衡的好观点。他说：

> 近年来，我们全都听说过大量关于自动化的讨论。在我看来，绝大部分此类讨论，除了使许许多多的人，包括工程专业中的少数人，感到困惑外，别无益处。你们都知道，自动化并不是什么新东西；它仅仅是一个相对较新的词语，用于描述制造业中一个已经运行了超过半个世纪的过程，这个过程也许甚至要远远回溯到伊莱·惠特尼为欧洲军队大量生产步枪所作的成功尝试的时候。我还能记得35年前，我们通用汽车就拥有某些类型的自动生产线和其他自动化生产，这些都远在"自动化"一词被造出之前。我们的误解似乎起源于一个事实，近期的相关文献充斥着太多下述观点：针对涉及大量高度重复的手工操作的某个特定部件或产品，自动化显而易见是此类大规模生产的解决方案。没有什么比这更远离事实的了。决定对某个生产过程或操作是否实行机械化，其中所涉要远多于重复操作的数量；它涉及大量的经济基础……
>
> 我们所说的经济的解决方案，指的是能够给我们的资本投入提供最佳回报的问题解决方案。当然，其中包括生产符合规格并具有所要求的质量的产品。这种措辞，即最有效地使用手

工和机械要素，旨在告诉人们，当一个过程或一项操作实行机械化时，手工劳动并不必然完全消失。

虽然全自动化工厂的可能性引人入胜，但是在降低生产成本、建造更好的机器、改进厂房布置和设计更好的工厂方面，继续有大量紧迫的实际工作要做——而且在所有这些领域中，制造技术部正在作出主要贡献。

技术中心

1956年落成的通用汽车技术中心，以其建筑的优雅和令人惊叹的街景而名声在外；其设计者伊利尔·沙里宁和埃罗·沙里宁创造了某种独一无二的东西，这是毫无疑问的。它坐落在底特律东北一块900英亩的场地上，距离通用汽车大楼约12英里。场地中心是一个22英亩的人工湖，三面被建筑群环绕。北面是研究实验室公司；东面是制造技术部大楼和工程技术部大楼；南面是外观设计部大楼，其中包括一个独具特色的圆顶礼堂，人数相当可观的小组可以聚集在礼堂里，来展示相关工作。技术中心现有27幢大楼，可容纳约5000名科学家、工程师、设计师和其他专业人员。南面和西面的树木区帮助技术中心不受其他房地产开发的影响，保持其独一无二的、相当"校园式"的氛围。

但是，当然了，技术中心的主要功能，就像通用汽车所有的设施一样，是为了使工作顺利完成；也许，其真正的伟大之处，在于它既功能齐全又优雅得体的事实。它是公司一项颇有价值的投资——光投入就轻易值1.25亿美元，要理解为什么这么说，读者应该了解一些它的来龙去脉。

甚至在第二次世界大战结束前，我们以前的设施的不足之处就一目了然。我们不同的部门业务分散在整个底特律地区各个勉强将就的地方。我尤其对外观设计部的不幸遭遇感到震惊，他们的装配车间坐落在一栋老旧的费雪车身大楼里，离部门总部有数英里远。这栋建筑毗邻我们的重型机器，尤其是柴油发动机的制造场所，厄尔先生的下属们不得不忍受噪声的折磨。没办法，他们横竖没有足够的空间。

战争期间，这几个部门开始为各自在战后年代的设施制订计划。在考虑涉及研究和工程技术的这个问题时，有一个想法开始浮现出来：为所有的技术部门单独留出一片区域并进行开发。当然，这意味着组织结构的某些调整。我给凯特林先生写了一封信，标注日期是1944年3月29日，信中谈论了这些变化，并首次提出了一个类似于新的部门中心的想法：

亲爱的凯特林：

我一直在考虑某些公司问题，比如影响公司事务的长期地位，我想就我所见到的这些问题之一，如果可以的话，征求您的意见。

我并不打算就技术进步的重要性向您提出一个论证。我们都认识到，那是我们的未来地位的基石。在我们迄至这些年的研究活动中，我们在科学和工程这两端实现了一种非同寻常的平衡……我想知道的是，我们目前拥有的这种非同寻常的平衡是否能够并将得到保持……如果要我大胆提出一个观点，那么我会倾向于认为，从现在开始的10-20年，通用汽车研究部将会比现在远远注重于科学领域……关于这个"科学领域"，我……[指的是]直接[与我们感兴趣的领域]相关的问题，或者也许不是直接相关，但是也绝不跟工程一词所通常代表的意义有任何关系。

现在，我脑子里有一个您总是跟我提起、我也表示赞同的观点，那就是，在工程技术的意义上把研究部的开发成果整合进我们的产品，缩短这部分时间是困难的，也是重要的……

在尝试加快我们产品的工程技术进步的过程中，这些年来我已经试过若干种不同的方法：首先，让事业部的工程技术部门负责某种前向装置的开发，比如同步啮合传动装置……继那之后，正如您所知，我们建立了产品[研究]小组，受工程技术部的首脑指导……以这种方式，我们能够使公司的工程技术成果达到实用程度，之后就能够以一种工程的或生产的方式进行处理，这要看当时具体的情况证明用哪种方式合适……

我相信，我们应该在公司中主管工程技术的副总裁的部门建立……一项集中的得到完全认可的工程活动，来对汽车整体进行处理……

我将把这项活动的实际发展设想为包括一个机构，这个机构靠近底特律，但在其外围。试验场①……大概距离太远，不便联系……我相信这样一个机构……建立的目的是缩短把前沿研究工作引进我们的产品的时间要素……

……以任何方式改变工程与科学相结合的诸领域，在这方面无须做任何事，研究部门在这些领域……目前正在开展相关工作……而且，即使在未来的年月，我们的研究工作的趋势也应该更聚焦于科学领域，那么我们也将有一个弥补这个过失的机构……

凯特林先生对此建议予以了响应，他提出了一项计划：扩大研究设施，并将它们除机床和模型车间之外全都搬到一个新的场所。他把这项提议递交给 O.E. 亨特先生，由后者转交给我。1944 年 4 月 13 日，我给亨特先生去了一封信，信中包括如下要点：

第一，我认为我们全都同意……不论可能要付出多大代价，与我们将要从中得到的相比，都将是无关紧要的……毕竟，所需的额外设施就应该是我所称为的最终需要……我们只能出售……健全的、技术上令人满意的和先进的产品；

第二，我确信，我们需要给研究工作添加额外的设施［，并且］……目前的设施对于我们必须取得的结果来说，不仅不足而且分布得很糟糕。我绝对反对花更多的钱用在跟我们现在相同类型的事情上……因此，我相信这个项目是合理的和我们需要的，只要我们建设一个崭新的场所……当我们展望明天的时候，那里的运转情况将变得更加协调和有序。

---

① 位于密歇根州的米尔福德，底特律西北 42 英里。

在信的结尾，我给凯特林先生的计划提出了一个修改意见，并建议说：

> 让我们建立一个机构，我们将称之为——
> 通用汽车技术中心
> ……我所提到的这个中心将包括：一、扩展的研究活动，就像凯特林先生界定的那样；二、扩展的工程技术活动，其中包含哈利·厄尔的车身设计，它们均跟扩大了的产品活动相互关联，比如我们目前正在底特律开展的产品活动……

到1944年年底，这项提议有了实质进展，我认为可以把它提交给行政委员会讨论并通过。我将该委员会1944年12月13日的会议记录摘录如下：

> 斯隆先生向小组建议，应该制订各项计划，在底特律附近建立一个技术中心，以便跟公司改善技术地位的政策相一致。他声称，这些计划尚处于设想阶段，完整的数据将在日后提交。据提议，该中心应该包括目前的由研究实验室及艺术和色彩处所开展的活动；同时也提供设备用于工程技术研究，其性质可与目前由总部的工程技术部所开展的产品研究相提并论，这些产品研究既不是目前由研究部门开展的研究活动，也不是各个事业部的工程技术小组开展的独立的工程技术工作。
> 当会议主席征询意见时，与会者们纷纷热情洋溢地赞成这个提议中的技术中心。

接下来是该中心应该坐落在何处的大问题。经过一番讨论后一致同意，中心应该位于高度拥塞的地区的外面，附近有铁路，离通用汽车大楼大约25到30分钟车程，且毗邻住宅区。大家还一致同意，每项活动应该保留其各自的特性。到1944年12月中旬，我们已经在技术中心目前的位置找到了一块面积合适的满足各种要求的土地，并且，我们继续选择底特律东北沃伦镇第9区西半区的大部。

所有相关人员都一致认为这个地方令人满意。

这时还存在一个问题，那就是我们应该采用哪些建筑和审美标准。哈利·厄尔一开始主张，我们应该雇用一位有声望的建筑设计师，所建的中心应该独具特色。另有几个人觉得，任何对较高的审美标准的强调都可能有害于中心的实际运作，所以他们想要通用汽车自己来设计和规划这个项目。大约在这番争论正在进行之际，我碰巧去视察乙基公司位于底特律的实验室，它们刚刚完工。这些漂亮的设施给我留下了极好的印象，所以，与我当时拥有的其他选项相比，我更倾向于厄尔先生的观点。

拉莫特·杜邦先生就是那些对一个偏向于美学的技术中心的影响表达了某种担心的人士之一。他说的话很恰当，他觉得除非对某些观点感到满意，否则他将无法履行其身为董事的责任。我1945年5月8日给他写了一封信，论证了雇用外部建筑师的好处，他5月17日回信说，他对这个观点感到满意。他的信是这么说的：

> 整体布局和对其准备工作的描述给了我这样的印象：美学处理问题，或者正如我会称呼的，"给那个地方打扮一下"，从一开始就是一个非常重要的因素。我有疑问的是，在这样一个项目上，外观问题是否具有重要意义，唯一的目标是要得到技术结果。正是脑子里有了这种想法，我才在进行评论时，一开始就提到整体布局，这一直以来都是建筑公司做的，然而根据我的思路，将这个布局交给一家工程设计公司或者通用汽车的工程师来做，将会更合适。
>
> 我从你的来信推断，允许外观妨碍技术可能性，或者给项目成本再添实质负担，这并不是目的。有了这两项保证，就该项目而言，我仅剩的问题也将得到回答。

我们请厄尔先生本人为技术中心寻找合适的建筑设计师。他拜访了很多顶尖的建筑学院，搜寻了该领域中其他博学多闻的人士的意见；最后，他发现几乎人人都给出了相同的建议。遴选出两位沙里宁就不是一个困难的选择了。

到 1945 年 7 月，我们手上有了建筑师们的初步方案、精心制作的比例模型，以及艺术家们的各栋建筑透视图。7 月 24 日，我们公开宣布了这个项目，并得到媒体广泛的好评。到 10 月，土地被大致定级并被栅栏完全围了起来。项目当时因两个原因而被延期：一是从 1945 年秋一直持续到 1946 年 3 月的战后大罢工；二是下面这个事实——由于战后市场的蓬勃发展，我们发现亟须扩大生产设施，这比任何其他类型的建筑，甚至比技术中心都更迫切。1949 年，技术中心恢复建设，并于 1956 年正式开张。让我感到满意的是，为我们的技术天才们提供这个既有审美特色又功能齐全的技术中心，是一个有充分根据的和令人满意的决定。

第十五章
外观设计

近些年来，外观设计在汽车市场上作用凸显，这是年度车型的演变和汽车工程设计日新月异的结果。外观设计作为一项有组织的部门活动，是通用汽车于20世纪20年代后期率先在汽车业界开展起来的。自1928年起，公司的外观设计和工程设计在持续的互动中逐渐演变、融合，从而造就了现代通用汽车的风格。

汽车工业的整个头30年，一直到20世纪20年代后期，工程设计主导了整个的汽车设计。O. E. 亨特先生在给我的一封信中，概述了这个早期的背景：

> 起初，甚至舒适性都屈居第二，而外观、经济性等因素所得到的关注，即使有，也是乏善可陈的……工程设计是人人关心的头等大事，工程师通常个性专横，乃至常常不切实际地坚持己见，他的设计要字字遵从，毫不顾及就时间和金钱而言制造的可行性或维修的便利性。就连广告和销售活动，宣讲的也主要是工程师关于令人满意的汽车特性和特色的信念……

我们进入20世纪20年代时有两类工程师，一类是产品工程师，另一类是生产工程师，他们处于一种紧张的关系，这不可避免地影响了汽车的设计。在创造用于大规模生产的技术的过程中，生产工程师遇到的问题常常促使他想要阻止产品的设计变更。它们让他很头疼。但是到了20年代中期，产品工程师开始感到了销售人员的影响，于是，他开始向市场因素让步，虽然仍主要着眼于纯粹的工程设计。随着时间的推移，产品工程师大大提高了其技术水平，以至他创作的产品，相对于目前的汽油机汽车而言，不仅非常好，而且还很成熟。现在，他将自己的大部分技能致力于解决由外观设计师引起的问题。今天的消费者认可这一点，他们理所当然地认为所有竞争性的汽车品质在工程设计上各领风骚，所以在购买时会受到外观差异的强烈影响。当然，汽车设计不是纯粹的时尚，但是，说巴黎裁缝的"金科玉律"已经成为汽车业中的一个重要因素，并不太过——替忽视这些"金科玉律"的企业致哀吧。

　　作为一家生产商，通用汽车和谐地跟汽车业和消费欲望的这种趋势保持一致。在第二次世界大战结束时，我们曾作出预测，在一段不确定的时期内，产品的主要吸引因素按顺序将依次是外观、自动传动装置和高压缩比发动机，而且现在就是这种情形。

　　在任何一个车型寿命期内，决定外观变动应该进行到何种程度，这是一个特别微妙的问题。在新车型中，变动之处应该非常新颖和吸引人，以至能够创造对新的价值的需求，也可以说，使消费者看到新车型时，对旧车型产生一定程度的不满，但是与此同时，当前车型和旧有车型必须仍然能够在二手车市场上具有足够的吸引力。通用汽车的每条产品线所生产的汽车都应该保持独特的外观，让人看一眼就知道是雪佛兰车、庞蒂亚克车、奥兹车、别克车还是凯迪拉克车。其设计必须在相关细分市场上有竞争力。为了满足这些复杂的外观设计要求，需要大量的技术技能和艺术技巧。通用汽车的外观设计部拥有超过1400名从事这一职能的员工。他们对于产品的成功负有非常大的责任。

　　大规模生产不可避免地对外观设计施加了一些限制。将新车型推向市场的巨额成本——有几年高达6亿多美元——使我们不可避免地对每个变更建议所涉及的成本进行权衡。通过共用同一基本车身概念的主要结构件，通用汽车在一定程度上降低了用于新设计的重新装备成本。同时，通过将车型的主要设计变更频率限制为两到三年一次，降低了工装成本。

外形设计人员对设计的控制受几个因素的限制。他们跟各汽车事业部、费雪车身事业部和总部职能部门的工程师们相互作用、相互影响；他们的工作必须跟工程技术政策组的总体决策保持协调。尽管在过去，新设计要服从汽车事业部所设定的工程限制，但是今天，更多地从吸引眼球的角度对它们进行评价。工程设计和生产现在已经适应了外观设计的要求，就像外观设计适应大规模生产那样。

在美国早期的汽车中，各种零部件之间有着一定的关系，这种关系多年来为几乎每一个制造商所遵循。比如，散热器必须跟前轴保持一致，后座椅必须在后轴的正上方，这种关系决定了那个时期的汽车的高度。不可避免地，老式汽车中前后轴与车身之间这些固定的关系意味着，那时的汽车必然很高。然而，这一点在业界主要制造敞篷车的时期，也就是直到20世纪20年代中期以前，并不太要紧。

在汽车还是敞篷车的时候，经过演变出现了一种相当令人满意的汽车设计。在所生产的汽车中，90%是双门旅行车或双人座敞篷汽车的1919年，旅行车看起来干净、利落，车身表面光滑，车门齐平，引擎盖被抬高并被加长，直至它成为最显著的特征。它是汽车主要用于运动和娱乐，而非日常交通和商用的时期的一种产品。当然，敞篷车的主要问题就是天气。有20年时间，为了遮风挡雨，我们使用橡胶雨衣、帽子、围毯和其他临时代用品来保护自己。由于这种或那种原因，我们花了很长时间才认识到，保持车内干燥的方法就是将天气的影响拒之车外。随着封闭式汽车的发展，我们今天所知的外观设计出现了。

通用汽车1921年的产品政策计划强调"外观在销售中具有十分巨大的重要意义"。但是，一直到封闭式车身正逐渐变得占主导地位的1926年，我才首次以务实的方式转向外观设计问题。封闭式汽车的外观在那个时候离令人满意尚有相当大的差距。汽车在发展初期，实际上是手工制造，并体现了马车的设计。这一汽车优雅的时期早已远去,而且几乎被人遗忘。成熟的敞篷车差不多已经过时了。新式的封闭式汽车是一种奇怪的机械装置,它的车身很高、样子笨拙、车门很窄,而且一条带状线(位于车窗和车身下部之间)高居已经很高的引擎盖上方。例如,通用汽车1926年的封闭式汽车有70–75英寸高,或者更高一些,与之相对照的是1963年车型的51–57英寸高,而且,由于车身未与框架重叠,它们显得很窄——可以将1926年车型的65–71英寸宽跟1964年车型的约80英寸总宽度对比一下。它们做工精良,但是它们的高度却不吸引人。而且,随着汽车速度受更高效率的发动机驱动而越来越快,车辆重心离地面越高,其危险就越大。

此类汽车显得很笨拙,部分源于设计过程。当时,总体上有两个完全独立的生产作业,一个是车身的生产,另一个是底盘的生产,包括有助于汽车外观的部分零部件。在那个时候的通用汽车,汽车事业部是把底盘作为一个跟外壳罩、挡泥板、踏板、引擎盖完全分离的单元进行设计和制造的。费雪车身当时设计、制造的车身带有车门、车窗、座椅和车顶,它们也是独立装配的。然后,车身安装在底盘上。汽车的最终外观体现了这两个生产作业的独立性。

1926年7月8日,我给别克总经理H. H. 巴西特先生写了一封信,就发展一个外观设计项目的必要性,表达了我的总体观点:

亲爱的哈利:

……[对于]我曾拥有的第一辆凯迪拉克车……我选购了小型金属车轮,这是为了使车辆更靠近地面,而且我从未能看出,作为业界人士,为什么我们似乎一直如此不情愿地做一件从吸引人的角度看,比任何其他单件事情大概更有助于汽车外观的事。克莱斯勒在推出其原型车的时候,肯定把这一理念发挥到了极致,我认为他的成功有极大部分……要归因于这单件事。虽然缓慢但是确凿无疑的是,我们正……逐渐使我们的车辆更靠近地面……当然,这在某种程度上是一个机械特性,但是无论如何,它也涉及外观问题。

我确信我们全都能认识到……外观跟销售的关系有多么大;

第十五章 外观设计

> 如果所有的车辆在机械方面都相当好，那么外观就是主导性的命题，在一件个人诉求的作用如此之大的产品中，比如我们的汽车，它意味着对我们未来的繁荣巨大的影响。谈起我们的车身设计，我确信对于费雪事业部的车身，从各个角度看，我们全都认可其质量、精湛的工艺和构造。它们无声地为自己辩护……
>
> 　　然而，不论这一切如何，问题还是出现了——从设计的美观、线条的和谐、配色方案的吸引力和整件装置的总体轮廓的角度看，我们是否足够先进，就像我们在工艺的可靠性和其他更具机械性质的元素上一样先进吗？这就是我提出的问题，我相信这是一个十分基本的问题……
>
> 　　当前，我们正从外观的角度，去掉车身上非常重要的线条……

我在此信最后一行提到的行动后来创造了外形设计的历史。凯迪拉克当时的总经理劳伦斯·费雪像我一样，也相信外观的重要性。他一直在走访全国各地的一些经销商和分销商，其中就包括加州洛杉矶的唐·李。连同其销售业务，唐·李还拥有一个定制车身车间，为好莱坞明星们和加州的有钱人量身定制车身，然后安装到外国产和美国产的底盘上。这些加州汽车的外形设计给费雪先生留下了深刻印象，于是他到制造这些定制车身的车间去了一次。在那里，他遇到了年轻的首席设计师兼这个定制车身车间的主管哈利·厄尔先生。

哈利·厄尔是一位马车制造商的儿子，在斯坦福上过学；他在父亲的马车商店受过训练，这家商店后来被唐·李所收购。他做事的方式费雪先生以前从来没有见过。首先，他使用黏土铸模开发诸般形式的各种汽车零部件，而不是传统的用于开发工作的木制模型和手工锤打的金属件。其次，他还设计完整的汽车，处理车身、引擎盖、挡泥板、前灯、踏板的造型，并将它们组装在一起，成为一辆漂亮的汽车。这也是一种新颖的技术。费雪先生亲眼看到，厄尔先生通过截断车轮基座，插入一段材料，从而延长了前后轮轴距。结果是一个长而低的定制车身，取悦了很多著名的影视明星。

这是一次重要的会面，因为费雪先生对这个年轻人的才能产生了兴趣，后来的结果是，对 20 世纪 20 年代后期至 60 年代超过 5000 万辆汽车的外观产生了积极的影响。费雪先生邀请厄尔先生东行至底特律，在凯迪拉克事业部为他工作。因为，费雪先生的脑海中有了一个特别的项目，那就是，设计一种像凯迪拉克车系一样的高品质汽车，但是定价便宜一些。我们觉得，这种类型的汽车有一个不断增长的市场。我们的想法是用头脑中的一个新理念进行设计：从外观的角度使各种汽车部件成为一体，把车身上明显的拐角修圆磨光，降低车身高度。我们想要的是一种与那个时期的定制汽车一样漂亮的量产车型。

1926 年年初，哈利·厄尔以特殊合同为条件，来到底特律，担任费雪先生和凯迪拉克事业部的顾问。他和凯迪拉克的车身工程师一道，开展这种新车的设计工作。这就是我给巴西特先生的信中提到的那款车，它当时尚处在设计阶段。这款车名为拉萨尔，在 1927 年 3 月初次亮相就引起了轰动，是美国汽车史上一款具有重要意义的汽车。拉萨尔是第一款由专业设计师设计的成功实现了大规模生产的车型。这款车新设计的效果，通过将它与 1926 年款别克轿车对比，便可见一斑。拉萨尔看起来更长、更低，它的"飞翼"挡泥板比其前身更深；边窗的比例作了调整；侧线也采用了一种新的造型；明显的拐角被修圆磨光，还增加了其他的设计细节。这些所给予它的整体风格正是我们梦寐以求的。

厄尔先生的工作给了我如此深刻的印象，以至我决定请厄尔先生为通用汽车其他的汽车事业部发挥他的才智优势。1927 年 7 月 23 日，我提请执行委员会考虑一项计划，建立一个专门的部门，来研究通用汽车各产品中艺术和色彩组合的问题。该部门将由 50 人组成，其中 10 人是设计师，其余的是工人、职员和行政助理。我邀请厄尔先生来领导这个被我们称作艺术和色彩处的新部门。厄尔先生的职责是，指导总体的量产车身设计，并管理特殊车身设计中的研发项目。这个部门将是公司总部的一个职能部门，即使它从费雪车身事业部获得资金。我当时关心各事业部会怎样喜欢上这个部门，并感到厄尔先生需要得到凯迪拉克事业部总经理费雪先生所能给予的全力支持与声望。此外，作为公司首席执行官，我向厄尔先生提供了我的个人支持。他让我回想起了一件往事。当他开始全面为通用汽车工作时，我对他说："哈利，我想你最好先为我工作一段时间，直到我看出他们是怎么待你的。"在费雪先生和我本人的支持下，我希望这个部门将会被各个汽车事业部所接受。

厄尔先生必须处理的首批问题之一，是找到此计划中所要求的设计师队伍。1927年，业界还是有一些汽车外观设计人员的，比如，纽约市的勒巴伦股份有限公司的雷·迪特里希和拉尔夫·罗伯茨，他们在20世纪20年代后期分别被美国默里有限公司和布里格斯制造公司雇用过。还有康涅狄格州布里奇波特市的自力机车制造公司的B. P. 威廉斯和理查德·伯克，以及其他设计师。但是，当时并没有现存的设计师专业，从中吸引擅长高级汽车设计的年轻人。

艺术和色彩处成立之后不久，费雪先生和厄尔先生就准备动身前往欧洲，去考察欧洲的汽车设计。当时，很多欧洲车在机械和外观方面都比美国车更好；但是，理所当然，它们的产量相对较少。我突然想到，通过外国工程师的加盟，我们的这个新部门可以得到改善。1927年9月9日，我给费雪先生写了一封信，建议他考虑这种可能性：

> 考虑到您和哈利·厄尔即将出国，那么，跟大洋彼岸那些能够贡献想法，将给我们的艺术和色彩工作提供帮助的人建立联系，不知道这是不是一件建设性的事情？乍一思考，这一点看起来可能不切实际，因为我能看出二者不同的视角，以及诸如此类的事情。另一方面，照我看来，未来的一大问题是使我们的车型互不相同，并且每年都有变化。我们认识到哈利·厄尔沿着这些路线所具有的非凡天分，那么必将[也能]认识到，即使我们面临上述事实，但是考虑到我们业务的范围和巨大可能性，凡是我们能够得到的额外的人才，都将多多益善……

厄尔先生时不时地把汽车设计师从欧洲带到他位于底特律的工作室。同时，他历经多年建立了一所美国汽车设计师学校。设计外国车和设计美国家用车是两个完全不同的问题。通常情况下，欧洲车的行李厢很小或者没有，有两个或四个车座。对经济性的考量也不同。马力税和高昂的燃油税，导致欧洲车型设计倾向于更小功率的发动机和更高的燃油经济性。而在美国，巨大的市场需要的是更大、更强的发动机，容纳更多乘客的空间，足够长途驾车旅行的大行李厢。这些基本的效用差异导致了欧美车型设计在外观上的不同。

虽然1927年拉萨尔汽车被公众广泛接受，但是在公司内部，对这个新的艺术和色彩处接受起来很缓慢。一位汽车外观设计师所倡导的变革如此之大，以至乍一开始，多少让负责生产和工程设计的执行官们吓了一跳。销售部也有自己的担心。难道汽车看起来就要差不多不成？1927年12月5日，销售部主管B.G.科伊瑟写道："有几个人已经表达了担忧，说如果我们公司的艺术和色彩事务将会被一个人主导，那么可能发生的情况是，在未来，通用汽车所有的汽车或多或少都将彼此相像……"我给科伊瑟先生回复如下：

> ……新机构［艺术和色彩处］的工作尚未完全定型，但是，如果我有办法，我将尽我所能地影响一个能为我们提供一个具有艺术设计能力的部门的项目，而且，虽然从运营的角度看，该部门可能被一个人所主导，但是在其机构里，还将拥有足够数量的设计人员建言献策，发展多样化的思想。在以前，这个人根本意识不到具有不同的事物的重要性。对其问题的这个方面，厄尔先生有着非常敏锐的意识，而且他能认识到，每年对八九种车型进行设计修改，而且把它们修改得更好、更有艺术性，同时保持造型的差异，这对他来说几乎是不可能的——至少光他一个人做不到。我们还想把配色设计和装饰纳入这个部门的活动。在过去……有太多事情留待完成。
>
> 尽管如此，除了上面所说，我还认为应该让各个事业部多少设立一种功能类似的机构，当然，规模更小一些，以便可以始终保持一种竞争的态势……

这种事业部式的做法经过试点后，被证明是不可行的。但是，通过在外观设计部中为每个事业部设立一个不同的工作室，我们保持了事业部的区隔。

然而，关于对艺术和色彩处的接受，销售最终是决定性的因素。市场的反应清楚表明，外观正在使汽车畅销。克莱斯勒由于配色而取得良好的结果，凡是采用了这一理念的厂商也是如此。此外，我们启动艺术和色彩处的那一年，即1927年，正是福特T型车结束其生涯的那一年。在一个时代结束、另一个时代开始之际，外观设计进入了人们的视线。

1927年9月26日，我给费雪车身事业部当时的总裁威廉·费雪先生写了一封信：

> 总的来说，我认为，通用汽车的未来将由三方面衡量：一、从约定的奢华角度看，我们赋予车身的吸引力；二、在外观轮廓和色彩搭配上的赏心悦目程度；三、我们能够给予汽车与其竞争车型的差异程度。

在利用有时候被称作"美容院"的艺术和色彩处一事上，公司内部的犹豫不决逐渐被克服了。在凯迪拉克事业部之外，艺术和色彩处的第一件工作是为了O. E. 亨特而对1928年款雪佛兰的"整容"，亨特先生曾帮助建立了艺术和色彩处在公司内部的威信。

从公众的角度看，完全由艺术和色彩处完成外观设计的第一款车型是一个巨大的失败。这就是1929年款别克，这款车1928年7月推向市场，很快被公众戏称为"怀孕的别克"。这款车加进了一些可见于当时的任何车型中最先进的工程设计。很低的1929年度销售数字表明这种设计未被公众接受，因此，一款合适的替代设计一开发出来，这种车型就停产了。这款设计有争议的特性是侧线下方有一个轻微的凸起或小圈，它从引擎盖开始绕整个车一周。通过实际测量，这个弯曲部分使车身扩大了1.25英寸。这款车不受消费者欢迎，表明品位和特定的时代有关。在现代的汽车上，我们通常允许3–5.5英寸的凸起。1929年款"怀孕的别克"是一个经典例子，表明公众通常更喜欢渐进而非急剧的设计变化。

对于此次事件，厄尔先生有一种艺术家的解释。他 1954 年说道：

> ……我设计的 1929 年款别克在两边侧线最突出的地方都有一个轻微的弧形物，而且它进入了生产中。不幸的是，由于操作原因，工厂在生产时，把侧镶板的底部比设计要求多往里拉了一些。此外，还往上移动了五英寸，结果，我原来设计的弧形物在两个方向上都被拉得变了形，这条起突出作用的线的位置很别扭，结果显得很臃肿。
>
> 当时，外观设计部还没有像现在这样跟公司的其他事业部融为一体，而且，直到我后来看到成品汽车，我才知道发生了什么。当然，我像一头文图拉海狮那样大声咆哮起来，但是已经为时太晚，无法阻止购车者们称呼可怜的"怀孕的别克"来取乐。

有很长一段时间，艺术和色彩处在位于底特律的通用汽车大楼附楼办公。工作区的关键点是黑板厅。费雪车身和各汽车事业部的执行官们纷纷来到这里，跟设计师、工程师、木工、黏土模工厮混；他们是一群活跃的、爱说话的人，总是对各个黑板上的设计进行比较和指指画画。黑板周围环绕着黑色的天鹅绒幕帘，使黑板上白色的车身线条格外突出。

在 20 世纪 30 年代初期这种令人兴奋的氛围中，你可以看到，聚集在这里的人有雪佛兰的努森先生、奥克兰（现庞蒂亚克）的阿尔弗雷德·格兰西或欧文·路透、奥兹莫比尔的丹·埃丁斯，或者别克的爱德华·斯特朗、凯迪拉克的费雪先生，或许还有他的一两位来自费雪车身的兄弟。

我们全都是艺术和色彩处各"销售"厅的橱窗浏览者。他们提出新设计、展示新想法的示意图、推销他们的进展。随着时间的推移，此类想法看起来越来越可行。随着公司内部越来越多的人赞成这些想法，新的事业部顾客突然出现了。此外，我们雇用女性汽车造型设计师来表达女性的观点。我相信我们是最先这么做的人，而且今天我们拥有业内最大数量的女性设计师。

哈利·厄尔及其部门的主要问题之一是决定几个开发路线用于汽车外观设计。如果有人对于汽车外观设计将要或应该如何演变有一个大致概念，我们就能够随着年度车型计划的要求，逐年进行小的连续的改动；也能根据审慎的步骤，引导消费者为更激烈的车型变化做好准备，从而有可能避免诸如1929年款别克、1934年款克莱斯勒这样的失误——1934年推出的这款车（气流型设计）的造型过于流线型。

关于汽车外观设计的发展主线应该是什么，哈利·厄尔没有任何疑问。他1954年说道："我28年来的主要目的是加长和降低美国汽车的外形，有时确实如此，但往往看起来如此。为什么？因为我对比例的感觉告诉我长方形比正方形更有吸引力……"

在这个外观设计的发展主线之外，还有一条副线，即把车身上的突出物整合到车身内部。自外观设计处成立以来的35年里，厄尔先生及其部门的几乎所有成就都贡献给了这种外观设计演变。我是在20世纪30年代把艺术和色彩处更名为外观设计处的。在汽车业的术语中，车型的样子现在被称为"外观"，相应的设计师就是外观设计师。

1933年款车型奉献了第一款所谓的雪佛兰A型车身，并引进了一些重要的改进。车身在各个方向上都有所扩大，旨在遮盖仍然明显的一些难看的突出部分和底盘的露出部分。外观设计师所称的"海狸尾"盖住了油箱。散热器被藏在隔栅后面。传统的外置遮护装置在1932年款车型中被去除，并由一个弧形风挡代替，而在1933年款车型中，挡板的高度被缩减；挡板就是从门底到踏板之间的面板，只是起到遮盖车架的作用。最后的改动是添加挡泥板皮垂，可以帮助隐藏挡泥板下部的沉积物。

厄尔先生降低车身高度的努力引起了工程设计问题。正如我已经指出的，20世纪晚期的车身并不像今天这样降低到前后轮之间，而是安装在车轴上，这样一来就很高，必须有挡泥板或踏板才能上车。厄尔先生想要加长轴距，并把发动机从其位于前轮后面的位置移到前轮前面，如此一来，可以降低车身框架和车身的高度，乘客可以坐在后轮的前面，而不是后轮的正上方。但是，如果车身降低到这种地步，就会引发把传动装置放置在何处的问题。工程师们也反对说，加长车身增加了汽车重量，且移动发动机位置改变了标准的配重方式，这一切都引发了新的和难以解决的问题。

有各种各样克服这些问题的方法。其中之一是"降低框架"，即把框架插入车轴之间。为了说明"降低框架"如何能够降低整个汽车高度，艺术和色彩处作了一次引人注目的演示。有一次，他们在我们面前的一个台子上，用传统的方式展示了如何把一个凯迪拉克底盘和一个车身组装起来。然后，若干工人把车身从底盘上抬下来，进而用氧乙炔焰把底盘框架切成了几块。接下来，他们以某种方式把框架焊接在一起，从而把高度降低了整整3英寸！当他们把车身装回到改装后的底盘上时，他们证明了一点——不仅车身可以降低，而且它在改装后的位置，使汽车看起来更漂亮。

车顶也引起了外观设计师的注意。通用汽车的车身结构仍然是木质主体框架，配以金属薄板包裹除车顶之外的所有外表面。车顶的中心部分覆盖一块合成橡胶材料，与周围的金属板连在一起。但是，雨水、灰尘一类的东西会积聚在这种接缝处，导致车顶逐渐损坏。在盐雾空气中，这一过程会被加速。费雪车身为赶上保修更换而遭受了极大压力。此外，外观设计师们强烈不喜欢这种"一半对一半"车顶的外观。

当钢铁工业完善了现代高速带材轧机并首次造出了8英寸宽的薄钢板的时候，我们才能制造单片的钢制车顶。公司里有很多人死命地反对这种革新，其中一些是业界的老前辈，他们对早期的全钢车顶如何制造鼓点般的噪声仍记忆犹新。但是那些老式车顶乃是四方盒子形，而这种新的设计像是一顶大方的王冠，其弧形的侧边帮助降低了"鼓点"噪声。这种新的外形也融入了汽车外观设计的发展主线。

但是，这种新车顶在公司负有相关责任的执行官员中间引发了一些激烈的讨论。当一位事业部首席工程师指责该设计具有制造噪声的特征的时候，另一位执行官员会声称这个麻烦不是设计本身造成，而是发动机的振动所引发。但是，这种先进的思想胜出了，1934年，公司的1935年款车型以全钢车顶登台亮相，这就是现在著名的"炮塔顶"。这是一项具有建设性的举动，是汽车设计、汽车安全、制造技术方面的巨大进展之一。它使得顶着巨大的压力解决整体车顶的问题成为可能。

在20世纪30年代初期，艺术和色彩处建议使行李厢成为车身整体的一部分，而当时公认的惯例是使用一个独立的固定在行李厢架上的行李厢，这两种做法大相径庭。这个想法在1932年款凯迪拉克和其他奢侈车型上作了尝试，并在这番尝试后，于1933年在大产量的雪佛兰车上得到采用。然而，这种内置的行李厢及其搭档，即固定行李厢的扩展舱板，具有重要的意义，因为它们改变了汽车的整个外形，并帮助使汽车更长和显著更低。内置行李厢通过为备用轮胎提供储藏空间，帮助消除了汽车的另一个突起物。下面是另一个外观设计变化引起某些人不满的例子，因为这些改进意味着行李厢架、轮胎盖一类的附件业务的明显损失，在当时，附件可是盈利丰厚的业务。但这就是进步的代价。

第一款使用扩展舱板的轿车是1938年的凯迪拉克60特别款。这款车在汽车外观设计史上占有一个重要位置。这是第一款"特殊"轿车，设计的目的是引入新的特性并以更高的价格销售，后来福特的林肯大陆型和其他特殊车型相继跟进。它是通用汽车第一款没有踏板的汽车，也是第一款现代大规模生产的没有踏板的汽车。除了处理了另一个突出物之外，踏板的消除使基本车身扩宽到整个轮距的宽度成为可能，从而使标准轿车变成可以容纳6名乘客的汽车。它是第一款造型类似于有活动折篷的敞篷车的厢式轿车，因而是大获成功的"金属顶盖"车型的前驱，"金属顶盖"是1949年被别克、奥兹、凯迪拉克引入的。这种车型在市场上反响良好，证明了外观设计的金钱价值，因为消费者愿意将旧车以较低的折价交易来获得这种车型。

1940年9月3日，哈利·厄尔被任命为公司副总裁，这标志着外观设计越来越重要。他是第一位被授予这样一种职位的外观设计师，而且我相信实际上是任何主要行业中第一位成为副总裁的设计师。

第二次世界大战期间，由于没有生产新的车型，汽车外观设计中断了，外观设计部有一段时间从事军用伪装设计。正如前面所述，正是在战争快结束的时候，我们断定战后消费者将把外观排在第一位，自动传动排在第二位，高压缩比发动机排在第三位。但是，在紧随二战之后的数年里，汽车设计没有什么大的变化，因为所有制造商的第一目标都只是去满足因战争而积压的巨大需求。然而，通用汽车战前积累的遥遥领先的外观设计优势在这些年里获得了回报。通用汽车拥有业界第一个外观设计部门，并且很长一段时间是唯一的。战后，福特和克莱斯勒建立了外观设计以及把外观设计融入生产的体系，它们类似于通用汽车所发展的体系。他们招聘了曾经跟随哈利·厄尔学习外观设计的人员来充实他们的新部门。草图、全尺寸图、缩微的比例模型、全尺寸黏土模型、玻璃钢模型这些由厄尔先生和外观设计部首创的方法现在已经成了业界的标准做法。

　　随着竞争的重现，外观设计在汽车业中占据主导作用。一直到20世纪40年代后期，以4年甚或5年为一个周期更换车身并顺便做"翻新"是一件寻常的事情。但是，随着对新车身外观的渴望日益明显，这一周期逐渐变短。

　　对这种日渐缩短的外观变化节奏颇有贡献的一个因素就是实验车。第一辆实验车"Y-工作"是外观设计部和别克事业部1937年制成的。实验车的意图是在全新的整车上测试各种新的外观设计和工程设计理念。战后，我们制造了很多实验车并向公众展示，以测试对它们所体现的先进理念的反应。对于这些所谓的"梦之车"，数以十万计的观察者的反应表明，公众想要并准备接受外观设计和工程设计方面更大胆的做法。

　　外观设计部也制造具有前沿设计，但并不指望它们影响未来几年量产汽车的实验车。XP-21火鸟I型就是其中之一。它是美国历史上第一辆燃气涡轮客车，是1954年与研究实验室合作制造的。

　　实际上，在很多人看来，20世纪40年代晚期和50年代，外观设计方面的迅速发展有时候显得过于极端，出现了一些远没有功能性可言的外观特性，但是它们在捕获公众的口味方面似乎明显有效。在战后的汽车上，最突出的此类特性之一是"尾鳍"，它1948年首次出现在凯迪拉克车上，而且，虽然一开始不好卖，但后来以这种或那种夸张的形式出现在几乎每一种主要汽车产品线上。关于尾鳍的故事始于二战期间,当时哈利·厄尔的一位朋友邀请他去参观一些新型飞机,其中就有P-38,这种飞机使用两个"阿利森"发动机,拥有双机身,还有两个尾鳍。看到这种飞机后,厄尔先生问能否让他的几个设计师也来看看它。经过安全检查,他们被允许参观了这架飞机。他们就像厄尔先生那样印象深刻,几个月后,他们的草图上就开始显现尾鳍的影子。

一个重要的新发展就是日益强调特殊类型的汽车的重要,比如价格较贵的跑车、客货两用车、金属顶盖车和其他特殊车型。多年的繁荣使很多家庭能够拥有两辆车,甚至三辆车。第二辆或第三辆车不选择轿车是合理的。出于这样或那样的原因,对小型车的需求也开始抬头,因此,整个市场的低端和高端同时得到拓宽。对休闲活动的日益重视导致了人们对旅行车的更大兴趣,一如汽车业的早期岁月。正如哈利·厄尔所说:"你可以设计一辆汽车,这样每次你进入里面的时候,就会是一种放松——你可以稍微休息一会儿。"与此同时,相比以前任何时候,汽车在美国不只是基本地面交通工具的主要形式了。

第十六章
分销和经销商

每当汽车市场从买方市场转为卖方市场，或者由卖方市场转为买方市场，业界就会发生动荡，这会扰乱生产商和经销商，所以必须作出某些调整，以应对变化的形势。其中一些调整司空见惯，但是由于历史从不完全重复自身，所以总是会有一些新鲜事发生。当前就是这样，经销商分销系统的整个发展历程也一直如此。

担任通用汽车首席执行官期间，我将很大部分的注意力放在经销商关系上，你也可以说有时候几乎达到专业的地步。我这样做是因为20世纪20年代的经历，那时现代汽车分销问题逐渐形成。这段经历教会了我，在这个行业，稳定的经销商组织是企业稳定和发展的一个必要条件。

与此相反，20世纪20年代初期，业界盛行的态度是，制造商应该致力于产品、定价、广告和促销，而把剩下的分销部分留给经销商去解决。有一些人极度轻视经销商的责任。他们认为消费者在进入经销商的销售大厅之前多半有了购买意向，所以忽视了去发展稳定的经销商组织。经销商个体的地位的合理性，以及其组织与市场的内部问题的复杂性，不被认为是制造商关心的事情。

从我的观点看，通用汽车在美国超过 13700 家经销商的福祉，连同他们约 20 亿美元的投资，肯定是公司关心的一件大事。只有拥有一群可靠、繁荣的经销商作为商业伙伴，特许分销系统才有意义。对相关各方都无益的商业关系，我从来都不感兴趣。我的信条是，在这种关系中，每个人都应该做好自己的事，并得到相应的回报。

在汽车分销中，经销商的重要性有两个。首先，像很多行业那样，经销商和顾客直接打交道，他发起并结束销售汽车的交易。另一方面，制造商是在跟经销商而非消费者打交道，除非制造商通过广告、车展或其他手段直接向整个大众传递信息——我还可以加上一句，在街道和高速公路上招摇过市的产品也向消费者传达一种劝诱的信息。

其次，在汽车行业中，经销商是特许经营的。那么，何谓特许经销商呢？如果想象一下美国零售分销的各种类型，你就会发现，典型的，一种极端类型是这样的零售商，比如一个街拐角的杂货店店主，他经营许许多多由各种厂商生产的常常相互竞争的产品，他对于任何一家制造商来说都只是一个传统的购买者。另一种极端类型是这样的零售商，比如加油站的所有者，他是某个制造商的代理商，甚至有时候是某个制造商的子公司或分公司的代理商。在这种零售销售结构中，就其与制造商的关系而言，汽车特许经销商介于上述两个极端类型之间。在法律上，他不是制造商的代理商。然而，在他所在的社区，他被认为跟该制造商的产品有关联。一般而言，他会被授予某个销售责任区去培育。然而，他到其他地方去销售并未受到限制，同样，其他经销商也可以到他的区域来销售。

特许经销商个体通常是所在社区殷实的商人，他们跟通常是邻居的客户接触、交易，并为所售产品提供服务。对于已成汽车业之惯例的特许分销而言，经销商作为当地的商人，他的性格、交际圈和声望至关重要。我们整个的销售方式就基于这种由自筹资金的商人组成的系统，我们基于通用汽车的经销权向他们提供潜在的赢利机会。

经销商和制造商在彼此的关系中都拥有明确的权利，并承担相应的义务。他们会签订一份包括各种条件的销售协议，换言之，经销商和制造商的关系通过经销权进行管理。经销商同意提供资金、经营场地、适当数量的销售人员、服务机构等。他需要培育他的责任区域，并储存和销售备件等。作为对这种经销义务的回报，制造商几乎全部通过特许经销商进行销售。经销商作为一个群体，取得销售已经制造、打好商标的产品的特权，并在他们的销售努力中得到制造商一般的促销活动的支持。制造商在用于年度车型变更的工装、在研究与工程技术开发方面作大笔投资，以保证他的产品令消费者满意。这种特许系统的一个特别之处是制造商向经销商所提供的协助的数量和种类。这包括技术支持和经销商的所有交易阶段中的项目，比如销售和服务、广告、业务管理、在工厂进行的特殊培训项目，旨在为经销商经营的各个阶段提供协助。

　　汽车并不像消费者平日不用定制购买的寻常商品。它是一种高度复杂的机械产品。对于普通购买者而言，它代表着一笔很大的投资。购买者期望能驾驶它，也许每天这样，然而他只拥有很少的机械知识，甚或一无所知。所以，他依靠经销商来为他服务和维护车辆。

　　因此，经销商不仅必须投巨资于展示和销售商品的设施和组织上——这实际上是普通的零售商店仅有的功能——还必须提供产品售后服务和终生维护相关的设施和组织。除此之外，他还必须做好平均每卖掉一辆新车就需要收购、修复并销售一两辆旧车的准备，因为他可能需要在贸易的基础上转售旧车。

　　制造商和特许经销商都要承担正常的和相关的经营风险，经销商承担的是投资于销售和服务设施的风险，制造商承担的是投资于包括工程技术开发和每年高昂的工装成本在内的生产设施的风险。双方都依赖于制造商所赋予产品的吸引力以及特许经销商有效地销售和服务的能力。

　　我们在分销方面有两个目标，一是能够产生经济效益的产品运动，二是由推动产品运动的特许经销商构成的稳定的网络。这两个目标的实现是我们多年来思考和工作的重点，因为其中的问题很复杂，它们在某种程度上会随环境变化而变化，而解决办法并不总是立刻出现。某个时期令人满意的政策与做法可能并不适合后来的情况。可以说，经销商关系方面可能不时需要一种"新的模式"。

1920年以前，汽车分销基本上依靠分销商和批发商，他们在其权限之内把汽车分包给经销商。但是，总体而言，经过一段时间后，制造商为加强市场培育接管了批发职能，经销商则保持了零售职能。

那么问题就来了：为何汽车业采取这种分销方式？我想，部分答案是，汽车制造商若承担起经销自己产品的职能，就不可能不遇到极大的困难。当20世纪20年代旧车作为新车的折价物大规模地出现时，汽车的经销就越发变成一个交易问题而不是销售问题。零售端不可避免地有成千上万家错综复杂的交易机构，组织和监督这些机构对制造商来说是很困难的；交易是一种不容易通过融入管理进行控制传统组织架构的技巧。于是，汽车零售业务随着特许经销商类型的组织的发展而成长起来。

1923-1929年，新车需求进入平台期，整个行业的重点合乎逻辑地从生产转向分销。这在销售端意味着从容易出售到难以出售的变化。具有全新性质的经销商问题开始浮出水面。

为了应对这种情况，在整个20世纪20年代和30年代初期，我形成了一个亲自走访经销商的惯例。我装配了一个私人轨道车作为移动办公室，并在几位同事的陪伴下，几乎跑遍了美国的每一座城市，每天拜访四五位经销商。我会到他们的生意场所，在他们的"交易结束厅"与他们隔桌交谈，并就他们与公司的关系、产品的特点、公司的政策、消费者需求的趋势、他们对未来的看法以及生意中很多其他感兴趣的事情，询问他们的意见和建议。我对他们提出的所有要点都仔细记录，并在回去之后进行研究。我做这些是因为我认识到，不论我们常规的组织多有效率，与个人接触都有特殊的价值；而且，作为公司的首席执行官，我的兴趣主要在总体政策上。这种耗时耗力的问题解决方法在当时的情况下尤其有效，因为我们对该领域真实的分销情况了解得太少了。我们学到的许多东西后来都体现在我们的经销商协议中，特别是我们在既定的基础上，通过其他方式也部分满足了这种需求。

从我们所做的这些现场调研，我能够看出20世纪20年代中后期正在进行的历史变迁，即经销商的经济地位正变得不如以前那么令人满意,我们的经销权也不那么受欢迎了。很明显,必须采取某种行动,不仅为了我们那些生意危如累卵的经销商的利益,还为了公司整体的利益。我们必须为了相关各方在健全和经济的基础上完成汽车的分销。

1927年9月28日,在我们位于密歇根州米尔福德的试验场召开的一次会议上,我向《美国时报》的编辑发表了一个演讲。我在演讲中提到了经销商们在变化的环境中的窘境。谈起整个行业过去的做法时,我作了如下评论:

> 唯一的想法是尽可能多地生产汽车,工厂能生产多少就生产多少,然后,销售部门就会强迫经销商拿下这些汽车并为之付款,而不用考虑这种做法的经济合理性——我的意思是,不用考虑经销商适当地销售上述汽车的能力。这肯定是错误的,不仅在我们行业如此,在其他行业也一样是错误的。商品可以更快地从原材料到达最终消费者手中,其中涉及的商品,不论由什么产品构成,它的量变得更小,可以说行业变得更有效率、更稳定……要求经销商购入超出他们应该适度购入数量的汽车,是绝对违背通用汽车的政策的。自然,偶尔在我们停产某种车型的时候,经销商们必须帮助我们。他们明白自己的责任,而且从未反对这样做……

1927年的这则政策声明,基于对公司及其销售商是利益共同体的认识、对我们的利益相互依存的认识,导致通用汽车开始了一种处理制造商—经销商关系的新方式。

在20世纪20年代和30年代,在汽车分销中出现的重要而持续的问题,是与其业务性质内在相关的。广泛地说,这些问题是市场渗透、车型生命周期结束后的存货清理、经销商的经济情况,以及总体上制造商和经销商就所有共同的商业事务进行双向沟通的难度。

很自然,我们的意图是要尽可能有效地进行市场渗透,而由于这最终必须由我们的经销商负责实施,所以,有必要使经销商有合适的数量、每家经销商有合适的规模并处在合适的地段。难点在于决定他们的位置。在20世纪20年代,我们对汽车市场的了解不如现在这么多。于是,我们开始从人口、收入、过去的表现、商业周期等方面进行市场及其潜力的经济学调研。

有了这种信息,我们就能够根据市场潜力处理有关安置经销商的地理分布问题。比如,在一个几千居民的社区,这个问题就很简单。一个经销商就能够完成全部市场渗透所必需的工作,我们和经销商也能够基于我们的调研来判断他的目标应该是什么,并根据这些目标衡量他的业绩。但是,在大型的城市社区,那些拥有一百万乃至更多居民的城区,这个问题就很复杂。

因此,我们调研了一个大型城区,首先从整体上确定任何一种特定产品线的市场潜力。然后,我们以住宅小区为基础把它分解,确定其各个组成部分的市场潜力。结合这些信息,我们就可以在住宅小区的市场潜力的基础上安排经销商在整个区域的分布。当然,经销商拥有跟其所服务区域的规模相称的自有资金、场地、运营费用和组织是必不可少的。

这种解决分销问题的理性方法是我突然想到的。它为经销商和制造商都提供了基本的好处。我前面说过,经销商是所在片区的专家,比任何其他人都更了解其特点和居民。而且,从包括服务在内的许多方面看,跟本地零售商打交道对顾客来说往往更方便。它还使制造商能够从微观的角度了解他的分销问题。我们自然期望经销商能够把他当前的市场放在他关注的第一位,并在其中表现良好。

除非处于典型的卖方市场,否则,清理旧车型给新车型让路,并使存货损失保持在最低限度,这个问题是一个永恒的商业问题。这个问题最早在20世纪20年代后期显得重要起来。它的出现是由于经销商基于预期的市场需求,必须提前三个星期确定对各种要求的估计。公司在确定最终的生产计划时要把这些估计考虑进去。因此,这些事情必须提前数月决定,如果预期的需求被环境变化搅乱,那么当前车型的清理问题就可能变得不正常。但是,无论正常与否,它都是一个要应对的问题。

20世纪20年代初,在新车型发布的时候,经销商们必须自掏腰包清理手上的旧车型存货。经过大量研究,我们最终断定,只有公司也分担旧车型清理的责任,才是公平的。我记得,早在20世纪20年代后半段,我们就在每个年度车型结束时给经销商提供清算补贴。1930年,我们把在每个年度车型结束时帮助经销商处理多余的存货作为一个政策问题来处理。对于"完成了合同"的经销商,我们会在新车型发布时,对他未售出的库存新车提供补贴。补贴仅限于库存新车的数量超出经销商预计的新车数量——这在销售协议中有规定——的3%部分。此类补贴的金额由通用汽车决定。列入计算的数量和基准因时而异。当前的政策是对新车型发布时老车型的剩余库存以及停产车型未售的新车库存提供5%的折扣。

我相信,我们是业界第一家实行这个政策的。它反映了我们想要保护经销商,使其免受不合理的产品换代损失,并把年度车型后期各月合理的生产计划的责任放在事业部的管理层。不论什么原因,如果在年度车型里出现汽车供应过度的情况,就会自动对工厂实施惩罚。

有人可能认为,理论上,在新车型发布时,年度生产和销售周期的解决方案中应该包含经销商手里没有旧车型库存这一条件。但是,由于若干原因,不论从经销商还是制造商的角度看,这一点既不可能也不可取。从竞争看,我们在全年的每个月必须尽可能多地做生意。在年度车型结束时,分销渠道必须清空以便新车通畅流入。而且,在年度新车型运行的初期,当新车型刚开始流入的时候,经销商手上有一些老车型的存货来做生意是可取的。基于这些原因,这个问题就成了我们工作中一个永恒的问题和重中之重。

虽然20世纪20年代我们在获得有关通用汽车的经济状况的事实方面有了极大的进展,但是我们当时并不了解我们经销商的经济状况的事实,因此在透彻思考经销商的问题时遇到障碍。当经销商的盈利状况令人失望时,我们没有任何办法确定这应归于新车问题、旧车问题、服务问题、配件问题,还是某个其他问题。没有这些事实依据,贯彻执行任何健全的分销政策都是不可能的。

在我之前提到的测试场演讲中,我就这个问题作了如下评论:

……我想向你们概述一下我所认为的当前的汽车业中一个

主要不足，以及通用汽车为纠正这个不足正试图做些什么。

我曾在美国几乎每一个城市，向通用汽车的经销商坦率地说过，我非常关心一个事实，即，他们中有很多人，甚至那些正以相当有效率的方式开展工作的人，都没有得到他们应得的投资回报。在这里，我要说，就通用汽车的经销商而论，根据我目前掌握的事实，我看得出，过去的两三年里情况已有极大改善，但是作为通用汽车的管理人员，我必须关心从原材料到最终客户的所有环节。在认识到这整个链条的强度绝不高于其最薄弱的环节之后，我对我们的经销商组织整体的运营状况感到了一种极大的不确定性。但愿这种不确定性的感觉毫无根据。我确信：一、由于责任如此重大，不确定性中的所有元素必然消除；二、我们的经销商应该清楚而科学地了解有关他们的运营状况的事实，就像我前面向你们提及的，我们觉得应该清楚而科学地了解有关通用汽车的运营状况的事实那样。

这把我们带回到……两个词：适当的会计处理。我们的很多经销商——这同样适用于其他组织的经销商——拥有良好的会计系统。还有很多经销商的会计系统平平常常，而且我遗憾地说，有太大比例的经销商实际上根本没有会计系统。拥有会计系统的很多经销商，由于对它们缺乏适度的开发，并不能够有效地利用它们。换言之，它们未被开发到能为经销商提供有关他经营状况的事实、漏洞在什么地方、他应该做什么来改善状况的信息。正如我前面所说，不确定性必须消除。不确定性和效率之间的距离就像南北极那样遥远。如果我能向我们的经销商组织挥一挥魔杖，结果是每一个经销商都能够拥有适当的会计系统，能够了解有关他的业务的事实，并能明智地处理以一种明智的方式伴随其业务而来的许多细节，那么，我愿意为这种成就支付一大笔钱，而且事实会充分证明我这么做是正确的。它将是通用汽车所做过的最好的投资。

1927年，我们设立了一家名为汽车会计公司的组织。我们开发了一套适用于所有经销商的标准会计系统，然后派出一名工作人员到现场,去帮助安装系统并建立了一套审计系统。后来,随着经销商们在有关其业务的财务方面变得更有经验,随着经济衰退压力的出现,我们修订了审查程序。我们开发了一种抽样审计系统,借助它,我们能够得到一个可用于整个组织的跨部门分析。为了这个目的,通用汽车自掏腰包,现在仍定期检查大约1300名汽车经销商(占经销商数量的约10%,其销售额占通用汽车的整车销售额的30%)的会计记录。此外,通用汽车每月从占总数83%或占销售额96%的经销商那里获取财务报告。这是一项庞大而昂贵的工作,但是它使通用汽车的每个事业部和总部都能够逐一察看整个分销系统——对经销商或经销商群组一个一个地察看——然后确定不足之处到底在哪里、应该对它们做些什么。而且,经销商本人不仅能够明智地判断他自己的复杂的业务,还可以将自己的经营情况与群组的平均情况逐一比较。通常,隐患可以及时发现并在危害出现之前消除掉。

当然,隐患偶尔会自己暴露出来。20世纪20年代后期,通用汽车提供了可观的资金,把几家战略经销商从破产中拯救出来,由此承受了20万美元的损失。然而,由此及彼,当我们对此推广时,我们认识到,我们的主要目的应该不只是要通过稳定经销商队伍来减少经销商的变动率,而且要进一步帮助那些有能力但缺乏资金的个人成为能够带来利润的通用汽车经销商。通用汽车票据承兑公司(GMAC)当时的副总裁阿尔伯特·迪恩和唐纳森·布朗负责将这些想法变成一个可行的计划。我们于1929年6月采取了行动:设立汽车控股有限公司,迪恩先生任首任总裁。1936年,这家子公司改制为汽车控股事业部。该事业部的职能是向经销商提供资金,并通过这么做暂时承担了这些经销商的股东的权利与义务。我们投入了250万美元启动资金。我们度过试验阶段后才认识到,这是我们在分销领域拥有过的最棒的想法之一。我们还认识到,它的真正价值并不在拯救破产的经销商这第一个想法,而是在第二个想法:以优惠条件向有能力的人提供帮助——不仅有资金,还包括提供管理建议和在健全的经销商组织中的培训。

汽车控股为经销商开发了一些提高经销商盈利的可能性的管理

技巧。它在发现合格的经营者后，给他们提供适度的资金支持，并使他们能够产生足以返还汽车控股的利息的盈利，最终获得独立。

在我那个时代是这样运作的，而且现在仍这样做，只是财务细节有所不同：潜在的经销商将其可用资金投资于经销特许权，汽车控股则补足所需资本的余额（目前，经销商通常至少提供所需总资本的25%）。经销协议签订后，经销商除获得薪水外还有一笔分红，这是汽车控股通过让渡一部分投资利润提供的，否则这部分资金将归于它的投资。这笔分红相当于汽车控股的利润扣除8%的投资收益后的50%。在其所有投资被全部赎回之前，汽车控股一直保持对该经销特许权的表决控制权。

分红协议在后来几经变化。目前，分红直接由经销特许权支付给经营者，因而是经销特许权公司的直接费用。它达到盈利扣除15%的总投入资本（包括票据）之后的1/3。最初经销商被要求用其全部分红来赎回汽车控股的投资，但是后来发现，经销商的个人所得税使他无法执行这个规定。现在，经销商只需将其分红的50%用于赎买汽车控股的投资，当然，他可以将其全部分红都用上。结果是，随着收入的积累，经销商逐渐拥有经销特许权的所有股份。后来的事实表明，通用汽车所提供的帮助得到高度评价，以至经销商经常拒绝赎买汽车控股投资的最后一份股权。

从建立之初到1962年12月31日，汽车控股在美国和加拿大投资了共1850家特许经销商，投资额超过1.5亿美元，大部分在汽车领域。其中有1393家赎买了汽车控股的投资。截至1962年年底，在剩下的457家特许经销商中的投资总计接近3200万美元。我们有大约565家完成了赎买的经销商一直经营到1962年，其中有很多已经跻身美国和加拿大最杰出的经销商行列。也有一些在所有其他方面都合格、唯独达不到最低资金要求的经营者，通过汽车控股计划，成了自己的经销店的唯一拥有者。有些人从十分微薄的投资起步，后来成了百万富翁。这项计划也一直让通用汽车受益匪浅。

无论是从销量还是从净利润的角度看，和具有相似潜力的通用汽车经销商相比，汽车控股经销商创造的成果基本相同，因此实现了这项计划最初的目标之一。

在汽车控股于美国和加拿大所投资的1850家特许经销商中，只有198家因运营失常而必须停业清盘，其中62家是在1929–1935年的大萧条时期，136家则是在此之后。

虽然汽车控股经销商的新车销售额从未达到通用汽车公司总销售额的6%，但是，自1929年汽车控股成立以来，他们共销售了300多万辆新车，这些特许经销商的分红前总利润超过1.5亿美元。

公司授权多次提高投资于美国和加拿大的汽车控股特许经销商的可用基金，到1957年5月，已授权的最大投资额提高到4700万美元，其中700万美元可用于投资房地产。

基于汽车控股在经营中和经销商的紧密联系，通用汽车对经销商的问题获得了更清晰、更满意的了解。汽车控股也使公司更好地了解了零售市场和消费者偏好。最重要的是，它在发展和维持一个强大的、管理良好和资本充足的经销商团体方面一直很有帮助。

我相信，通用汽车能在美国和加拿大的工业公司中一马当先，获益于向小商人提供这种权益资本性质的"特色贷款"，并认识到经济体最大的需求之一是为小企业提供风险资本。通用汽车的两个竞争对手现在也开展类似的计划，福特自1950年开始，克莱斯勒自1954年开始。正如汽车控股的一位前总经理赫伯特·古尔德所说："竞争对手效仿你就是最好的商业勋章。"

在20世纪20年代末期，制造商和经销商最需要的是更好的沟通途径和健全的契约关系。当然，我们有片区和地区执行官，他们经常就日常商业事务跟经销商打交道。但是，有许多广泛的、公司层面的政策问题，要求通过更密切的联系和更深入的信息来促成某些明确的合作行动。我前面说过，我和其他总部官员经常到现场去拜访经销商。这些拜访使我们很清楚，跟公司以及事业部的执行官们有直接的联系让经销商很感激。同样清楚的是，还需要有比这类偶尔为之的拜访更实质的东西。因此，这些早期的实地拜访后来使我们有了一个相关的想法：把有代表性的经销商群体带到公司的会议室。这个想法体现为通用汽车1934年成立了一个重要而独特的机构：通用汽车经销商理事会。

经销商理事会最初是一个由48名经销商组成的团体，它分为4

组，每组12人。理事会定期跟公司一群最高级别的具有公司职责的执行官会面。我们成立理事会，是要举行一系列持续的圆桌会议，以讨论分销政策问题。多年以来，我每年都选择一个不同的经销商小组，代表所有的汽车制造事业部、国内所有的分部以及所有类型的区域和资本投入，参加相关小组讨论。他们给理事会带来了广泛的多样性的经销商问题和意见。

作为公司总裁，我担任理事会主席。负责分销部的副总裁和通用汽车的其他高级官员也是其中的成员。理事会的第一项任务是制定能够改善经销商关系的一般政策，这是一个漫长的过程。我们开会处理政策问题，而不是政策的管理问题。

经销商理事会所做的主要具体工作是举办各种讨论，目的是制定各项政策，根据这些政策可以构建公平的经销商销售协议。这种销售协议一旦达成，将给通用汽车经销权增加价值，这在近些年支持了每年高达180亿美元的零售业务。

在1937年9月15日经销商理事会上的一次谈话中，我回顾了自己在理事会历次会议中的经历：

> 过去的三年间，理事会各小组的会议一直是我的运营经历中的亮点。我高度珍视由此发展的个人交往和友谊。从我的观点看，这本身就能证明计划是正确的，还有，讨论这种有趣的问题的机会实属难得。它激发了我们的思维，而且我确信它加速了我们的进展。理事会各位成员应对这些问题的广泛方法给我留下了特别深刻的印象。大家几乎一致渴望从基本健全性的角度而不是用更简便的应急办法来解决问题，也让我深受鼓舞。在救火式的应急办法似乎成为我们全国性思维的基调的时期，这一点尤其令人关注。这种从根本上解决问题的观点在第一次会议上给我的印象尤其深刻。我们刚刚从大萧条中走出来，几乎每个做生意的人都承受了沉重的损失——本经销商团体也不例外。有关未来盈利的可能性的焦虑自然是摆在理事会面前的主导性话题。很多建议经提出、分析后进行了讨论。令人欣慰的是，大家一致认为，我们应该从拾掇好我们的店面的角度，

而不是从通货膨胀的角度,处理基本的盈利问题,找到办法和手段,使我们已有的总量不再减损——换言之,就是更高的效率,而不是以更高的零售价格的形式把我们的低效率转嫁给消费者。后来的经历已经证明这类决策是正确的,而且在最后的分析中,它将一直证明这一点。

　　作为理事会主席,我在历次会议上都设法使理事会各成员牢记,公司各位执行官真诚渴望积极地处理任何问题,并尽可能快速而持续地处理,以期产生更令人满意的经销商关系。当然,在一个像通用汽车这样的大企业中,有很多群体必须去咨询他们的意见,有很多观点必须去调和,所以进程必然很慢。我一直关心这样的事实:也许有些理事会成员,以及许多不可避免地无法熟悉我们目前所做工作的经销商,已经感到我们应该更快速地行动。他们那样想是很自然的。用相对较小的篇幅写下一条政策虽然比较容易,但是在美国这么大的国家,拥有像我们正在从事的业务范围,以一种行政的方式推行这种政策,必然是一个循序渐进的过程,而不可能是一个革命的过程,所以耐心是必要的。这一点怎么强调都不过分。在这些实际困难之上,还有一个最困难的事情,那就是,在具体问题的处理方式上改变一个大型组织的观念。我们全都知道人类心智的惯性是多么巨大。

　　经销商销售协议无疑是合作性商业关系中一项开创性的工作。它的技术细节这么多年来历经演变,其中有些,现在很复杂了。协议中有些重要的条款是专为应对汽车业中独有的问题而设计的。

　　无论对于经销商还是制造商而言,取消合同都是一件非常严重的事情。如果一位经营某个片区的经销商没有做他该做的工作,比如没有完成该片区合理的潜在业务量,或者由于某些原因效率低下,一项变革怎么会生效呢?应该记住,他通常有大量的自有资本投入在这项业务中。他拥有旧车、零部件,还拥有展厅和产品标识。

　　在汽车业的早期岁月,若出现这种情况,就会直接取消这位经销商的经销权，然后委派一个新的经销商，事情就这么简单。清算经销特许权的问题留给原来那位经销商。20世纪30年代，业界通用的协议通常规定了一个无期限条款，制造商提前90天通知，或者经销商提前30天通知，就可以无理由地终止协议。当时还规定，若制造商提出理由，就可以取消经销权。当然，此类理由是否成立，需经法庭验证。

在考虑这个问题时，必须认识到，正如我之前说过的，经销商可以卖掉经销店的资产，但是他不能卖掉经销权，因为他并未拥有它。因此，出台一项明确、慷慨的政策，保护经销商在协议取消的情况下免于资本损失看起来是可取的，即使协议的取消是由于他自己效率低下所致。我们采纳了一项包括下述安排的政策：公司将以经销商曾经支付的价格从他那里收回他手头拥有的任何新车；公司将收回某些产品标识和专用工具；公司将收回他手头拥有的零部件，只要它们不是用于超过一定年限的车型。如果该经销商有一个租赁物无法移交给其他经销商，由此造成清算损失，那么公司将承担一部分损失。公司实际上给了经销商一张支票，用于购买他的无障碍资产、偿还该租赁物一定金额的债务。

1940年，有经销商抱怨说，有时候，经销商的销售协议被取消时正值热销季节要开始的时候。结果，在其销售协议终止之前，那位经销商有很长一段时间以微利或无利润经营着他的业务，而新指定的经销商则一开始就遇上了容易赚钱的销售季节。于是，我们在销售协议中加上了一个条款，大意是，提前三个月书面通知的无理由终止协议，仅当相关通知在4月、5月或6月给出时，才实际有效，这样一来，实际生效月份在7月、8月或9月。1944年，通用汽车引入了一种新的针对特殊时期的销售协议，它规定战后恢复生产两年结束之时到期（实际期限超过三年）。后来这个时间设定为一年。目前，每位经销商都可以选择签订一年期、五年期或无期限的协议。若确实有合理理由，所有这些协议允许提前终止，虽然协议到期时并没有续签的义务。

另一个不同寻常的通用汽车经销商机构，是1938年成立的经销商关系理事会。它是一个审查性质的团体，心有怨言的经销商可以直接向公司最高层的执行官投诉。我是这个理事会的第一任主席,它还包括另外三位最高层的执行官。有时候,我们会整天聆讯一个案情。在得到了相关经销商和事业部的完整报告后,我们会给出一个对通用汽车有约束力的决定。理事会的主要作用在于它的预防性。相关事业部务必确信他们提出的案情合理、可靠,并在对经销商采取行动时遵循了所有的公平原则,因为找上门来要求执行官审查的是事业部本身以及经销商。

我想饱含深情和带有一定程度自豪地来讲述下面这个故事。1948年,我从首席执行官一职退下来之后,三位通用汽车经销商来到我的办公室,告诉我说,作为一个团体,经销商们想向我表达谢意,感谢我在增进经销商组织的机会方面所做的一切。他们说,他们知道我在癌症研究方面的兴趣,愿意帮助我在这个领域建立一项基金。一年后,他们回来了,递给我一张价值152.5万美元的支票,用于艾尔弗雷德·斯隆基金会,而且此后这些经销商不断给基金会捐款。这项基金后来成为众所周知的通用汽车经销商癌症和医疗研究感谢基金。我主要使用通用汽车普通股向这个基金投资,最初的基金现在价值超过875万美元,每年盈利超过20万美元。

这里,我将聚拢几个思路,用它们来分析当代问题。在1939-1941年,通用汽车及其经销商享受了日益增长的繁荣。然后战争来了,一种对我们所有人来说新的生活方式也来了。战争期间,我们在美国没有制造一辆小汽车,而且我们手头的新车存货都是在政府的管制下售出的。一些经销商自愿清盘了他们的业务,很多经销商加入了武装力量的各个分支。少数经销商承接了军工生产转包合同,但是,对于大多数仍然活跃的经销商来说,其主要业务是服务和旧车交易。随着人们开始认识到战争期间保持车辆处于良好状态的重要性,经销商的服务业务大幅增长。在政府管制允许的范围内,我们制造了各种功能部件,并把它们提供给经销商,这使得经销商能够在维持美国的汽车运输系统运行方面提供建设性的服务。

美国宣战引发了一波恐慌潮,席卷了整个经销商群体。美国参战后不久,我专门给经销商传递了一个消息,概述公司所作的一些政策决策,目的是维持经销商体系和经销商士气。这些政策包括:

1. 公司意图向经销商购回他们选择返还的新汽车、部件和配件（在某个限度内），这是为了保护那些可能被征入伍或者出于任何原因希望终止销售协议的经销商；

2. 如果经销商按照他们和事业部共同接受的条件终止其业务，那么公司在战后将优先考虑重新委任他们；

3. 针对那些在战争时期仍从事本职业的经销商，公司将提供一个专门的分配计划，在恢复汽车生产之后的两年内给他们供应新车。

战争期间，通用汽车在美国的经销商的数量从 1941 年 7 月的 17360 家下降到 1944 年 2 月的 13791 家，净减少 3569 家。减少的这部分经销商大部分集中在小型社区。在坚持下来的经销商中，有一些的所在地段在战后人口分布方面不再理想。战争期间出现了从城市到郊区，以及从东部和中部各州到东南、西南和太平洋沿岸地区的人口迁移。按照我们历时已久的分销政策，我们对各个地区作了调研。我们发现，在某些情况下，某个地区可以支持不止一家经销商。我们按照要求持续招募经销商，直到 1956 年宣布暂停为止。这个暂停一直生效到 1957 年后期。然而，由于都市区经销商的减少以及其他原因，到 1962 年年底，通用汽车在美国的乘用车经销商总计约 13700 家，大约与 1944 年持平，虽然汽车市场一直在增长。

虽然经销商的数量减少了，通用汽车的乘用车保有量却不断增加，从 1941 年的约 1170 万辆增至 1958 年的约 2460 万辆，增加了近 1300 万辆，增幅达 111%。1962 年增长到 2870 万辆，比 1941 年增加 1700 万辆，增幅达 145%。经销商个体的平均业务量因而提高了。

在战前最高峰的 1941 年，通用汽车经销商平均销售大约 107 辆新车。1955 年销售 222 辆新车，比 1941 年增长 107%。1962 年销售 269 辆新车，比 1941 年增长 151%。

1941 年，每家经销商经手的通用汽车产品平均为 710 辆，这代表了他所提供的服务的全部潜在市场。到 1958 年，这一潜在市场增长到 1601 辆，增幅 125%。到 1962 年，这一潜在市场增长到 2095

辆，比 1941 年增长 195%。① 自 1960 年以来，以不变价格计算，经销商的平均业务量是 1939-1941 年间的平均值的 2.5 倍。他们的资本净值超过 20 亿美元，是 1941 年相应数字的 2.7 倍，这表明了通用汽车的经销商个体是如何随同通用汽车和整个经济体一直在增长的。

战争一结束，市场情况便急剧发生变化。我们必须应对因为战时停产和既有车辆的耗损所创造的压抑已久的巨大需求。当时，原料短缺是制约生产的因素。通用汽车意识到，真正的问题是储备顾客、经销商和工厂。顾客的问题是要得到交通工具。通常他愿意为此支付一定的溢价，而在许多情况下他会寻求自己偏爱的交货方式。制造商面临的是给经销商的配额问题。经销商的问题是如何经销他的配额。

1942 年 3 月 2 日，通用汽车制订了一个向经销商分配汽车的计划，称为"斯隆计划"，因为计划是我公布的。该计划在 1945 年 10 月至 1947 年 10 月 31 日期间实行，并证明它既公平又令人满意。它保证了经销商根据各自 1941 年的绩效记录得到一个公平的汽车配额，并尽可能降低了分配中厚此薄彼的可能性。它为我们提供了一

---

① 今天，通用汽车的客车和卡车经销商雇用了 27.5 万名机械技工、推销员和其他人员，相比之下，1941 年为 19 万名。他们的设施包括销售厅、办公空间、零件和服务区，占地面积 2.27 亿平方英尺，而战前只有 1.17 亿平方英尺。许多经销商的设施不仅扩大了，而且现代化了，或者得到了改善，以适合处理我们战后在机械方面日益复杂的轿车和卡车。

战争以来汽车拥有量的极大增长和我们的产品中所取得的技术进步，比如自动传动、高压缩比发动机、助力转向、助力刹车以及空调系统，要求经销商更新技工结构。1953 年，我们实施了一项重要的新政策，以推动与经销商的务实合作，当时我们建立了 30 个永久性的服务培训中心，帮助经销商培训服务和销售人员。这些培训中心设施齐全，并配备了受过特别训练的指导教师，向机械技工提供对我们的产品进行维修和服务时所需的最新信息。技工的最大挣钱能力提高了，为应对新情况的服务质量改进了。培训中心还为销售人员提供培训，而且它们被用来与经销商会面。1962 年一年间，超过 18.7 万人在培训中心接受了将近 250 万人时各种技术主题的培训，约 26 万人参加了销售培训和其他非技术主题的培训。

个规则，用于处理这种稍有不慎就可能失控的情况。

物资短缺时期，自由竞争的市场条件实际上是不存在的。我们建议的零售价格大大低于消费者愿意支付的价格，而我们的经销商也总是制定自己的零售价格。但是面对这种急迫的需求，不可避免的是第二或"灰色"市场出现了。经常发生这样的事情：一位顾客驾驶新车离开经销商的销售大厅，他还未走出第一个红绿灯，就会有人，也许是一位旧车经销商，开车赶上来，提出用比他刚刚支付的价格高得多的价格将车辆买下。这就是战后一些新的分销问题的开始。

最困难的问题之一就是"违规倒卖"，即特许经销商将新车批发给买卖旧车的家伙。这种现象在供给充足的时期和诸如二战后这样的短缺时期均会存在。随着形势的实际发展，一直到1953年下半年，某些汽车产品线的供给才开始赶上需求。我之所以强调"开始"，是因为很多产品线的供应持续短缺到1954年，而凯迪拉克的短缺现象一直延续到1957年。

大约1950年开始，一些弊端和糟糕的营销做法开始多了起来。有些在战前就存在，但是在20世纪40年代很突出。另一些则代表了战后初期的特定情况的副产品。比如，违规倒卖在战前一些零星地区就存在，但是现在，受到一种明显新的法律风气的鼓励，它有了燎原之势，要肆虐起来。

我所说的这种新的法律风气形成于20世纪40年代晚期，是由于法院裁决的司法解释后来被司法部的意见作了扩展。这些法律方面的趋势向我们表明，我们的销售协议中关于违规倒卖和划片销售的条款可能会被视为对经销商的行动自由的不当限制。1949年，在法律顾问的坚持下，我们很不情愿地把这两个条款从销售协议中去除了。我们很早就预见到了不合理的经销商布局的严重后果，只是以前因为经销商很难拿到足够的汽车去供应他们自己的常规顾客而影响不大。

违规倒卖的情况在20世纪50年代前半段变得严重起来。甚至在通用汽车有足够的产量给经销商提供必要的存货以供展示和销售之前，我们的新车型就在违规倒卖市场上出现了。公司强烈要求经销商不要让新车流入违规倒卖市场。公司拟给销售协议增加一个新条款，提请司法部考虑，条款要求经销商在将新车送入违规倒卖渠道之前必须交由通用汽车回购。司法部部长的意见大意是，"司法部不能同意放弃有关此类合同条款的刑事诉讼的权利。如果它们纳入通用汽车销售协议，我们就会决定审查它们的合法性，因为根据反托拉斯法，它们提出了一个重要的问题"。

就这样，司法部的意见阻碍了我们与经销商签约回购他们认为多余的车辆。通用汽车接下来只好向经销商建议，为了1955年度车型的平衡，公司"准备按照原授权分销商或经销商支付的价格，亲自或者安排由其他区域的其他经销商回购任何此类可能被认为是超额供应的新车和未用汽车"。这么做的目的是允许经销商通过授权渠道清理任何被认为多余的车辆。只有少数经销商利用了这个提议，要么是因为没有多余的库存，要么是因为他们更愿意把汽车卖给违规倒卖者以获取少量的利润——在我看来，这是因小失大，从大处看有违他们自身的利益。正是特许经销商供应和支持了违规倒卖者，因为后者除了某些特许经销商，别无可能得到汽车。我们的努力仍然局限于尽力调整我们的生产计划，以反映我们对市场和竞争情况的现实判断。

多年来，我们尝试了各种办法去抑制违规倒卖的做法，但是受到了超出我们控制的现实限制的阻碍。然而，这种做法在20世纪50年代后半段有了大幅下降。我们相信特许分销系统，并且正确提供机会使优秀经销商成长，但是若要持续和繁荣，特许经销商以及公司都必须支持这种机会。"通用汽车优秀经销商计划"的概念正是建立在基于地域分析的经销商的合理分布之上。这个概念可以追溯到20世纪20年代，是通用汽车两位营销大师首先提出的，一位是一代人以前的伟大的销售执行官理查德·格兰特，另一位是我们的顶级销售执行官威廉·霍勒。但是，基于这一概念的政策可能是理想化的政策，一些健全的政策常常因为不可控的外部力量的影响而被迫修改。

还有一个一再出现的做法，它一度对经销商争取成为优秀经销商的能力产生不利影响，而且显然对顾客不公平，那就是"价格打包"。价格打包是指在制造商建议的产品零售价上增加一些东西。这使得经销商能够对旧车折价提供明显过多的补贴。一位经销商若能为所要销售的新车标价,也就能够对旧车随意折价。这种做法既不合理也不可取,我在对经销商的讲话中经常谈到这一点。然而,声讨这种做法并不能使之消失,特别是在控制力量不存在的地方。我们努力打击价格打包行为,但是赞成这种做法的力量太强大了。最终我们得出结论,仅有经销商个体采取自主自愿的行动,才能消除这种有害的做法。

1958年,国会颁布法律,要求制造商在装运给经销商的新车的窗玻璃上贴上一个标签,上面列明关于构成经销商建议零售价的各种要素的详细信息。有各种证据显示,这条法律实施后,我所描述的这种价格打包的有害做法基本被消除了。

从卖方市场到买方市场的转变,伴随以"闪电战"或高压销售,进一步使得1954–1958年的市场复杂化了。也许,在所有各方的努力下,这一过渡能够更平缓。或许,公开发表意见和大声疾呼有助于提请人们注意所需的调整以适应新的情况,但是,在我看来,经销商和制造商之间公平合作的责任不应该由立法机关来解决。这是经销商和制造商共同的责任。我们处在竞争性的行业,失去的地位覆水难收,而且有时候是不可能收回的。

1955年,通用汽车对新的发展情况作了研究,并制定了一个新的销售协议,协议于1956年3月1日生效。我只提及它的几个亮点:五年期、一年期或无限期的协议可供选择(1962年,99.2%的经销商按照五年期协议经营);政策放宽限制,经销商有权指定一名合格者在他去世或失去经营能力后接手;详细说明评价经销商的销售业绩的基础;作了若干变更,以便在当时的条件下改善经销商的经济状况。

双方签订了长期的销售协议比如五年期的之后,即使通用汽车会因经销商业绩不良提前90天通知解除合同,也必须考虑很多重要的分销因素,比如人口变动、产品潜力、经销商效率、经济趋势和竞争等,这些因素通常全都有可能发生变化。这种政策对经销商组织的效率和积极性的影响只能由时间和经验来评估。

通用汽车的分销政策还有其他重要的变化，其中之一是任命一位退休的美国地方法院法官担任外部中立决断人，来代替经销商关系理事会，去听取和查明事业部决定予以处分的经销商的申诉。另一个是在经销商分区理事的选举方式上。经销商首先在片区层面进行选举，然后这些选出来的经销商在地区层面选举代表，并从中选举一位代表所在地区，由这样选出来的经销商组成全国理事会。

　　通用汽车经销商理事会现名为总裁经销商咨询理事会，组成该理事会的经销商群体一直是由通用汽车指派而不是选举出来的。我们觉得，由于通用汽车特殊的建制——目前由五个轿车事业部和一个卡车事业部构成，如果经销商理事会以选举为基础产生，那就需要相当复杂的安排。理事会中各个小组的成员人数反映了特许经销商的规模、经销商群体的规模、地域分布以及与各事业部的对应关系。

　　事情已经做了很多，但是还有很多事情要做。问题仍然存在，如果允许它们继续得不到解决，则很可能意味着我们目前所知的通用汽车特许经销系统的终结。但是有什么替代方案吗？就我所知只有两种：要么是制造商所有、经理们运营的经销系统，要么像香烟那样人人都可经销，而由制造商维持一个服务机构系统。我对这两种方案都不屑一顾。我相信长期盛行于汽车业的特许经销系统，对制造商、经销商和消费者而言是最好的解决方案。

第十七章
通用汽车票据承兑公司

通用汽车拥有美国最重要的金融机构之一，通用汽车通过它提供消费金融服务。一个对汽车业历史感到陌生的人可能想知道这些是怎么发生的。

先谈一谈历史事实。在过去数年里，通用汽车的子公司通用汽车票据承兑公司（GMAC），把在美国授予的与汽车销售相关的预估信用扩大了16%—18%。GMAC仅从通用汽车的经销商那里寻找业务，并跟银行、其他销售金融公司、信用卡联盟以及地方借贷机构展开竞争。之所以说"展开竞争"，是因为这并不是一个封闭的业务；通用汽车的经销商可以自由使用他选择的金融服务，他的零售顾客同样可以这样做。GMAC目前的年度总业务量，在零售信用方面达到40亿美元，在资助经销商从通用汽车采购的批发信用方面达到90亿美元。

我们是40多年前进入这项业务的，那个时候首次出现了向汽车分销商提供金融服务的需要。批量生产带来了对广泛的消费金融方式的需要，而当时的银行对此不屑一顾。他们忽视——要我说是拒绝——满足这一需要，因此，如果汽车业要大量地销售汽车，就必须另辟蹊径。当 GMAC 1919 年成立时，全国性的消费信贷便利尚不存在。远在我能记得的时候，别人告诉我，还要在此之前便有商人为住房、家具、缝纫机、钢琴以及其他太昂贵致使大多数人无法用现金购买的商品授予分期支付贷款，料想银行肯定也向选中的个人借出过一些钱用于此项目的。

因此，原则上看，消费金融概念不是一个新鲜事物。据我了解，莫里斯计划银行①在 1910 年前后开始提供汽车消费金融服务，这种做法从此生根发芽。但是，消费金融以例行的方式应用在汽车上，在 1915 年仍是一件新鲜事。那一年，我的朋友约翰·威利斯，他当时是那一时期最成功的汽车制造商之一威利斯—奥弗兰公司的总裁，劝说我去做担保证券公司的董事。该公司为威利斯车和其他品牌汽车的销售提供消费金融支持，它即使不是事实上的第一家，也是首批汽车消费金融机构之一；成立这种机构，是为了填补常规信贷便利的缺失所造成的空白。这也是我第一次接触分期付款购买计划。由于当时我还在海厄特，显然并不生产或经销汽车，所以我没有第一时间对它产生兴趣。倒是担任通用汽车财务委员会主席的约翰·拉斯科布，在创立 GMAC 一事上起了重要作用。我从当时任职的执行委员会方面，对这个想法给予了支持。

随着一封标明日期为 1919 年 3 月 15 日的信的发表，成立 GMAC 的公开声明作出了。信是杜兰特先生写给 GMAC 首任总裁阿莫利·哈斯克尔的，部分内容如下：

> 业务的规模提出了新的金融服务问题，目前的银行设施似乎没有足够的弹性来克服此类问题。
> 我们的产品，尤其是客车和商用车辆，其需求的持续增长相应加大了我们的经销商在最需要银行贷款时银行进行季节性调控的难度；这类银行贷款对于处理基于经销商的能力和我们产品的价值所发展的业务量是完全必要的。

---

① 专营小额贷款和信贷的银行集团，其首家银行是弗吉尼亚律师亚瑟·莫里斯 1910 年建立的。——译注

第十七章 通用汽车票据承兑公司

这一事实导致我们得出一个结论：通用汽车有限公司应该施以援手，去解决这些问题。由此，通用汽车票据承兑公司成立了；该公司的职能是对地方金融资源提供必要的补充，以保证我们的经销商的业务获得最充分的发展。

这里说几句那个时候的银行和制造商之间的心态差异。我猜测，银行家的心思肯定都放在了巴尼油田和乘坐旧式小汽车沿着当时存在的林荫大道进行周日远足上；也就是说，他们把汽车看作一项运动和乐趣，而不是自铁路之后最伟大的交通运输变革。他们认为，把消费信贷扩展到普通消费者是一种风险太大的冒险。此外，由于相信凡是助长消费的行为势必打消节俭的念头，他们在道义上反对资助奢侈品消费。结果，汽车主要以现金交易的方式卖给消费者。

分销商和经销商也不得不发展他们自己的融资来源，这主要出自他们自己的资金，辅以顾客的现款押金和银行信贷。汽车信贷的这个阶段在汽车业的早期运转得不错，在那个时候，分销商握有众多的片区内合同并能够进行现款销售。他们这时候应付资金需要还不是太难。然而随着业务增长，而制造商继续要求货到付款，经销商根本没有足够的资金来维持存货，更不用说支持分期付款的零售销售了。

就这样，1915 年，大约在汽车业将要成为美国销售额最大的行业之前 8 年，在正常的银行渠道之外，汽车业的分销系统没有任何常规的零售信用机构，而且这些渠道服务的面还非常窄。汽车业不得不发展自己的信用机构。

今天，经销商的存货有很高的比例得到了融资支持，美国所有的新旧车辆有大约 2/3 是通过分期付款销售出去的。那些怀疑消费信贷是否合理的人的焦虑被证明是没有根据的。

就 GMAC 而言，1919–1929 年，其分期付款零售赔付率大概是零售总规模的 0.33%。这个数字仅限于 GMAC，不包括经销商在处理因购车人未付已到期的分期付款而重新占有车辆后的情况。1930 年，这个比例上升到 0.5%，1931 年为 0.6%，1932 年为 0.83%。到 1933 年，这个比例大约等于 0.2%。因此，在衰退最严重的时候，这个比例也从未到达过 1%——一个表明系统安全性和购买者诚信与否的关键分水岭。

当我们首次对通用汽车的产品的分销和销售提供系统的金融服务时，我们根本没想过这个系统将会遭受像大萧条这样严峻的考验，或者它能够在这样的考验中生存得如此之好。然而，我们确信，只要我们正常关注其中的风险，那么，为我们的产品的批发、零售和销售提供金融服务，就能促进合理的正因缺乏信贷而受到限制的汽车需求。

今天，在美国和加拿大以及许多其他海外国家，GMAC 直接或者通过子公司进行运营。GMAC 是专为满足通用汽车的经销商和分销商的信贷需求而设立并一直经营至今的，而且它始终把自己的活动限定于为经销商分销和销售我们的新旧车辆提供金融服务。

GMAC 同时为批发和零售交易提供金融计划。其批发金融计划为通用汽车的经销商提供服务，借助此类计划，他们可以使用信托收据或其他担保文件来建立通用汽车的产品的存货。经销商在购买了相应的债权之后就能获得产品的所有权，然后便可以零售这些产品。如果他未能按要求支付债务，或者未能遵守其他事先商定的条款或条件，GMAC 有权收回产品。

1919-1963 年，区别于消费者，GMAC 为分销商和经销商一共在 4300 万辆新车和通用汽车的其他产品上提供了金融支持。同一时期，GMAC 为消费者在总计超过 4600 万辆汽车上提供了金融服务，其中 2100 万辆新车、2500 万辆旧车。

GMAC 的零售金融服务方式被称为"GMAC 分期支付计划"，其内容是，在通用汽车的经销商与零售顾客签订合同后，可以从经销商那里购买经双方认可的分期销售零售合同。然而，GMAC 没有义务把经销商交上来的每一份合同都买下来，同样，经销商也没有义务提供合同给 GMAC 购买。这种交易对双方来说都是自愿的。GMAC 有权拒绝它不想承担的风险。经销商如果认为对自己有利，可以把合同文件放到其他地方。如果经销商确实把合同提交给 GMAC，而且所有的信用要素被证明是令人满意的，GMAC 就会购买这些债权，然后由 GMAC 而非经销商收取所有来自消费者的分期付款。

在美国之外，由于当地法律和其他情况的差异，GMAC 金融服务计划和经营的技术形式可能有所不同。除此之外，就零售和批发类金融服务计划而言，世界的其他部分都紧紧跟随美国的模式。我们的经验是，针对我们的产品的批发、零售与分销而提供的审慎的金融服务在海外取得了与在美国一样的效果。事实表明，在汽车金融服务领域，国内外普通消费者都是非常良好的商业风险承担者。

GMAC 的基本政策是在 1919–1925 年形成并完善的。一开始，我们有两个动机，一个是建立系统的有效性，另一个是为顾客争取合理的利率。我们对于从中发展赢利业务感兴趣，我们也对顾客的长期信誉以及保护他们免于承担高利率感兴趣。

消费信贷的风险主要集中在不履行责任、违约汽车的收回和旧车市场。因此，预付定金和还款期限、买者的还款能力以及信贷机构对所收回违约汽车的处置，就变得很重要了。经销商作为消费者的债务的背书人，对他们来说最重要的是要由所售汽车作抵押，若有必要，抵押品可以收回，并以公平的价格转售。

沿着这些思路，杰出的经济学家 E.R.A. 塞利格曼教授在我们的赞助下，花了好几年时间对消费信贷进行了研究。他的研究结果令我们颇受鼓舞。他的两卷本著作《分期付款销售的经济学》是该研究的结晶。它于 1927 年出版，并成为该领域的权威作品。我相信，它极大地影响了银行家、商业人士和公众对分期付款销售的接受程度。

塞利格曼教授得出的一些结论，在今天已被当做公理接受，但在当时还是很新奇的。他说，分期付款信贷不仅增强了储蓄的动机，还提高了个人的储蓄能力。它不仅促成了提前消费，还通过与经济的互动实际提升了购买力。它既能稳定生产，还能提高生产水平，因此，消费信贷利大于弊。

有一个早期问题我们必须回答，那就是，经销商应该承担多重的金融负担。关于经销商们对消费者的债务毫无节制地背书，我们没有什么经验去衡量经销商在这方面实际承担的风险的大小。除了转售被收回的抵押物的价差损失这个风险之外，还存在另一个风险，那就是，作为抵押物的汽车可能会因消费者的改装、政府的没收而消失，或者因撞车事故而变得一文不值。

1925年，由于GMAC时任副总裁A.L.迪恩的一项详尽的研究，我们对消费信贷计划作了修订，以限制经销商方面的风险。根据修订后的计划，在顾客第一次未履行合同后的90天内，如果抵押物无法回到经销商手上但状况良好，则GMAC同意承担零售交易的任何损失。另外，它还规定，GMAC应该从信贷收费中拿出一定的比例来设立一个储备基金，用以弥补因上述情况而引起的任何损失。就这样，经销商在所有销售上的利润在很大程度上不受信贷消费的影响。

同一时期，通用汽车的另一个子公司（即通用交易保险公司）开始提供火险、盗险和撞车事故险。这家公司向提出了要求的顾客提供针对车辆的物理损坏的保险（而不是针对诸如公共责任和财产损失之类的保险）。这对经销商很重要，因为在那段日子，为汽车提供保险的公司都非常挑剔，购买者并非都能购买得到汽车保险。由金融公司提供物理损坏险的想法后来获得广泛的接受，经过一些修改，成为金融公司与经销商间的关系的标准模式。今天，我们为分期付款的消费者提供物理损坏险的公司是汽车保险公司——GMAC的一家子公司。

那个时候，有些金融公司将经销商从消费者不履约导致的责任中解脱出来。这种"无追索权的"系统有一个缺点，它会减少经销商审查分期付款申请的兴趣。而且，由于若干明显的原因，这种方式运行起来更昂贵。这其中，至少有一个事实是，在销售被收回汽车时，金融公司因所处的位置不能像特许经销商那样将汽车卖个好价钱。消费者最终通过承担更高的信贷费用支付了所涉及的额外成本。

起初，GMAC选择了不走无追索权的道路。这有许多原因，其中之一就是上述给消费者增加成本的问题。GMAC觉得，解除经销商在零售分期付款交易中的所有责任是不可取的。它觉得，由于有了归还抵押物的保证，它就能够以给消费者最低成本的方式的同时给经销商提供必要的保护。经验证明这是正确的。然而，由于竞争压力，GMAC还是在其服务中加上了无追索权计划。

信贷费用本身就是一辆汽车的成本中一个重要的元素。这么多年来，通用汽车和GMAC一直在强调这个事实。GMAC指出，如果买主不必要地延长还款时间或降低首付比例，就会招致额外的、不必要的成本。GMAC一直在开展反对超额信贷收费的活动——我认为可以公平地说，它在这件事上领袖群伦。跟GMAC关联最大的人是小约翰·舒曼，他是1919年进入GMAC的，并从1929年一直到1954年，担任了25年的总裁。他是一位支持扎扎实实的实践的强势领导，并给公司打下了他的个性烙印。他用不妥协的方式推行着以久经考验的诚实和公平交易准则为指导的政策与实践。

在通用汽车1937年的年度报告中，为支持舒曼的政策，我写道：

> ……向消费者收取超出最低公平费用的做法，是不符合公司的服务政策的；公司提供服务，是要争取让公众可以用最低的合理的价格从经销商那里得到合乎需要的服务。

在这一点上，历史出现了有趣的转折。1935年，GMAC宣布了所谓的"6%计划"。计划告诉公众，他们可以在初始未支付余额方面得到信贷支持，每年收取6%的费用——这是计算信贷收费的传统形式，因而也是比较不同金融机构的收费的基础。按照实际发生的利息计算，这笔垫款的实际利率当然更高；但是，GMAC遵循了行业惯例并广而告之。GMAC相信，"6%计划"为消费者提供了一个便利的众所周知的标尺去衡量他的实际信贷费用。有人向联邦贸易委员会投诉说，这是一种"不公平的贸易做法"，这种做法误导了公众，使他们相信所说的信贷费用只是简单的利息率。我认为我们在广告中说得十分清楚，这个"6%"是一个乘数（即不是利息率），但是委员会裁定GMAC必须停止继续使用术语"6%"——在我看来，这么做对收取高费用率的金融公司有利，而对消费者不利。

1938年，政府攻击通用汽车和GMAC，指控通用汽车经销商被要求使用GMAC的金融服务。通用汽车否认自己提出了这个要求，强调我们的兴趣仅限于保护消费者的利益，并劝说我们的经销商遵循我们向顾客收取低费用率的政策。

然而，政府在印第安纳州的南本德针对通用汽车有限公司、通用汽车票据承兑公司、两家子公司和18名执行官提起了刑事诉讼。审判在1939年秋季举行，并以一个非同寻常的、明显矛盾的裁决结束：宣布所有18名执行官被告无罪释放，判处四家法人被告有罪。其后，政府针对通用汽车、GMAC和上述两家子公司提起民事诉讼，依据的是同样的指控：通用汽车经销商被要求接受GMAC的金融服务。1952年，经过与司法部反托拉斯局长时间的抗辩，我们接受了一个裁定：为通用汽车和经销商的关系、GMAC和经销商的关系设定基本原则。我们在这些原则下运转良好，GMAC仍然独立地开展业务，跟其他金融机构进行竞争。

临近1955年年底，我还有通用汽车的一些执行官被要求出现在华盛顿，出席由参议院反托拉斯和反垄断分委员会主持的一个听证会。在这次主要与"大"有关的听证会期间，相当详细地讨论了GMAC的情况。有些人觉得GMAC应该脱离通用汽车。我对分委员会所做报告的结论感兴趣。报告声称，通用汽车比其他汽车制造商更有竞争优势，因为它拥有一家销售—金融公司，所以应该强迫它放弃这项活动。

但是凭什么？其他的汽车销售商赚得盆满钵满。GMAC提供给通用汽车的优势是一种合意的对消费者公平的关系。而且我可以高兴地说，GMAC在为消费者和经销商提供经济服务的同时，也为通用汽车建立了一项有利可图的业务。

在其他多少类似的行业中，有很多企业也认识到了这种销售—金融子公司的价值，例如，通用电气公司拥有通用电气信用有限公司，国际收割机公司拥有国际收割机信用有限公司。那种认为应该把一个为消费者谋福利的销售和分销工具从通用汽车或任何其他公司中剥离出去的建议让我震惊，这种建议在我们正常的事物发展进程中太不同寻常了。在我看来，这种建议只能出自这样的群体：他们为了一己私利，攻击GMAC早期的充满远见、关心公众利益的活动以及应该在服务及服务的成本方面公平对待公众的政策。

我同意GMAC当时的总裁查尔斯·斯特拉德拉1955年向该分委员会陈述的简单事实。他说：

> GMAC可能通过与通用汽车的联系而拥有某些优势。保证服务连续性、利益一致性、公平对待等将会伴随这种关系而来；

几乎可以肯定，有经销商会受到这种保证的影响。[GMAC 的]贷款人会受到要保证适度的资本化、健全的管理以及保守的金融政策和做法的影响。另一方面，除非这些优势获得了 GMAC 的历史业绩及其对合理做法的孜孜以求的支持，否则，这种关系在相关各方的眼里是没什么帮助的。

GMAC 在早期岁月帮助了汽车消费金融的形成。它具有一定的影响力，使首付款和还款期限两项条款保持在适度保守的基础上。它力促给予消费者合理的费率，它在这个方向上的自律性努力逐渐影响了立法：如今，超过一半的州通过州法律设定了最高费用率。我相信，所有的州都对费用率立法的日子为期不远。在我个人看来，这是正确的程序，假如各州设定消费者合理的低费用率上限的话。

虽然用立法来有效控制公众为分期付款信贷的好处而支付的最高费用率可能是可取的，但是，我从来没有觉得，经销商和消费者之间交易的其他条件，比如首付比例和还款期限，也应该由法律调节，除非国家出现紧急情况。这并不意味着，我还有某些人没有意识到消费信贷过度膨胀的危害。过往记录清楚显示，GMAC 一直不主张过低的首付比例，并一直把还款期限保持在合理的限度内。我认为可以补充一点，保守的金融服务对于汽车业的健康发展是必要的。那些首付过低、还款期限过长的人绝不可能很快就有钱再买一辆新车。

1955 年后期，对于消费信贷可能已过度膨胀、对首付比例与还款期限的控制可能已变得太宽松，很多地方表达了相当的关注。在我看来，这些结论并没有得到事实的支持。有人鼓动通过立法控制消费信贷，以便抑制通货膨胀。在 1956 年 1 月的经济形势报告中，美国总统提出了一个问题：永久性地授权一个政府机构对消费信贷进行应急控制是不是一个对其他稳定措施的有益补充。总统先生透过经济顾问委员会，把对这个问题的研究工作交给了联邦储备系统。我们和其他人一样，对此项研究期间发放的调查问卷作出积极响应，并陈述了我们认为没必要采用这种做法的理由。我们相信，一般而言，可以放心地把消费信贷的控制交到消费者和贷款方的手上，除非国会发现了特殊的情况表明要另行处理，或者国家发生了紧急情况要求总统采取行动。联邦储备委员会1957年发表的一份声明指出，除了其他事情，"消费性分期付款信贷的波动一直大体处在一个迅速成长和充满活力的经济所能容许的限度内"；"现在不建议在和平时期设立一个专门的机构来调控消费性分期付款信贷"，而且"如果使用一般的货币措施和应用正确的公共或私人财务政策能够抑制消费信贷潜在不稳定的发展势头，那么广泛的公众利益就能得到更好的服务"。我同意这些观点。

就GMAC而言，我一言以蔽之，它遵循着保护消费者利益的原则，提供了一种和产品相关的服务。它给消费者、经销商和公司带来的好处在我看来是显而易见的。

第十八章
公司在海外

美国和加拿大之外的自由世界，1962年消化了750多万辆轿车和卡车，1963年则消化了超过800万辆。通用汽车在这个海外市场占据了一个重要的位置，1962年，汽车销量总计为85.5万辆，1963年预计为110万辆。我们的海外业务事业部现在已经成为一个大型的国际组织，拥有超过13亿美元的资产及大约13.5万名员工。该事业部负责22个国家的汽车制造、装配和仓储活动，负责我们产自美国和加拿大的产品的出口，负责自由世界除美国和加拿大之外各个国家（大概150个国家）中通用汽车的产品的分销和服务。该事业部1963年的销售额预计为23亿美元。

回顾过去40年间该事业部的迅速成长，人们可以把我们在海外取得的发展视为我们国内发展的一个自然而不可避免的延伸。事实上，根本没什么东西是不可避免的。关于通用汽车的海外政策在过去的岁月中的形成历程，我回顾了一些相关文件。这些文件让我回想起了该政策漫长而复杂的历史，它们还让我想起了那些艰难的决定，我们的发展据以转向的决定。因为海外市场并不只是美国市场的延伸。在组建我们的海外业务事业部时，几乎一开始我们就遭遇了若干重大的基本问题：我们必须确定，海外是否存在美国车的市场，以及有多大的市场——如果存在的话——哪种美国汽车具有最大的成长前景。我们必须决定，我们是要成为出口商，还是在海外建立生产基地。当事情变得很清楚，我们必须参与一定的海外生产时，接下来的问题就是，是建立我们自己的公司还是收购并发展既有的公司。我们必须想出一些在严格的法规和义务下生存和发展的方法。我们必须发展出一种特殊的适合海外情况的组织形式。基本政策确立后，所有这些问题在20世纪20年代几年的时间里，在公司内部得到了充分考虑。

今天，通用汽车以两种方式参与海外市场：作为美国轿车和卡车的出口商以及作为小型外国车辆的海外生产商。比如，1962年，有大约5.9万辆轿车和卡车以整车打包（简称SUP）的形式从美国和加拿大出口海外。这意味着，这些车辆在外运时已经完全装配成了整车，只需作少量的调整就可以上路行驶。另有4.6万辆以全散件组装（简称CKD）的方式出口海外，它们必须在通用汽车位于海外的十个装配厂之一组装成整车（通常，CKD货物不包括某些当地可以供应的零部件，比如汽车装饰物、轮胎）。合起来，通用汽车共有超过10.5万辆轿车和卡车从美国和加拿大出口海外，它们囊括了通用汽车各事业部在美国国内供应的各种车型。

此外，1962年，有大约75万辆汽车是在海外设计和生产的，1963年预计为100万辆。1963年的增幅反映了欧宝新生产的一款小型车的引入。通用汽车在海外的三个主要汽车制造子公司分别是位于德国的亚当·欧宝、位于英国的沃克斯豪尔及位于澳大利亚的通用汽车—霍顿有限公司。这三家公司，每家制造的汽车从美国标准看都是相对较小型的汽车，这种车在当时主导了海外市场的几乎每一个地方。这三家公司为通用汽车全资所有，而且它们现在全都拥有它们自己的大量的出口业务，并能将汽车装运到全世界的各个国家。近些年，我们分别在巴西和阿根廷建立了制造厂，前者在1962年生产了1.9万辆卡车和商用车辆，后者在近期开始了发动机整机和冲压制品的生产。

公司的海外业务主要依靠我们的海外生产设施。1962年，在通用汽车所有销往海外的车辆中，大约88%是在海外生产的。这一比例一直在上升，并有可能在接下来的年月里继续增加，因为主要的扩张项目已经于近期被我们的海外生产厂所完成。另一方面，公司现在从美国和加拿大出口的量并不比20世纪30年代的更大，而且实际上比20年代后期的更小（在出口达到峰值的1928年，公司从美国和加拿大发运了差不多29万辆车到海外）。

美国人易于忘记这个市场现在仍是不发达的。其潜力看起来几乎是无限的，在世界上的广大地区，汽车时代现在只是"小荷才露尖尖角"。大量的地区仍未有优质的公路投入服务。甚至西欧的工业国家，在机动车的使用上也远远落后于美国。欧洲共同市场的各个国家，若合在一起计算，大约每9人拥有一辆机动车，与之相比，美国每3人拥有一辆车。通用汽车现在的海外销售量赶上了公司迟至1926年的美国本土销售量。

关于海外业务政策的发展，在我们早期的探索中，现实很快让我们准确地意识到了经济国家主义所产生的问题。从汽车工业最早期的岁月开始，美元储备少的海外国家就对进口美国汽车（和其他美国产品）征收高昂的关税，并施加严厉的配额管制。这种国家主义导致很多国家迫切要求相应产品的国内生产，即使在国内市场看起来太小，就连一个有效率的、完整的汽车工业都维持不了的时候。

1920年，整个海外市场消化了大约42万辆轿车和卡车，其中大约一半是在四个西欧工业国销售的：英国、法国、德国和意大利。这个西欧市场虽然是最富有的，但也是最难以渗透的，因为这四个国家作为一个整体，所购买的机动车中大约有3/4都是他们自己生产的，而且他们决心去排除实际的美国人的竞争。该海外市场的另外一半是由分布在全球各地的相对不发达的国家组成的。在这个"第二市场"，美国制造商普遍可以自由进入。

虽然对于每个国家，我们是"具体国家具体处理"，但是在20世纪20年代期间，某种经营模式开始在我们的海外业务中出现。我们逐渐察觉到，两种主要的市场情况在海外占主导地位。第一种情况主要局限在西欧。表面看，我们对欧洲大陆的出口业务蒸蒸日上。但是实际情况变得越来越清楚，就长期而言，我们的欧洲出口和分销系统受到国家主义的威胁。我们继续尽我们所能地开展我们在那里的出口业务，并且我们通过在若干欧洲国家建立装配厂来巩固这个地位。这些装配厂通过利用当地的管理人员和劳动力，使我们更密切地参与地方经济成为可能。而且，随着我们获得与当地的供应状况有关的经验，我们越来越多地使用当地的各种资源，诸如轮胎、玻璃、装饰一类的东西。换言之，我们可以从美国发运不含这些零部件的未组装汽车，然后在经济上证明合理的情况下，在当地采购并组装这些材料。跟出口整车相比，这还有一个优势：它导致了更低的税款缴纳。（今天，美国汽车是由位于比利时、丹麦、瑞士的通用汽车组装的。）但是，我们越来越确信，公司在欧洲的未来就落在汽车的本地化生产上。对于这种在欧洲进行本地化生产的情况，我们负责各出口公司的詹姆斯·穆尼作了有力而坚定的陈述。然而，对于我们在海外建厂进行生产是否明智一事，公司中以我为首的执行委员会一直到20世纪20年代快要结束时都仍然持有怀疑态度。

在欧洲以外的世界广大地区，即那些未深度工业化的地区，一种不同的市场情况占据上风。多年以来，没有哪种制造业务在这些地区是可行的。相应地，我们在那里的工作不得不以出口为主，其中SUP和CKD货运扮演了重要的角色。今天，我们在欧洲以外的装配业务位于南非共和国、秘鲁、墨西哥、委内瑞拉、澳大利亚、新西兰和乌拉圭。

虽然我们在海外的整车销量自1925年以来增长了8倍多，但是我认为，可以公平地说，这些业务的特点及我们基本的海外市场战略均是在20世纪20年代确立的。

关于取得一个欧洲生产基地，我们首先考虑的是法国的雪铁龙公司。为收购雪铁龙的一半权益所进行的谈判一直持续了1919年的夏季和秋初的好几个星期。在这一年，正如前面提及，为了研究欧洲的汽车工业，杜兰特先生派出了一个由通用汽车的执行官组成的考察团到海外去。考察团以哈斯克尔先生为团长，成员包括凯特林先生、莫特先生、克莱斯勒先生、钱皮恩先生和我，实际负责谈判工作的正是这个考察团。安德烈·雪铁龙先生是一个有进取心和想象力的商人，而且巧合的是，他对出售他的公司感兴趣。直到我们在法国的行程结束时，我们仍然不确定收购这项资产是否明智。我记得，在我们应该扬帆回国之前的那个晚上，我们在克利翁酒店的套房一夜未睡，一直坐到第二天早上，就这个问题进行了详尽的辩论。总体上，我们赞同收购，但是其中有一些具体的难处。一个是，法国政府不喜欢这个由美国资本接管一家对法国的战争有着重大贡献的企业的想法。另一个是，雪铁龙的生产设施对我们没什么吸引力，而且显而易见，如果我们同意经营雪铁龙，所需的经营性投资将远远超过创办成本。此外，该公司当时的管理层并不完全胜任。当天晚上，我们一度讨论了一个提议：要么克莱斯勒先生要么我移驻法国经营雪铁龙。我个人对这个提议不感兴趣，并辩解说，总体上我们自己在国内的管理层还没有强大到向外输出高级管理人员，以供经营雪铁龙之所需。

我有时也想知道，如果克莱斯勒先生或我同意代表通用汽车去经营雪铁龙，汽车业的历史将会有多么大的不同。在那个时候，汽车业还很新，正处于爆炸性的扩张期，其未来是由一小部分处于领跑位置的人塑造的；事情往往是资本去追逐这些人，而不是这些人去追逐资本。不管怎么说，在我们应该启程之前数小时，我们决定不收购雪铁龙。这家公司后来被米其林公司接管，在后者的帮助下经营得非常好。通用汽车从未在法国建立过一家汽车制造公司；不知怎的，时机和条件似乎从未完全对过。不过，我们在法国的确有一块很大的电冰箱业务，我们还是那里的一家重要的生产商，为汽车工业提供火花塞和一些其他的零部件。

为了保证公司在海外的汽车制造地位，我们接下来的努力是在英格兰作出的。20世纪20年代初，美国车在英国市场的未来看起来很糟糕。所谓的麦肯纳税针对所有外国车辆竖起了一道令人望而生畏的关税壁垒。此外，汽车牌照费是按发动机的马力数进行评定的。用以确定马力数的公式极大地偏向于小缸径、长冲程、高速度的发动机，这对美国的发动机很不利，因为后者的缸径基本与冲程长度相等。而且，由于保险费通常跟牌照费挂钩，因此一辆美国车的拥有者遭受双重不利。总而言之，在1925年的英格兰，一辆雪佛兰旅行车相关的税费、保险费、车库费达到每周一英镑（约合每年 250 美元）——这一切都是在正常的运行成本之前的。相对而言，一辆英国产奥斯汀的车主的相关费用是固定的，每周也许是 11 先令（约合每年 138 美元），而且他的初始成本也更低。

虽然美国车向英国的出口受到这些环境因素的阻碍，英国的汽车制造商却面临着它们自己的一些困难。到 20 世纪 20 年代中期，大量的制造商进入了英国的汽车工业，但是它们合在一起的年产量总计只有约 16 万辆轿车和卡车，这些车还要分到大量的设计款式和价位水平上。因此，英国的生产商缺乏许多跟美国的大规模制造相关联的经济性，它们的价格也被习惯性地压低。于是，在获得一个制造基地时，我们必须考虑长期的前景，大的即时性的收益是没有任何希望的。

我们的第一项努力指向了对奥斯汀公司的收购。该公司 1924 年生产了将近 12000 辆汽车，这在那个时候的英格兰是相当大的产量了。穆尼先生是当时负责通用汽车出口公司（现海外业务事业部）的副总裁，他在 1924–1925 年期间就收购奥斯汀公司的前景，跟我和公司的其他高层讨论了很多次。我们看到，甚至在麦肯纳税的保护被暂时中断的时候，奥斯汀公司仍设法使其销量和利润获得了增长。（他们于 1924 年 8 月 1 日搬迁，然后于 1925 年 7 月 1 日重建。）1925 年春，穆尼先生考察了奥斯汀公司的资产，并写了一份报告，建议我们收购它们。7 月，公司组织了一个考察团，远赴英格兰进行深入考察。考察团包括弗雷德·费雪、唐纳森·布朗、约翰·普拉特，当然还有穆尼先生。8 月，考察团给我发来下述电报：

> 考察团一致同意该英国公司将对通用汽车出口公司有益。认为我们可以买下奥斯汀 100 万英镑的所有普通股证书，留下发行在外的 160 万英镑累积优先股，要求支付 13.3 万英镑红利（总计 5495050 美元）。我们认为这次投资除了保护和增加美国制造商的盈利外，还能获得至少 20% 的投资回报。保守估计扣除债务后的净资产为 200 万英镑，外加 60 万英镑商誉（总计 1261 万美元）。可否授权我们，若我们本身一致同意即可结束交易？

第十八章 公司在海外

同一天,我打电报给出如下回复:

> 财务委员会称,6月18日的会议将批准执委会的任何建议。若贵考察团无保留地一致同意收购之可取和我们满意的价格之公平,则往下进行并授权你们这么做,我们这里不可能对收购或提议的支付价款是否适当作任何判断。交易实际作出即请回电,使我们能作适当声明。这里情况一切安好。此致!

然而,交易从来没有达成。在这里,我不想重述谈判过程中出现的种种阻碍,我只想说一说有关奥斯汀资产评估方式的主要分歧。9月11日,穆尼先生给我打来电报,说我们的收购提议已被收回。

当我回忆这件事时想到,我听到这个消息时实际上松了一口气。因为在我看来,奥斯汀在很大程度上有着类似于6年前雪铁龙让我困扰的不利之处。当时,它的实体工厂条件很差,管理也很弱。而且,对于我们自己的管理是否强大到足以弥补奥斯汀的不足,我还是有一些疑问的。实际上,随着我们在国内外的扩张,我们在管理上的强项在不断稀释,这在整个20世纪20年代都是一个问题。

读者们可能想知道,在这种情况下,为什么我还是授权给我们在英国的考察团,来首先结束这个奥斯汀交易。实质上,答案是,一直以来,我试图以一种怀柔性的而非高压性的策略经营通用汽车;当大多数人反对我的想法时,我常常倾向于放弃。我可以补充说,涉身于这种情况的通用汽车高层官员都是具有非凡天分和强大信念的人,而作为总裁,我觉得我应该尊重他们的判断。但是请注意,在我给我们在英国的考察团的电报中,我把交易职责完全放在他们的肩上。他们必须把它承担起来。

在奥斯汀交易失败后不久,我们便开始了又一项谈判,去收购沃克斯豪尔汽车有限公司,一家小得多的英国企业。这宗在1925年下半年进行的收购在通用汽车没有引起多少争议。沃克斯豪尔制造一种定价相对昂贵的汽车,其大小跟我们的别克相差无几,年产量只有约1500辆。它绝不是奥斯汀的一个替代品;实际上,我只把它视为某种在海外制造汽车的实验。然而,这个实验看起来颇有吸引力：我们所需的投资仅仅 2575291 美元。

在我们接手的最初几年，沃克斯豪尔一直在赔钱。我们逐渐清楚地认识到，如果我们希望在英国市场取得大得多的份额，就必须开发一种更小的车型。穆尼先生急于尽快地开始这种车的开发。他也把沃克斯豪尔视为我们的生产业务在其他国家扩张的一个前奏。关于我们的海外业务的未来，我本人的感觉远不如这个时候的他那么清晰，而且在总体上，我在接下来的数年里采取的思路是，我们应该缓慢而谨慎地行动，直到我们为海外业务制定了一个清晰的政策。

然而，具体的事实是，虽然我们已经作出了我所描述的进军海外生产的手势，并拿下了沃克斯豪尔，但是执行委员会仍未明确提出一个海外政策。1928 年，公司内部就这个问题开始了关键性的辩论。1928 年 1 月，虽然我仍在关心如何使我们的位置保持灵活性，我还是向执行委员会提出了下述初步构想：

> 认识到利用额外资本达到提高公司的利润、发展业务的目的是可取的，执行委员会就原则而论，倾向于考虑要么以独立自主地利用此类资本的形式，要么通过与外国制造商联合，利用额外资本实现在制造业国家开展汽车制造的目的。

就这样，我就进行海外制造的可取性原则上表达了我的意见。我的这个意见曾在 1 月 26 日由执行委员会作了细致的考虑，并被下令归档而未有任何具体的行动。显然，我们仍然处在政策的摸索之中。到这个时候，宽泛的政策问题终于集中在几个特定的问题上：我们应该使沃克斯豪尔扩张，还是应该将它作为一笔糟糕的投资而勾销掉？在欧洲制造汽车真的有必要吗？或者，从美国出口的改良版雪佛兰能够在欧洲市场与欧洲车进行竞争吗？我们尤其不肯定的是在德国何去何从。如果我们决定在那里造车，那么，应该将我们的柏林装配厂扩建为一个制造业务，还是应该和其他某个生产商联合经营？我们的海外运营人员，尤其是穆尼先生，倾向于赞成既有设施的扩建，我则倾向于与一家德国厂商联合经营。其中的任何一种方式，都肯定有实质的理由作支撑。

执行委员会在3月29日再次讨论了这个海外制造的问题，然后在4月12日又作了讨论；在后一次会议上，我们特别讨论了我们是否应该在英国和德国生产一款小型车的问题。事实上，执行委员会1928年全年都在讨论这个问题。当时有一种强烈的情绪，认为我们的出口部门应该局限于将美国车销往海外，而不应该进入海外制造。与此同时，我对下面这个建议感兴趣：我们应该在美国建立一个机构，去设计一款改良版的"小块头"雪佛兰，一种能够规避英国和德国沉重的马力税的汽车。我觉得，如果这么做了，那么可以证明，在沃克斯豪尔开发一种新的小型车，或者在德国进行汽车生产，就是不必要的了；或者，如果在国外生产这样一种汽车在将来变得有必要，那么，我们至少手头有一种车型。无论如何，我希望在上述任何一国采取进一步的行动之前，所确定的事实能令人人满意。

在执行委员会1928年6月4日的一次会议上，我敦促各位委员分别与穆尼先生谈话，以期此类讨论可以澄清我们的思路。7月，穆尼先生给我写了一份长长的备忘录，详述了他对所有这些问题的看法。几个星期后，我把这份备忘录，连同我自己对穆尼先生所提出的要点的评论，一同交给执行委员会传阅。兴许，描述这些争鸣的观点并重塑某种讨论氛围，最简单的方式莫过于从他的备忘录中摘引一些内容。

穆尼先生提出的首要观点之一涉及出口公司进行持续扩张的可取性。他指出："过去的5年间，出口事业部将其出口额从2亿美元提高到2.5亿美元……我们的总体问题……是要将我们的出口额从目前的2.5亿美元水平，在尽可能短的时间里提升到5亿美元，并提供一种手段将一种持续的增长维持到未来……"

穆尼先生进一步指出："……今天，我们能够提供用于在世界市场上销售的最低价位车型是雪佛兰，它使用户付出的成本比它使美国用户付出的成本大约多出75%，而世界市场用户的支付能力只有美国用户的约60%。因此，雪佛兰在投放到世界市场时，并不是处在最大规模的细分市场上，而是属于一个相对高价位的车型。"

穆尼先生沿着下述思路，证明他关于沃克斯豪尔的扩张是合理的：

（1）我们已经开始实施一个我们拟议通过新增一种车型进行扩张的制造计划；

（2）我们在英国拥有一个庞大的和正在成长的分销系统，并且在沃克斯豪尔作了一笔必须予以保护的投资；

（3）大英帝国涵盖了美国和加拿大之外的世界市场的38%，在把英国看作出口市场的一个来源的时候，这个事实很重要。

讨论接下来转向了我们未来在德国如何行动的问题，在这一问题上，穆尼先生就下述要点提出了自己的解释：

（1）通用汽车在柏林有一个装配厂，所以我们已经以这个形式拥有了一个既有的机构；

（2）我们提议在这个工厂生产某种车型，而不是取得欧宝汽车公司的权益；

（3）既然德国的汽车工业处在形成期，那么，成功建立一个制造业务基地，其时机正合适；

（4）我们现有的投资必须予以保护；

（5）德国不仅国内市场潜力巨大，而且处在一个向邻近国家出口的好位置。

我同意他的一些主要观点，而对于其他一些观点，就像我已经提出的那样，坦率地说我还没拿定主意。我和穆尼先生之间一个明显的分歧涉及我们应该在德国采取的政策的一个方面。我把那里的情况视为像这样的东西：如果我们的想法是造一款非常小的车，远比雪佛兰要小——假定这是一件经济上划算的事情——那么，我们还不如直接跟欧宝打交道。我觉得，较之在一个我们很大程度上不熟悉的国家自力更生、单打独斗，这种方式将使我们获得一个更好的开端。

接下来的6个月时间，我们的德国政策最终确定了。1928年10月，由通用汽车的法律总顾问约翰·托马斯·史密斯和查尔斯·费雪陪同，我到欧洲作了一番视察。我们走访了公司遍及欧洲的出口和装配业务，还访问了亚当·欧宝汽车公司。这次访问激起了我事先的收购欧宝的兴趣，于是经过谈判，我敲定了一个通用汽车对欧宝的优先收购权。这个收购权将于1929年4月1日到期，而且我们商定，如果我们收购欧宝，我们将支付3000万美元，具体价格将视对该公司的尽职调查而定。

1928年11月9日，我向执行委员会报告了这次协商的情况。委员会总体上赞同这个收购欧宝的想法，而且共同决定，我们应该进一步调查其资产情况。在委员会1928年11月22日的一次会议上，我们决定派遣一个调查委员会去做这件事。经最终商定，委员会包括：史密斯先生，他将担任委员会主席；阿尔伯特·布拉德利先生，助理财务主管；C.B. 德拉姆先生，别克制造部门负责人；E. K. 温纳伦德先生，工厂布局和物流规划专家。调查委员会启程前，我交给史密斯先生一份正式备忘录，概述了照我看来的形势。我要求他把下列问题牢记在心：

1. 关于限制将在何时加诸我们身上；美国出口的汽车将在何地被局限于较高价位的汽车；真正的市场从规模角度看，将在很大程度上转向本地产汽车；经过演变，由此产生的影响将注定在较高价位的汽车上显现。难道我们不应该预期这些吗？

2. 无论在欧洲大陆，还是在英国和海外国家，一种比现在的雪佛兰少一些奢侈元素的车型，若经设计和开发，使之能够以比现在的雪佛兰足够低的价格出售，生产这种车难道没有巨大的机会吗？

3. 假定上述第2点正确，即使现在还不正确……通过德国工业的发展，当制造成本方面的差异低于关税和进口费用时，尤其是把马力税的不利因素纳入考虑之列，因为它将导致从国外进口越来越受到限制，那么这一点将很快达到。这样去假设难道不合理吗？

4. 公司通过在欧洲大陆和英国的运作，去保护其庞大的组织、巨大的销量和归属于它的巨大利润，以及通过投资于海外制造业并使该额外资本获得大量的回报，在某种程度上为其他地方的海外业务提供保护，难道没有这样一个机会？

我以下述一般性的警告语作结：

……我尤其想单独对贵委员会各位成员，以及对身为主席的您说的是，你们不应该把任何事视为理所当然——点点滴滴都应该用"开放的心态"去研究和处理，不要带偏见，唯一的目的是获得事实，不论这些事实将我们引向何方。事实上，从资本投资和组织扩张的角度看，这是自现任管理层负担起行政管理职责以来，公司采取的最重要的步骤之一。通用汽车进入国外制造领域势必"一石激起千层浪"，注定会引发大量的讨论，不论是在业界还是在政界，因此，做建设性的事情并以建设性的方式做事，我们能否建立起这样的形象仍是悬而未决的。在对这个问题进行分析时，贵委员会不仅对它自己，而且对整个公司，都负有巨大的责任。

调查委员会大约是1929年1月1日启程的，18日我便把欧宝问题——其实是整个的海外生产问题——摆在财务委员会的面前。该委员会总体上赞同这个欧宝交易，并一致通过了下述决议：

经决议，执行委员会的一个分委员会将受命远赴海外，目的是确定购买一项实质的权益是否适宜，以结束或延长通用汽车有限公司持有的、一个以1.25亿马克收购德国欧宝汽车公司全部业务的优先收购权；在该问题上，不论他们的意见如何，该分委员会都拥有全权去处理与此相关的事宜，以维护通用汽车有限公司的最大利益；可以理解，如果欧宝公司的部分所有权留在欧宝管理层的手上，那么，留有上述权益附带的这种关系是可取的，因为这将使通用汽车有限公司以后能够在原价格加累积利润的基础上取得这项权益（如果公司在未来有计划扩大其在欧洲的业务，而当时的情况表明这样一条与任何此类计划相关的道路可取的话）。

上述记录清楚表明，执行和财务两委员会现在意见一致。被授权去结束欧宝交易的分委员会包括我和弗雷德·费雪，后者是公司董事，同时在财务和执行两委员会任职。5月初，我们启程前往欧洲，并在巴黎与调查委员会会合。后者递给我们一份标明日期为1929年3月8日的报告，体现了他们有关欧宝的调查结果。报告很完整，所提建议干脆而明确。在给身为公司总裁的我的附函中，他们写道："我们强烈建议行使优先收购权，按照修改后的条款进行收购。"报告中相关的调查结果可以总结如下：

（1）德国国内市场处在大约跟1911年的美国市场相近的发展状态。

（2）德国是一个天然的制造业国家，其煤炭、钢铁供应良好，并拥有大量的熟练工人。为了发展其国内经济，德国必须生产和出口过剩产品，而且要以低廉的成本进行生产。由此可见，要想在德国汽车市场取得成功，必须在德国造车。

（3）亚当·欧宝公司是德国最大的汽车制造商，它引领了低价位市场。1928年，它生产的汽车占所有在德国销售的德国产汽车的44%（占所有在德国销售的汽车的26%）。

（4）亚当·欧宝公司位于吕塞尔斯海姆的工厂拥有完善的汽车制造设备和设计精良的建筑。70%的机械装置都是在过去的4年间经过精挑细选后采购的。差不多所有的非标工具都已报废。该工厂柔性强，随时能适应新的车型。高级劳动力储备充足。

（5）欧宝拥有736家经销店，形成了德国最好的经销商组织。

（6）在公司净有形资产（1800万美元）之上再支付商誉费（1200万美元）是合理的。我们要在德国兴建或装备一个新的制造工厂，需要至少两三年的时间，才能在高效和盈利的基础上正常运转，这段从头开始所要求的时间，足够赚回向欧宝支付的超出净资产的那部分费用。

（7）此次收购将使通用汽车拥有欧宝的经销商组织，而且我们将获得"德国背景"，而非必须以外国人的身份开展经营。

在我和费雪先生看来，很明显，这份翔实的报告充分支持了调查委员会的建议。于是，我们决定批准这次收购，然后前往亚当·欧宝的总部吕塞尔斯海姆。没过多久，我们达成了一项协议，其内容只是稍稍不同于我上次取得优先收购权时商定的协议。最终的协议规定，我们以2596.7万美元的代价获得了欧宝80%的权益，此外，我们获得了一个优先购买权，可以花费739.5万美元购买剩余的20%权益，欧宝家族则收获了一个"优先卖出权"，他们有权在5年内按指定的价格范围将这20%权益卖给我们。1931年10月，欧宝家族行使了这个卖出权，通用汽车由此以总计3336.2万美元的成本，获得了亚当·欧宝公司的全部所有权。

虽然欧宝是一家运行良好的公司，但它并非没有管理问题，特别是在最高政策层面。而且，在我们看来，该公司还有一个跟其经销商有关的问题。其中的很多经销商都建立了他们自己的商店，出售相当精密的机器，这些商店能够制造各种备件。亚当·欧宝公司尚未开发出一套可互换件系统。当某顾客需要某种备件时，经销商不得不制作这种部件，以适合顾客的那辆车；否则，即使经销商从工厂获得了某种部件，他也不得不对它再加工。这对于习惯了基于可互换件的批量生产系统的美国生产商来说，没有什么意义，于是我们开始着手纠正这个问题。

收购欧宝公司使我们在德国处于有利的位置。欧宝公司1928年生产了约43000辆轿车和卡车，从美国的标准看，这个产量是很小的，不过，对于我们的急剧扩张计划，我们也丝毫没有保密的意思。欧宝交易完成之后不久，公司总裁格海姆拉特·威尔海姆·冯·欧宝便把所有经销商和分销商召集到一起，在法兰克福开大会；他们总共约有五六百家，有些来自德国，有些来自欧宝产品出口的邻近国家。我向这群人陈述了通用汽车的各项政策。我对他们说，虽然德国是一个高度工业化的国家，但是从美国的标准看，它的汽车产量是非常低的，我预期有朝一日欧宝的年产量可以高达15万辆。当这些话翻译成德语时，会场上一片嘲笑。我被视为又一个不切实际的、做白日梦的美国人。然而，在我现在写这个的时候，欧宝的产能已经提高到65万辆。

接管欧宝之后不久，我们任命I.J. 路透先生为常务董事。路透先生曾是我们的奥兹事业部的总经理。他是一位既有工程技术背景，又有生产和销售经验的运营执行官；他还有德国血统，德语说得相当流利。为了使路透先生接受这项任命，我大费口舌，做了大量的劝说工作，他最终被说服了。1929年9月，我、他以及几个我们选作他的助手的人一起来到吕塞尔斯海姆，为他的上任举行了正式就职仪式。

虽然在总体上，我本人的观点在我们的德国政策的发展中占据上风，不过，穆尼先生的各项建议最终在英国得到采纳。到1929年，事情已经很清楚，我们要么必须扩建沃克斯豪尔，要么放弃英国市场。穆尼先生关于沃克斯豪尔应该开发一种形体较小的轿车的主张获得了成功。一款价格较低的六缸车型在1930年问世了。沃克斯豪尔首次进入商用车市场的事实也使这一年值得瞩目。该公司在卡车业务上获得了一个强势地位，但是其在客车业务中的位置仍然令人失望。因此，我于1932年年初委派一个委员会前往英格兰，为产品计划撰写报告并提交建议。在当时负责财务的副总裁阿尔伯特·布拉德利的主持下，该委员会建议沃克斯豪尔停掉目前的客车生产线，然后生产和销售一种更小、更轻的六缸乘用车，过一段时间再开一条四缸生产线。新的"轻型六缸"车和马力更小的四缸车分别于1933年和1937年引入市场。委员会的建议对沃克斯豪尔具有持久的意义。目前，沃克斯豪尔的年度产能已扩张到39.5万辆客车和卡车。

在获得欧宝和扩建沃克斯豪尔的过程中，通用汽车经历了一个重要的变化。它从一家国内制造商转变为一家国际制造商，随时准备好为其产品寻找市场，并在环境证明合理的情况下用制造和装配设施和组织机构为这些市场提供支持。一个高层次的政策决策确定了。

我们在20世纪20年代后期收购沃克斯豪尔和欧宝是一件幸事。因为当世界范围的大萧条在1929年爆发之后，我们的出口业务陷入了突然而急剧的下降——就像其他美国生产商一样。通用汽车从美国和加拿大出口的汽车从1928年的29万辆下滑到1932年的仅仅4万辆。此后，出口量开始再次增长，但是我们的海外产量增长得更快。1933 年，沃克斯豪尔和欧宝的销量首次超出了通用汽车的美国产汽车在海外的销量。在战前，所有海外业务——包括国内和海外生产的车——的最高峰出现在 1937 年。这一年，我们从美国和加拿大出口了 18 万辆车，并销售了海外制造的 18.8 万辆车。

当然，我们整个海外业务的前景在第二次世界大战爆发后是非常不确定的。即使假设轴心国最终失败，我们仍然难以肯定地断言，世界大部地区在战后盛行怎样的政治和经济情况。1942 年，经我建议，我们在公司内建立了战后规划政策组，并委以它繁重的责任：对世界未来的政治形势进行一些预测，并就未来的通用汽车海外政策提出建议。我是这个政策组的组长。通用汽车副总裁兼海外业务事业部总经理爱德华·赖利挺身而出，就战后海外世界的政治和经济形势，向我和政策组细致地总结了这方面可以利用的最佳思考。大部分此类发现包含在一封标明日期为 1943 年 2 月 23 日的信中。由于它是我们在战争期间对未来海外业务的大量思考的指导原则，这里我将从这份文件中作稍微详细的引述。

……我将乐于提出来，作为我们的信念的是［赖利先生写道］……在本次战争后，美国将承担并拥有比一战结束后更强大的地位和姿态。我这么说的意思是，不论国内政治发展的道路如何……由于过去 1/4 个世纪的经验，美国将不再退缩到对世界问题和活动不闻不问的孤立状态。世界的问题和活动，若离开美国的指导、干预和支持而允许它们自行其是，已经并可能再次转向跟我们的利益完全相悖的方向……

在英格兰……我们相信，未来事件的某些迹象可能已经得到确认。

在这些事件中，正如我们今天所能看出的，英国已决心通过高效率的生产，以由此而来的低成本为基础，作为一个世界性的贸易国家在重要的地区进行竞争，而不再继续战前那种由卡特尔保护的基础工业的方式，因为这种方式导致高昂的生产成本，从而需要保护市场。

在英格兰，另一个可辨别的趋势是，英国人毋庸置疑地日益认识到,密切与美国的政治合作,才能最好地保护大英联邦未来的繁荣和安定。

……根据当今可获得的信息,我们觉得在苏联的政治思想中,占主导的中心路线将一如既往,可以用和平发展的措辞来表达,而不是通过侵略性的战争行为进行对外征服……

苏联的影响不仅向西导向了欧洲,还导向了南方和东方。伊朗、印度、中国甚至日本已经在过去感受到了这种影响力……苏联将在战后继续努力,在各个方向保持这种影响力。

我们觉得……苏联的社会和政治哲学……将继续向外扩散,越过苏联的国境线,进入那些其环境有利于接受和发展这种哲学的地区……针对这种苏联哲学的扩散,最有效的对抗方式是破坏或缓和有利于其发展的环境,并向人们展现代表美国和英国的生活体系可以向人民群众提供同样多或者更多……

上述一般性的观点的净结果是……大概会在苏联的西方、南方和东方形成某些分界线或分隔线,在线的里面,苏联的思想将占优势,在线的外面,美国和英国的观点占主流。

……基于过去的经验,二战后,强大的苏联影响之下的地区大概不会是我们这种生意的沃土。

虽然这些预测是作为尝试性的"据理推测"提出的,但是事实证明它们在总体上相当不错。我认为,我们可以将战时的展望总结为我们预先提出了某个类似"冷战"的动向;但是与此同时,我们有信心认为,战争结束后,我们的海外业务能够在世界的广大地区繁荣兴旺。

经过对赖利先生的报告和其他大量材料的研究,我们的海外政策组在阿尔伯特·布拉德利的主持下,于1943年6月正式通过了一项涉及公司的海外扩张计划的声明。政策组面临的一大问题是,战后,我们是否想要在国外新收购一些制造企业。声明注意到了世界范围内的工业化趋势,并暗示这种趋势将会继续并强化。它继续表示,通用汽车期望在公司拥有海外业务的地方参与并支持这些趋势。"但是,"声明表示,"任何在战前不曾拥有整车生产条件的国家,通用汽车不相信它们在战后一段时期具备或者被发现具备支持完整的轿车和卡车制造所需的基本条件。只有澳大利亚是一个例外……"换言之，除了澳大利亚，我们预期在战争结束后，我们不想再取得其他制造基地。

我们在战后面临的最重大而紧迫的问题跟欧宝的财产有关。这些财产在战争开始后不久就被德国政府查封了。1942年，我们在欧宝的总投资达到约3500万美元，根据财政部就敌控资产所作的一项裁定，我们可以将这笔投资从应税收入中扣除。但是这项裁定并未终止我们对该欧宝资产的兴趣和责任。随着战争结束的日益临近，我们获知我们仍被视为欧宝股份的所有者；我们还获知，作为所有者，我们可能有承担该笔资产的责任。

在那个时候，我们对于是否恢复对欧宝的控制权悬而未决。我们不知道财产的实际情况，而且我们的纳税地位很不明朗。一个受命研究此问题的委员会阐明了这种情况。1945年7月6日，它在一份提交给海外政策组的报告中写道：

1. 由于缺乏有关该财产状况的可用信息，因此，关于处理掉该股份投资是否明智，现在还无法达成任何决定……

2. 有意见认为，在这个时候以账面金额卖出这部分股票，可以排除因该欧宝财产的复原而引起的任何进一步的纳税义务，这种观点是不正确的……

3. 处理战时损失恢复的法令，就目前而言，在有关恢复的税率、税收限制、恢复日期和评估方法等方面一点儿都不明朗……

使问题进一步复杂的是，苏联正提出要求，应该把这些欧宝财产作为赔偿转交给他们，而且有一段时间看起来好像这件事有可能成真。但是，在战争已经结束后的1945年下半年，美国政府采取强硬的态度，对这个举动针锋相对。或许，我应该提及，通用汽车在任何有关可能将这些欧宝财产用作赔偿的讨论中没有扮演任何角色。实际上，我一度感到我们根本不可能把欧宝视为一项赚钱的业务。我给赖利先生写了一封信，标注日期为1946年3月1日，信中写道：

> 无论正确还是错误，我的个人信念是，在现有的环境下……就我们目前所能看出的，没有任何正当理由认为，从盈利的角度看，通用汽车无论如何都应该承担它在战前所承担的相称的任何运营责任……在我看来，一个诸如在您的假设中所表明的有限市场，似乎并不能证明这一切我们将必须去经历……

我的悲观结论恐怕反映了战争及其灾难对人们的情绪的极大影响，当然，在欧宝的情况中，大量的未知因素倾向于强化我的感觉。这种感觉随着从这些未知领域中逐渐展现的未来和演变的事实而发生了变化。通用汽车和位于美国控制区的盟国军政府之间的谈判在接下来的两年持续进行。美国驻德国军政府长官卢修斯·克莱将军明确向我们表示，他支持我们尽快收回这些资产。他强调，如果我们不确定收回时间，那么这些资产势必转给德国委派的一个保管机构。

1947年10月20日，运营政策委员会向财务政策委员会建议，通用汽车应该恢复对亚当·欧宝公司的控制权。这一建议跟海外政策组的发现一致，后者也建议恢复控制权。

1947年12月1日，财务政策委员会在考虑了这个问题后，下令委派一个调查委员会，去调查有关亚当·欧宝公司当时的实际情况。这个委员会是由时任公司总裁C.E. 威尔逊任命的。它的主席是B.D. 孔克尔，一位有经验、有能力的运营执行官。其他成员包括：E.S. 霍格伦，来自我们的海外运营部门；弗雷德里克·唐纳，当时负责财务的副总裁；亨利·霍根，当时的法律总顾问；副总裁R.K. 埃文斯，一位有着工程技术和生产经验，并具有多年海外经历的执行官。

委员会于2月21日离开纽约，3月18日返回。在此期间，他们仔细检查了欧宝的财务状况，拜访了驻柏林、法兰克福和威斯巴登的军政府代表，以及很多德国人，包括欧宝的执行官、重要的供应商、德国政府的地方代表、欧宝劳资协议会的官员等。调查委员会在完成其调查前，还联系了英国、荷兰、比利时和瑞士的实业家、银行家、政府官员，以及美国国务院及美国军方在华盛顿的代表。

1948年3月26日，该委员会的调查结果被递交给公司总裁。他们是以类似于资产负债表的形式呈现其报告的，其中列出了支持恢复控制权的要点，以及反对这么做的要点。他们自己的建议是我们应该恢复对欧宝的控制权。然而，在1948年4月5日的一次会议上，财务政策委员会质疑了在当时要求通用汽车恢复对欧宝的经营职责的正当性。那次会议的纪要显示如下：

> 标注日期为1948年3月26日的报告（编号：580）已从该特别委员会收到。该委员会是由总裁任命的旨在考察恢复在西德的经营是否可取。
>
> ［财务政策］委员会的结论是，考虑到围绕着经营这项资产的许多不确定因素，公司在这个时候恢复其经营职责是没有正当理由的……

海外政策组1948年4月6日开了一次会，讨论了执行委员会4月5日的会议上得出的结论。在进一步考虑了特别调查委员会的报告之后，海外政策组的意见是，财务政策委员会对于恢复对亚当·欧宝公司的控制权之所以总体上持反对态度，很大程度上起因于该委员会各位成员的心目中对当前形势的某些重要方面的不确定性。政策组认为，这些不确定因素可以归结为几个基本问题。我在讨论中敦促说，如果这些不确定因素之处的大部分能够在一份简短的备忘录中清楚地列出并澄清，那么它们就可以提供一个基础，用于财务委员会重新考虑有关恢复控制权的问题。我建议由赖利先生准备这样一份备忘录的基本材料，并声称，如果到备忘录完成时大家都同意，经这样处理的要点具备足够的内容和效力，我将乐意提交一份更深入的报告，并请财务政策委员会重新考虑整件事。

威尔逊先生给我写了一封信，标注日期为1948年4月9日。他在信中指出，自财务政策委员会那样的行动以来，他已经对欧宝的情况胸有成竹。从这封信中摘引内容如下：

……我星期一惊讶地发现，在［财务政策］委员会中，除了唐纳先生赞成并支持特别调查委员会全体一致的建议外——他是其中的一员——只有我一个人乐意恢复在德国的运营……

然而，在我看来很明显，这件事不能长时间地停留在目前的状态，必须再次由FPC（财务政策委员会）考虑。我不相信，在意大利大选结束以前，在沃尔特·卡彭特和阿尔伯特·布拉德利能够加入讨论并分担最终决策的责任之前，他们会开始重新考虑此事……

针对威尔逊先生的来信，我给他写了回信，注明日期为1948年4月14日。信的部分内容如下：

……您说您星期一惊讶地发现，委员会中除了唐纳先生以及也许还有布拉德利先生外，只有您一个人乐意恢复在德国的运营。这么说是不对的。就我而言，我自始至终都乐意恢复在德国的运营。而且我现在仍乐意这么做，条件是一份明确的我能够始终如一地支持的详情清单……

我参与财务政策委员会的那次会议，寄予的希望是沿着你假设的路线，我们能够落实一些明确的原则。我敦促大家考虑这一点。由于他们缺席，我被迫违背我的基本信念，而采取了一个否定的立场……

这件事现在处于一种令人很不满意的状况，我同意你的这个意见。我在星期一的会议结束时有这种感觉，在随后的星期二的讨论之后，这种感觉甚至更为强烈。正是由于这个原因，就像我星期一让他们考虑的那样，我在星期二敦促提出一个具体的提案，列出使我们能够继续往下走的条件。我完全相信，如果这一点能够做到，那么，FPC改弦易辙不是不可能的。无论如何，这要靠他们去努力了。

随后是我和赖利先生之间的一系列讨论，澄清一些不确定因素并确定现实的限制，使它们从运营的角度可为海外业务事业部所接受。作为这番观点交流的结果，我起草了一份注明日期为1948年4月26日的报告，并提交给财务政策委员会。我在报告中强调了如下几点：

1. 必须认识到，这次的问题不同于1928年出现在当时的财务委员会面前的问题。这一次并不是我们是否将以运营的方式进入德国的问题。事实上，我们现在已经在那里了。最初的问题总体上涉及一个非常重要的主要政策原则，这一点我将在后面阐述。说得更具体些，1928年的问题涉及：一、非常可观的资本量的输出；二、我们能否在外国组织一项完整而高技术的制造业务的不确定性；三、一个稍有不同却相关的产品线，其市场的潜力如何；四、盈利的可能性和其他考虑因素。而现在的问题不必考虑任何资本输出……

2. 毫无疑问，这份报告反映了就建设型企业的基础而言，存在着一种接近于经济停滞的情况，否则可能会怎么样呢？自战争结束以来，就一种建设型的和进取性的重建冲击而言，整个德国的经济一直处于现在这种状态……

3. 通用汽车将保持为一家国内企业，在本国制造，并将其产品出口到有市场的地方，还是注定要作为一家国际性组织继续扩张，在出现建设机会的地方制造产品，以支持或独立于其美国国内生产，这个问题在20年代后半段已有定论……我确信，通用汽车必须积极主动地遵循这一政策——无论它是否愿意。我相信，涉及任何具体的问题，唯一的考虑因素是，从长期的商业立场看，盈利机会能否证明这个险值得去冒。

我特别提出了下述建议：

1. 贵委员会应该重新考虑其4月5日会议上达成的决定，并对本报告作进一步考虑。

2. 贵委员会应授权欧宝公司管理层大约两年的尝试期恢复控制，两年尝试期过后再根据届时既有的环境对现实情况进行评估。

3. 我们借以恢复管理职责的条件，将如此后所界定。其目的不在于如此界定的条件将由任何权威来保证，或者任何权威将承担起与这些条件相应的责任。其目的在于，这些条件将仅仅用作一个预设基础，在这两年尝试期的任一时间，如果根据我们的业务管理部门的意见，运营条件已经变化，从而继续经营变得无效或者不可行，那么就从该管理责任中退出。

报告的第四点详细说明了第三点中提到的条件：通用汽车不应该冒险向欧宝追加任何资本；应该可以获得信用便利；我们应该在人事政策和行政管理方面拥有充分的自由；亚当·欧宝公司生产什么产品，应该唯一地由管理层决定；如果产品价格必须获得政府当局的批准，则应该允许动用资本获得合理的回报。

在1948年3月3日的会议上，财务政策委员会评估了欧宝的情况。会议纪要这样写道：

委员会从小艾尔弗雷德·斯隆那里收到了标明日期为1948年4月26日的报告（编号：606），报告建议委员会应该在某些条件下授权恢复对欧宝的控制权。会议得出一致意见，委员会应该将其结论建立在下述前提之上：（1）通用汽车有限公司将不再向或以任何方式保证向欧宝公司追加投资；（2）恢复控制权不得改变通用汽车有限公司的美国联邦所得税情况。

随后是关于通用汽车有限公司的纳税义务的一般性讨论。霍根和唐纳两位先生发表意见认为，通用汽车有限公司的美国联邦所得税情况不会受到这个时候恢复控制权的不利影响。

经附议，下述序文和决议获得全体一致通过：

鉴于财务政策委员会了解到，恢复对亚当·欧宝公司的控制权并不要求或强制通用汽车有限公司向或者以任何方式保证向欧宝公司追加任何资金。

鉴于本委员会了解到，通用汽车有限公司的美国联邦所得税情况不会受到这个时候恢复控制权的不利影响，因此，现在经决议：财务政策委员会向运营政策委员会建议，在这个基础上，它不反对恢复对亚当·欧宝公司的控制权。

　　并进一步决议：考虑到上述情况，应该在运营政策委员会认定为可取的条款和条件下恢复对欧宝的控制和管理。

　　并进一步决议：小艾尔弗雷德·斯隆撰写的标注日期为1948年4月26日、标题为亚当·欧宝公司的报告（编号：606）副本，应该转发给运营政策委员会，供其参考。

　　公司的态度现在已经明确。其目的是恢复对亚当·欧宝公司的控制权，在此之前，先要：一、财务政策委员会设定所需的限制；二、厘清不计其数的重要细节，这涉及跟美国占领军政府谈判有关欧宝资产的转交事宜，允许通用汽车有限公司恢复对亚当·欧宝公司的控制和管理。这些工作最终全部完成后，1948年11月1日，通用汽车有限公司发布了一篇新闻稿。

　　通用汽车宣布，我司已经恢复对亚当·欧宝汽车公司的管理控制，今日生效。该公司坐落在德国法兰克福美因河附近的吕塞尔斯海姆。通用汽车海外业务事业部前任欧洲区经理爱德华·茨杜内克被任命为公司的常务董事。本周当选的董事会由通用汽车的九位美国代表组成，其中，通用汽车海外业务事业部助理总经理埃利斯·霍格伦担任董事会主席。

　　到1949年，欧宝公司的轿车和卡车销量累计达到4万辆；此后扩张迅速，就像西德其他经济部门中令人瞩目的产业恢复一样。1954年，欧宝的销量达到接近16.5万辆，比战前的最佳水平还高。

　　正当我们在战后初期就欧宝公司进行谈判的时候，我们也在澳大利亚收购了一处新的制造基地。20世纪20年代初，我们曾在这个国家获得了第一个落脚点。此后，澳大利亚人对美国汽车的喜爱势不可挡，一些年份的美国汽车销售增长率超过90%。但是，澳大利亚政府给进口美国车车身制造困难，每辆旅行车车身的关税为60英镑——当时约合300美元。这项关税起源于第一次世界大战，因为当时运输空间非常稀缺，后来该关税得到鼓励，其理由大家耳熟能详——鼓励国内产业。由于这个高昂的关税，通用汽车1923年作出一项安排，从位于阿德莱德的霍顿汽车车身制造有限责任公司采购车身。该公司以前是一家皮革制品企业，在第一次世界大战期间开始制造车身。我们跟这家公司建立了密切的商业关系，并在20世纪20年代后半段几乎获得了它的全部产出。1926年，我们成立通用汽车（澳大利亚）有限公司，开始在澳大利亚发展装配厂，并构建我们自己的经销商组织。1931年，我们把霍顿公司全部买下，并将它与通用汽车（澳大利亚）公司合并，组成通用汽车—霍顿有限责任公司，开始制造一些零部件。就这样，到二战结束的时候，我们已经在澳大利亚拥有了制造经验以及自己的经销商组织，并且熟悉当地的市场。

我们是在战争正酣的时候，作出决定将霍顿扩建为一个"羽翼丰满"的制造基地的。正如我在本章前面提及的，1943年6月，以布拉德利先生为组长的海外政策组发表了一份声明，断定澳大利亚大概是唯一的国家，我们将会考虑战后在这里建设一个新的主要制造基地。1944年9月，海外政策组进一步决定，逐步迈向在澳大利亚进行整车制造将是可取的。这被证明是一个适时的决策，因为当年10月，澳大利亚政府正式邀请通用汽车和其他有兴趣的公司递交在澳大利亚制造汽车的提案。因为我们在这个领域的思路很大程度上已经明确，所以我们能够在接受这个邀请时反应迅速。一份标注日期为1944年11月1日的报告提交给行政委员会，陈述了在澳大利亚进行汽车制造的情况。该报告此前已经获得海外政策组的批准。报告指出：

（1）我们已经在一定程度上开始在那里进行制造了，达到完全一致的决定只是一个程度问题；

（2）对于汽车生产商来说，澳大利亚拥有熟练的工人、低成本的钢材和其他经济基础，而且有良好的气候；

（3）备选制造地点毫无疑问将意味着一个受保护的市场中一个下降的市场份额。

到了1945年3月，我们和澳大利亚政府当局就通用汽车—霍顿的法律地位取得一致意见。从那时起一直到1946年，通用汽车在底特律集合了一群由30名美国工程师、生产工人及其澳大利亚学徒组成的队伍，并就如何启动新的制造业务对他们作了简要的培训。在这群人离开美国之前，他们制造了三种原型车。1946年秋，这些人连同他们的家人共75人，乘坐一列专门租用的加拿大太平洋公司的火车，离开底特律前往温哥华。随他们同行的有测试汽车、所有必需的工程数据、几吨重的图纸和印刷品，以及大量的底特律精神。1946年12月，一艘租用的汽轮将他们从温哥华带到了澳大利亚。1948年，他们的第一批产品在澳大利亚市场投放，并售出了112辆。1950年的年产量已经达到2万辆，到1962年达到13.3万辆，目前，将产能提高到17.5万辆的扩建正在紧锣密鼓地进行之中。

第十九章

非汽车业务：柴油电力机车、家电和航空

通用汽车不仅制造轿车和卡车，还制造柴油电力机车、家用电器、航空发动机、运土设备和各种其他耐用品。总体上，我们的非汽车类业务大致占民品销售额的10%。然而，我们的产品多样性始终存在限制。我们从未生产除"耐用品"之外的任何东西，而且，除了少数例外，它们均跟发动机有关。就连杜兰特先生，虽然大力扩张和多元化，也从未建议我们进入任何显然处于我们的公司名称通用汽车①所暗示的范围之外的广泛领域。

这里并不尝试去逐一介绍我们所有非汽车类产品的详细历史。我们在柴油机业务的开创性工作、我们的弗立吉代产品线的发展以及我们的航空业务，有关它们的故事才是本章的主题。

若能发现通用汽车在汽车业务之外的冒险中有一种连贯的模式，那将是一件美好的事情，但是，进入这一图景的际遇和其他因素使

---

① 通用汽车的英文为 General Motor，其中的 motor 既有汽车之意，也有发动机之意。——译注

得很难这么做。当然，我们对多元化有天然的兴趣，因为它可以给我们提供一道屏障，去抵御汽车销售的任何下滑。但是，我们从来没有为非汽车类冒险制订一个总体规划；我们出于不同原因才涉足这些冒险事业，而且我们在某些关键时点上非常幸运。比如，我们之所以进入柴油机领域，是因为凯特林先生对柴油机有特殊的兴趣，这要追溯到早在1913年的时候，这一年，他开始试验柴油机，以试图找到一种适合的发动机，用于他想要制造的农场照明系统中的发电机。杜兰特先生让通用汽车进入冰箱业，则是出自他自己的原因。但是，正如我将要说明的，显然，如果不是因为一些事件的阴差阳错，我们可能在头几年就放弃弗立吉代了。而我们进入航空业，是因为我们认为小型飞机将会是汽车的一个重要竞争对手。

我相信，值得注意的是，这些在我们首次投资的时候，都是相对新颖的产品。那些时候，没有任何柴油机车能够在美国铁路系统中提供主干路服务；电冰箱只是一个不切实际的小打小闹；航空业的未来只是个别人的猜想。换言之，我们并不是简单地使用我们的财务和工程技术资源去"接管"汽车业以外的新产品。我们早早——时间长到45年前——进入并帮助它们发展。我们在这些领域的业务现在已经扩张了，但是在较近期的年月，除了1953年收购欧几里得道路机械公司（掘、运土设备制造商）、进入战争和国防工业之外，我们没有进入完全陌生的领域。

柴油电力机车

20世纪30年代初期，通用汽车小规模地进入了机车行业。那个时候，美国的铁路公司对于柴油机车，除了特殊的调车机车用途外，基本没有什么兴趣。然而，在不到10年的时间里，柴油机车就比蒸汽机车卖得多，通用汽车也比所有其他机车制造商合在一起卖得都多。因为我们引领了这场带给铁路业巨大节约的柴油机车革命，所以，电动机车事业部今天享有机车市场的巨大份额。

我认为，造成这一相当惊人的进步的，有两个主要原因：第一个原因很简单，为了制造重量轻、速度高的适合在美国的铁路上作长途使用的柴油发动机，我们进行了不屈不挠的努力；第二个原因

第十九章 非汽车业务：柴油电力机车、家电和航空

是，我们给机车业带来了一些汽车业中的制造、工程技术、市场营销理念。在我们开始制造柴油机之前，机车一直基于定制进行生产，铁路部门向制造商指定的要求达到了相当细的程度，以至在美国的铁路上运行的机车基本上没有哪两辆是相同的。但是，几乎从一开始，我们就给美国的铁路部门提供了一种标准机车，我们能够以相对较低的价格对其进行批量生产。另外，我们保证我们的机车每吨公里的净成本比使用蒸汽发动机的机车更低，而且通过维持服务机构、提供标准的替换零件，我们作出了很好的保证。这一方案彻底改变了机车行业，并保护了我们自己在其中的位置。

当然，在通用汽车首次对它产生兴趣的时候，柴油机的原理并没有什么新东西。1892年，一位德国发明家鲁道夫·狄塞耳获得了这种发动机的原始专利，并于1897年成功造出了一台25马力的单缸柴油机。美国早在1898年就造出了一种60马力的双缸柴油机。这些早期的装置基本上体现了现代柴油机车中的发动机的压缩点火原理。

四冲程柴油发动机的工作方式是：在活塞的第一个吸气冲程，发动机只吸入空气而无其他。活塞的第二个冲程对空气进行压缩，使其产生每平方英寸500磅的压力和大约1000华氏度的温度。在压缩冲程结束前，柴油在高压力下以细雾的形式注入燃烧室，高温空气点燃柴油。活塞的第三、四两冲程是做功和排气——就像汽油机一样。然而，柴油机既不需要汽化器，也不需要电子点火装置，因而拥有超过汽油机的简单性优势。

上述描述表明，柴油机能够将其燃料直接转化成能量来源。在这方面它不同于蒸汽机，后者的燃料只用来产生蒸汽；它也不同于汽油机，后者在点火之前必须使燃料汽化。这两种发动机都不如柴油有效率——实际上，柴油机是日常使用中热效率最高的热力发动机。现代的柴油机使用一种经过提炼的石油燃料，但是在过去也使用过其他燃油。鲁道夫本人曾打算在他的发动机中使用粉煤，但是为了避免划伤问题，他的工程师同事从一开始就劝他使用石油。后来，其他人试图遵循鲁道夫最初的意向实验性地使用过粉煤，其他燃料也被试过。但是，石油现在仍然是标准的柴油机燃料。

尽管效率很高，但是柴油机多年来在实际使用中是十分有限的。除了少数例外，柴油机都是个头大、很沉重而且运行缓慢，所以它们主要应用在发电站、泵、船舶等领域。它们每马力的重量为200-300磅不等，而这正是问题的核心——需要制造一种功率大、运行快、尺寸相对较小的柴油机。

前面说过，柴油机的原理并没有什么新东西。我可以补充一点，没有任何未知的原理涉及通用汽车所发明的柴油机的任何构件。所缺乏的，不过是解决实用问题的想象力、主动性和才能。

自20世纪的第二个十年起，欧洲人一直在做这方面的开发工作，而且到1920年，他们将一些柴油客车和机车投入了运行。到1933年，一些美国柴油机制造商已经成功造出了一些用于调车服务的柴油机车。由于重量是调车机车的一个优势，而且它们展现了高于蒸汽机车的经济性，所以它们获得了一定的成功。然而在美国，制造用于主干线客运和货运的柴油机车的尝试则没有成功，因为在这两种情况中，重量、功率和尺寸都是决定性的。平衡柴油发动机的各项指标，使之更易于控制，具有较低的重量—马力比率，是我们的工程师首要考虑的因素。

在通用汽车这样的大型组织中，罕有可能因发起了某项主要任务而将功劳或过失归之于任何个人。但是，在柴油机这件事上，查尔斯·凯特林几乎代表了整个故事。通用汽车研究公司是我们现在的研究实验室的前身，它早在1921年就在凯特林先生的密切督导下试制了各种柴油机。1928年4月，凯特林先生给自己购买了一艘柴油动力游艇，此后这类发动机便成了他的一个主要关注点。正如每个认识他的人可能猜测的那样，当他在自己的游艇上时，他可能更经常地在轮机舱里鼓捣，而不是在甲板上休息。他早已确信柴油机没有必要那么大和重得不切实际。

大约在同一时期，我开始对有可能为通用汽车开发柴油机一事产生了兴趣。如果我的记忆正确的话，我记得有一天我顺便来到位于底特律的研究实验室，对凯特林先生说："凯特林，在认识到柴油机的高效率之后，它从未获得更普遍的使用，这是为什么？"他以其特有的方式说，原因是这种发动机并没有按照设计者所希望的方

第十九章 非汽车业务：柴油电力机车、家电和航空

式运转。于是我对他说："很好——我们现在已经涉足柴油机业务。你告诉我们柴油机应该怎样运转，我将看一看我们可以投入什么制造设施以资助这项计划。"当然，说我们已经涉足柴油机业务只是一种说话的方式，意思是我将在公司里支持他。

1928年，凯特林先生和研究实验室的一个工程技术团队开始对当时由各家制造商提供的柴油机进行一系列广泛的测试。对这些测试的分析，结合对当时有关柴油机的科学文献的透彻研究，最终促使凯特林先生断定，他的问题的解决方案是所谓的二冲程柴油机。这种二冲程柴油机在当时并不是什么新鲜事物。实际上，在凯特林先生的结论中，真正出彩的部分是，他确信二冲程循环原理最适合小型柴油机。尽管人们在以前已经对它进行了彻底的探索，但是，它除了在尺寸大、速度低的柴油机中行得通之外，普遍因无法应用而被舍弃。

在二冲程发动机中，新鲜空气的吸入和已燃烧气体的排出是同一时间发生的。活塞每运动两次就做功一次，而不是像在四冲程发动机中那样每运动四次才做功一次。结果是，与等功率输出的四冲程发动机相比，二冲程发动机的重量只有1/5，体积只有1/6。但是，这种较小的装置带来了令人畏惧的工程问题。首先，凯特林先生开发的二冲程柴油机要求燃料喷射系统的精度高得多。特别是，研究实验室被要求生产并最终的确生产了一种油料喷射器，其零件的安装间隙只有十万分之三至六英寸，而当喷射泵迫使燃料通过喷嘴中钻出的直径约千分之十至十三英寸的小孔时，积累起的压力高达每平方英寸3万磅。二冲程柴油机还不得不配备一个外部空气泵。这成了又一项重大工程，但是最终研究公司交付了所需的东西：一个轻巧、紧凑的装置，它能够以三到六磅的压力抽吸大量的空气。

到1930年年底，事情已经清楚，二冲程柴油机切实可行，凯特林先生实现了柴油机技术上的一个重大突破。同样清楚的是，我向他承诺的提供制造设施的时间也到了。我们四处寻找所需的特殊设备。我们的这部分工作主要包括两家公司：温顿发动机公司和电动机车工程公司，它们均位于俄亥俄州的克利夫兰。

温顿是一家柴油机制造商，产品主要用于船舶（凯特林先生的

第二套游艇发动机就是他们制造的)。他们也制造某些种类的大型汽油发动机。电动机车是一家集工程、设计、销售于一体的公司，它本身没有任何生产设施。两家公司有着一种亲密的业务关系，这种关系差不多有十年之久。在这段时期，电动机车和温顿已经在铁路气电机车的设计和销售方面建立了坚实的业务和声誉。为这些铁路机车制造发动机是温顿公司在20世纪20年代的大部分时间里的主要业务。然而，相对于蒸汽机车，气电机车的运行经济性正逐渐消失，到这个十年快结束的时候，电动机车发现自己很难继续销售气电机车，这转而对温顿公司产生了影响。

针对这种背景，大约在1928年和1929年，温顿和电动机车开始认真探索将柴油动力用于铁路系统的可能性。电动机车当时的总裁哈罗德·汉密尔顿也遇到了凯特林先生正全力对付的燃油喷射问题。汉密尔顿当时也在努力开发一种小型柴油机。利用当时可获得的技术，他所能制造的最小的柴油机是每马力60磅自重的柴油机。他觉得，一台机车所需的柴油机每马力的自重不能超过20磅，发动机的曲柄的转速不能低于每分钟800转。虽然当时有几款柴油机近乎匹配这些规格要求，但是汉密尔顿先生感到，它们还无法达到他认为成功的铁路应用所必需的性能和可靠性。汉密尔顿先生意识到，他想要的柴油机所要求的金属管件和接头，甚至当它们必须在每平方英寸6000~7000磅的压力下携载燃油的时候，都能够保持很长的寿命。温顿开发不了这种冶金技术，汉密尔顿先生也不知道该行业有什么地方可找到这种冶金技术。最后，他断定，需要大约1000万美元的风险投资才能解决他和温顿的问题——其中，也许500万美元用于克服技术障碍，另外约500万美元用于为制造设施提供所需的设备和工厂。

汉密尔顿先生和温顿总裁乔治·科德林顿很快便认识到，他们无法从银行那里筹到这笔钱，铁路行业也没有什么地方存在这样的风险资本（铁路运营方和机车制造商均没有对柴油机显示出足够的兴趣去从事必要的研究）。然而，大约在这个时候，凯特林先生为他的第二艘游艇订购"温顿"发动机，由此认识了科德林顿先生。他购买这种发动机，只是因为科德林顿先生同意——虽然很不情

第十九章　非汽车业务：柴油电力机车、家电和航空

愿——为这种发动机装上一种新的燃油喷射器，这是温顿的一位工程师当时正在开发的一种喷射器，凯特林先生觉得它非常有前途。我不知道是谁首先提出让温顿加入通用汽车的主意的。不管怎样，1929年夏末，我们开始了正式谈判，有关收购温顿的协议在10月份差不多达成，就在这时，市场大崩溃模糊了这一前景。

但是，收购温顿对我们来说是一笔好买卖，这在我们的心目中是绝没有任何严重的问题的。首先，我们在这个时候对美国汽车市场的未来没有把握，这个市场在20世纪20年代末期一直没有扩张。这样一来，任何进入我们的视野、能够为我们提供不错的多元化机会的企业，我们都会自然而然地发生兴趣。

有关收购温顿的情况，副总裁约翰·普拉特在一份提交给运营和财务两委员会的备忘录中作了陈述。备忘录的注明日期为1929年10月21日，其部分内容如下：

> 过去的一段时间，我们考虑过可能收购位于俄亥俄州克利夫兰的温顿发动机公司，这个主题此前几次会议上非正式地讨论过。
>
> 可以相信，在美国，柴油发动机的发展已经达到这样的地步，它已经可以商业化并大致处在重要的扩张的前夜。温顿发动机公司无疑是美国杰出的柴油发动机制造商……
>
> 温顿公司有一个能干的管理层，暂时不需要另外派遣任何管理人员。如果它的业务持续扩张——我们相信将会如此——我们可以认为，给他们增派一位优秀的执行官，去担任助理总经理或销售经理，是可取的……
>
> ……收购这家公司将给我们一个工具，把我们的研究部门在发动机领域的开发成果资本化，并将提供实质帮助，使我们能够紧跟柴油发动机发展的步伐。其业务也应该取得合理的利润，而且，如果扩张持续，我们的大多数工程人员相信将会如此，我们最终将会从收购温顿所需的投资中获得良好的回报……

最后，温顿公司于 1930 年 6 月成为通用汽车的一部分，科德林顿先生继续担任总裁。温顿的主要市场仍然在大型船用发动机方面。① 收购温顿之后五个月，我们又收购了电动机车，而且同样由原公司管理层继续负责公司事务。在谈判收购电动机车期间，汉密尔顿先生和凯特林先生就轻自重柴油机的挑战一事，继续进行了长时间的讨论。1955 年，汉密尔顿先生曾在参议院一个分委员会的面前作证，他在证词中描述了凯特林先生对开发柴油机的巨大热情。"……就好像响铃刺激一匹拉消防车的马。"他回忆道。事实上，汉密尔顿先生心里清楚，吸引他加入通用汽车的不只是公司强大的经济实力。"……我们在通用汽车不只是拥有这些，"他说，"……在我当时了解的公司中，有很多都拥有充足的金融资源，但没有一家拥有在它当时所处的那个阶段解决这个问题所必需的智力手段，以及持之以恒地推动着它直至取得成功的勇气。至少这是我们在这个问题上的态度。"

温顿和电动机车大约像以前一样运行了一段时间。汉密尔顿先生和凯特林先生都以为，为铁路部门造出一种商业上可接受的柴油机需要花费相当长的时间。在此期间，凯特林先生将其大部分精力致力于完善二冲程柴油机。到 1932 年，凯特林先生确定他能够造出一种产生大约 600 马力的二冲程八缸发动机。由于凯特林先生的新发动机相对于既有的 600 马力系列的四冲程发动机优势明显，特别是在重量—马力比率方面，他的发动机看起来值得投入制造。

大约在这个时候，我们正在为"世纪进步"世界博览会准备我们的展出。博览会按计划将于 1933 年在芝加哥举行，我们的展出将是一项激动人心的展示——一条实际运转的生产雪佛兰客车的汽车装配线。我们需要一个用于该生产线的动力源，我们决定选用凯特林先生提议的两台 600 马力柴油机。

当我们最初想到用这种新的柴油机为我们的世博会展出提供动

---

① 1937 年，温顿更名为克利夫兰柴油发动机事业部，1962 年，其业务与电动机车事业部合并。也是在 1937 年，我们设立了底特律柴油机事业部，生产供船舶和工业使用的小型柴油机。尽管多年来它们的产品有所重叠，但是，底特律柴油机事业部专营小型柴油机，这在总体上是符合事实的。

第十九章 非汽车业务：柴油电力机车、家电和航空 337

力的想法时，我们考虑的是好好看一下发动机在实际操作条件下长时间的运行情况。我们主要关心的是证明凯特林先生的基本设计良好且实用，但是我们并未期望柴油机很快就能投入商业应用。不过，在用于展示的柴油机完成之前，我们对这件事的看法就大大改变了。

造成这种变化的主要是一位铁路公司总裁——伯灵顿公司的鲁道夫·巴德对这种柴油机突如其来的兴趣。巴德先生当时正希望能造出一种运行时在外观和经济性上给人以深刻印象的流线型、重量轻的新式客车。1932年秋季的一天，他在雪佛兰作短暂逗留，去拜访汉密尔顿先生，后者向他介绍了通用汽车的柴油机试验情况，并帮助他和凯特林先生建立了联系。这些发展前景令巴德先生兴奋不已。

于是他前往底特律，参观了通用汽车研究实验室。凯特林先生向他展示了二冲程发动机的试验样机，但是警告他说，八缸发动机尚未建造，肯定还需要大量的开发工作，才能正式地把它视为一种机车动力源。巴德先生也被告知，通用汽车计划将在世界博览会上测试这种发动机。

当博览会最终开幕时，每一个留意察看我们的柴油机的人都可以透过厚玻璃窗看到它们。然而，我们仍然对它们感到不安，我们负责展示的宣传人员被下了死命令，不得透露任何有关它们的信息——即使在某种意义上，它们才是我们的展示中最引人注目的东西。当时，这些发动机默默无闻，但是至少，巴德先生在整个展览会期间对它们给予了密切关注。他非常清楚我们在这些发动机上遇到的困难。他知道每天晚上都有一两名工程师不得不去维护它们，以保证它们第二天仍然能够正常工作。他知道凯特林先生的儿子尤金的意见。尤金是负责维护工作的人，他后来评论说："在这种发动机中，唯一工作良好的部分是量油计。"

尽管如此，巴德先生仍然继续催促我们提供一种他可以用在其伯灵顿西风号列车上的柴油机。当1933年联合太平洋公司公布其建造一种流线型列车的计划时，他变得比以前更执着了。联合太平洋规划的是一种只有三节车厢而没有任何机车的小型列车——动力部分作为车厢的一部分融入车厢本身。其动力来自一台由温顿制造的十二缸 600 马力的汽油发动机。联合太平洋的这种列车没有任何大的技术革新，但是它的图片被广泛传播，公众的反响十分热烈。突然之间，全国对流线型列车产生了浓厚的兴趣。巴德先生原本就强烈渴望将他自己的流线型列车投入商用，这一切可谓火上浇油。但是，他仍然想要柴油机动力。

我们本来宁愿再花一两年时间去排除凯特林先生的发动机上的缺陷，但是巴德先生的坚持最终说服了我们。1933 年 6 月，我们同意制造一种八缸 600 马力的柴油发动机，供他的先锋西风号列车使用。1934 年 4 月，后者投入试运行，此后故障不断，就像我们担心的那样。然而，各种缺陷被逐步消除。1934 年 6 月，巴德先生又订购了两台 201A 型通用汽车柴油机，供他们所称的双城西风号列车使用。与此同时，联合太平洋没有坐等流线型列车的交付。在此之前的 1933 年 6 月，他们向温顿下了一个新订单，这次订购的是一台十六缸 900 马力的柴油机，用于他们的六车厢铰接式卧车上；其后的 1934 年，联合太平洋又订购了 6 台 1200 马力的客车用柴油机，用在他们的"城市"系列火车上。

这些早期的柴油动力的流线型列车取得了惊人的成功。在一次值得纪念的从丹佛到芝加哥的试运行中，伯灵顿的西风号列车平均时速 78 英里，全程用时仅 13 小时 10 分钟。联合太平洋的"城市"号列车把西海岸至芝加哥的运行时间从超过 60 小时缩减到不到 40 小时。铁路公司的运行成本降低了、客流量大幅增长了。我们的这两家客户立刻开始要求我们提供更大功率的发动机，这样它们可以加长他们的列车。1935 年 5 月，我们开始向联合太平洋交付 1200 马力的柴油机；我们向伯灵顿公司提供了两台柴油机，每台 1200 马力。这些发动机能够牵引 12 节车厢。

1934 年年初的一天，凯特林先生和汉密尔顿先生来看我，其间我们谈到了柴油机。汉密尔顿先生始终与铁路人士保持着密切的联系，他告诉我说，那些人认为我们的这些柴油机将会取得巨大的成功。然而，他又说，铁路公司正开始要求通用汽车向它们提供多用途的柴油动力机车，而不是仅仅用于动力机车的柴油机。凯特林先

第十九章 非汽车业务：柴油电力机车、家电和航空 339

生表示他愿意承担这种试验性柴油动力机车的开发工作。我询问他大概需要多少钱，凯特林先生说他认为可能需要花费多达 50 万美元。我告诉他说，我本人有关新产品开发项目的经验强烈暗示，他用这样一笔相对不多的资金，不可能给我们提供一种新的机车。"我知道，"他回答得很亲切，"但是我认为，如果我们花了那么多钱，您将会搞定剩余的事情。"他得到了这笔钱。

实际上，当时我们离进入机车业还有很长的距离。我们仅有的生产设施是温顿工厂中那些用于生产发动机的设施，就连这些设施都有点过时；我们根本没有用于制造电力传输设备和机车车身的设施。所以，1935 年年初，我们决定在伊利诺伊州的拉格兰奇兴建我们自己的工厂。这家工厂最初仅生产火车车身，即司机室和车厢，而发动机来自温顿，其他部件来自原有的供应商，就像以前一样。但是，拉格兰奇工厂被设计得我们将来可以进行扩建，使其业务扩展到生产和装配整个机车的所有零部件。工厂完工后不久我们便开始了这种扩建。到 1938 年，拉格兰奇已经成为一个完备的机车制造厂。

前文已经说明，我们在柴油机方面的早期经历是在客车机车领域。但是在 20 世纪 30 年代中期，汉密尔顿先生和他的团队确定，柴油动力调车机车有着极大的经济潜力。当时，我们的竞争对手之一给铁路公司提供的是一种重量大约 100 吨、售价高达 8 万美元的柴油动力调车机车。在很大程度上，机车是按照顾客的规格要求制造的。汉密尔顿先生的论点是，如果顾客愿意接受一种标准的"现成待售的"柴油动力调车机车，那么我们就能够以 7.2 万美元的价格在市场上出售这种机车。在他的推动下，我们开始制造此类调车机车。实际上，在没有实实在在的订单之前，我们就开始了 50 台调车机车的生产。

我们对这一新政策所赋予的重要性可以由一份写于 1935 年 12 月 12 日的备忘录衡量。它是普拉特先生写给我的，其中写道：

> 有一项基本政策我们相信必须加以维护，那就是，电动机车有限公司将制造一种标准化的产品，而不是按照不同的标准和规格进行制造，每家铁路公司就是根据它们的要求去采购的。

我们的建议是，在我们做出让步，通过让每家铁路公司就机车应该怎样写下自己的规格而获得业务之前，至少应该给予制造标准产品的政策一个公平的尝试。

结果，这个问题非常迅速地解决了。我们的第一批调车机车于1936年5月开始交付，很轻松地就销售一空。虽然利润边际最初很小，但足以改变其盈利前景。汉密尔顿先生向铁路公司承诺，随着我们的调车机车规模的增加，我们会用降价的形式把我们的运营经济性分享给它们。到1943年，战时生产委员会让通用汽车退出调车机车领域，并指导我们完全集中到货运机车上的时候，我们已经制造了768辆调车机车；到1940年10月，我们给客户的600马力调车机车的售价已经降至59750美元。

同一时期，我们的客运机车业务扩张迅速。到1940年，我们拥有约130辆客运机车在全国各条铁路上运行。我们是1939年开始造货运机车的。在第二次世界大战的初期阶段曾一度中断，当时我们的工厂几乎退出了机车业务，而是忙于为海军生产LST发动机。

读到这里，读者可能想知道，当我们正推进我们的柴油机项目时，机车业的其他厂商在做什么。答案是，除了少数例外和资格问题之外，机车业的其他厂商都在继续做蒸汽动力机车。虽然在美国和加拿大，1940年以前有少数厂商尝试去造柴油客运机车，但始终没有进展到超出原型机的范畴（1940年，一家竞争对手制造的柴油动力客运机车最终投入了运营）。一直到第二次世界大战以前，只有一群建造商于20世纪20年代后期作过一次尝试，美国除了我们公司，没有哪家制造商推出过柴油动力货运机车。可以说，除调车机车以外，我们是第一家在美国各条铁路上均有柴油动力产品的公司。

然而，柴油动力相对蒸汽动力的优势从一开始就是显而易见的。鲁道夫·狄塞耳于1894年首次提及这种优越性，并在后来无数次提及。20世纪20年代后期，工程期刊和铁路期刊上连篇累牍地刊登有关当时在欧洲运行的柴油机车的报告和运营成本数据。对任何愿意倾听的人，我们可以证明柴油机能够提供更平稳、更快速、更清洁的服务，以及在燃料和其他运营成本方面的巨大节约；而20世纪

30年代期间，急于尽一切可能削减运营成本的铁路公司是渴望倾听的；其他的机车制造商继续把柴油机视作昙花一现的时尚。这能够解释为什么一群历史悠久、经济力量雄厚、与客户有牢固关系的机车制造商如此轻易地被一个进入行业的新手超越。

一直到20世纪50年代中期，美国蒸汽机车的制造才完全消失，而此前几年生产的蒸汽机车大部分出口了。今天，仍在美国运行的蒸汽机车不到100辆。除了电力机车用于电气轨道外，柴油机车现在只有铁路公司采购。美国铁路业的这场革命在极大程度上是通用汽车推动的。

很难对柴油机车的未来作出精确的陈述，但是看起来，美国的这个市场在未来的年月将有所萎缩。铁路客运服务在国内很多地区正逐渐停止，甚至货运量在近些年已经有所下降。20世纪30年代服役的蒸汽机车比今天运行的柴油机车多出大约60%。当然，这个事实反映了现在的柴油机更大的功率和运行可行性，但是也反映了铁路业的衰退情况。

海外仍有大约10万台蒸汽机车在服役，它们最终都将被柴油—电力机车、柴油—水力机车和电力机车所取代。在海外，柴油电力机车的潜在市场大约是4万台。为满足这个出口需求，电动机车事业部开发了范围广泛的轻自重、限制净空的机车。在这方面，可适用的国内标准机车已经在海外销售。现在，通用汽车有超过4000台机车在美国之外的37个国家服务——西半球包括加拿大在内有9个国家，东半球有28个国家。

美国的这个市场现在是一个替换、更新和升级的市场，而不是一个新用户市场。当然，所谓的升级市场现在越来越重要，而且我的意思不是去小看它。尽管如此，美国的铁路业现在已经实现柴油机化，革命已经结束。与此同时，海外市场的革命正在进行之中。

弗立吉代

尽管公司的最高层在早期岁月热情寥寥，但是，弗立吉代事业部仍然稳定成长了45年，并成为家电业中的一支主要力量。今天的弗立吉代产品线包括家用电冰箱、食品冰柜、制冰块机、自动衣物清洗机和烘干机、电炉、热水器、洗碗机、废弃食物处理机、空调设备以及商用洗衣和干洗设备。现在，弗立吉代在美国拥有大约1万家销售网点。

通用汽车如何进入冰箱行业，这个令人好奇的故事始于1918年6月，当时，公司总裁杜兰特先生收购了底特律的守护者冰箱公司。杜兰特先生是以他自己的名义用他自己的资金进行收购的；准确的收购金额为56066.50美元。1919年5月，该公司以相同价格从杜兰特先生那里转给了通用汽车。它是一家无足轻重的小公司。不久，他将公司更名为弗立吉代有限公司，并用弗立吉代命名该公司当时唯一的产品，那是一种相当粗糙、原始的装置。我不了解杜兰特先生在这项交易中的动机。当然，他是一个具有无穷热情和极大好奇心的人；易于理解的是，守护者公司的产品被称作"不用冰的冰箱"，这将会激发他的上述两个特点。我只能钦佩他理解和把握该领域和汽车业的未来发展的天分。

虽然杜兰特先生做该笔交易的时候我对交易一无所知，不过约翰·普拉特告诉过我，在他看来，支撑这次收购的不只是对一种新的家用器具的热情。他说，汽车业被宣布对于一战动员工作不是必需的，杜兰特先生对汽车业的前景很担心，正在寻找一种"必需的"产业来取代民用车辆产业。考虑到一战期间国家作出巨大努力去保存食物，一家冰箱公司或许被认为是必要的。然而，政府并没有作出任何努力去停止汽车生产；而且，在11月份，即他收购这家冰箱公司之后5个月，战争结束了。

最初的守护者冰箱是代顿的一位名叫阿尔弗雷德·梅乐斯的机械工程师1915年造出来的。次年，他在底特律组建了守护者冰箱公司，制造和销售他的这种装置。1916年4月1日至1918年2月28日期间，守护者公司仅仅制造并销售了34台冰箱，它们全都安装在底特律地区的家庭中。1917年，守护者的制造设施只包括2台机床、1台钻床、1台铣床、1把电锯和1台手工真空泵。制造"冰箱"之外，梅乐斯先生还亲自为冰箱提供维保服务；他和那些买主保持密切的联系，每两三周就会走访他们一次。正如我们在收购弗立吉代的时候查明的，守护者的这些早期的顾客大部分对产品很满意。事

第十九章 非汽车业务：柴油电力机车、家电和航空

实上，虽然存在无数服务问题，还是有很多顾客对梅乐斯先生的公司进行了投资。不过，看起来，他们作为投资者与作为消费者相比，处境就不那么愉快了。守护者公司在头23个月期间亏损了19582美元，就在杜兰特先生购买这家公司之前的3个月里，守护者公司又亏损了14580美元，亏损总计34162美元。这整个时期共制造和销售了不到40台冰箱。所以，不难理解，为什么原来的股东会愉快地卖光手上的股份。

弗立吉代并入通用汽车之后，为制造弗立吉代A型冰箱，我们在底特律的诺斯威工厂装备加工机械。这款机器除了小的机械改动之外，跟旧有的守护者产品几乎一样。我们很快就认清了我们最初关于这种产品适合大众消费的错误判断。弗立吉代A型冰箱及其最初几年的后续型号仍属于奢侈品。雪上加霜的是，产品一再出现故障，我们却无法去除其中的缺陷。我们努力在几个位于底特律之外的城市引入销售和服务机构，但这种努力很大程度上失败了。看起来，这种机器的确需要稳定的个人服务——梅乐斯先生为他的那一小群顾客提供的那种服务；但是，在一种针对大众市场的产品上，这种服务显然是不可能做到的。大约一年半后，我们开始认真考虑是否应该放弃弗立吉代业务。1921年2月9日，我们在我的办公室里开了一次会，从会议纪要中可以感觉到我们的心思。我的发言总结包括这样的评论：

> 弗立吉代有限公司：位于密歇根的底特律，制造冰箱，至今为止一直失败。曾频繁更换型号以创造需求，但没有成功。曾在不同地方开设了分支机构，但后来都关闭了……截至今日亏损了约152万美元。存货约110万美元——总损失预计约为250万美元。

当年通用汽车正急需营运资本，这种持续的损失和相对较高的存货是无法长时间忍受的。若非当时出现了一种意外的情况，弗立吉代很可能被放弃了，这就涉及另外一个故事了。

前面有一章我谈到过，通用汽车如何在1919年取得凯特林先生

的代顿资产，其中包括家用工程公司和代顿金属制品公司。

后来更名为德科照明公司的家用工程公司是一家制造家居照明设备的企业，主要向农场主销售。

代顿金属制品公司原先是一家武器制造企业，1918年年初作为一项计划的一部分，他们开始了制冷领域的研究工作，计划的目的是获得一种产品，可以使公司在战争和军品业务结束后保持运营。

这两家公司——家用工程公司和代顿金属制品公司——处在家用设备行业的某些领域，而且正准备扩张进入其他领域。伴随着对这两家公司的收购，通用汽车还取得了凯特林先生的研究团队所有的制冷开发成果。这个非正式的研究机构在代顿持续运作到1920年6月12日，这一天正式组建了子公司通用汽车研究公司。通用汽车就这样得到了这个领域中一些杰出的工程师，以及理查德·格兰特先生的管理和销售能力。格兰特先生对弗立吉代在20世纪20年代初、中期的成功作出了重要贡献。

所有这些因素汇集在一起，使我们在1921年衰退期间决定继续经营弗立吉代。很明显，我们在代顿拥有支持弗立吉代发展的研究背景和一个机构。德科照明拥有一支精良的遍布全国大部分地区的销售队伍，和一些未利用的生产能力，可以经改造后用来生产冰箱。于是我们把弗立吉代迁到代顿，并将它的经营与德科照明的经营合并在一起，并以比此前更大的规模在冰箱产业开始了新的征程。

事实证明这个决定是合理的。弗立吉代1921年的沉重损失在接下来的两年里稳步减少，1924年，其业务首次实现盈利。与此同时，产量迅速上升。诺斯威工厂1921年只生产了1000台多一点；1922年销售了约2100台，这是在代顿经营的第一个整年。这个销售数字在1923年升至2300台，1924年20204台，1925年63500台。到了1926年，弗立吉代已经建设成为新的冰箱产业中一支领导性的力量；我相信它代表了50%以上的市场。到了1927年，弗立吉代显然正变得太大，不适合放在德科照明内部运作，于是1928年1月被从德科照明中撤出。它的部分业务迁到俄亥俄州的莫雷纳附近，我们在那里有一个工厂可供使用。1933年12月，弗立吉代成为通用汽车的一个事业部。

第十九章 非汽车业务：柴油电力机车、家电和航空

一旦决定发展壮大弗立吉代之后，我们就在这种机器的设计和制造方面取得了几个主要的突破性进展。可以肯定地说，若无这些贡献，冰箱被大众接受将会推迟一个相当长的时期。

前面已经指出，守护者公司最初除梅乐斯先生之外没有真正的研究人员。甚至在弗立吉代迁至德科照明的1921年，也只有二十几个工程师、模型工、测试人员等从事这项工作。我们意识到，弗立吉代的整个未来取决于我们是否能够破解若干研制问题，并生产出一种安全、经济、可靠运行的冰箱；因此，我们对研究给予了极大的重视。我们很快就设法去掉了最初的守护者冰箱上所使用的占用空间的盐水柜和水冷压缩机；这些装置是冰箱故障的主要来源，分别被直接蒸发盘管和双缸风冷压缩机替代。在这些早期的冰箱中，当潮气渗入冰箱时，食物有时候会被污染，我们通过引入沥青—软木条密封法解决了这个问题。1927年，我们引入全瓷内箱体，从而减轻了冰箱的重量，并大大改善了它的外观。所有这些改良措施对于弗立吉代市场在20世纪20年代时期的大扩张起到了重要作用。引起此次扩张的另一主要原因是我们使价格下降的能力。1922年，带有盐水柜和水冷压缩机的B-9型木制冰箱净重834磅、售价714美元。与之相对照，1926年的N-9型弗立吉代冰箱，是一种带有风冷压缩机和直接蒸发盘管的钢质箱体，它净重362磅、售价368美元。

在1919-1926年期间，任何其他制造商和组织在研究、工程技术开发、大规模制造方法或分销和服务技术方面都没有对冰箱行业作任何可察觉的贡献。我们在弗立吉代上的最大问题和公司了不起的终极贡献，涉及制冷剂本身。20世纪20年代期间的一个事实是，不论是弗立吉代，还是其所有顶尖的竞争对手，所使用的制冷剂都对健康有害。这源自制冷剂的泡沫带有毒性，并且确实发生了一些吸入它们后导致死亡的事件。由于对健康有害，这些早期的冰箱有时候放在后门廊而不是厨房中，医院通常根本不能使用冰箱。我们相信，我们首次用于冰箱中的制冷剂硫黄，是当时已知的制冷剂中最不危险的——主要是因为它明显刺鼻的气味具有警示的作用。尽管如此，显而易见的是，最终还是得找到更好的制冷剂。

1928年，通用汽车研究实验室当时的主管凯特林先生对整个制

冷剂问题发起了一场攻坚战。他委托他在通用汽车的前同事之一小托马斯·米奇利（他开发了四乙基铅）去寻找一种新的制冷剂。米奇利先生、凯特林先生和弗立吉代的执行官们经过了一系列会议之后，一致认为他们将要寻找的制冷剂应该满足一些要求。

头等重要的要求是：
（1）有合适的沸点；
（2）无毒；
（3）不易燃；
（4）气味独特，但不令人讨厌。
次等重要的要求是：
（5）不溶于润滑油；
（6）相对不贵。

可以理解，对于这些"次要的"要求，只有它们不与主要要求相冲突，才予以考虑。但是，他们一致同意，只有所有前四个要求都已满足，才能认为电冰箱取得了彻底的胜利。在凯特林先生的指导下，研究实验室对所有现存的相关文献进行了研究，以寻找可能符合这些要求的化合物。此次研究指出了使用氟化碳氢化合物的可能性。整个1928年，米奇利先生和几名同事，尤其是A.L亨博士，一直在代顿的一个私人实验室工作，以努力找到一种合适的制冷剂。他们很快便相信甲烷的某些氯氟化合物可以完成这项任务。到了年底，米奇利先生已经确定，被称为氟利昂-12的二氯二氟甲烷可以满足一致同意了的所有四个主要要求。它虽然无法满足两个次要要求中的任何一个，但是既然它显然是我们可以得到的最好的制冷剂，米奇利先生及其同事开始进行制备这种化合物的流程的开发工作。1929-1930年的秋季和冬季，一个实验工厂被设计出来并在代顿投入运行。

1929年秋，我们对氟利昂-12的了解已经足够我们所需。弗立吉代的化学家们对这种化合物的物理性质进行了彻底的研究。他们确定了氟利昂对制冷系统中使用的高碳钢、低碳钢、铝、铜、莫镍尔合金、锡、锌、锡铅焊料以及其他金属和合金的腐蚀作用。他们还检验了氟利昂-12对不同的食物、对花草和皮草的影响。这些实验令我们满意。在美国化学学会1930年会议上，米奇利先生宣读了一篇关于氟利昂-12的论文，并公开证明了它的不易燃性；为了证明它的无毒性，他还亲自吸入了一些氟利昂-12。

正如我已经指明的，氟利昂-12并不满足米奇利先生的两个次要要求中的任何一个。实际上，它相当昂贵。1931年，二氧化硫每磅只需6美分，而氟利昂-12的初始价格是每磅61美分，即使在今天，它的成本也比当时的二氧化硫更高——但是国家卫生署的规范不允许使用二氧化硫。

既然我们把这种新的化合物视为最安全的制冷剂，我们从一开始就把它提供给我们的竞争对手，而且到了20世纪30年代中期，电冰箱中几乎普遍使用氟利昂-12。即使在今天，也没有找到更好的制冷剂。

到了1932年左右，我们在弗立吉代拥有一笔具有巨大增长潜力的财产，这在我们看来是清晰无误的。1929年，我们制造了第100万台弗立吉代冰箱，3年后，我们累计制造了225万台。我们成功地开发了氟利昂-12，移除了冰箱业发展之路的最后一个路障。虽然很清楚弗立吉代和冰箱产业将会扩张，但是，同样清楚的是，弗立吉代在这个巨大的市场中的份额必将不可避免地有所下降。临近20世纪20年代末期的时候，有若干家企业开始制造冰箱。当然，凯尔文奈特是其中的先行者。凯尔文奈特有限公司最早在1914年便进入了电冰箱领域，是第一家以商业规模制造家用机械冰箱的企业。通用电气和诺奇是1927年进入这一领域的，西屋公司则是1930年进入的。到了1940年，即商业生产不受管制的战前最后一年，弗立吉代的冰箱市场份额从20世纪20年代的超过50%下滑到20%-25%。但是，这个缩小了的市场份额却代表了更大的量。我们的冰箱出货量从1929年的30万台增长到1940年的62万台。

1926-1936年期间，弗立吉代的一些竞争对手在营销领域比我们更胜一筹。他们开始生产和销售收音机、电炉、洗衣机、电熨斗和洗碗机，而弗立吉代的营销集中在冰箱上。1937年，我们给弗立吉代产品线增加了厨房电炉，几年后又添加了窗式室内空调设备。但是这些对于克服弗立吉代的竞争劣势无济于事。显而易见，想要购买全套家用设备的家庭和住宅建筑商会从能够提供完整产品线的制造商那里买东西。

我们未能在二战之前数年扩大弗立吉代产品线。比如，早在1935年，普拉特先生曾提出建议，弗立吉代应该更积极地进军空调领域，但他的建议没有引起我们的注意，提案当时未获通过。

二战期间，我们对弗立吉代的前景作了检讨并断定，基于有限的基础在电器领域经营不再可行。战争结束前对弗立吉代经销商所作的一项调查加强了这个信念。对于"弗立吉代是否应该制造其他家用设备"的问题，99%的被调查经销商回答"是"。经销商们指出，依照顺序，他们想要的主要是自动洗碗机、冰箱和冷冻机组合、传统洗衣机、食物冷冻箱、煤气炉和熨烫机。

弗立吉代在战后增加了上述设备中的大多数和几种其他产品。下表显示了我们引入新的家用设备的年份：

家用食物冷冻箱	1947年
自动洗衣机	1947年
烘干机	1947年
自动制冰块机	1950年
洗碗机	1955年
壁炉	1955年
后折式烹饪用具	1955年
固定式烹饪用具	1956年

与此同时，我们最初的产品电冰箱经过一点一点的扩大和改进，几乎变成一种新的家用设备。20世纪30年代初期出售的典型的冰箱是一种5立方英尺的装置，样子相当可怕，与其实际的冷冻空间相比笨重得令人沮丧。通常，今天销售的冰箱有10—19立方英尺的储存空间。它们样子好看，不需要除霜，拥有相当大的冷藏空间。毫无疑问，比起早期产品，现代冰箱好卖得多。我要感谢西北大学

的 M.L. 伯斯坦先生，他作的一项研究提供了一些有关这方面的详细数据。他经过计算，"1955 年制冷服务的实际价格只及其 1931 年的 23%"。其中所指已相当接近发展的实质含义。

航空

通用汽车以几种不同的方式涉足航空工业。当然，我们的航空业务的大头一直是军品业务，包括根据联邦政府的合同所完成的工作，大部分是在第二次世界大战期间及随后的冷战年代完成的。但是，这还不是故事的全部。

我猜想，若知道通用汽车很久以前就作了很大努力以进入商用航空领域，许多读者想必感到惊讶。本迪克斯有限公司、北美航空公司、环球航空公司和东方航空公司，它们拥有目前的地位，全都多少要感谢通用汽车。

我们是 1929 年冒险进入商用航空领域的。那一年，我们在航空领域作了两笔大投资和一笔小投资。我们购买了新成立的本迪克斯有限公司 24% 的权益和美国福克飞机有限公司 40% 的权益。这两笔投资总共花费我们约 2300 万美元。另外，我们购买了阿利森工程公司的全部股本。这笔投资只花了 59.2 万美元，在我们势必进军航空工业的计划中也没有起到重要的作用。

我们在 1929 年决定进入航空业，有一个有趣的背景。我应该提一下，那个时候，通用汽车并不完全是航空工业的门外汉。第一次世界大战期间，别克和凯迪拉克就已联合福特、帕卡德、林肯和玛蒙，为政府制造著名的"自由"飞机发动机。到 1918 年休战的时候，我们实际制造了超过 2500 台这种发动机，而且我们的订单超过 1 万台。从工程技术的角度看，那时的飞机发动机与汽车发动机没有很大的区别，因此，我们能充分利用我们的汽车制造经验来编制一份出色的飞机发动机制造的履历。另外，通用汽车于 1919 年收购了代顿·赖特飞机公司，它在战争期间共生产了 3300 架飞机。费雪车身在被通用汽车收购以前，也是一家著名的军用飞机制造商。

20 世纪 20 年代期间，有一种情况逐渐变得更加清楚，航空将成为美国重大的成长性行业之一；特别是在 1927 年林德伯格引人瞩目的飞行之后，公众对航空出现了巨大的热情，还出现了一种广为流传的信念，这个信念我们也有，即更多的"奇迹"将很快实现。作为汽车制造商，我们尤其关心一种可能的飞机用途。20世纪20年代末期出现了大量关于发展廉价小飞机[①]（即一种家庭日用小飞机）的议论。当然，我们知道，任何此类飞机必须比既有的型号安全得多，也必须便宜得多。但是，随着飞行奇迹接二连三地出现，我们日益坚定地认为，这种廉价小飞机至少是可能的。这种飞机的开发将给汽车工业带来巨大的、不可预见的后果，我们觉得有必要通过"声明我们处在"航空工业来获得某种保护。1929年，我们并未计划把本迪克斯或福克作为通用汽车的一个事业部去运营；我们将这些投资作为一种手段，去跟航空的发展保持一种直接而持续的接触。我们给股东的1929年年度报告总结了我们在这个问题上的想法：

……在形成（与航空工业的）这种联系时，通用汽车觉得，鉴于飞机和汽车在工程技术方面或多或少的密切关系，它的运营组织，不论是技术的还是其他方面的，都应置于这样的位置，使它有机会接触涉及航空运输方面的特定问题。关于飞机的未来可能是什么，现在这个时候没人说得清楚。通过这种联系，通用汽车将能凭借相关事实的具体知识，评估航空业的发展，并确定其未来的政策。

这段话表明，汽车工业和飞机工业的工程技术在1929年仍然相当接近——比它们现在相近得多。这样一来，在取得这些航空公司的权益时，我们也得到机会去接触一些宝贵的直接与我们的汽车业务相关的技术信息。尤其是，本迪克斯拥有或控制了一些重要的可应用于汽车工业的设备专利。实际上，它的配件产品线就包括一些汽车零部件，比如制动器、汽化器和发动机的启动器。该公司拥有极出色的技术人员，这个事实使我们的投资显得更具吸引力。在我们对这些公司作了投资之后，我们对本迪克斯和福克的主要贡献就

[①] Flivver，原意为价廉耐用的小汽车。——译注

第十九章　非汽车业务：柴油电力机车、家电和航空

在公司组织和管理领域。

我们在福克40%的权益花费了我们778.2万美元。在我们进行投资的时候，这家公司有两个租借的小工厂：一个在新泽西州的哈斯布鲁克高地，另一个在西弗吉尼亚州的格兰岱尔。安东尼·福克是一个才华横溢的荷兰飞机制造者，他在一段时间之前成立了这个公司，是为了利用自己的作品在美国制造的权利。他的飞机在早期航空史上表现突出，曾出现在多个历史性事件中，比如首次横跨美国的不间断飞行、伯德穿越北极的飞行、首次从美国本土到夏威夷的飞行等等。当我们入股福克公司时，这家公司主要为美国政府制造飞机，也为商业航空运输经营者制造飞机，只是程度不如前者。我们投资之后不久，公司遭受了一些严重的经营损失。我们觉得这些损失反映了公司管理上的弱点，并把我们的意见告诉了福克先生。他不同意我们的看法，但是经过一系列意见交换后，他退出了公司并返回了荷兰。然后，我们开始了一系列行动，后来完全改变了该公司的特征。

下面的关系很复杂，我看不出有什么办法来简化对它们的描述。首先，我们将美国福克飞机有限公司更名为通用航空制造有限公司，并加强了一家位于马里兰州邓多克的租赁工厂的运营。1933年4月，我们采取了另一个重要步骤。我们将通用航空与北美航空合并，通用航空的所有资产转换为北美航空大约150万股普通股。通用航空随后被清算，其持有的北美航空股份配发给原股东。配发行动加上我们自己在公开市场上的收购，其结果是到1933年年底，通用汽车在北美航空的股东权益总计达到该公司已发行股份的近30%。

北美航空在1928年的时候被组建为一家控股公司。虽然甚至在与通用航空联合之前，它就在各航空制造公司有了一些实质性的投资，但是它的重点一直是定期航线业务。它全资拥有东方航空运输（后更名为东方航空公司），持有洲际航空运输26.7%的股份和西部航空快递有限公司5.3%的股份。通用航空也拥有西部航空快递36.6%的股份。所以，合并后，北美航空拥有西部航空快递41.9%的股份。此外，西部航空快递和洲际航空运输各持有洲际与西部航空有限公司（TWA，现环球航空公司）47.5%的股份。于是，这项

安排的结果是，通用汽车持有北美航空 30% 的权益，而北美航空持有 TWA 大约 33% 的股份。北美航空因而能够对 TWA 的跨大陆业务和它自己的东方航空公司的东海岸系统进行协调。

1934 年的航空邮件法案禁止那些直接或通过分支机构从事飞机制造的公司持有固定航线公司的股份。所以，北美航空将其所持的 TWA 股份配发给它的股东。作为北美航空的股东，通用航空得到了约 13% 的 TWA 股份，这些股份后来在 1935 年被我们卖掉。

北美航空将东方航空公司作为一个事业部经营了一段时间后，于 1938 年 3 月转让了这家公司。作为北美航空最大的单一股东，通用汽车在其董事会中有几个代表。在北美航空商议将东方航空公司出售给一些华尔街资本期间，有一天我接到了埃迪·里肯巴克打来的电话，他是第一次世界大战期间美国的王牌飞行员。他一直活跃于东方航空的管理层，现在对投标购买这家航空公司的控制权产生了兴趣。然而，他抱怨说没有给他这样的机会，于是问我可否帮他调停一下。

我一直认为埃迪是一个有能力的经营者，我自然希望他有一个公平的机会去竞标东方航空，我觉得可以依靠他开展有效率的经营。我告诉他我会看看我能做些什么。第二天早晨，我过问了此事，发现东方航空的股份尚未卖掉。我帮埃迪提出了一个请求，结果他得到了 30 天的时间，去争取所需的支持使他能够竞标。

然而，得到所需的支持可不是那么容易的。随着截止日期的临近，可以理解，他对事情的结果变得很紧张。最后期限的前一天是个星期六。就在我准备睡觉的时候，埃迪给我的公寓打来电话，询问他是否可以过来聊几分钟。他过来后表示，他得到那笔钱的前景仍然很好，但是他可能需要更多的时间。他想知道他能否得到几天宽限。我告诉他不要担心，于是他精神抖擞地离开了。结果，他并不需要宽限。他的支持者第二天早上打电话告诉他说，他们已经做好了完成此次交易的准备。北美航空对东方航空公司的业务的这种处理是一个令我们所有人大为满意的交易。

在紧随 1934 年航空邮件法案之后的重组中，北美航空变成了一家经营性公司。它的制造业务经整理后移至一个位于加拿大英格尔伍德的新工厂。随后几年，公司将重点放在军用飞机的开发上，并在这个方向迈出几个值得注意的步子。20世纪30年代后期，公司赢得了几个军用设计大赛，这些成功确立了公司是美国主要的飞机制造商之一的地位。

许多从这些早期的开发工作中演变出的飞机在第二次世界大战中扮演了重要的角色。在北美航空的飞机中，较著名的有：P-51野马战斗机，它也许是二战期间盟军部队所使用的荣获最高评价的战斗机；B-25米切尔轰炸机，曾被杜里特将军用于对东京的历史性轰炸；以及无处不在的AT-6得州教练机，它基本成为陆军航空兵团和海军训练基地的标准装备，并被其他盟军国家广泛使用。

顺便说一下，AT-6体现了通用汽车对北美航空的影响。作为汽车人士，我们自然地用"标准化"生产模式的角度思考问题，因为它能够实现规模生产内在的经济性。北美航空开始寻找一种能够以这种方式推向市场的飞机，并很快确定优秀的基础教练机是最好的赌注。AT-6甚至在战前就已成为它最基本的模型。

从1933年起，通用汽车就一直在北美航空的董事会派驻代表，直到1948年我们最终卖掉我们的权益。在这段时期，尤其是早期阶段，通过我们在董事会中的代表，我们提供了相当多的政策和行政指导，而且我相信，我们在该公司发展有效、系统的管理方法方面起了重要作用。北美航空的组织结构及其财务、生产和价格控制都是我们特殊的贡献。现在看来，在1939年，北美航空是唯一一具有类似于汽车业中使用的生产与成本控制系统的飞机制造公司。

将通用汽车的管理技术引入北美航空和本迪克斯，其主要荣誉应归功于欧内斯特·布里奇。布里奇先生本来是通用汽车的一位财务人员（他1929-1933年任助理财政主管），但是当他转到北美航空后，他很快显示了极高的经营天赋。他1933-1942年任北美航空董事会的主席，在此期间，这家控股公司成功地转型为一家大型制造企业。此外，他还在1937年当上了本迪克斯的董事。我始终认为布里奇先生有跻身最高管理层的远大前途，有一段时间曾试图把他推到通用汽车一个不错的工作职位上。在此过程中，我遭到了仍把布里奇先生视为财务人员的威廉·努森先生的反对。努森先生当时担任通用汽车的执行副总裁，后来当上了总裁。但是最终，1937年，我给布里奇先生找到了一个位置——担任负责通用汽车家电业务的集群执行官。他在这个岗位上表现突出，而且两边不耽误，继续担任北美航空的主席和本迪克斯的董事。

1942年，他成为本迪克斯的总裁，同时放弃了他的其他职务。他在本迪克斯再创佳绩，在整个战争岁月成绩斐然，完全没有辜负我对他的信赖。但是，他的事业出现了一个颇具讽刺意味的转折，这一点很多人都知道。他在通用汽车所有职务上表现得如此出色，引起了亨利·福特二世的关注，后者想找个人来领导福特汽车公司的重建计划。1946年，布里奇先生得到了这份工作，并将通用汽车的管理和财务技术引入了新的现代福特组织中。

在布里奇先生担任北美航空的主席时，他劝诱道格拉斯飞机公司的总工程师（"荷兰人"·）金德尔伯格来主持业务。金德尔伯格先生于1934年年底当选为北美航空的总裁和首席执行官。他是一位极有才华的工程师，在飞机设计和制造方面展现了极大的技术能力。他后来成长为一位优秀的行政管理人员，并最终被公认为一个能够以较低的成本生产优质军用飞机的人。但是他到北美航空之前，几乎没有什么综合行政管理经验，于是在认识到自己的局限后，他在初期依靠通用汽车的董事的建议和忠告。布里奇先生、金德尔伯格先生连同通用汽车当时的助理法律总顾问亨利·霍根先生一道，组成了一种非正式的执行委员会，定期就董事会闭会期间出现的所有重要问题彼此商议。然后布里奇和霍根两位先生向阿尔伯特·布拉德利或威尔逊汇报工作，后两位除了其身为通用汽车的执行官的职责外，还集体负责我们在相关公司中的投资。

我们和本迪克斯的关系非常类似于我们和北美航空的关系。从1929年一直到1937年，威尔逊和布拉德利两位先生是我们在本迪克斯董事会的代表，后者在整个这段时期还是本迪克斯的财务委员会的主席。1937年，其他职责的压力迫使这两人放弃了他们的本迪克斯董事职务，而由布里奇先生和通用汽车的审计官A. C. 安德森接任。我们在本迪克斯董事会的代表直接参与本迪克斯的内部管理，而且我相信他们在改进管理效率方面起了重要作用。他们负责作了

第十九章　非汽车业务：柴油电力机车、家电和航空

一些组织调整，并负责建立了一套新的和有效的系统，协调这两个半自治的事业部。我们的代表还直接插手了马尔科姆·福古森的晋升，把后者提升到该公司南本德自动化零件工厂总经理的重要职位上。他后来当上了木迪克斯的总裁。

到 20 世纪 30 年代末，我们对北美航空和本迪克斯的看法有了极大改变。经过这些年之后，我们最初投资航空工业的动机，即觉得航空工业可以以某种方式制造一种能够与汽车竞争的廉价小飞机，变得似乎没那么有意义了。适合"家用"的飞机一架都没有生产出来；事实上，在萧条时期，整个商用航空领域的规模一直都很小。北美航空和本迪克斯持续成长，但是两家公司均发现，它们的最大机会在军用领域。到 1940 年，两家公司的年销售额都在 4000 万美元左右，其中的大头是按照政府合同完成的军用项目。在战时生产达到高峰的 1944 年，北美航空的销售额大约为 7 亿美元，本迪克斯的销售额则超过 8 亿美元。这些巨大的数字能够表明我们最初对廉价小飞机的关注给我们带来的深远结果。

我们同样在 1929 年收购的阿利森工程公司，其成长史的惊人程度一点也不逊色于北美航空和本迪克斯。前面提过，我们全部收购阿利森只花了 59.2 万美元。从我们的标准看，这是一家小企业：该公司在 1929 年只有不到 200 名雇员，其制造设施的占地面积只有 5 万平方英尺。我们当时认为，它在我们进军航空业的计划中将只具有次等重要性。然而事情的结果是，我们后来使阿利森成了我们与航空工业的主要纽带。

在我们 1929 年收购阿利森的时候，这家公司已经存续了 14 年。在其早期岁月，它并不处在航空领域，而主要是一个为印第安纳波利斯竞赛场的赛车提供支援的机械修理店。其创始人詹姆斯·阿利森逐渐将它塑造为一个熟练的机修工、机械师、工程师的组织，并开始制造一些用于船只和飞机的船舶发动机和减速齿轮。20 世纪 20 年代初，阿利森接到了一个改造第一次世界大战"自由"飞机发动机的合同。机轴和连接杆轴承习惯性地出现故障严重限制了这种发动机的耐久性。但是阿利森颇有能力，开发了一种钢套的铅铜机轴主轴承，它能够支持更大的马力负载而不出现故障。公司还开发了

一种独创性的在钢壳的内外表面浇铸铅铜的方法,可用于制造具有强大的耐久性的连接杆轴承。这些开发成果是受到盛赞的"阿利森"轴承的基础,此类轴承后来广泛用于全世界大马力的发动机上。这种轴承的生产以及改造"自由"飞机发动机的合同成为该公司20世纪20年代的主要业务。

当阿利森先生1928年去世的时候,该公司被拿出来出售,条件是必须留在印第安纳波利斯。几家潜在的买主找上门来,但是没有一家愿意接受这个条款。幸运的是,在担任位于印第安纳州安德森的德科—雷米事业部总经理的时候,C.E. 威尔逊很熟悉这家阿利森企业。他知道这个企业拥有的有价值的机械技能我们能够用上。我们不反对继续在印第安纳波利斯经营,经威尔逊先生引荐,我们于1929年年初同意购买阿利森公司。仅在阿利森先生之下担任总裁和总工程师的诺曼·吉尔曼,在我们收购后担任总经理,负责公司的经营。

20世纪30年代初,阿利森从事了一个后来被证明具有极大的军事价值的项目,这就是由吉尔曼先生发起的V-1710发动机项目。经过对当时存在的所有军用飞机发动机的仔细调研,吉尔曼先生断定,陆海空三军有朝一日将需要一种1000马力的往复式发动机;他还断定这种发动机应该是液冷式的(这将使它的外形比空冷发动机更苗条)。

在20世纪30年代早期,这种项目只能从军队那里得到少得可怜的资金,不过吉尔曼先生仍然赢得了一个小合同,就这样,阿利森公司开始设计这种发动机。1935年取得了部分成功后,阿利森开发了一种可正常工作约50小时的1000马力发动机,然而工程师们未能使发动机的正常工作时间达到军队规格所要求的150小时。为了加快发动机的开发工作,我们从通用汽车研究实验室派遣了一位杰出的工程师罗纳德·黑曾到阿利森工作。黑曾先生的努力获得了成功。1937年4月,V-1710通过了空军要求的所有测试。它是美国第一台合格的1000马力飞机发动机,也是美国第一台真正成功的高温、液冷式发动机。

在V-1710开发出来之前,陆军航空兵团理所当然地认为,空气冷却的发动机性能优越。但是"阿利森"发动机快速证明了自己的价值：1939年3月，一架以V-1710发动机为动力的寇蒂斯P-140赢得了空军战斗机比赛的胜利，它比上届获胜者每小时快40英里，速度优势明显。很自然地，此次事件之后，人们对"阿利森"发动机的兴趣突然大涨。不仅美国陆军航空兵团，而且英国和法国的武装部队也开始密切关注我们的这种产品。

阿利森现在有一个严重的问题。虽然我们自收购它的1929年起就对它进行扩建，但它本质上仍是个小型工程公司，根本没有批量生产的设施，主要适合做试验性工作。但是在20世纪30年代末，批量生产正是政府急切需要的。

陆军部助理部长路易斯·约翰逊亲自会见了通用汽车当时的总裁努森先生，想看一看关于生产"阿利森"发动机他能做些什么。那个时候，公司实打实的发动机订单数量只有836台；而且，正如约翰逊先生承认的，因不在其位，他不能向我们保证更多的订单将滚滚而来。若简单地视为一个商业建议，那么为生产836台发动机而兴建一家工厂似乎是一个糟糕的冒险行为。实际上，还有这样一个风险：在我们的工厂建成之前，甚至这小小的需求也可能被国际形势的某种新变化或某种新的技术突破横扫一空。尽管如此，仔细权衡此事之后，我们仍决定在印第安纳波利斯新建一家阿利森工厂。这个决定依据的是一种感觉，即V-1710发动机将很可能需求巨大。而且，不能轻易拒绝任何与国家安全有关的政府要求。

就这样，1939年5月30日，在印第安纳波利斯竞赛场附近，一个新的工厂破土动工了，它将生产"阿利森"发动机。巧合的是，更多的V-1710订单的确接踵而来：法国政府1940年2月订购了700台发动机，几个月后，英国又订购了3500台。到1941年12月，阿利森已经在以每月1100台的速度生产发动机。二战期间，我们将这个速度推进得更高——即使在此期间，发动机一再修改设计和提高动力，直至它最终达到大约2250马力的战斗水平。到1947年12月，当我们停产V-1710发动机的时候，我们总共生产了7万台发动机。它们在战争期间表现优异，用在很多著名的战斗机上，如柯蒂斯P-40战鹰、贝尔P-39空中眼镜蛇、贝尔P-63眼镜王蛇和洛克希德 P-38 闪电。

战争初期的时候，事情变得很明显，我们涉足航空业如此之深，以至出现了一个关于我们在航空业中的长期地位的问题。于是，我们作出努力，去重新界定我们关于航空业的思路和我们应该在其中扮演的角色。1942 年，我给通用汽车战后规划组作了一份报告，就这个重要问题作了主要陈述。报告中的各项建议最终获得公司的政策委员会通过，并成为我们的战后航空工业规划的基础。

我在报告中指出，战后的飞机工业将有三大主要市场——军用、商业航空运输和私人民用飞行。然后我提出了一个问题，即我们是否想要作为飞机整机制造商参与某些或所有这些市场。我指出，军用飞机的制造由于单件小批量型号的不断修改，将涉及大量的工程设计和开发工作。此外，这个产业将毫无疑问地存在过剩的产能，只要存在业务的地方就会产生激烈的竞争，而高于小小的边际利润的可能性小得可怜。

在商业运输领域，我预见到航空运输的飞快加速，不仅客运如此，货运亦然。然而，在这个扩张的市场中，一家制造商所能得到的潜在销售量将是有限的。我假设在用的运输飞机的数量有一个 10 倍量级的增长——总共大致是 4000 架飞机。但是，由于每架飞机的平均使用期限约为 5 年，那么，每家生产商在任意一年可得到的潜在销售量都不会很大。

我还怀疑我们生产小型私人飞机的适当性。虽然我相信，此类飞机不论商业使用还是个人使用，其市场在战后将会有所扩张，但是我觉得，在技术进步到能够获得大得多的安全度之前，这个领域的增长是有限的。我阐述说，除非在安全方面出现某种革命性的突破，否则在可预见的未来，私人飞机不会成为汽车的一个需要认真对待的竞争对手。

简言之，这三个飞机市场似乎没有一个对通用汽车有吸引力。而且我还指明了，如果通用汽车进入制造飞机整机的业务，那么我们可能会危及公司的其他航空业务。我们的阿利森事业部过去是并将继续是生产飞机发动机和某些飞机配件的一个主要厂商。通常，这些在工程设计和制造特性上具有相对次要的差异的配件可以应用到多种飞机上，而且通常可能占整个飞机成本的约 40%–45%。这个市场领域的销售潜力是很大的。但是，要使这个潜力变成现实，配件制造商需要工程设计协作，以及作为其客户的飞机制造商的信任。如果我们自己生产整机，我们将很难与我们的客户建立这种关系。我们怎么能够指望一家参与新飞机开发的机身制造商将其后续设计透露给一家作为竞争对手而有机会利用这些设计的配件生产商呢？一句话，我们不能指望一边成功地卖出我们的配件，一边通过我们自己制造一个或多个类型的机身，来跟那些购买了这些配件的厂商进行竞争，否则在我看来似乎是天方夜谭。

对这个问题持续讨论了一段时间之后，1943 年 8 月 17 日，公司的政策委员会作出下述决议，正式明确了我们的战后航空政策：

> 首先，公司不应该考虑整个飞机的生产，不论是军用还是运输领域。
>
> 其次，公司应该尽其产能和环境之可能，逐步在配件制造方面建立完整的地位。

读者可以观察到，我们在这个时候并没有明确排除我们制造私人商务用途和个人用途的小型飞机的可能性。我们仍然怀疑这种飞机能否在吸引通用汽车的基础上进行批量生产；不过，我们觉得我们不能完全忽视这种可能性。我在报告中建议，我们应该制订一项计划，来跟上小型飞机业务的技术发展，但是我们后来认为它不可行而放弃了这个想法。然而，北美航空没有继续设计和制造纳维翁（一种用于个人运输的飞机）。

我们的战后航空政策的形成自然对我们在北美航空和本迪克斯的投资上的态度产生了相当大的影响。二战期间，北美航空成为美国顶尖的机身制造商之一，而且我们断定，在该公司继续投资，其对通用汽车的飞机配件业务的伤害不少于公司自己制造机身。另外，有一点变得越来越清楚，通用汽车无法将其大规模生产技术有效地用在机身工业上。所以我们决定，在某个适当的时候处理掉我们在这个公司所持的股份，将符合通用汽车和北美航空二者的最佳利益。

本迪克斯的情形稍有不同。该公司已经在航空配件领域占据了一个稳固的位置，并且其活动极好地契合我们自己的运营方案和战后政策目标。我们一度对完全收购本迪克斯，并把它作为通用汽车一个统一的事业部或子公司来运营给予了非常认真的研究，但是最后决定不这样做。我们逐渐达成了一个处置掉少数股权的政策，于是在1948年卖掉了我们在北美航空和本迪克斯的权益。由此释放的资金主要用于我们快速扩张的汽车业务。

在我们投资期间，我们对本迪克斯和北美航空的贡献不是在工程和技术领域，而是在更无形的商业管理领域。我们的管理哲学已传授给这些公司及总体上的航空业，就此而言，我认为，通用汽车对这个工业作出了切实的贡献。

第二十章

对国防的贡献

保卫美国抵抗侵略的问题现在看来是一个永恒的问题；随着时间年复一年地过去，设想我们有朝一日将不必维持庞大的军事机构，这一点变得越来越困难。对通用汽车以及对数以百计的其他企业来说，军工生产看起来是现代公司生活中不可避免的事实之一。1959-1962年，通用汽车的军品业务每年在3.5亿-4亿美元之间，约合销售额的3%——虽然重要但相对不大，而且无法跟通用汽车战时所做的业务相提并论。我们军工生产的历史有若干个时期——每一个都基本上跟前一个无关。

这包括四个明显的时期。第一个时期是第一次世界大战，在此期间，我们是为军队提供飞机发动机的重要生产商之一。我们的军工总产值在这一时期仅为3500万美元，从现代军事标准看无足轻重。一战期间，公司没做什么努力去"作动员"；我们没有中断地生产汽车，而且可以把我们的军工生产视为一种临时性的副业。当第一次世界大战结束时，我们的军工生产活动也结束了。超过10年时间，我们没有什么军工生产工作，而且肯定没意识到，我们有朝一日会成为世界上最大的生产军事"硬件"的私营企业。

这个意想不到的荣誉是在第二个时期取得的——第二次世界大战之前的年份及二战期间。在这一时期，我们生产的军用产品达到了惊人的120亿美元，其中大部分是压缩到数年里完成的，我们在这几年进行了全面的战争动员。在1942年2月至1945年9月间，我们没有在美国生产一辆乘用车。在很大程度上，我们一战时的早期经历跟我们在二战时面临的问题无关，而且事实上，可以认为，我们在一战期间学到的经验只有少数可以用于二战期间，例如，其中之一是严格按照明确的合约协议控制存货和委托生产。

第三个时期，即1950-1953年，大致涵盖了朝鲜战争。这一次，我们再次面临一种新的情况。二战结束时，我们所有的军工业务基本上都停止了，而且我们憧憬着有朝一日能够大体上致力于制造汽车和其他商业产品。不过，我们打算继续保持与陆海空三军的密切联系，事实上，我们继续开展了少数几种军用产品的生产。这项工作主要集中在阿利森事业部。阿利森除了生产飞机发动机，还开始为履带式战术军用车辆开发和生产动力传动装置。因此，在1950年6月，当朝鲜危机带来新的军工生产需求时，阿利森已经交付了大量的战斗机用喷气发动机，并正在生产坦克传动装置。此外，还有几个事业部也在从事特殊的工程技术和开发任务。这一次，我们面临的建议是"部分动员"：政府再次对工资和价格实施管制，并严格了一些物资（例如橡胶和铜）的使用，但是我们获准继续我们大部分的商用业务。结果是，在朝鲜战争期间，我们的军工产品业务在我们的业务总量中占比不超过19%。然而，我们仍时刻警惕再次全面动员的可能性，而且我们不得不做相应的计划。

第四个时期，即目前的阶段，完全不同于所有之前的三个时期，它仍然要求我们再作调整。首先，军事技术已变得十分先进，所以要求新的生产方式和新的研究种类。同时，总动员这个概念几乎已经进入了故纸堆。我们现在知道，国家绝不会为了战争再次对我们进行组织。人们普遍承认，即使再次爆发大规模战争，也会在相对较短的时间内结束。

然而，我认为，我们在二战期间的全面动员经历是有某种重要性的。很少有人了解这项任务当时影响了我们的各个方面，以及我们执行这项任务的方式。

先说一点相当明显的事，通用汽车在战争期间生产着不同于平时的产品。在这方面，我们不像其他军事承包商，他们转向战时生产只涉及相对较小的改动。例如：服装生产商能够为军队生产制服；建筑商能够修建营房，或建造用于国防工作人员的房屋；飞机机身制造商可以制造携带更多炸弹、更少乘客的飞机。但是通用汽车只有很小比例的产品具有军事用途。当我们在二战期间组织生产时，我们不得不将我们大量的业务几乎完全改造一新，并在巨大的压力下快速学习如何生产坦克、机关枪、飞机螺旋桨和许多其他种类的设备，对这些东西，我们以前根本没有什么经验。我们不得不改装许多大型工厂，并重新培训数以十万计的工人。一个统计数据也许值得引用：通用汽车在二战期间生产的 120 亿美元军事装备中，有 80 多亿美元的东西对我们来说是全新的产品。我们能做到这些，是因为我们乃分权管理：每个事业部都自找合同；年度车型变化给了他们技术诀窍和灵活性。

我们的业务也被战争以另一种方式——也许是更基本的方式——改造了。进行战争动员时，我们是在一套新的经济和其他规则下运作的。战时的通用汽车从一家平时销售汽车的企业变成一个完全不同的组织。甚至我们组织的构成人员也大变样。二战期间，我们有超过 11.3 万名雇员离开我们进入武装部队，我们有几位最高级别的执行官在华盛顿担任行政官，其中努森先生最为突出，他被任命为战时生产的负责人之一。在很大程度上，通用汽车的这种特征变化发生得相当突然，大部分变化是在 1942 年的几个月内发生的。

我们当年的任务，简单地说，是把世界上最大的汽车公司改造为世界上最大的战争物资生产商。这项任务的规模在珍珠港事件后立刻变得清晰起来。在 1942 年的一个月里，我们接到了约 20 亿美元的军工产品订单——这个数字近乎等于我们在整个军工生产计划期间迄至那时之前获得的所有订单的总和。在 1942 年剩下的时间里，美国政府又给通用汽车下达了 40 亿美元的军工订单。因此，到当年结束时，我们收到了总计超过 80 亿美元的订单——即使对于一个像通用汽车这样的公司来说，这也是一个巨大的数字，通用汽车战前的总产出是20亿美元,是1941年实现的。换言之,我们不但改变了我们的产品的特征,而且从根本上提高了我们的总产出。

幸运的是,我们提前做了某种规划,使我们能够有组织地应付这个巨大的问题。早在1940年6月,我们的政策委员会——我担任其主席——就已开始研究当通用汽车转向大规模战时生产时,公司将会出现的各种问题。在接下来的数月,委员会作出了一些基本的政策决策,其中之一涉及我们战时业务的规模。我们断定,既然通用汽车当时拥有全国10%的金属制品生产设施,那么公司在战争时期也应该努力生产全国大约这个比例的武器。现在回头看,很难说我们是否的确实现了目标。二战期间,美国政府在军事硬件上总共花费了大约1500美元。通用汽车军事物资的销售额达到120亿美元,仅代表总销售额的8%。然而,我相信,就类似产品而言,我们的成本低于普通战时承包商的成本。

政策委员会作出的另一个基本决策涉及我们战时的组织形式。政策委员会的三位成员,即公司总裁威尔逊先生及执行副总裁布拉德利先生和亨特先生,组成"三驾马车"处理所有的运营政策。接着,1942年,我们正式成立战时管理委员会,负责整个非常时期所有的战时运营。委员会有12名成员,后来增至14人,包括仍担任其高级运营成员的"三驾马车"。

我们同时推断,我们的基本组织政策,即"带有协调控制的分权管理"政策,在战时应该维持不变,就像和平时期一样,因为灵活性在两种时期一样重要。这个决策意味着,在战争时期,签订合同、定价和生产的主要职责归于公司各个事业部,当然,要受我们总体的政策节制。这个决策还意味着,我们的公司一体化制度应该保持,在这个制度下,各个事业部的"分包合同"能够相互协调。这种内部分包制度在战时条件下运转得极有效率,即使它要求极大的协调努力。例如,M-24坦克是凯迪拉克1944年开始生产的,它的一些部件就由其他7个事业部供应。

我们还决定,我们将继续大量依靠外部分包商。我们跟大约1.35万家供应商平时有业务关系。战争期间,这个数字稳定增加,在我们战时生产高峰期的1944年,我们使用着大约1.9万家分包商的设施。

另一个政策决策是用来进一步提高我们战时生产的效率,它要求工厂和设备在公司内部以及某种程度上在公司外部转移。在战争期间,差不多 5000 台属于通用汽车的机器和差不多 2000 台属于政府的机器从一个事业部转移到另一个事业部。我们把几个工厂租赁给能够更好地使用它们的其他公司;同时,我们在各个不同时期要求使用了许多其他的工厂。(1945 年年初,我们在美国经营的 120 家工厂,有 18 家是从政府那里租赁的,另有 6 家是从其他单位租赁的。)

我应该提及 1940 年达成的另外一个非常重要的决策。我们决定通用汽车应该争取执行最复杂、最困难的生产任务。

我前面已经表明,我们生产的军工产品对我们来说大部分都是全新的。但问题不只是生产问题;军事科学在当时发展迅速,以至我们也不得不对我们生产的大量设备进行设计和再设计。接近战争结束时,我们准备了一份通用汽车所有军工产品的清单,产品按照设计来源分解。我们对整个 1944 年收到的净订单的产品分解如下:

20% 是通用汽车跟军事部门合作设计的军工产品。这些产品包括:轻型、中型和重型坦克;歼击坦克;装甲车;飞机发动机和螺旋桨,以及水陆两用战车。

35% 是由其他单位设计,但是融合了通用汽车的某些主要设计或生产工艺改良的产品,包括口径为 0.30 英寸和 0.50 英寸的"勃朗宁"机关枪、M-1 卡宾枪、"野猫"战斗机和"复仇者"鱼雷轰炸机。

17% 是通用汽车平时的产品,但我们可以重新设计为军事用途,例如卡车、柴油发动机和电气设备。

13% 是通用汽车平时的产品,但无须大的设计修改就可以在战场中使用,例如民用卡车、某些汽油和柴油发动机、滚珠轴承以及火花塞。

15% 是由其他单位设计,但是由通用汽车未作大的设计修改便生产的军用产品,例如"普拉特和惠特尼"飞机发动机、B-29 和 B-25 轰炸机组件以及各种弹药。

这些数字的要点是,通用汽车在战争期间制造的所有军工产品中,它自己设计了——至少部分设计了——其中的 72%。下表基于直至 1945 年的交付情况所作,显示了我们的军工产品的极大多样性。

通用汽车战争物资交付情况表

产品分类	直至1942年12月31日累计	1943年	1944年	1945年	直至1945年12月31日累计	直至1945年12月31日累计（金额：美元）
军用卡车、两栖货车、相关部件和配件	22.3	11.3	18.0	18.2	17.0	2090620
航空产品"阿利森"发动机	16.5	8.3	7.1	3.2	8.4	1038964
"普拉特和惠特尼"发动机	8.2	13.7	11.0	9.8	11.0	1356640
喷气推进发动机	—	—	—	1.2	0.3	32565
飞机整机和组件	2.4	9.6	14.6	13.9	10.6	1305088
飞机部件、推进器等	5.6	9.8	9.3	11.3	9.1	1128452
航空产品小计	32.7	41.2	42.0	39.4	39.4	4861709
坦克、装甲车、机械化炮车	11.8	17.9	15.6	19.0	16.2	1999365
船用柴油发动机	14.1	10.7	10.9	8.5	11.0	1351849
枪支、枪支支架和控制装置	12.2	12.6	7.5	4.8	9.3	1148369
弹药筒、炮弹、弹壳等	4.2	3.8	3.0	4.7	3.8	468135
其他	2.7	2.5	3.0	5.4	3.3	406011
合计	100.0	100.0	100.0	100.0	100.0	
合计（亿美元）	24	35	38	26	123	

这张表还显示了我们的另一个大问题：整个战争期间，我们的"产品组合"持续在变，这部分由所有武器的快速淘汰所致。1944年，美国陆军部报告称，"现在不使用跟珍珠港事件以前相同的形式或设计的单件武器"。我们的产出中稳定的变化是部分由我们的战斗部队日益变化的战术要求导致的。在这种情况下，生产调度堪称走钢丝。考虑一种典型的情况：我们的德科产品事业部除其他产品外，还生产 B-24 轰炸机起落架主柱，1945 年 1 月，它被告知应该在 4 月份生产 95 套主柱。2 月，4 月份生产目标突然提高到 285 套。3 月，4 月份生产目标削减回 60 套。4 月 1 日，生产目标再次提高到 120 套。4 月当月的实际产量是 85 套——考虑到德科产品事业部面临的调度问题，这个数字相当接近最终目标。

虽然遇到这些困难，但是总体上，我们履行合同交付时间表的记录异常良好。为了使公司最高层官员能够持续检查这份记录，我们设计了两种生产进度报告，由每个部门定期上交给我们。第一种进度报告每月上交，包括如下信息：所有主要军事合同截至当时的总产量；与合同要求相比较，接下来 4 个月每月的预计总产量；每个合同的到期日；合同的生产峰值要求；当前设施的最大产能。此外，必须对任何近期或预计的合同违约给予详细的说明。

第二种报告涵盖短期的前景。这种报告每半个月上交，它将直至当月 15 日或月底那天的实际产量跟军事部门在月初设置的时间表进行比较。同样，事业部对每一次合同违约（不论多么细小），对每一件产品（不论多么不重要），都必须作出报告和解释。这里我要说明一下，我们的违约情况是相对很少的；而且，其中绝大多数是我们无法有效控制的外部环境所致，比如劳动力短缺、没有装运指示和政府所要求的改变等等。

我们成功履行生产计划、维持优质生产的全部记录是在面对严峻的人力问题的情况下实现的。战争期间，我们不得不在美国雇用和培训数量大得惊人的工人：1942 年 24.4 万人、1943 年 33.2 万人、1944 年 15.6 万人。战争期间共雇用了超过 75 万工人。光这些数字就够让人烦恼了；雪上加霜的是，我们雇用的这些工人通常只有极低的行业技能水平。其中，有许多身体不合适，有许多此前根本没有行业经验，尤其是妇女。从 1941 年年底到 1943 年年底，通用汽车女性时薪员工占全体时薪员工的比例从大约 10% 提高到大约 30%。

面对这支不稳定的、很大程度上没有技能的劳动力队伍，我们不得不尽可能地将我们的生产技术合理化。比如，当 M-24 坦克在凯迪拉克投产时，该事业部开发了一种类似于"旋转木马"的物料传送机，使得每一名焊接工可以执行一项相对简单的专门操作，而不是一系列困难的焊接作业。到 1944 年，熟练劳动力的供应大大不足，以至某个工厂为了得到他们，提出一个要执行某些任务的控制性理由，即使当时其他工厂拥有更有效的适合这些任务的机器。

基本财务政策支撑着我们的业务，在战争期间，它们跟我们的绩效息息相关。1942 年早期，公司的政策委员会正式通过了一项有关价格和利润的新政策。正如我们向陆军部的价格调节委员会描述的，设计这项政策是"为了在备付所得税和超额利得税之前，但在扣除包括准备金计提在内的所有其他费用之后，对得自制造业务的总利润率进行限制，使之等于 1941 年主要在竞争性市场的条件下获得的销售额的 10%，或者利润边际的大约一半"。换言之，我们自愿将我们的利润边际减半——即使很清楚，税负比 1941 年时高出很多。

与这个利润限制政策相关的是另一个政策，那就是，只要有可能，就在固定价格的基础上接受战时生产合同。我们所以倾向于固定价格合同，是因为它能为有效经营提供更大的激励（与之相比的是成本加固定费用的合同类型）。当然，我们认识到，在从事许多对我们来说新的战争物质的生产时——事实上，以前从未有人在大规模的基础上生产过它们——始终存在一种可能性，即，我们的成本估算可能高于实际成本。因此，我们向陆军部的价格调节委员会保证，当我们使成本降低时，我们将降低价格。

正如我们预见的，在我们拥有一定的生产经验，并实现很高的产量之后，我们的成本在大部分合同上确实显著下降了。下面的例子是弗立吉代历史上对口径为 0.50 英寸的航空机关炮的定价表，它能够显示高产量和低售价之间的密切关系。1945 年年初，由于生产计划削减，稍微提高机关炮的价格是必要的。

第二十章 对国防的贡献

	有效日期	件数	销售单价（美元）
初始价格	1941.7–1942.1	5674	689.85
第一次修正	1942.2–1942.3	4043	515.80
第二次修正	1942.4–1942.7	10281	462.29
第三次修正	1942.7–1942.10	15922	310.21
第四次修正	1942.11–1942.12	14744	283.75
第五次修正	1943.1	6000	386.93
第六次修正	1943.1–1943.4	32938	252.50
第七次修正	1943.5–1943.8	40723	231.00
第八次修正	1943.9–1944.1	40000	222.00
第九次修正	1944.1	10257	207.00
第十次修正	1944.2–1944.3	21579	197.00
第十一次修正	1944.4–1944.6	34126	186.50
第十二次修正	1944.7–1944.8	21031	180.30
第十三次修正	1944.9–1945.1	43824	169.00
第十四次修正	1945.1–1945.4	12819	176.00
第十五次修正	1945.4–1945.6	13306	174.50

通过对大多数军工产品的降价、自愿盈利返还，并经由重新协商，我们的税前利润率在1942–1944年间，保持在受重新协商约束的销售额的大约10%。1945年，部分由于战争结束后订单大量取消，以及转向平时生产的成本增加，与战争相关的税前销售利润率小于10%。

左派学说中有一个不可动摇的信条，即战争对"大企业"来说是一场饕餮大餐。就通用汽车而论，这个观点大错特错。我们对税前利润的限制，结合沉重的公司税，大大减少了我们在战争期间的净收入。我们的收入在二战中的任何一年都低于1940年或1941年。事实上，我们在1942–1945年间的平均净收入低于我们在1936–1939年间的平均收入，后面这段时期还包括不景气的1938年。

我们开始——据我所知早于任何其他公司——认真思考我们在

战后世界的位置，并制订了详细而全面的行动计划。实际上，1941年12月4日，即珍珠港事件之前三天，我向全国制造商协会发表了一个关于"行业的战后责任"的演讲。随着战争一年年地过去，看清楚战后世界的某些轮廓成为可能，我们再次面临为商业生产作规划的可能性。特别是，我们必须决定，是去指望一个扩张的经济，还是去为"战后萧条"而勒住我们的缰绳；战后萧条是许多经济学家——和商业人士——认为理所当然的。我要自豪地说，我们为扩张做了计划。我们的计划是我在1943年12月向全国制造商协会的一个讲话中宣布的。实际上，我认为可以公平地说，计划本身就是推动经济扩张的一个力量，一个刺激其他商业人士为增长做计划的积极诱因。为了显示我们具体的推测，我从讲话中引用了几段话。

下面是通用汽车的方法。我们从一个信念开始：战前的国民收入水平随战前时期本身而逝。作为一个国家，我们提高了的生产能力、实用技能更广泛的传播、我们改进了的技术、源自战争刺激的技术知识的加速——一切都证明人们对先进的事物秩序有着合理的需求。我们巨大的公共债务以及不断上升的政府开支，不论合法还是不合法，都要求更大的产量和更高的国民收入基数。否则，政府对企业、对个人的负担将严重损害经济扩张的可能性。

让我们假设，国民收入650亿到700亿美元作为战前基数。在战后的情况下，新的国民收入基数1000亿美元应该是一个合情合理的目标。然后，我们基于这个生产扩大的机遇，针对每一项产品和服务，不论新旧，在辨别每一项必要性都有不同的需求弹性后，确定其潜在的产量。结果是一个衡量新的经营基础的标准，并能确定生产所需的经济资源，比如劳动力、组织、厂房和机器。按照通用汽车的这样一个规划，包括从战时到平时的转换成本、当前设备向最新技术水平的提升以及用于战后产品的重新装备，将涉及大约5亿美元的总支出。这是我们为了帮助把自由的有竞争力的企业体系保持为美国经济的基石而准备作出的贡献。

需要指出，上述段落中的国民收入预测，在我提出时被认为乐观得离谱，但事实证明是保守的。1946年，我们的国民收入（以1939年的美元衡量）约为1250亿美元——而非1000亿美元。从那时起，这个数字提高到约2000亿美元（以1939年的美元衡量）。

对日战争胜利日之后，我们立即收到了雪片一样的合同取消函，涉及将近17.5亿美元的军工订单。战争突然结束使得我们不可能有序地向平时转换，并肯定使我们许多个月淹没在雪片般的文书工作中——其中大量的工作跟终止合同有关。我们还在突然之间遇到巨量的实体重建工作，这些工作必须在通用汽车遍及全国的工厂中完成。我被告知，需要9000辆次货车才能运走我们的军品存货，另需8000辆次货车去处理政府所有的机器和设备。与此同时，我们要赶紧装备我们的工厂用于商业生产。总之，忙而不乱。已有与军事部门合作的规划大大缩短了工厂清理和转向的时间，使我们在对日战争胜利日之后大约50天，便生产出来第一辆汽车并运送出去了。

在通用汽车，二战之后的转向并不意味着简单地把工厂恢复为战争之前的原状。我们仔细制订了进行扩张和改进的战后计划。计划包括对既有的生产设施、新的机器和设备以及一些全新的工厂进行组织和平衡。其中的很大部分旨在改善员工的工作条件，例如提供新的自助食堂和更好的医疗设施。结果是出现了在若干不同方面效率高得多的生产设备。

朝鲜战争使我们面临另一个复杂的规划问题，其特别之处是它涉及部分动员。我们在这次战争期间的军工生产——我前面说过——根本不能跟我们在二战期间的动员相提并论。例如，1952年涉及的总产值（约14亿美元的军工产值），比我们1944年生产的武器产值低40%。这次战争爆发之后不久，我们便知道，我们预计将再次承担我国武器生产的约10%。政府也鼓励我们扩大我们的设施——新建一些万一武器需求增长便能转为军工生产的工厂。我们想迎合政府的要求，但我们肯定不想被许多的过剩产能"套住"。另一方面，随着1950年慢慢过去，事情逐渐变得清楚，我们必须进行某种认真的扩张规划。1950年11月17日，我给政策委员会当时的主席布拉德利先生写了一份备忘录，其中陈述了我本人的信念：

1. 未来，受那时相关的科学知识和技术进步及人口日益扩大的刺激，我国长期的经济活动将像过去那样继续增长，这将体现在对通用汽车的产品日益扩大的需求中。

2. 以经济地位损失、声誉和利润下降衡量，拥有过小产能的经济后果是与拥有过剩产能的成本完全不相称的。根据过去的经验判断，理性范围之内的过剩产能始终是暂时的，而且我相信未来将证明这一点。为了叙述清楚起见，我把"需求"界定为不仅包括正常需求，还包括诸如起因于随意削减生产量的反常需求，假如此类反常需求具有合理的重要性，并可预计甚至能持续一段时期。

3. 尽管我们的战后计划雄心勃勃，但是由于所拥有的产能不足以满足我们的销售潜力，我们的竞争地位有所损失。因此我们这是自掏腰包强化了竞争……

4. 我们的产能占业界的百分比似乎并未提高到与战前后期取得的收益占业务的百分比相称的地步。

接着我继续建议，我们应该作出认真的努力去估计未来五到十年的需求，并制订计划去满足这种需求。在建立新的产能方面，我认为我们"应该使用公司自有资金去新建这类生产武器所需的工厂，如果从与主计划相关的长期立场看，这么做能够使我们更好地控制它们的话"。加速折旧使得公司资金的使用更加灵活，并使政府没有必要为这些工厂提供资金。

我们的市场预测表明的确需要进行扩张。1951年2月和3月，我们敲定了一个计划，下面是其中的要点：

在这种情况下，我们将计划为商业生产保留80%的产能。

我们将把我们在美国和加拿大的产能扩大24%——从每天生产1.45万辆小汽车和卡车提高到1.8万辆（按一年250个工作日计算，其中包括加班时间，这将使我们能够一年生产450万辆小汽车和卡车）。

扩产不是整齐划一的，雪佛兰将扩产21%，庞蒂亚克31%，奥兹25%，别克15%，凯迪拉克35%。当然，这些数字在随后几年作了更改。

我们将额外需要大约 1500 万 – 2000 万平方英尺的生产场地（即，用于生产小汽车和卡车的场地面积的 25%），来生产用于朝鲜战争的军工产品，需花费大约 3 亿美元。我们估计，为了使这些新建厂房在这次紧急情况后转为商业生产，其配套所需的机器和设备将额外花费 4.5 亿美元。

一句话，较之我们在二战后从事的 5 亿美元扩张计划，这个新计划甚至更雄心勃勃（多 2.5 亿美元）。我们没有理由对这第二次大扩张感到遗憾。它实现了自己的目的：它为朝鲜战争期间的军工生产和战后的商业生产提供了生产设施。事实上，我们的新设施在需求创纪录的 1955 年遭遇严重的压力，当年我们共销售 463.8 万辆产自美国和加拿大的小汽车和卡车，整个行业创下了历史新高。

我们在朝鲜战争期间生产的军用产品本质上是我们在二战时生产的产品的高级版本——坦克、飞机、卡车、枪炮等等。今天，不仅现代武器装备有了根本的改变，而且主要活动是在研究和开发领域，而非生产领域。这对通用汽车在军工生产中的角色产生了相当大的影响。我们在自己有能力的领域做研究和开发工作，但我们主要是一个生产性组织，而且从根本上看，军工生产并不是国防设施在这个时候所需要的。这一点可以解释一个事实：我们的军工业务仅占我们销售总额的 3%。

在这个新的永久性的国防工业中，我们的角色主要由两个事业部扮演：阿利森和 AC 火花塞。阿利森是第一家为军用飞机提供涡轮喷气发动机的制造商（1956 年）。这种指定为 T-56 的发动机目前用在洛克希德 C-130 运输机、格鲁曼 E2A "鹰眼"飞机和洛克希德 P3A 反潜艇飞机上。更大功率的这种发动机正在开发之中。一种轻型的 250 马力的阿利森 T-62 涡轮轴发动机自 1958 年起开始开发，1962 年作为军用和民用观测直升机的动力装置获得认可。1962 年，阿利森还被授予了一个为军方开发、建设并管理一个核反应堆的合同。目前，它供应 5 种军用类型的可用于各种车辆的传动装置。这些传动装置为柴油驱动的作战坦克、中型救援车以及两栖装甲运兵车和运货车提供全动力换挡、转向和制动功能。阿利森的另一块军工业务是为"民兵"导弹计划提供钢制和铝制的火箭发动机壳体。

AC密尔沃基公司曾在朝鲜战争期间生产过大量的计算机轰炸导航系统，现在扩大了这种系统的范围和能力。1957年，美国空军委托AC火花塞事业部全权负责这些计算机轰炸导航系统，并对用于空军战略轰炸机上的系统进行改造。这个事业部还在公司的导弹业务中起了主导作用。1957年，一个被指定为"成功者"的惯性制导系统，在空军的"索尔"远程弹道导弹上成功地进行了飞行测试。我们继续对这个系统进行了改进和完善，它也成功地用在"权杖"导弹和"大力神"II型导弹上。1962年，AC密尔沃基获得了研制两套重要的航天制导系统的合同。为了将3名宇航员送上月球并返回地球，航空航天管理局（NASA）正在建造阿波罗宇宙飞船，它选择了AC火花塞事业部来帮助设计、开发和制造用于宇宙飞船的导航和制导系统。空军也选择AC火花塞事业部为其太空发射器"大力神"3型火箭供应制导系统。

通用汽车其他的事业部最近从事了国家新的防御计划和航天活动的项目。GMC卡车和长途汽车事业部正在为"民兵"导弹计划制造运输—起竖车辆。底特律柴油发动机事业部向政府提供各种涡轮增压V型发动机，用于履带式自行火炮和寻回犬运载车。德科－雷米事业部为"民兵"导弹计划生产银锌蓄电池，而德科无线电事业部正在提供电源供应器用于各种导弹计划。1962年，曾在朝鲜战争中供应坦克的凯迪拉克－雪佛兰军械制造厂，开始生产三种新型的铝合金装甲车辆。

目前，甚至更新型的产品正在各个事业部、在最近组建的GM国防研究实验室中开发，公司正期待着这些产品的投产。毫无疑问，通用汽车将继续在国家防卫计划中发挥重要作用。只要得到号召，我们就时刻准备着为国防事业作出我们最大的贡献。

第二十一章
人事和劳资关系

在我写作这个部分的时候，自从因国内问题在通用汽车爆发了一场较长时间的罢工以来已经超过17年。对我们这些能够回想起20世纪30年代中期充满暴力而危机重重的氛围，或者1945-1946年战后大罢工的长时间磨难的人来说，过去17年的记录看起来几乎难以置信。我们是在未牺牲任何基本管理职责的情况下成就这个记录的。经常有人争辩说，我们只是通过一纸刺激通胀的劳资合同才换得了劳资之间的相安无事。这是一个太过复杂的问题，不适合在这里讨论，但是让我来说，我并不相信这一点。

在讨论我们与劳工组织的关系之前，我认为应当提醒读者，我们的很多人事政策独立于劳资谈判而存在。从1963年开始时，通用汽车在世界各地拥有63.5万名员工，其中约16万名是月薪雇员，这些人中只有极少数参加了劳工组织。另外，我们还有大约35万名工会会员拿到了大量未在合同中提及的福利，而且在某些情况下，是在现代工业的劳工组织出现之前由公司提供的。我们工厂的娱乐设施、我们给员工所提建议的报酬、我们为员工培训所作的安排、我们对雇用残疾人的规定——所有这些都超出了劳资合同的范畴。远在20世纪20年代，通用汽车就给员工提供很多福利了。其中一些体现为各种设施——比如，我们给员工提供的一流的医疗服务、令人满意的自助餐厅、衣帽间、淋浴和停车场。

早在1926年，我们就有一组向全体员工开放的寿险项目。我们有一个由约翰·拉斯科布先生于1919年设立的储蓄投资计划。1929年，有18.5万名员工参与了该计划，占当时全部员工的93%；他们在该计划中的储备金累计达9000万美元。当1933年各银行歇业的时候，我们曾预计员工会把他们的存款从计划中撤出来。然而，他们几乎意见一致地坚持我们继续掌管这笔钱——这是一种对公司稳定发展的信任投票。1933年的《社会保障法》和《证券法》实施之后，这项计划在1935年年底中止了。

今天，通用汽车拥有面向美国和加拿大的月薪职员的"储蓄－股票购买计划"。根据这项计划，他们最多可以将其基本工资的10%存入一个专项基金。我们的月薪雇员每存入两美元，公司便相应存入一美元。该基金的一半投资于政府公债，另外一半投资于通用汽车普通股。公司的定期缴款全部投资于通用汽车普通股。所有的利息和分红都为计划的参与者进行了再投资，现在，此类参与者构成了符合条件的月薪雇员的85%以上。1935年，经过劳资合同谈判，这项计划向时薪雇员开放，但是后来因他们支持失业福利补充计划而拒绝了他们，这一点将在后文讨论。

储蓄－股票购买计划只是现在提供给月薪职员的额外福利之一。他们中的绝大多数都像时薪雇员一样领取生活费用津贴。月薪职员享受的福利有：一个集体寿险项目、医疗保险、健康事故险、养老金和遣散费。一句话，他们能够得到广泛的福利。时薪雇员在这些领域也享有相应的福利。

当然，我们的人事部的职责远远不限于员工福利。人事部还负责对招聘、聘用和培训员工的全面监督。比如，我们的工长培训项目就是我们特别自豪的项目之一。我们总是费尽心力地使工长的士气保持在最高的水平上。1934年，我们为工长提供月薪。1941年，我们正式通过一条规则：工长的工资必须比他下辖的工人的最高工资至少高25%。另外，自二战初期起，构成我们的一线监督队伍的工长就一直享受加班津贴,虽然《联邦工资和工时法》并不要求向督工支付加班津贴。但是,我们的工长士气高昂,其中最重要的原因或许是我们在纪律和工作标准方面给予他们的有力支持。他们知道,他们被认为是管理层的一分子。

正如上述事实表明的,我们的人事部除了众所周知的与汽车工人联合会谈判的职责之外,还有许多其他职责。虽然人事管理在1931年就首次成为公司层面的一项常规职责,但是一直到1937年,我们所有的人事项目才归并到公司的一个部门之中。自此之后,人事部以两种方式为公司服务,一种是作为一个由专家组成的专职部门,公司可以依靠他们寻求建议和咨询;另一种是作为一群被授予劳资谈判和管理合同条款的职责的执行官。顺便说一句,这个部门通常并不介入有关根据我们的四步投诉程序对员工投诉的处理;仅当投诉进入第四步,即仲裁程序的时候,人事部才介入。1948-1962年,平均每年有7600宗投诉按照这个程序作了处理。其中约有60%都是在第一阶段解决的,这个阶段的协商大抵由工长和工会委员会处理;另有30%是在第二阶段,经工会的车间委员会和一个通常由工厂自己的人事部门组成的管理委员会之间协商后解决的;还有10%进入第三阶段,由一个四人上诉委员会解决,该委员会的典型构成是,两人来自工会的地区办公室,另两人是相关部门或事业部管理层的代表。进入第四阶段,由一位中立的公断人来解决的投诉,每年平均只有63宗,不到全年总投诉量的1‰。

显而易见,人事部的职责非常重大,尤其是在处理跟工会有关的问题时。因为在此类事情中,始终存在着对公司造成极大伤害的可能性以及使公司员工遭受严重折磨的可能性。一方面,只要有可能,我们就必须避免大大小小的罢工;另一方面,我们绝不能屈从于不合理的经济要求,或放弃基本的管理职责。同时避免这两种情形绝不是一件容易的事。然而,在过去的15年里,我们相当成功地做到了这一点。

在战后初期,我们对行得通的劳资关系的预期看起来遥遥无期。1945-1946年大罢工结束时,汽车工人联合会(UAW)是国内两三个最大的工会之一,拥有会员近百万。它的很多发言人对私营企业抱有敌意。UAW 困扰于派别冲突，无论是内部，还是在与其他工会的关系上。在我们看来，这种冲突的主要结果，是一种各方竞相彰显针对公司的"战斗姿态"的倾向。

使事情雪上加霜的是，看起来 UAW 在任何一次大危机中都能谋取政府的支持。政府的态度远远退回到了 1937 年静坐罢工的时候，当时我们采取的意见是，在联合会的代理人强行占有我们的财产时，我们不会跟他们谈判。静坐罢工明显是违法的，最高法院后来的裁决肯定了这一点。然而，总统富兰克林·罗斯福、劳工部长弗朗西斯·珀金斯和密歇根州州长弗兰克·墨菲持续对公司并对我个人施压，要求我们跟那些强占了我们的财产的罢工者谈判，直到最后我们被迫这么做了。历史又一次上演。在持续 117 天的 1945–1946 年大罢工期间，联合会坚持认为我们的"支付能力"应该影响工资增长的幅度，而杜鲁门总统正式支持了他们的这个自相矛盾的要求。我们成功抵制了这个不合理的提议，但是，在我看来毫无疑问的是，总统的声明强化了联合会的公众地位，从而延长了罢工时间。

对我们的劳资关系预期感到担忧，在战后初期还有一个原因，那就是当时正在肆虐的严重的通货膨胀。1946 年，价格管制被取消，消费者价格在 9 个月里上升了 17%。在 1947–1948 年，消费者价格差不多上升了 10%。在通货膨胀的时期，工会的自然倾向是通过谈判提高工资，使之足以弥补未来的价格上涨；而预期到物价上涨之后，工资上涨往往把物价推升得更高。工资和物价在战后年复一年的轮番上涨是这种螺旋式通货膨胀的完美例子。由于汽车工人联合会自认为是劳工的带头人，这一点也许说得没错，所以通用汽车面临的可能性是，每当它同意涨工资的要求，它就会成为新一轮通胀型需求中一个显眼的靶子。

我们安然度过了 1947 年，一次像样的罢工都没遇到，这个事实并未消除我们对战后劳资关系的忧虑。事实上，这一年的谈判期间发生了一些事情，使我们面临的问题更加尖锐。4 月中旬，我们仍在谈判时，便开始听到有人报告说，UAW 计划促使其在底特律地区的所有会员离开岗位，以便他们能够参加联合会发起的一场示威游行，以反对当时国会正在考虑的塔夫脱—哈特利法案。当然，这场将在底特律闹市区举行的示威是联合会自己的事,但工作中断却是我们严重关切的事。我们在三个场合向联合会的谈判代表指出,停止工作去参加集会将明显违反合同中的罢工和停工部分,凡是走出工厂的工人都将受到惩罚。(1937年静坐罢工之后,我们就坚持在未来的劳资合同中增加一个条款,对合同条款有效期间禁止的停工行为进行惩罚。)联合会的人员在回答中温和地告诉我们,这次罢工获得了国际执行委员会的授权,但是会把我们对此事的意见传递给该委员会。

1947年4月12日,新的合同签署,当天下午2点罢工开始,但只取得了部分成功,因为在公司的底特律工厂中的7个工厂,有1.9万名时薪工人没有罢工。但是,还是有1.3万名工人参加了罢工,而且在罢工期间,他们做了不计其数的胁迫或近乎暴力的行为。在我们看来,这是UAW对其早期喜欢随意违反合同行为的回归。因此,我们像过去一样坚定地予以了回击。我们以公然的反常行为为由永久性解雇了15人,并对另外25人给予长期的惩罚性辞退。这40人包括4名地方工会的主席、6名工会车间委员会的主席、22名工会车间和区域委员会的成员。另有401人被给予了短期的惩罚性辞退。

当然,工会有权将所有这些行为向永久公断人提出申诉。但是,它选择了与公司谈判,最后,它承认违反了协议。5月8日,我们签署了一份正式的谅解备忘录,其中包括工会明确声明,所有这种停工均为违反合同的行为。作为回应,公司将永久性解雇的15人转为长期辞退,其他的惩处作了另行修改。

紧随其后的那年,我们的劳资关系有了显著好转。这一年也见证了工会内部事务稍显稳定的肇始。

使我们的劳资关系发生改变的主要工具是1948年的集体谈判协议,其新的主要特性一直保留在后续的合同之中。由于这些条款被证明在通用汽车的事务中如此重要,所以我将用本章剩余的大部分篇幅讨论它们及其背景。

在我们处理时薪工人一事上,1948年的协议带来了两项主要革新。首先,它取消了与工会每年的经济条件谈判,并引进了长期合同的概念。合同期限为两年，紧接着的是1950年的一个五年期合同，然后是连续三个三年期合同。这些较长的时间间隔给了公司更多的保证，使之能够满足其长期生产计划；它们也意味着为执行官们节约了宝贵的工作时间，因为劳资谈判要耗费公司最高官员大量的时间。长期合同还使我们的员工打消了他们每年对可能的罢工的顾虑，使他们能够以更大的信心去规划他们自己的事务。

1948年合同的另一项革新是所谓的通用汽车工资公式。该公式有两个特性：一个是"自动升降条款"，它根据生活费用的变化为员工提供工资津贴；另一个是"年度改善因子"，它保证了员工能够分享技术进步产生的更高效率的益处。整个公式反映了公司在工资计划中引入理性和可预测性的努力；特别是，它旨在至少部分结束我们在过去设定工资时经常发生的各方角力。

我们对这类理性工资计划的探索实际始于20世纪30年代。特别是在1935年，我们开始对把工资与生活费用的变化挂钩的可能性发生了兴趣。最初，我们考虑的是依照劳工统计局制作的地方生活费用指数，而非该局的全国生活费用指数。1935年，劳工统计局发布了有关32个城市生活费用变化的半年度报告。在上述城市中的12个城市，包括底特律在内，通用汽车拥有工厂。然而，还有许多城市里通用汽车也拥有工厂，这些城市并不在该局的报告之列。这个现实的困难是我们当时没有深究这个主题的原因之一。另一个原因是，1935年消费者价格指数相对稳定，实际上，这种稳定一直持续到1940年。在这些年间，物价波动在我们的工资调整中并不是真正的问题。

但是，在1941年，国防计划的实行刺激了物价急剧上涨，我们和我们的员工不可避免地遭遇了通货膨胀的问题。于是，1941年4月1日，我写信给全国工业代表大会的主席维吉尔·乔丹，就建立跟生活费用指数挂钩的工资公式的可能性，征求他的看法：

> 如果我们基于下述假设，建立一个工资调整的经济学公式，您认为这么做是否有意义：一、实际工资在将来肯定会增长，正如实际工资在过去的25年里一直在增长。二、我们在这种公

式中认可上述事实，即，最好以社区为基础，当生活费用上升时，以一定的比例提高名义工资率，这个比例可以计算出来，目标是弥补生活费用的上涨，但是如果生活费用下降，那么，名义工资率将以比其涨幅更低的比率下调。这将保证未来数年实际工资的增加，我相信，这是工人有权得到的，而且产业界也有义务通过将提高了的技术效率资本化使之成为现实。

这个非正式的提议引来了乔丹先生一个总体悲观的反应。他回复说，他怀疑我们是否有机会使工会与汽车业中的这样一个工资公式和平共处；他暗示工会领导人更喜欢在议定工资时扮演一个积极的角色。尽管如此，我们的通信起到了激发我们对工资与生活费用挂钩这个大原则的兴趣。

1941年，通用汽车当时的总裁查尔斯·威尔逊把我们在这一问题上的思考向前推进了一步。由于髋关节骨折，他被迫待在医院，于是把在医院的大量时间花在对工资公式的研究上。他出院的时候带来了有关工资调整的两点心得。一点是，实务上，基于生活费用的变化调整，工资必须与全国的消费者价格指数挂钩，否则公司将持续处于给某些员工加薪，而不给其他员工加薪的情况——就这种情况的经济学而言，它是足够合乎逻辑的，但它可能导致实际的心理问题。

威尔逊先生提出的另一点涉及怎样才能使员工在日益上升的生产率中分得一杯羹。他的主张是，要做到这一点，唯一可行的办法是设定一个固定的每一名员工每年都将得到的加薪幅度。这项提议最终导致通用汽车的工资公式中"年度改善因子"的诞生。

虽然工资公式中的基本元素由威尔逊先生于1941年提出，但是在1948年谈判以前，我们一直没有机会在集体合同的讨价还价中引入这个公式。二战期间，政府的工资冻结政策使得我们难以主动提出任何新的提议。1945年，事情很明显，我们的员工只会对基本工资非常大的上涨感兴趣，这将使他们能够"追上"战时生活费用的上升。此外，在长时间的1945–1946年大罢工期间，工会一直坚持：一、工资涨幅应该由我们的支付能力确定；二、我们应该实际上商定我们的销售价格。这就提出了一个至关重要的原则问题，这个问题我们觉得必须在任何新的工资计划获得通过之前加以解决。1947年，我们再次感到我们员工的主要要求是基本工资有相当大的增加。

1948年的谈判始于3月12日，而且一开始，它看起来会遵循旧例。工会的要求——如果有的话——比往年更极端。事实上，他们等同于提出了一个几乎改写整个基本合同的提议，这个基本合同可是我们历经10年的协商才艰难达成的。他们的要求还包括：将每小时的工资提高25美分、养老金计划、社会保障计划、每周保证工作44小时，以及很多其他经济方面的条目。我们认为这些要求不切实际、不可理喻，并且担心，如果UAW坚持不改口，我们又将遭受一次类似于1945–1946年那样的大罢工。实际上，在1948年春，看起来好像全国都可能遭受它面临过的最严峻的罢工年份。钢铁和电力行业的谈判大部分陷入僵局。5月21日，UAW在克莱斯勒举行罢工，大约同一时间，他们开始在通用汽车的工会地方机构中间发起罢工投票。

然而，在1948年的谈判中，有一种情况对我们有利，那就是，我们与UAW达成了一项安排：谈判将在相对保密的情况下进行。在以前的年月，我们的集体合同谈判已演变为类似于一种公开的政治论坛，工会在论坛上向媒体提供大量激烈的言论，而我们觉得有义务公开作答。对1948年谈判的适度保密使工会的论调从一开始就更加现实。

然而，谈判进展缓慢，到了5月，罢工似乎一触即发。值此之际，我们决定在集体谈判中引入我们的工资计算公式。5月21日，我们以书面形式把它提交给UAW。我们事先没有看到工会将会对我们的这个合同提议作出肯定的回应的任何迹象。然而，工会原则上接受了它，然后我们开始讨论细节。为了加快进度，我们提议通用汽车和工会组建一个四人小组来研究这一问题。

经过三天几乎不间断的谈判，这个新公式的诸般细节敲定了。合同为期2年，这一点我在前面提过；它的新颖性使得工会不愿意承诺更长时间的合同期。对于合同覆盖的每一名员工，年度改善因子被确定为每小时3美分。最终确定用于计算生活费用公式的基准年份为 1940 年——美国物价相对稳定的最后一年。

关于通用汽车的工资公式，有几点需要了解。首先是关于年度改善因子，它甚至被熟悉劳工问题的人经常误解。合同中的条款 101（a）涉及年度改善因子，它写道："员工生活水平的持续改善依赖于技术进步，即更好的工具、方法、工艺和设备，依赖于这种进步中参与各方的合作态度……以同样的人类努力生产更多的产品是一个健全的经济和社会目标……"换言之，收入的真正源泉是生产率。工会接受这些合乎情理的话语，这的确是劳资关系中的一个里程碑。

但是，与广泛的推测相反，改善因子并不与通用汽车明确已知的生产率提高直接挂钩。据我所知，不存在任何令人满意的方法，可用以衡量通用汽车的生产率，或者事实上任何生产不断变化的产品的公司的生产率。即使能够以某种方式提供一种衡量工业生产率的方法，使它与工资增幅成正比，也仍是不可取的。这样一项政策若应用于整个经济，就会在支付工资方面引起技术进步迅速提高的行业和技术进步势必有限的行业——比如所谓的服务业——之间一种不可容忍的差距。我的信条是，改善因子应该反映美国整个经济长期的生产率提高。据估计，多年来，美国的生产率每年上升大约 2%。这种估计有多好，我不知道。无论如何，我们将通用汽车的年度改善因子设定为每小时 3 美分，折合为工资率每年 2% 的升幅：3 美分是 1.49 美元的 2%；通用汽车当时的平均每小时工资率为 1.49 美元。在后来的谈判中，改善因子提高了数次。请注意，公司承诺会在合同期内兑现这种增长，不管美国工业生产率实际发生了什么。即使整个国家或具体到通用汽车的生产率下降，我们仍将有义务兑现年度改善因子。

我始终觉得，把年度改善因子打上"生产率提高"的标签是引起混淆的根源。我宁愿把它视为一种各方面组合的绩效加薪，而且我猜想通用汽车的大多数员工也这样看。

最后，效率提升并不是主要来自工人的效益提高，而是主要来自更有效的管理和额外资本在节约人力的设备上的投入。一些工会发言人谈起话来就好像应该把生产率提高带来的好处全部归之于劳工。我不相信这是合理的。新机器需要花钱，额外投资必须由投资回报率证明其合理性。可能有人辩称，如果生产率提高都被用来降低产品价格，那么消费者和整个经济将受益最大。在理想情况下，这可能是一件好事。但是，由于人类的天性，如果给予使个人或群体能够获利的激励，人们就能更好地工作，而且人们还想对它讨价还价，所以，有东西可供讨价还价可能是一件好事。因此我断定，生产率提高的好处应该在消费者（更低的产品价格或更好的产品）、工人（更高的工资）和股东（投资回报率）之间按比例分配。

改善因子在首次应用于通用汽车的工资公式时，产生了一个奇怪的结果。根据1948年和1950年的协议，所有的工人，包括扫地工人、高度熟练的工具制造工和模具制造工，他们的改善因子都是完全一样的。选取中等熟练程度的工人，按其工资率的2%（即每小时3美分）支付给我们所有的工人，这样的决定明显是平均主义方向上的一步。当然，其结果是，给予工具制造工和模具制造工的改善因子并没有达到每年2%那么多，而扫地工人却得到了也许3%的工资增幅。因此，1948-1955年，改善因子有一种使工资差异百分比缩小的倾向。这种倾向在1955年的合同中被纠正了，这个合同按2.5%——不得低于6美分——设定所有工人的改善因子。

虽然年度改善因子有了变化，但是自动升降条款基本保持不变——即使它已倾向于随着时间的推移而使工资率平均化。同样，这里也没有任何理论原因，说明为什么该条款不能简单地规定为生活费用每上升1%，就将工时工资提高1%。相反，据该条款规定，生活费用上升多少，每名工人便获得多少钱加到他的工资上。生活费用计划是以如下方式计算的：首先，经确定，生活费用自1940年这一基准年份以来已经上升约69%。通用公司中等熟练的工人的小时工资率在这段时期只提高了约60%。为了弥补这9%的差异，我们将小时工资率提高了8美分。但是，显而易见，这个增幅对于低工时工资的工人而言相当于超过9%；而对于高工时工资的工人而言则不到9%。在其针对未来增幅的规定中，这个自动升降条款也具有相似的平均化效果。我们选取平均工时工资和1948年4月的消费者价格指数——当时可得到的最新的数据——并决定保持它们之间的关系。用平均工时工资1.49美元除以消费者价格指数169.3，我们便可得到，价格指数每上移1.14，工时工资就提高1美分；于是，这一条成了我们用以计算所有工人的物价补贴的规则。但是，请再次注意，我们的最高工时工资的工人实际上需要更快速地提高工资，以跟上生活费用的上升，而一名1948年每小时挣1.20美元的看门工人，显然得到了比任何通货膨胀更多的补偿。在考虑通用汽车工资公式中的生活费用部分时，重要的是别忘了：与价格指数挂钩的是平均工资率，自动升降条款往往会将所有其他的工资率拉向平均工资率。这种平均主义效果从长期看是好事还是坏事，我现在不准备去讲。我认为，有趣的是要观察到，其他工会模仿我们的计划，所采用的工资计算公式几乎不约而同地保持这种平均化特性。

我们曾专门给技术工种的员工加过几次薪。就有技能的员工而言，此类加薪抵消了该公式的平均主义效果。1950–1962年，给工具制造工和模具制造工的特殊加薪总计为每小时31美分。

因集体谈判中出现的紧急情况，最初支撑工资公式的概念在某种程度上扭曲了。一个反复发生的问题是生活费用协议中工资项下的"地板"问题。正如我在写给乔丹先生的原信中提示的，工人们想要对工资降幅施加某种限制，即使在严重的通货紧缩时期。在1948年合同中，我们明确说明了，无论生活费用可能下降多少，在原来的8美分生活费用补贴中，能够减去的不超过5美分。在1953年、1958年和1961年，"地板"一再被工会和公司之间达成的协议所抬升。自动升降条款的逻辑显然不能扩展到严重的通货紧缩时期，因为工人们总是不情愿降低工资的。

巧合的是，1953年谈判提供了一个有趣的具有某种公众压力的例子，这种压力一直稳定地施加在通用汽车工资公式上，并使我们难以像威尔逊先生最初打算的那样推行这个公式。原则上，本来是不应该有任何1953年谈判的，因为在1950年签署的五年期合同中，工会"无条件地放弃了"对合同中涵盖的任何问题讨价还价的"权利"。但是，接近1952年年底的时候，UAW开始对合同中的生活费用条款感到不满。工会就像当时许多其他人一样，担心朝鲜战争后的通货膨胀。如果生活费用下降，工会会员将部分失去他们当时依据自动条款正享受的特殊补贴，或者将全部失去它们。使事情雪上加霜的是，工资冻结委员会已经允许其他工人群体，也就是说钢铁、电力和其他工业中的工人群体，享受加入其基本工资的生活费用补贴。换言之，通货紧缩意味着，UAW的会员将会失去一些实得工资，而其他工会的会员则不会。我们同意了UAW的一个意见：通用汽车的工资应该不落后于同等行业的工资。于是我们重启谈判，将生活费用补贴提高到19美分。这段插曲印证了严格遵守最初的工资公式理念有多困难。

我们的工资公式经常被攻击为通胀的推手。我与威尔逊先生的意见一致，即，公式本身只是为了保护我们的员工免受通货膨胀的影响。然而，该公式绝非我们的劳动合同的全部。因为我们还提供很多额外福利，一些批评者主张成本增幅超过生产率，因而这个公式加上这些额外福利有引发通货膨胀之虞。

还有一个必须考虑的重要因素。在讨论改善因子时，我前面说过，在我看来，改善因子本身更应看作一种激励或额外津贴。从这个观点看，我认为，我们的工人按照一种明确的和预先规定的方式受益，从而提高了生活水平，这个事实使得在引进源自技术进步的劳动力节约设备和其他改良时，我们能够得到更融洽的合作，这在总体上对公司的运营效率有一种健康的影响。

无可否认——截至撰写本书之时，这个工资公式已经起到给我们的劳资关系带来相对的和平和稳定的作用。自该公式1948年实施以来，我们公司就没有发生过因全国性协议的谈判而引发的较长时间的罢工。

过去的几年里，在通用汽车劳动合同的增设条款中，有一条得到了最广泛的宣传，那就是失业福利补偿条款——这个条款经常被形容为有保障的年度工资，尽管不太准确。随着所有主要的汽车公司启动1955年劳动合同谈判，显而易见，通用汽车的工会把这个条款视为其历史上一个重大的里程碑，因而打算不计代价地拿下它。这一条款背后的想法——雇主出资补充州失业救济金——其中的大部分显然已经在1954年和1955年由工会制定出来。然而，由福特汽车公司提出并最终获得通过的计划在很多方面不同于该工会具体的提议——而且在出资上保守得多。继福特之后不久，我们也接受了这一条款，尽管我们不同意该计划的几个方面。最终，整个汽车业都接受了这个条款。

实际上，我们通用汽车一直考虑这种广泛类型的替代计划大约有20年。1934年12月，在各州失业保险法正式颁布之前，有关为公司所有员工提供商业保险计划的一些思考已经有了轮廓。在所提议的想法中，我们赞同如下几点：

> 通用汽车赞成关于建立储备金，以备向处于非自愿失业期的员工支付救济金的原则；
>
> 我们还赞成关于由雇主和符合条件的雇员联合捐助此类储备金的原则；
>
> 我们还相信，任何员工在符合条件之前需经历一段考验期是公正的。

这些要点的价值给我留下了深刻印象，而且我认为我的大多数同事亦如此。然而，在20世纪30年代中期，联邦和州失业保险计划的激增改变了我们关于此问题的想法。伴随当时提供的失业保险，我们开发了一项计划，旨在缓和因我们的周期性生产而导致的困难。它总体上是这样运作的：任何拥有五年或以上资历的员工，当他临时下岗——比如因车型更换，或者每周所得低于24小时工资时，可以每周从公司借款，金额为他的收入和24小时工资之间的差额。借款不收取任何利息。在他每周收入超过24小时工资的星期里，他得每周把超出24小时工资的部分的一半用于偿还借款。至于资历不到五年但超过两年的员工，公司则预付高达16小时的工资，但是累计总预付款不得超过72小时的工资。换言之，这使得员工的所得在整个一年中分布得更均匀。这项计划一直执行到战时生产使之没必要存在为止。

除了这个免息借款计划外，我们还开始考虑我们是否能够保证相当比例的工人一年间有最少的工作时数。1935年的《社会保障法》中有一个部分，意在给予雇主一定的激励去设计类似的计划。根据相关条款，保证其工人每年1200小时工作时间的雇主，被豁免缴纳

3%的工资税。1938年，我们认真考虑了向我们的工人提供类似的保证。然而，当时的董事会副主席唐纳森·布朗非常有说服力地陈述了反对意见。布朗先生给我写了一份备忘录，注明日期为1938年7月18日。他在备忘录中论证说，这种保证的适用范围不能扩及非常多的工人——或者，即使能够这样做，也不能向这些工人保证非常多的工时。他进一步说道：

> 保证年度工作时数的适用范围扩及给定部分的雇员，往往会不可避免地将平均工作时数冻结在那个水平上。一个这样的计划会被认为隐含着这样的意图——如果业务下滑——便把工作延展到该保证水平的平均工时结束。工会势必会朝这个结果施加压力。

我们所有人都怀疑，在通用汽车这样一个庞大而复杂的企业中，工作分担是否可行。个人认为，长时期低工时水平下的工作分担在经济上和社会上都是不合理的。但是，在战后初期，我觉得公司将不得不设计某种保证计划。1946年5月15日，就补充失业救济金一事，我表达了自己的观点：

> 如果我们能够确定有哪些限制，我们就可能胜过将要施加在我们身上的压力，并以我们自己的方式，以事实为准绳，确定它到底可行到何种地步，结果可能是我们的人与我们自己之间一种更好的关系，而没有义务给未完成的工作支付报酬。

计划最终写入了合同。总的来说，这个计划在我看来，其表现出的创新似乎不如其倡议者相信的那样。正如现在的许多经济学家已经指出的，该计划只不过是失业保险的一种扩展，它生效了20多年，并始终得到了雇主的资助。我怀疑，这个新计划的真正好处不只是它在萧条时期给予工人一定程度的保护；毕竟，有很多工人始终不符合覆盖条件，而且，另有很多工人只能拿到很少的付款。倒不如说，其真正好处是，该计划给予我们的工人极大的经济安全感；

从长期来看，光这一项好处就足够了。

1933年之前，除了建筑领域的少数工艺行会，通用汽车没怎么跟工会打交道。由于这个原因，或许还有其他原因，我们在很大程度上未准备好应对始于1933年的政治气候变化和工会主义的成长。人们易于忘记，大型产业中的工会化当时并不是美国的传统，因此，大规模工会化的意义我们当时并不清楚。我们知道，有些政治激进分子将工会视为攫取权力的工具。但是在我们看来，就连正统的"工联主义"似乎也是一个对管理大权的潜在威胁。作为一个商人，我还不习惯这整个的概念。我们跟汽车业中某些工会的早期经历令人不快；这些工会的首要议题变成了组织层面的问题。他们向我们要求，他们将代表我们所有的工人，甚至那些不想被他们代表的工人。我们最初和美国产业工会联合会的遭遇甚至更令人不快，因为该组织企图通过最糟糕的暴力行为，强行使其要求获得排他性的认可，而且终于在1937年的静坐罢工中攫取了我们的财产。这些因与劳工组织的早期接触而引发的痛苦的论争，我没有一点回顾的欲望。我提及它们，只是为了说明为什么我们起初对劳工组织的反应是负面的。

在这些早期岁月里，使这个前景看起来特别暗淡的，是工会持续不断地尝试着侵犯基本的管理大权。确定生产计划、设定工作标准、训导工人，我们的这些权利全都在突然之间遭到质疑。除此之外，还有工会周期性地插手定价政策的倾向，因此容易理解，为什么在公司的一些官员看来，就好像工会可能有朝一日基本上控制我们的运营。

最后，我们在与这些侵犯管理大权的行为的斗争中获得了相当大的成功。现在，工资制定是一种管理的职能，而非工会的职能，这一点不再有任何真正的怀疑。就我们的经营而论，我们已经转移到把某些惯例编撰成典、跟工会代表讨论工人的投诉，以及少数仍未解决的投诉提交仲裁等方面。但是在总体上，我们保留了所有的基本管理权力。

通用汽车的工会主义问题已被解决很长时间了。我们已经跟所有代表我们工人的工会实现了行得通的关系。

第二十二章
激励性报酬

通用汽车的红利计划自1918年起就是我们的管理哲学和组织不可分割的一部分，而且我相信是公司进步中的一个本质元素。我们的管理政策，正如1942年年度报告正式陈述的那样，"演变自一种信条，那就是，公司要想实现最有效的成果及最大的进步与稳定，就要尽可能地使执行官们适材适所，这样，他们在相关职位上会把工作当作自己的事情来做。这能为个人通过主观能动性的发挥取得成就提供机会，为个人取得跟业绩相称的经济进步提供机会。通过这种方式，公司能够吸引并留住管理人才"。

红利计划和分权政策是相关的，因为分权管理给予执行官们取得成就的机会，而红利计划使得每位执行官都有可能获得与其本人的业绩相称的报酬，从而给予他一个激励，使他在任何时候都会尽自己最大的努力。

虽然通用汽车红利计划最早在1918年8月27日就已采用，但是其基本原则从未变过——想要最好地服务于公司和股东的利益，就要使关键员工成为推动公司繁荣发展的同伴，每个个人都应该获得跟他对事业部和整个公司的利润所作贡献成正比的报酬。当然，我们应时作了改变，例如1957年，激励计划作了扩展，纳入了一个面向一批高级执行官的员工的优先认股权计划。在目前，仅当公司盈利超过其净动用资本的6%，才能从净收益中拿出钱来进行奖励。每年存入红利储备金账户的最大数额限制为净收益扣除税负和6%的资本回报之后的12%，红利薪酬委员可酌情确定存入某个低于该上限的数额。1962年，大约1.4万名员工以通用汽车股份和现金的形式获得了总计94102089美元的红利。另外，员工优先认股权计划项下条件账户中的金额达到7337239美元。这些资金，连同用于四个海外制造子公司各单项红利计划的3550083美元，都来自1962年预留的1.05亿美元红利储备金，它比该计划下允许的上限少3800万美元。

虽然奖励金额依赖于利润，但是红利制度并不是一个利润分享计划。它并不能使任何员工有权利定期分享公司或任一事业部的收益。红利薪酬委员会可能——并且有些年份的确是这样——授予不到最高可用金额用作红利支付。更重要的是，每个人每一年都必须依靠自身的努力，赢得被考虑授予红利的资格。既然员工的工作每年都考核，那么他得到的红利可能随年份的不同而波动很大——如果他的确每年都能获得红利的话。知道每个人对公司的贡献会被定期衡量，并且还有明码标价，这在每时每刻都充当了一个对每一位执行官的激励。

红利计划还有一个重要的作用，即通过打造一个所有者—管理层团队，它使管理层和股东之间的利益趋于一致：大多数情况下，一直是用部分或全部通用汽车股份授予红利的。结果是，通用汽车始终有一支拥有大量公司股权的高层管理团队——这里说的大量，是从这些执行官的个人总资产的角度来看，而不是相对于公司总的已发行股票。因其自身的资产的大头通常由通用汽车股份组成，通用汽车的执行官们往往高度关注个人利益与股东利益的一致性，而如果他们只是职业经理人，他们是不会这样的。

但是，红利计划不仅仅能够激励和奖励个人努力本身；当计划最初开始的时候，它便在鼓励执行官们使他们自己的个人努力与整个公司的福祉休戚与共方面作出了极大的贡献。实际上，在使分权管理有效运转方面，红利计划所起到的作用几乎与我们的协作系统一样大。O. E. 亨特在给我的一封信中评论说：

> 分权管理提供了机会；［红利计划］……提供了激励；合在一起，它们在不破坏个人野心和主观能动性的情况下，把公司最高级别的执行官们打造成一支协作上建设性的团队。

在我们把红利计划推广到整个公司以前，整合各个分权事业部的障碍之一是这样的事实：主要执行官没有什么动机去思考整个公司的福祉。相反，总经理们得到鼓励去主要考虑各自所在事业部的利润。在1918年以前执行的激励制度下，少数事业部经理拥有的受聘合同规定，从所在事业部的利润中拿出规定的份额提供给他们，而不管公司整体赚了多少钱。这个制度不可避免地以公司整体的利益为代价，夸大了每个事业部自身的利益。甚至有可能，一位事业部经理在其努力使所在事业部的利润最大化的过程中，做出与公司的利益背道而驰的行为。

红利计划建立了以公司利润取代事业部利润的观念，因为事业部利润只是顺便加总为公司的净收入。如常人期望的那样，它规定了把红利支付给那些"依靠自己的发明、能力、勤奋、忠诚或异乎寻常的服务为其[通用汽车的]成功作出了特殊贡献"的员工。一开始的时候，总的红利金额被限制在税后净收入扣除6%的资本收益之后剩下数额的10%。1918年，超过2000名员工获得了红利报酬，1919年和1920年则超过6000人。1921年，由于经济衰退和存货清算使公司利润大幅下降，根据计划，没有发放任何红利。

1922年，红利计划首次作了重大修订，这一年恢复了红利发放，不过，在准备发放任何红利之前，必须赚得的税后最小资本回报率从6%提高到7%。这个比例一直保持到1947年，这一年，最小资本回报率下调到5%，而税后净收益中超过最小回报部分可用于红利的比例上调到12%。1962年，最小资本回报率上调到6%。

1922年的修订还把员工的职责级别和他获得红利的资格关联起来。由于衡量员工的职责级别最简单的标准是其工资，所以，获得红利的资格以这个为基础进行设定：从1922年开始，多年来，有资格获得红利的最低工资是每年5000美元。这个变动的结果是，我们1922年发放的红利总计仅550份。

经理证券公司

1923年11月，经理证券公司成立，这是公司作出的又一个重要变化。本质上，成立经理证券公司，是为了给予我们的最高执行官们一个机会，使他们能够增加其在通用汽车的所有者权益。我们认为这会提供额外的激励。实际上，那些被挑选出来参加此计划的执行官以当时的市场价格购买了杜邦公司拿出来的一批股票。通过参加经理证券计划，这些执行官在开始的时候用现金支付了部分股票的价款，并同意在未来若干年用他们的附加报酬来支付剩余部分。这意味着，如果公司经营成功，他们将有可能成为这批股票的实质拥有者。那些受益于此计划的人要感谢皮埃尔·杜邦先生和约翰·拉斯科布先生，正是这两人协商决定，这批通用汽车股份可用作这个目的；他们还要感谢唐纳森·布朗先生，正是他制订了一个卓有成效的计划，使之从机会变成现实。下面是布朗先生制订的计划的实质部分。

经理证券公司组建时拥有3380万美元的法定股本，它们被分为：2880万美元是股息为7%的累积性无表决权的可转换优先股；400万美元是每股面值100美元的A级股；100万美元是每股面值25美元的B级股。

在成立时，经理证券公司购买了一部分通用汽车证券公司股票，相当于225万股通用汽车普通股。通用汽车证券公司是一家控股公司，它持有杜邦公司在通用汽车中的股份。经理证券公司购买的这部分股票代表了通用汽车证券公司30%的股份。

杜邦公司愿意从它所持有的全部通用汽车股份中拿出30%的权益按市价出售，原因有二。首先，杜邦公司坚定相信，它将因此在通用汽车的管理层与它本身之间建立一种伙伴关系。它深信，由此产生的对通用汽车管理层的激励将会反映在股利上升上并将提高这部分股票的价值，从而通过它所持的其余股票的价值上升来反哺杜邦公司。其次，杜邦公司之所以出售上述股票，是因为它们是一笔额外投资，可以说当初是被迫购买的，与杜兰特先生因个人事务而作的财务调整有关。这些情况导致皮埃尔·杜邦先生要求布朗先生想出可能的办法，使杜邦公司的目标可以达成。

经理证券公司按每股 15 美元向通用汽车证券公司购买了这 225 万股股票，购买总价为 3375 万美元。这笔买卖分两部分付款，其中 2850 万美元用等值的股息为 7% 的可转换优先股支付，剩余部分用现金支付，最高不超过 495 万美元。通过将其全部的 A 级股和 B 级股作价 500 万美元，出售给通用汽车有限公司，经理证券公司得到了所需的现金。为此，通用汽车同意每年向经理证券公司支付一笔钱，相当于其扣除不高于 7% 的资本收益后的税后净收入的 5%。该笔支付款相当于每年总红利基金的一半。这个协议后来持续了 8 年，始于 1923 年，终于 1930 年。

通用汽车进一步同意，如果每年给经理证券公司的合约付款到头来少于 200 万美元，那么，通用汽车将以无担保贷款的形式，向经理证券公司补齐差额，贷款利率为 6%（按照这一条款，实际在 1923 年和 1924 年均作了支付）。

通用汽车转手便将 A 级股和 B 级股转售给公司约 80% 的最高执行官，为此，通用汽车董事会任命一个专门委员会，然后我向委员会提交建议，进行具体的分配。他们支付的价格是 A 级股每股 100 美元、B 级股每股 25 美元，这与通用汽车支付给经理证券公司的价格相同。

总体上，所分配的股票数量取决于各执行官在公司中担任的职位。我私下拜访了每一位看来有资格参与计划的执行官，并就他的具体情况进行讨论，以确定他是否想要参加这个计划，以及他是否有能力为他分配到的股票支付现金。我设法笼统地把每位执行官的投资金额限制在某个不高于他的年薪的金额上。并非所有的经理证券公司的股票一开始都能被分配出去。一部分股票被留出来用作未来分配：首先，预留给将来可能符合条件的执行官；其次，万一某位执行官职位晋升，可用来增补他的持股数。

通用汽车保留了一个不可撤销的优先购买权：任何执行官，如果他辞职，或者如果他在公司中的职位和业绩发生变化，公司有权优先购买他持有的全部或部分股票。为了在即期的基础上保持对经理证券公司的参与，每年都要求对经理证券计划中的每一位执行官的业绩进行评价，以确定跟其他管理人员相比，包括跟不在计划中的执行官相比，他的参与是否超出了常规。当差异明显时，我可以提出建议，对未使用的经理证券公司股份进行附加分配，或者从未流入经理证券公司的那一半红利中拿出钱来进行奖励。

下面是这项计划如何运作的。

通用汽车公司每年向经理证券公司支付的金额，也就是通用汽车扣除不高于 7% 的资本收益后的税后净收入的 5%，都归入 A 级股盈余。经理证券公司（通过通用汽车证券公司）拥有的那部分通用汽车股份所获得的红利，连同经理证券公司所有其他的收入，一起归入 B 级股盈余。经理证券公司的股息为 7% 的已发行优先股的分红则从 B 级股盈余中支付。

经理证券公司有义务每年收回一部分股息为 7% 的优先股，其金额相当于其全部收入除去税收和费用并扣除等金额的优先股股息之后的部分。如果股息为 7% 的可转换优先股的所有累积股息已经支付，那么经理证券公司还可以支付其 A 级股和 B 级股的股息——然而，不得超过这实缴资本（500 万美元）每年的 7% 和在此基础上挣得的盈余。

由于通用汽车在 1923 年之后的时期获得了成功，经理证券公司计划取得的成功超过最乐观的预期。我前面指出过，这是通用汽车取得非凡成就的一个时期。值得注意的是，整个汽车市场在这个时期并未显示很大的增长——事实上，在 1923-1928 年的时期，汽车市场保持在每年 400 万辆轿车和卡车的水平。但是通用汽车同期的销售量翻了一番多，我们的市场份额从 1923 年的不到 20% 增长到 1928 年的超过 40%。当然，这导致了收入的快速增加，给经理证券公司的支付额随之提高，意味着那些计划参与者的附加报酬水涨船高。1927 年 4 月，公司将优先股全部收回。因此，该公司唯一完全持有其 A 级股和 B 级股及其各自盈余账户利润的总资产。

通用汽车有限公司收入的激增不仅为收回经理证券所持的股息

为7%的优先股提供了保障，而且还提高了通用汽车股票的市场价值。这一点连同通用汽车股票的股息增加，导致经理证券公司所持股份的价值如此之高，以至再也无法将这些股份分配给那些在计划开始后才晋升到最高管理层的执行官。结果，预期的8年时间缩短到7年，所以计划结束于1929年而非1930年。这样做的目的是便于通用汽车管理公司的组建——这家公司被设计用来在下一个7年继续推行经理证券公司的一般理念，同时扩大执行官们的参与面，并使之与公司已增长的规模相匹配。

我已经说过，经理证券公司计划取得的成功超出了最乐观的预期。也许，陈述1923年12月购买的经理证券公司A级股和B级股中每1000美元股票的结果，能最好地证明这一点。那个时候，这样一笔投资实际上代表了通过部分支付，而取得450股通用汽车公司无面值普通股，其当时的市场价值为每股15美元，而且相关执行官同意用他未来的红利收入来付清所欠余额。在接下来的7年间，通用汽车在这笔投资上，向经理证券公司协议支付的可用股份达9800美元。这个数目代表了该执行官将在这一时期获得的红利金额，并在实质上构成了他在该公司的追加投资，使每1000美元的原始投资提高到10800美元。

从1923年到1930年这段时期，这450股普通股经由交易、派发股息和经理证券公司的额外购买，增长到了902股。当1930年4月15日通用汽车向经理证券公司作了最后一次合约付款之后，由此产生的总投资代表了对902股面值10美元的通用汽车公司普通股的无阻碍权益。换个方式表达，到那个时候，由1000美元初始投资和9800美元附加报酬的可用股份所代表的合计10800美元，实质上购买了902股面值10美元的通用汽车普通股。由于通用汽车普通股的市场价值在这段时期增值，这902股股票拥有了每股52.375美元的价值，总市值为47232美元。考虑到1927年和1928年赎回了价值2050美元的部分投资，以及这一时期收到的11936美元股息收入，由这总计10800美元的投资所得到的最终价值是61218美元。

经理证券公司计划对通用汽车公司及其股东的回报像它对参与计划的管理者的回报一样慷慨。计划的成功反映了通用汽车在

1923-1928年间的成功，而且我确信，这个成功部分归因于一个事实，即经理证券公司打造了一支个人利益与公司整体的成功息息相关的最高管理层团队。经理证券公司无疑是一项了不起的个人财务激励。但是，正如杜邦公司的小沃尔特·卡彭特写信告诉我的，它还支持了公司整体，并导致了更大的合作。卡彭特先生写道：

> 经理证券公司的重要性在于，它在这些许多个人的心中……创造了一种急迫而持续的渴望，他们渴望获得整体的成功，这区别于他们先前狭隘而分散的利益……
>
> 您知道，或许任何人都知道，这种所谓的财务机制是这样设计的：公司整体的收入带来的好处以金字塔的方式进行分配，这为个人对结果的贡献产生巨大的杠杆作用。这种方式现在显得如此久远，并使用得如此大量，以至我们现在多少把它当做一种事实接受。我们必须认识到，以那种形式和在那个时候，它还是相当新的手段，并以那种方式贡献巨大，使得个人有动力和决心……去推动整个公司取得成功。当然，这进而促进了合作、相互关系和互相依赖的发展，这一切后来在那家公司的成功中扮演了如此重要的角色。

每年年终，我都会召开一个经理证券公司的股东大会，所有参与计划的执行官们都会与会，我们一起回顾刚刚结束的那年的成果。这给了我一个机会，去强调这些执行官股东和通用汽车股东之间的利益是休戚与共的。在这些每每持续整天的会议上，唐纳德·布朗回忆说："与会各位作了全面的陈述，去展示通过如何对资本支出、对存货和应收账款的有效控制，通过制造、销售和分销中的效率，以及产品对消费大众的吸引力，来实现这些共同的利益。"

通用汽车管理公司

管理公司的概念类似于经理证券公司，但是所采用的技术在某些方面必然不同。管理公司的成立也是为了给予我们的执行官们一个机会，去增加他们在通用汽车的所有者权益，并提供额外的激励。

实现这一点的方式就像在经理证券公司的情况中一样：留出一批通用汽车普通股，由计划参与者分两部分购买，初始部分通过现金支付来获得，剩余部分则是通过未来数年利用他们因参与其中而获得的附加报酬来取得。

当然，为了实行新计划，有必要再提供一批通用汽车股票。由于预计到这个需要，通用汽车公司已经在1930年之前的三年间积累了137.5万股通用汽车普通股。这批股票以每股40美元的市场价格出售给了管理公司，总价5500万美元。为了给这笔收购筹集资金，管理公司标价500万美元出售了它所有的5万股普通股，并发行了5000万美元七年期、利率为6%的分期还本债券；这两项出售都是由通用汽车公司认购的。通用汽车转而将管理公司的那些普通股出售给大约250名执行官，由他们用现金购买——这次的人数是当初参与经理证券公司计划的人数的三倍多。

管理公司的早期阶段涵盖了大萧条的年月，大萧条对所有的商业安排几乎都产生了不利影响。虽然正如我已经指出的，通用汽车维持了它在整个汽车市场的份额，但是汽车业的销量由于经济状况不佳而下降，我们的销量也相应下降了。在这种形势下，通用汽车的表现堪称卓越——甚至在大萧条最低谷的年份，公司的经营仍能盈利，尽管税后收入下降到动用资本的7%以下，所以红利基金没有增加。另外，由于收入水平较低，管理公司不能够偿还其债务，甚或支付债务利息。毋庸讳言，通用汽车股票的市场价值也大幅下降——一度降至每股约8美元（按今天 $1^2/_3$ 美元面值的普通股计算，它相当于1美元多一点）。在这些令人沮丧的价格水平上，管理公司所持有的通用汽车普通股的市场价值远小于它发行的对通用汽车的债券债务。

通用汽车严重困扰于此类事态发展，执行官的士气也大受打击，因为这些执行官作为管理公司的股东，对公司的债务负有责任，以至会牵连他们正常的累积性年度奖金支付和他们最初的资本投资。因此，我敦促通用汽车财务委员会作出某种调整，使这些执行官不会眼睁睁地看着在管理公司的亏损中，他们的全部奖金每年都被吞噬掉。

在敦促财务委员会采取行动时,我受对通用汽车股东的福祉的关心所指引。这种关心跟我对通用汽车执行官的福祉的关心一样多,二者密不可分。我觉得,恢复执行官的士气对于通用汽车所有相关者的最大利益至关重要。一开始,财务委员会不情愿施以援手,因为它觉得,通用汽车股票的价格将会升回来。虽然如此,1934年,经过大量讨论后,它正式通过了原计划的一个修订稿。

修订稿打算对管理公司的资本结构作某些调整,并对已经过期的债权债务利息作调整。然而,最重大的变化是其中的一个条款,根据该条款,计划到期时,管理公司可以以每股40美元的价格将其全部可用的通用汽车普通股股票交付给通用汽车来抵偿对通用汽车的债务;或者,管理公司可以根据自己的选择,交付这些股票的一半(同样以每股40美元的价格),同时用现金支付债务的另一半。这为债务的处理提供了一个更灵活的基础。

虽然管理公司未能证明自己像经理证券公司一样成功,但它的确实现了增加股份所有权的目标,而且,通用汽车及其执行官们均从管理公司的运营中受益。像上次那样,让我们陈述1930年投资于管理公司的股份中每1000美元的投资回报为例来说明。每1000美元实际上代表了通过部分支付取得的275股通用汽车面值10美元的普通股,而当时的市面价格是每股40美元,而且相关执行官同意用他未来的红利收入来付清所欠余额。在接下来的7年间,通用汽车在这样一笔投资上,向管理公司协议支付的可用股份合计达4988美元。同样,这些代表了该执行官在这一时期作为红利获得的金额,并在实质上构成了该执行官在该公司的追加投资,使每1000美元的初始投资提高到5988美元。

在计划终止的1937年3月15日,最终的总投资代表了对179股面值10美元(每股市价40美元)的通用汽车普通股的无阻碍权益。通用汽车普通股中相应权益的减少,反映了管理公司在市场上抛售的187300股股票,以及为减少其对通用汽车的债务而提取的293098股通用汽车普通股。在此期间,通用汽车普通股的市场价值从每股40美元增值到65.375美元,因此,这179股股票在1937年3月15日拥有11702美元的市场价值。考虑到在此期间收到的893

美元股息，这笔 5988 美元投资的最终价值是 12595 美元。

基本红利计划

通用汽车红利计划的参与率与通用汽车的成长齐头并进。在 40 多年间，获得红利奖励的职员数增长了约 25 倍——从 1922 年的 550 人增至 1962 年的约 14000 人。1962 年，在所有领取月薪的职员中，大约有 9% 获得了红利奖励，与之相对照，1922 年仅有 5%。

20 世纪 20 年代中后期，仅仅由于公司管理组织的巨大膨胀，在资格认定规则没有任何基本修改的情况下，红利计划的覆盖范围大大地拓宽了。到 1929 年，将近 3000 名月薪职员获得了红利奖励——7 年间增长了 5 倍。

覆盖面自 20 年代以来的增长是分几大步实现的。1936 年，通过为年收入在 2400 美元和 4200 美元之间的员工留出一部分年度红利预提，激励计划扩展到大量额外的领薪雇员。在经济不景气的 1931 年，有资格获得红利的最低工资从每年 5000 美元降至 4200 美元，以与降薪相适应。1936 年，有资格获得红利的最低工资下降到 2400 美元，使享受红利计划的人数翻了两番，从 1935 年的 2312 人增长到 1936 年的 9483 人。

1938 年是个例外。这一年公司收入较低，因而红利基金相对较小，一直到 1942 年，获得奖励的人数在 1 万人左右的水平波动。在随后的一年里，薪水最低限恢复到 4200 美元，于是获得红利奖励的人数降至每年约 4000 人。

战后头几年，红利薪酬委员会将受益者的人数保持在大约相同的水平，当通货膨胀抬高一般工资水平时，他们相应提高了最低薪水要求。然而，在 1950 年，红利薪酬委员会通过将有资格获得红利的最低工资从 7800 美元降到 6000 美元，再次拓宽了红利计划的覆盖面——参与计划者从 1949 年的 4201 人增至 1950 年的 10352 人。"委员会将进入 1950 年红利考虑的最低薪水降到每月 500 美元，这个行为，"正如年报所说，"认可了一个事实，即，这个类别有很多员工对公司的成功作出了重要贡献。预计这个更广泛的红利分配基础将对通用汽车整个组织产生一个极具激励性的作用。"

时间无疑证明了这个判断。虽然为了保持与一般的薪水增长同步，有资格获得红利的最低工资一直在稳定提高，但是，获得红利奖励的员工数量相当稳定地攀升，目前大约是每年1.4万人。

通常的做法是，在一个数年的时期内分期发放红利奖励。例如，自1947年起，数额达到5000美元的奖励按每年1000美元分期支付，更高的奖励额也是分成五个相等的部分按年发放的。计划还包括几个条款，根据这些条款，公司员工如果在某些情况下从公司离职，将可能失去获得其未被支付的那几期红利奖励的权利。这种分配方式的基础，承认了红利计划的目的之一是向执行官提供一种激励，使他们留在通用汽车工作。

我们的激励计划，基本目的之一是使我们的执行官成为公司的合伙人。这个理念的一部分指的就是红利奖励应该用通用汽车股票来发放。为了满足每年红利计划的需要，我们月复一月地从市场上购买普通股。最初，全部红利都是以股票形式支付的，但是随着个人所得税的不断提高，对红利薪酬委员会来说日益明显的是，如果受益者不得不出售所得股票中的一大部分，以支付相关的个人所得税，那么用股票形式发放全部奖励是无效的。因此，在1943年，公司采纳了一个政策，部分用现金、部分用股票的形式发放红利奖励。自1950年起，总的原则是，红利奖励中的现金部分将使受益者能够支付他的整个红利所需缴纳的税款，而留下他的红利奖励中的股票部分。那些在受益者获得奖励时未支付给他的股票，将由公司以库存股份的形式保留，直到各分期红利都发放完毕。在此期间，公司将给他支付现金，其金额等于相关股票在已经分期发放和领取之后所能获得的股息。

尽管受到高额个人所得税的影响，公司的运营执行官们所持有的股票数量仍是很可观的。1963年3月21日，公司内大约350位顶级执行官总的持股数，加上他们尚未支付的红利奖励和条件账户中将要取出的股份，以及通过储蓄—股份收购计划持有的股份，总计超过180万股。如果你假设每股的市场价值为75美元——这符合近期的交易情况——那么可以得出，这些顶级执行官们在他们大部分人奉献了一生的公司中所作的资本投资，目前合计超过1.35亿美元。这是一个相当大的所有权,如果我可以这么说的话。

员工优先认股权计划

有一段时间,高额个人所得税降低了红利奖励的比例,对于这些红利奖励,通用汽车的主要执行官能够留作对公司股票的投资。

由于红利计划的主要目标之一是建立并维持一支所有者—管理者团队,所以在1957年,作为对红利计划的补充,公司股东批准了一个面向核心雇员的优先认股权计划,授予他们在1958—1962年间每年购买公司股票的优先认股权。有人觉得,这将提供一个机会,使参与者能够增持公司股票,而且若与红利计划相结合,将产生比红利计划本身甚至更有效的激励。1962年,公司股东同意计划不作修改地延期到1967年。员工优先认股权计划依据的是1950年《税收法案》中的限制性股票认购权计划条款。红利薪酬委员会继续履行其确定个人红利奖励的职责,还负责确定哪些人有资格享受员工优先认股权计划。然而,那些获得员工优先认股权的执行官,其收到的红利奖励总共只有他应得红利总额的75%。红利采用通常的分期方式支付,虽然全部用现金支付。同时,以通用汽车普通股的形式,有条件地授予这些执行官有条件信用,金额是上述授予他们的现金红利的1/3。这样一来,他们收到的红利奖励加上有条件地授予他们的有条件信用,等于他们在未获得优先认股权的情况下所被授予的红利金额。这些执行官中的每一位,当时都被授予了一个认购权,他们可认购3倍于其有条件信用账户中的股票数量。认购价格是该认购权被准予时股票的公平市价。

员工优先认股权计划授予在1958—1967年间任一或所有年份的股票期权,涉及总计400万股股票。然而,这10年期间没有一位执行官可以获得总计超过7.5万股的股票期权。仅当该执行官在股票期权被授予之后继续在公司工作18个月,才可以行使期权,而且,除了在终止聘用的情况,期权在从准予之日起的10年期内都有效。如果某位执行官行使了其全部或任何部分期权,那么他将失去对相关有条件信用的权利;但是,有条件信用账户中剩余的任何股票,在认购权期满之后,都将在5年时间内派发给该执行官。只要这有条件信用是在附带条件的情况下授予该执行官的，他就被支付现金，其金额等于有条件信用账户中的股票如果他以自己的名义拥有时应得的股息。

员工优先认股权计划带给执行官的好处之一，在于这样的事实：根据现行的税法，如果他在这 10 年时期内行使了全部或部分期权，而且如果他持有自己按照期权购买的股票超过 6 个月，那么，他卖掉这些股票时获得的任何利润，都只作为长期资本利得税。员工优先认股权计划并未给通用汽车红利计划的基本管理原则甚或管理方式带来任何改变。采纳这个计划，只是为了更有效地践行激励概念和经营者—所有权概念。

红利计划的管理

通用汽车的激励计划的核心在于确定向每个符合条件的员工提供多少奖励的程序。

红利薪酬委员会拥有对红利奖励的全部决定权。它由不适合参与分红的董事组成，该委员会自己就可以决定将红利授予在董事会任职的执行官。在所有其他情况下，红利薪酬委员会审查并批准或否决由董事会主席和公司总裁联合提出的分红方案。跟带有协调控制的分权管理政策相一致，个人红利的建议权被下放到事业部和总部的职能部门。首先，由独立的会计师每年向委员会建议从该年的收益中拿出可用于红利的最大金额，现在的数字是扣除 6% 的资本净值之后年度税后净收益的 12%。然后，委员会必须首先决定是否将这笔款项全部或部分转入红利储备金。比如，1947-1962 年的 16 年间，委员会批准转入红利储备金的金额有 5 年低于独立会计师给出的分红上限。这一时期授予红利储备金的总额比分红上限少 1.31 亿美元。1962 年，被授予的金额比可允许的上限低 3800 万美元。

而且，任何一年实际授予的红利金额可以少于当年转入红利储备金的金额。因此，战后的头三年间，有超过 1900 万美元被授予储备金的款项没有发放，而是继续结转，供以后某年使用。但是，1957 年，公司的红利薪酬委员会决定，1956 年年底全部未发放的约 2000 万美元红利储备金余额都将返还给公司。这笔款项未被纳入可用于分红的公司净收益中。

在决定将多少钱转入红利储备金，并决定将其中的多少钱放入总的红利中进行奖励之后，委员会必须确定每个人的分红情况。这个过程分为几步。委员会每年在收到董事会主席和总裁的推荐之后，要设定有资格获得红利的最低工资。计划还允许在特殊情况下向工资低于最低标准的员工发放红利，以表彰各个层次的优秀员工。

在红利基金的分配上，为了便于更好地管理，符合条件的员工被分为如下几类：

（a）担任运营执行官的公司董事；
（b）各运营事业部的总经理和各职能部门的负责人；
（这两个群体覆盖了公司的高级管理人员。）
（c）公司其余符合条件的员工，下至那些工资等于委员会所设定的最低限的员工。

在考虑如何向这几类人分配红利时，委员会要考虑可以作为红利发放的金额、它与符合条件的工资总额的关系，以及当年的业绩。

委员会考虑的第一步是，确定对作为运营执行官有资格参与分红的公司董事的初步分配方案。委员会成员会逐个考虑其中的每一位董事，审查他的业绩。在这方面，委员会会非正式地向总裁和董事会主席咨询这些董事的业绩，当然，这两位长官的业绩除外。这步完成后，这些董事分得的红利总数占公司全部可用红利的比例就确定了。

第二步是确定第二类人的分红方案：各事业部的总经理和各职能部门的负责人。

委员会首先考虑这整个群体的初步分红方案相对于可用红利总额的关系。在委员会确定了这一类人的分红方案之后，董事会主席和总裁提出对每个人的分红建议，并将建议汇报至委员会，等候批准或修订。

在确定了这两类人的分红预案之后，委员会向董事会主席和总裁建议可供用于运营事业部和职能部门中符合条件的员工的红利余额。然后，董事会主席与总裁会同他们的一些主要同事，就如何将这笔款项分解细化到这些人员身上提出建议。

作为公司的营利机构，各运营事业部是被首先考虑的对象。在向董事会主席和总裁咨询之后，委员会确定了红利分配要遵循的总基调。对运营事业部的红利分配要考虑符合条件的员工的工资总额、投入资本的相对收益率，以及对事业部的绩效的综合考评，还要考虑任何需要特殊考虑的特殊情况。在委员会批准董事会主席和总裁所建议的事业部红利分配方案之后，各运营事业部的总经理们便被告知分配给各自事业部的红利分配情况。然后，他们根据自己的判断，就事业部中每一位符合条件的员工（当然，不包括他们自己）的红利奖励提出建议。至于本身不从事营利活动的职能部门，每个部门的分配方案是依据他们符合条件的工资总额和对部门绩效的评估制定的。

在各个事业部和职能部门内部，并没有一个统一的公式用于确定个人分红建议，每个部门都有自己的方式。不过，每个个人被授予的红利依据的是他的上司就他这一年对公司的贡献所能做的最仔细、透彻的分析。通常，对任何一位员工的分红建议都来自他的直接上司。该上司的评语将受到层层审查，一直上到所在事业部的总经理或相关职能部门的负责人。该事业部总经理或职能部门负责人审查所有对辖下员工的分红建议，并将结果交给领导他的集群执行官。这些建议经审核、通过后，由集群执行官提交给董事会主席和总裁。所有这些建议被这两位长官连同执行副总裁审核后，被提交到红利薪酬委员会作最后的决定。

虽然各个部门在建议红利奖励时遵循它自己的程序，但是这个审查过程将其中可能存在的不公正降至最低。当然，对红利薪酬委员会来说，要熟悉大约1.4万名红利受益者详尽的资格情况是不可能的，不过，委员会收到了详细的有关所有这些个人红利建议的统计材料，设计这种材料是为了帮助委员会对建议的红利分配方案进行评价。委员会还有完整的清单，罗列所有符合分红条件的员工、被提议获得红利的个人及其红利。此外，委员会需要评价大约750位主要执行官的个人红利建议，并对全公司同级别的个人的红利进行比较，不论是在各个事业部，还是在总部的职能部门。委员会仔细审查其中每一位执行官的业绩，以保证红利能体现成就的差异，并能提供尽可能最公平的分配。作为这种方式的一个副产品，在性质上，对执行官个人的进步与发展进行仔细评估，从分析公司管理人员的优缺点的角度看，是非常有价值的。这一点在提前规划、为不可避免的组织变动作准备方面尤其有用。

红利计划对通用汽车的价值

红利计划真的值得花费所有这些时间和精力去管理吗？它值得其中所付出的成本吗？我对此深信不疑。我确信，红利计划没有花费股东一分钱，相反，它多年来极大地提高了股东的投资收益。我相信，红利计划一直是并将继续是通用汽车有限公司取得非凡成功的一个主要因素。当一家企业成立不久、规模很小，且由几个投入自己的积蓄的人经营时，他们自己的利益与企业的利益交织在一起，这在他们看来完全是一目了然的。但是，随着企业的成长，以及越来越多的人参与企业管理，这种关系就变得越来越远，需要定期表达和强调，就像红利计划提供的那样。

红利计划在公司不同的层面创造不同的激励。它在没有资格获得红利奖励的人中创造了一个巨大的激励使他们变得有资格。不久前，我们的一位高层执行官给我写了一封信，他在信中回忆说："我记得很清楚，伴随我第一次得到红利时而来的那种激动——这种感觉鼓舞着我们的团队，并使我下决心继续在公司里前进。"今天，对于他们中的很多人来说，红利奖金很可能在他们的个人资产中占了很大比例。

由于红利每年发放一次，因此，只要其人还在公司，激励就持续存在。事实上，随着一个人在公司里不断升迁，激励作用变得越来越有效，因为红利与工资挂钩，通常工资越高，红利也越高。换言之，随着个人的升迁，他获得的红利往往呈几何（而非算术）级数增加。所以，红利有着巨大的激励作用，不仅促使他把所在岗位的工作尽量做好，而且还要做出优异的工作，使他能够晋升到更高的职位上。

然而，激励和奖励并不仅仅是金钱上的。我从上面提到的那封信中再引用两段话：

> 还有另一个价值，我确信公司能够从红利计划的管理中得到。这就是它提供的无形激励，有别于金钱奖励的有形激励。红利计划对自我满足感的潜在奖励在公司内部产生了一股巨大的推动力。
>
> 每个红利奖励所承载的，比表面的现金和普通股所代表的内在价值大得多。对于受奖者来说，这也代表着对他个人为公司的成功所作贡献的评价。这种手段向这位执行官传达了一种他珍视的独立于金钱报酬之外的认可形式。

让每名受奖者的上司给他发红利通知函，这一相当普遍的做法强化了这种非财务激励。这提供了一个对受奖者的业绩进行评估和讨论的机会。

红利计划有一个重要的附带后果，那就是，它使每一名参与者都敏锐地意识到他与他的工作及与他的上级之间的关系。这就好像他有责任凝思细想他自己和公司的发展。知道上司正确评价了自己的价值，这会让一个人感到满意，与此同时，也存在着一种刺激，让他的工作每年得到回顾。

在直线式的工资制度下，或者在辅以自动分红或利润分享制度的工资制度下，这种氛围是无法产生并维持的。在这两种制度下，员工只有在获得或未能获得加薪的时候，才能意识到有人对自己的业绩作了评价。在寻常的工资协议下更难处以惩罚，因为工资通常是易升难降的。然而，根据通用汽车的红利计划，即使所授予的红利总额增长了，某个个人所得的红利仍可能大幅下降，这构成了一种严厉的惩罚——而且是对个人非常有警醒作用的严厉惩罚之一。所要发放的分红总额会在年度报告中披露。

从好的方面看，红利计划还能提供比寻常的工资制度大得多的灵活性。我们可能很难因一个人出众的业绩给予大幅加薪的奖励，因为这种做法可能会扰乱整个工资体系。此外，加薪会给公司带来莫名的束缚，而红利则不同，它使得调整报酬、适应业绩反常的时期成为可能。从而，红利计划使得个别出类拔萃的员工摆脱整个薪级表，同时不干扰原工资体系成为可能。

另外，红利计划有助于把执行官员留在公司。前文解释过，目前，红利是分五期每年支付的；自愿离职的员工将可能失去领取其未兑现的红利余额的权利——在某些情况下，这是一笔非常可观的金额。这种威慑——加上红利计划提供的激励，其结果是，这些年来，在通用汽车想要留住的执行官中，只有相对很少的人流失了，尤其是在高层。

当然，在上述最后一段分析中，"证明"红利计划的成功也许是不可能的，因为我们只能推测，如果计划不存在可能会发生什么。应我邀请对红利计划的有效性发表评价，我多年的朋友和同事小沃尔特·卡彭特在回复中，把我自己的感想表达出来了。他写道：

如果您说的红利计划的"有效性"，指的是对红利计划所获得的结果进行某种多少事实性的证明，甚或数学证明，那么一开始我就得承认，我恐怕帮不上多少忙。我说这句话，是因为我们这么多年来对这个问题作了大量的思考。尤其是在我们修改红利计划，以图哪怕用粗略的衡量标准，来确定使用多大的比例得出年度红利基金的金额时，我们考虑过它。同样，每年当我们努力去准备将某个比例的收益用于分红时——当然，它们全都落在红利计划中规定的上限之内——我们都思考了这个问题。现在，我差不多已经得出一个结论，即，它就像很多事情一样，我们在很大程度上必须根据我们对长期以来在实施红利计划期间观察到的结果进行判断，才能接受它们。对此，可能要加上我们对红利计划的原则背后所依据的一般哲理的信心。

有一两个事实情况，我认为我们能够从中得到某种办法，来支持我们的感觉，即，红利计划是一个有效的工具，虽然它们在很大程度上无法度量。

我首先指出一个事实，那就是，杜邦公司和通用汽车有限公司，这两家公司我相信是红利计划最突出的倡导者，它们一直非常成功。当然，在这方面，持异议者可以说有许多其他原因导致这种成功，而且无疑有这方面的原因。然而，令人印象深刻的是，这两家公司一直成功得让人瞩目……

所以，艾尔弗雷德，情况就是，虽然对于红利计划的有效性，我们可能给不出单独的或数学上可论证的证明，但是，红利计划在其中扮演了重要角色的两家伟大的企业，它们长时间以来的成功记录令我们无法不支持我们对它的有效性的信心。我们有证据表明它对于组织聚集和留住杰出的人才贡献巨大，而且我们对它据以创立的原则充满信心和信任。

对此，我想加上我本人强烈的信念，那就是，经过45年的成功运行之后，废弃或大幅修改红利计划，可能会严重破坏公司管理层的精神和结构。

第二十三章
管理：它如何起作用

难以说清楚为什么一种管理成功，而另一种不成功。成功或失败的原因深刻而复杂，运气在其中起了作用。然而，经验使我确信，对于负责一家企业的人来说，动机和机遇是两个重要的因素。在很大程度上，前者可由激励性报酬提供，后者可由分权管理提供。

但是事情并未到此结束。本书的一个主题一直是，好的管理依靠集中管理和分权管理的协调，或者说"带有协调控制的分权管理"。

这个概念汇集了各种相互冲突的元素，每一个元素都会在企业的运行中产生独一无二的结果。从分权管理中，我们获得了主动性、责任心、个人的发展、忠于事实的决策以及灵活性——一句话，一个组织适应新的环境所必需的所有品质。从协调中，我们获得效率和经济性。必定显而易见的是，协调的分权管理应用起来并不是一个简单的概念。对各种各样的职责分门别类，并挑选出最佳办法把它们分派下去，这方面并没有一种固定不变的法则。公司责任和事业部责任之间的平衡因决策内容、时代环境、过往经历，以及所涉执行官的性格和技能而异。

协调的分权管理理念是随着我们应对现实的管理问题而逐步在

通用汽车中形成的。正如我已经指出的，在公司开始发展的时候，即大约40年前，加强对每一部门的管理显然是适当的，这种管理主要是对其业务的指导。但是，我们在1920-1921年的经验也证明了，我们需要在已有的基础上加大对各部门的控制力度。由于缺乏总部的适当控制，各个部门失控了，未能遵循公司管理层制定的政策，给公司造成了极大的损害。与此同时，公司的管理层没有办法制定最佳的政策，因为它们没有来自各个部门的适当而适时的数据。稳定的运营数据流——后来建立了针对它们的程序——最终为真正的协调提供了可能。

（接下来我们要讨论，如何做到既给各部门自由，又对它们进行控制？）当然，这不可能依靠作个规定就万事大吉，而应结合环境的变化，而且，确定管理结构的职责是连续的。因此，曾经有一段时间，确定轿车和其他产品的外观的职责归属于各个部门。之后，人们发现，可以把这项职责放在外观设计部，以便为我们所有的主要产品开发通用的外观参数。通过协调的外观设计可以获得确凿的规模经济，这部分地说明了上述想法。此外，过去的经验告诉我们，通过利用全公司范围的专业人员已高度发展的才能，可以获得高品质的作品。任何特定设计风格的选择现在都是相关事业部、外观设计部和总部管理层的一项共同的职责。

每当经验或环境变化呈现了使绩效改善或更具经济性的机会时，通用汽车的分权管理体制允许事业部管理层与总部管理层承担的相对职责进行这样的连续调整。在我担任首席执行官期间，总部官员对各事业部实际执行着一种适度水平的督导。我相信，今天基本上也是这样，虽然变化了的环境和更复杂的新问题使公司中的协调比我那个时候稍微紧密些。

在通用汽车，我们并不遵循教科书上关于基层和职能部门的定义。我们仅区分了总部（包括职能部门）和事业部。泛泛地说，职能部门的官员主要是些专业人士，他们不拥有基层职权，但是在某些既定的政策问题上，他们可以将此类政策如何使用直接传达给相关事业部。

总部管理层的职责是，决定哪些决策由总部作出更有效且高效、哪些决策由事业部作出更有效且高效。为了使这些决策通知出去并为人所了解，总部管理层大大依赖于职能部门。事实上，总部管理层的许多重要决策，都是首先在与各政策组的人员的合作中形成，然后经过讨论，由主管委员会采纳的。因此，职能部门是许多正式被相关委员会采纳的政策的真正来源。比如，参与制造柴油机车的基本决策主要依据的是相关职能部门的产品研究情况。

总部职能部门的一些活动，比如法律事务，在事业部中是没有对应的活动的。总部职能部门的其他活动在相关事业部有对应的活动，包括工程设计、制造和分销的活动。但是，这些职能部门的活动和事业部的活动之间，是有一些重要的区别的：与相关事业部对应的活动相比，总部职能部门关心的是更长远的问题，以及具有更广泛的应用的问题；而相关事业部对应的部门则主要负责执行已有的政策和计划。然而，这方面也有例外，比如某个项目已经被批准在某个事业部进行开发，下章将要介绍的考维尔车的开发就是一个例子。

总部的活动给公司带来的成本节约是相当大的，平均下来几乎达到公司净销售额的1%。经由总部的职能部门，各事业部得到的是比他们自己提供或者在外面购买更便宜、更好的服务。在我看来，后一特性重要得多。职能部门在外形设计、财务、技术研究、先进工程设计、人事和劳资关系、法律事务、制造和分销诸领域贡献显著，而且其价值肯定是其成本的许多倍。

集中的职能部门的工作可以带来几个方面的节约。其中最重要的是事业部间的协作所产生的节约。这些协作来自在总部官员和事业部的人员中间分享想法和开发成果。事业部彼此贡献想法和技术，还分享给总部。我们大量的管理和工程技术人才以及我们总部的许多官员都出自事业部。比如，高压缩比发动机和自动传动装置的开发就是职能部门和事业部合作的成果。我们在航空发动机、柴油发动机中所取得的进步也出自二者的开发工作。

在事业部分权运作的条件下，不同事业部经理遇到类似性质问题的形式各不相同，他们把这些问题向上反映，由总部执行官提出处理意见。这个过程伴随着对想法和技术的筛选，以及判断和技能的发展。通用汽车管理层作为一个整体，其素质部分地得自这种具有共同目标的共享经验，得自在共同目标的框架内各事业部间的竞争。

当然，在我们的分权管理体系下，还会有专业化产生的节约。专业化和劳动分工能够降低成本、创造交易，这是一条经济学公理。应用在通用汽车上，这就意味着，我们内部专门从事部件生产的供应类部门，必须在价格、质量和服务上具有充分的竞争力；若非如此，需求类部门可以自行从外部来源购买。甚至在我们已经决定内部生产而非外部购买某个品种，并已经建立了这个品种的生产时，也绝不意味着这是一个我们将坚守这条生产线的死命令。只要有可能，我们就会将我们内部的供应类部门和外部的竞争者进行比较，并就内部生产还是外部购买更好进行持续的判断。

有一个流行的误解：自己能造的一定要自己造，比从外面买更划算。它依据的是成本节约的假设。他们论证说，通过生产而非购买，可以省掉外部供应商的利润这部分额外成本。但是事实是，如果供应商的利润是正常的、有竞争力的利润，那么你势必预期用自己的投资去赚到它，否则就不会有净节约了。通用汽车不参与原材料的生产，而我们的一些竞争对手则不然，而且我们大规模地采购能够进入我们的最终产品的零部件，因为我们没有任何理由相信，通过自己生产，我们可以获得更好的产品或服务，或者更低的价格。

在我们的产品总的销售成本中，外购零部件、材料和服务的比例可达55%–60%。

事业部经理的角色在我们维持效率和适应能力的持续努力中是重要的。这些经理作出各自事业部几乎所有的运营决策，然而他们要受到一些重要的限制：他们的决策必须跟公司的一般政策相一致；事业部的经营结果必须向总部管理层汇报；若要对运营政策作任何实质变更，事业部官员必须向总部管理层"推销"，并愿意接受来自总部官员的建议。

这种推销重大提议的做法是通用汽车的管理中一个重要的特性。任何提议必须推销给总部管理层，如果它会影响其他事业部，则还必须向相关事业部推销。健全的管理还有其他要求；总部应该在大多数情况下把自己的提案推销给各事业部，这是通过政策组和集群执行官来操作的。在通用汽车，这种推销方式为避免公司做出重大失误决策提供了重要保障。它确保了任何基本的决策仅当所有相关各方经过周密考虑之后才作出。

我们的分权管理结构以及我们推荐想法而非简单下命令的传统，使各个层级的管理者感到有必要使他们提议的事情成为一个样板。在这个基础上，喜欢凭直觉做事的管理者通常会发现，很难将自己的想法推荐给他人。但是，一般而言，对于一个有可能精彩绝伦的直觉，因排除它而可能造成的任何损失，都可以通过高于平均水平的成果予以弥补，这些结果可以预计从历经各种信息充分、广受支持的评判而强势不倒的政策中得到。一句话，通用汽车公司不是那种适合仅仅凭直觉做事的执行官的组织，反而，它为能干、理性的人士提供了良好的环境。在一些组织中，为了发挥天才职员的最大潜力，有必要围绕着他建立组织机构，并加以裁剪以适合他的性格。通用汽车公司总体上不是这样的组织，即便凯特林先生这样显而易见的例外。

我们的管理政策决策都是经过主管委员会和政策组的讨论得到的。这些决策不是为了创造一时的激励，而是一个漫长过程的结果，这个过程一方面是逐步解决基本的管理问题，另一方面是把政策责任交给那些能够最好地做出决策并承担责任的人。这在某种程度上会引起矛盾。一方面，最能承担责任的人必然拥有广阔的以股东利益为导向的商业视野；另一方面，最有资格制定具体决策的人必然靠近实际的业务运营。前面我们阐述过，我们曾试图解决这个矛盾，主要是通过把总部管理层的政策制定职责一分为二，分由财务委员会和执行委员会负责。

政策建议的另一个来源是行政委员会。该委员会被赋予的职责是，就公司的制造和销售活动向总裁提出建议，需要就其提出建议的还包括，总裁和执行委员会可能提及的影响公司的生意和事务的其他事情。总裁是该委员会的主席，目前，它的成员包括执行委员会的成员、两名不属于执行委员会的集群执行官、轿车和卡车事业部的总经理、费雪车身事业部的总经理和海外业务事业部的总经理。

第二十三章 管理：它如何起作用 415

在这种职责分离的情况下，政策制定和建议主要是总部管理层中各个最接近经营的群体的责任。当然，他们的工作和事业部关系非常密切，而且事业部也有人参加某些政策组。执行委员会把公司视为一个整体，同时非常熟悉公司的运营问题，所以还拥有一些裁决功能。它是以政策制定组和行政委员会的工作为基础，辅以本委员会成员对经营状况的密切了解，来制定基本决策的。财务委员会拥有非雇员成员，它在更宽泛的公司政策领域行使它的职责和权力。

我在通用汽车的岁月，有大量时间都奉献给了总部管理层中这些主管性群体的发展、组织和周期性重组。这是必要的，因为在一个像通用汽车这样的组织中，提供正确的决策框架具有至高无上的重要性。除非有意识维护，否则这个框架天然地易被侵蚀。群体决策并不总是来得那么容易的。有时候，不经过烦琐的讨论过程便作出决策，这对最主要官员有一种强烈的诱惑。群体所作的决策并不总是比任何具体成员所作的更好，甚至平均水平可能下降。但是我认为，通用汽车的过往记录显示，群体决策的平均水平提升了。本质上，这意味着通过对组织的塑造，我们已经能够适应自1920年以来的每个十年里，汽车市场所发生的巨大变化。

第二十四章
变化与发展

　　从我描述的事件和想法中可以看得清楚，我们这代人遇到了美国工业史上独一无二的机会。当我们创业的时候，汽车还是一个新产品，大型集团公司也是一种新型的商业组织。我们知道这种产品具有巨大的潜力，但是很难说从一开始，我们中就有人意识到，汽车将在多大程度上使美国和世界大变样、重塑整个经济、促使新的产业形成，并且改变日常生活的步伐和方式。令我们满意的是，我们帮助了这个工业的发展，使得在20世纪几乎人人都可用上个人交通工具。令我个人满意的是，以商业的方式，作为供应商和竞争者，我们跟大量创造了这个工业并为其发展作了贡献的能手们建立了联系。其中少数人的名字跟某些轿车和公司联系在一起，代表着一个新的美国传奇。对我来说，由于我的年纪和交往经历，自然会想起和谈到福特先生、别克先生、雪佛兰先生、奥兹先生、克莱斯勒先生、纳什先生、威利斯先生等等。他们跟这个工业中成千上万的其他人同呼吸、共命运，平常从事着经营企业的平凡运作，却没意识到他们正在促成的革命。

　　在美国工业中，大多数成功的企业倾向于扩张。通用汽车显然是一家成功的企业，它的成功是因为它有效率，并相应成长了起来。拥有像我们这么大活力的大公司应该成为经济的一个特征，这一点也不足为奇。然而，自然有人对它品头论足。下面我将对理性的评论者说些话。通用汽车之所以成长为现在这样，是因为它的员工以及他们在一起工作的方式，还因为它给这些人提供的机会，使他们参与到一家把他们的活动有效地结合起来的企业。舞台向所有人开放；技术知识可以从公共的科学进步仓库中取得；生产工艺是一本大家可随时翻阅的书，并且相关的生产工具所有人都可以使用。市场是世界范围的，除了被顾客选中的产品外没有其他宠儿。

我很想指出的是，今天已经功成名就的大企业并非一直都这么大的。本书已经表明，当我们在20世纪初开始这场大冒险时，整个汽车业都在想方设法寻找出路。在这些早期的日子里，我们连同汽车业都缺乏今天习以为常的技术。事情就这么——在我们身上和在业界——发生了。经销商的销售数量没人知道。经销商的存货数量没人知道。顾客需求的趋势没人知道。没人意识到二手车市场的重要性。没有关于不同轿车的市场渗透率。没人跟踪售后情况。因此，所做的产品计划跟最终的需求没有真正的关系。我们在规划产品时不考虑与其他产品或与市场的关系。一直没人想到用产品线的概念去应对整个的市场挑战。我们今天耳熟能详的年度车型变革仍然远在未来。产品质量时好时坏。

我们不得不从头开始。我们的任务是找出哪些组织形式适合我们公司。这首先意味着一种能够适应市场大变化的组织。一家汽车制造商，无论规模多大或者建设得多好，只要僵化死板，都会受到市场的严厉惩罚——正如我们看到的福特先生在20世纪20年代遇到的情况，当时他死守自己那陈旧的、一度成功到占统治地位的商业理念太久了。我们有一种不同的商业理念跟福特的理念竞争。过去有可能证明他是对的，但是对于那段历史，人们必须假定，那种支持了他的汽车理念的国民经济会继续下去。正如已经发生的那样，我们的理念更符合当时的经济、汽车艺术的发展、消费者日渐变化的兴趣和品位。但是，在我们先成功之后，我们原本也可能会失败。在汽车工业中，过去一直并将始终有许多失败的可能性。不断变化的市场环境和不断变化的产品能够击败任何商业组织,如果该组织没有准备好应对变化的话——实际上,在我看来,如果它不具备预期变化的程序的话。

在通用汽车,这些程序是由总部管理层提供的。在其位谋其政,他们有条件评估主要的长期市场趋势。我们的产品这么多年来的变化例证了这一点。通用汽车公司在 20 世纪 20 年代期间产品线的逐渐演变始于对市场问题的被动适应,进而诞生了我们简单地定义为"一种车适合一种财力和需求目标"的方针。随着行业的成长与演变,我们一直坚持这一方针,并证明我们有能力应对竞争和用户需求的变化。结合这一点,我想概述一下我们的产品的变迁。

1923 年,业界售出了 400 万辆轿车和卡车,而且汽车市场在整个 20 世纪 20 年代基本保持了这个水平。在这段时期,我们的产品以许多方式持续改进,其中最重要的是封闭式车身的开发。高档车的销售随国家的繁荣而上升。30 年代初期,在经济萧条期间,需求发生了逆转,变得集中在低档车上。在 1933 年和 1934 年,在美国销售的汽车中,差不多有 3/4 都是低档车型。我们的生产针对这一需求作了调整。随着经济的恢复,消费者又开始瞄向了高档车,在 1939-1941 年,即美国参战之前的年份,低档车只占整个市场的 57%,这一比例大约和 1929 年相同。我们作了相应反应。

随着第二次世界大战后生产的恢复,由于原材料特别是钢材的短缺,整个行业有必要在物料控制下运转。这种资源分配格局有利于那些主打产品集中在中等价位上的小型企业(恺撒—弗雷泽、纳什、哈德森、斯图巴克和帕卡德),结果是,它们的产品占据市场的比例急速提升。在这个时期,竞争主要局限于生产——也就是说,制造商生产多少,消费者就买多少。到 1948 年,当新车上牌数量趋近 1929 年和 1941 年达到的战前峰值时,中等价位车型占据了整个市场的 45.6%,差不多等于低档车所占的市场份额(46.6%)。

1948 年以后,正常的竞争影响开始在某些细分市场发挥作用,小型的中价位汽车制造商的销售量下滑。从表面上看,顾客需求正恢复到战前模式;到 1954 年,传统的低档车再次占据全部销量的大约 60%。然而,实际上,业界供应的低档汽车产品正在发生显著的变化。这一细分市场的制造商连同其他制造商正在供应越来越多的可选设备，以吸引50年代已经提高的购买力。在1953年9月，《财富》杂志（《一个全新的轿车市场》）很好地表述了那个时期的市场特征，内容如下："在战后的卖方市场，它[汽车行业]发现，业界在每辆车上售出了更多的东西——更多的配件、奢侈性饰件、改良的部分和革新的部分。现在，它必须按这种方式做计划……汽车需求和购买力之间日益扩大的距离将创造一种强有力的驱动力，推动着在每辆车上销售更多的东西。"由于这种"新气象"，1955年的汽车变得更大、动力更强，而且许多附件逐渐成为标准配置的一部分。随着诸如金属顶盖汽车、敞篷车和旅行车这类相对昂贵的车型日益流行，整个汽车市场变得进一步多样化了。在我们已经熟知的中价位细分市场销售强劲，比如，努力在这方面扩大其代表性的福特，便扩充了它的水星系列车型，并在1957年推出了一种全新的车型埃德塞尔牌汽车。但是与此同时，往日的低档车也在尺寸和质量方面进行升级：福特、雪佛兰和普利茅斯全都在各自产品线的最高端推出了新的更贵的汽车系列，这些汽车除了名称之外，实际上在所有方面都跟中价位车型没什么区别。① 大体上，这只是因为汽车业对顾客新展现的财力的认可，及对他们新的欲求的迎合。

非常有趣的是，要注意到，在50年代中期，所谓的"裸车"，也就是装备有最少设备的低档车，并没有吸引许多客户。考虑到这个事实，那么，所谓的紧凑型或经济型汽车的需求，自1957年后就一直积蓄着动能，这种需求的高涨乍一看可能令人迷惑。然而，仔细一看就一目了然了，这种需求本质上进一步表达了顾客对更大多样性的欲求。纵观汽车工业史，汽车业一直需要努力预测顾客偏好的变动。即使开发一种新产品需要历经数年，但是，我们的工作是在有效需求出现时准备好相应的产品。最近，通用汽车的董事会主席和首席执行官唐纳先生这样说道：

> 为了应对市场挑战，我们必须提前很长时间认识到客户的

---

① 最终，这个事实获得认可。统计组织后来发布的全行业价格区段报告对此作了修订，于是，这部分车型现在被划归中价位车型细分市场。

需要和欲求的变化，以便在正确的时间把正确的产品以正确的数量投放到正确的地点。

我们必须平衡好偏好趋势和许多折中因素；为了获得一件既可靠又美观、既性能良好又能以有竞争力的价格售出必要数量的最终产品，作出许多折中的决定是必要的。我们不仅需要设计我们想要造的汽车，而且更重要的是，我们必须设计我们的顾客想要买的汽车。

在50年代后期和60年代初期，市场上发生的戏剧性事件很好地印证了顾客品位的变化有多迅速，也展示了汽车业对这些变化作出反应的能力。1955年，汽车销量达到历史新高，标准尺寸的国产汽车约占业界销量的98%，剩下的2%，也就是不到15万辆车，则出自45种外国车和国产小型车。到1957年，进口车和国内小型车的销量提高到总销量的5%。在1957年的时候，小型轿车的需求是否能够继续增长，仍然是很不明朗的，但是，一段时间以来，通用汽车已经认识到了这种可能性，针对这类轿车的设计也已开始。早在1952年，雪佛兰公司就在总部管理层的批准下，组建了一支研发团队，负责开发这种车型，如果需求上升到足以证明批量生产合理，任务就会就绪。在某种程度上，这项活动是1947年以前所做工作的延伸，当时通用汽车一直在积极考虑开发一款小型车。

1957年后期，考维尔车的设计在作最后的定型，1959年秋正式推向市场。其他制造商大约在同一时间推出了新的小型车。后来，我们增加了其他产品线，包括：别克特别款、奥兹F-85、庞蒂亚克暴风——它们全都是1960年引进的——还有1961年引入的雪维II型、1963年引入的雪维尔。设计小型车是为了投合有经济头脑的顾客的心意，他们想要较低的初始成本和较低的运行成本，事情很快变得明显并稍显矛盾：一方面，他们没有失去对常规尺寸汽车的舒适度、便利性和外观的喜好；另一方面，他们希望所订购的小型车有更好的内部设施、方便而有用的配件，以及诸如他们此前在常规尺寸车上列明的自动传动装置、助力转向装置和助力刹车装置一类的设备。以自动传动装置、凹背折椅、特殊的车内衬、豪华内饰为特色的考维尔·蒙扎车,是在 1960 年出品的,而且几乎刚一推出就占据了考维尔车的销售量的一大半。然而,事情很快变得明显,顾客想要的小型汽车在车型和车身款式方面跟常规尺寸汽车差不多,也就是说,他们需要的是金属顶盖汽车、敞篷车、旅行车,以及双门和四门私家轿车。这类小型车加入宽泛的标准尺寸车型范畴,给客户提供了空前多样的车型选择。

毫无疑问,20 世纪 50 年代后期和 60 年代初期见证了汽车市场自 20 年代以来最引人注目的变化:这段时期,封闭式车身一跃而起,占据了主流,T 型车消失了,汽车开始升级。我相信,汽车市场中过去几年发生的事件印证了我们在 1921 年制定的产品政策。通用汽车总裁约翰·戈登近日评论说,我们的口号"一种车适合一种财力和需求目标"像以前一样合适;事实上,我们从未像今天这样向顾客提供那么多样的选择。在 1963 年度车型中,业界提供那么多样的选择,相较之下,1955 年只有 272 种;1963 年,光通用汽车就有 85 种车型,而 1955 年只有 38 种。关于这一点,戈登说道:"考虑到我们目前提供的所有可用颜色和所有可选装置和附件——助力装置、空调、倾斜导向轮、自动近远光调节大灯等等,至少在理论上,我们可以一整年生产不同的车型而不使任何两辆车重样。我们的目标不只是一种车适合一种财力和需求目标,而是,你可以这么说:一种车适合一种财力、需求目标和顾客。"

汽车小型化的发展趋势在 1957 年之后清晰可见。到 1959 年,美国的国外进口车占到行业总销量的 10%,同时,国内生产的小型车占到另外的 10%。国外进口车的相对重要性在 1959 年后下降,到 1963 年只占市场总量的 5%。然而,国内生产的小型车的销量继续增长,在 1960 年后占到全部市场的大约 1/3。同时,从前的低档车型有一部分进入了中档车的行列。

面对这些趋势,一些国内制造商减少了他们对传统上被称作中价位档次的汽车的供应。1957 年后期引进的埃兹尔于 1959 年停产;在克莱斯勒有很长历史的德索托于 1960 年停产;水星车型、部分道奇车型以及美国汽车公司的大使车型在尺寸和配置上也缩减了。在通用汽车,我们选择将中价位档次的常规尺寸车型维持大约相同的重量、尺寸和车型数量，同时将小型车加入这些产品线。

汽车构成我们全部业务的90%，但是每项业务或可能的业务都被作为独立的问题考虑。对于我们可能生产什么产品，我们没有一成不变的产品政策，但是汽车始终是业务的中心。如果有必要，我们的产品决策必然部分地出自经验，而且某些产品实际的遭遇可能表明它们不太适应我们的管理能力。在这样的情况下，我们会撤出这项业务。

例如，1921年，我们发现最好退出农业拖拉机生意，因为我们不相信自己可能在这个领域作出特殊贡献。从那以后，我们相继建立和处置了生产飞机、家用无线电、玻璃和化学制品的公司中的权益。

我们进入航空发动机和柴油发动机领域，是为了把我们的技术诀窍投到工程设计和规模制造中，以创造新的价值。我们发展了一种新的柴油机概念——二冲程柴油发动机，便把它用到机车上，给美国铁路带来了一场革命。我们将数百万美元投入这个前途未卜的产品，而当时它的潜在客户有许多处于财务情况不佳或破产的境地，而且其中的大多数看起来对革新完全不感兴趣；借助于这项新发明，我们帮助铁路公司恢复了偿付能力——这一事实为今天的铁路管理部门所认可。

在我们的产品市场中，没有一个是我们通过买下某家公司的全部产权来获得突出的地位的。通常，我们进入的每一个相关领域，都是在极早阶段参与，然后辛辛苦苦地为我们的产品培育市场，无论是汽车产品、家用冰箱、柴油机车，还是航空发动机。我们没有用钱开路进行业务运作，而是亲手把它们建立起来。

在描述通用汽车的时候，我希望没有留下这样一种印象：我认为它是一件完美的产品。没有哪家公司能一成不变。变化的结果有可能好，也可能坏。我还希望我没有留下通用汽车可以自主运行的印象。组织并不会做出决策；它的功能是基于已建成的标准提供一个框架，在这个框架内，决策能够以一种有序的方式形成。个人作决策并为相应决策负责。自打我从管理层退下来之后，为通用汽车作决策的人在处理一些非常复杂的问题上取得了非凡的成功。没有哪种情况表明，答案是由通用汽车的自主运行明确提供的。管理层的任务不是教条地应用公式，而是在个案的基础上对问题进行决策。从来没有哪个固定的、缺乏弹性的规则可以替代决策过程中健全的商业判断。

我在本书中描述这么多，归根结底是效率，而且是最广泛意义上的效率。我认为通用汽车的效率和成长跟我们具有高度竞争力的经济息息相关。而且我认为，如果公司仅仅因为规模大而受到攻击，那么，这种攻击的一个必然结果是效率被殃及池鱼。如果我们连效率都惩罚，那么，我们国家怎么能够在整个世界经济中竞争呢？

就我个人而言，我的工作已经结束。很久之前的1946年，我71岁，当我从公司首席执行官一职上退下来的时候，我减少了很多义务，虽然我仍担任董事会主席。1956年，我成为名誉主席。从那以后，我只在财务委员会、红利薪酬委员会和董事会服务。在董事会，时间在改变着一切。巨大的变化一直在进行，影响着董事会的构成。过去曾拥有公司约25%的股份，并为公司提供了优秀服务的杜邦先生，已经不在董事会了。老一辈的董事会成员有许多都去世了。来自管理层的老一辈董事，已经是并仍然是个人大股东的，只剩下莫特先生、普拉特先生、布拉德利先生、亨特先生、麦克劳克林先生、费雪先生，还有我自己。不可能指望我们几个老骨头在董事会和相关委员会再服务很多年了。我们承担了如此之久的职责，已经或者必将很快由其他人承担。每一代新人必须迎接挑战——汽车市场中的挑战、企业常规管理中的挑战，以及公司在这个变化的世界中所涉及的挑战。对于现任管理层来说，这项工作才刚刚开始。他们的问题，有些跟我在我那个时代遇到的问题类似，有些是我以前做梦都没想到的问题。创造性的工作将继续进行。

附录一
通用汽车有限公司轿车和卡车销售数据

通用汽车有限公司
全部轿车和卡车车销售数量（按事业部划分）

年份	别克(公爵)	凯迪拉克(拉萨尔)	雪佛兰	奥兹(海盗)	庞蒂亚克(奥克兰)	GMC卡车(c)	其他(d)	美国小计	加拿大工厂制造	美国和加拿大合计	巴西	霍顿	欧宝	沃克斯豪尔	总计
1909(a)	14140	6484	—	1690	948	372	1047	24681	—	24681	—	—	—	—	24681
1909(b)	4437	2156	—	336	157	102	442	7630	—	7630	—	—	—	—	7630
1910	20758	10039	—	1425	4049	656	2373	39300	—	39300	—	—	—	—	39300
1911	18844	10071	—	1271	3386	293	1887	35752	—	35752	—	—	—	—	35752
1912	26796	12708	—	1155	5838	372	2827	49696	—	49696	—	—	—	—	49696
1913	29722	17284	—	888	7030	601	1745	57270	—	57270	—	—	—	—	57270
1914	42803	7818	—	2254	6105	708	1896	61584	—	61584	—	—	—	—	61584
1915	60662	20404	—	7696	11952	1408	266	102388	—	102388	—	—	—	—	102388
1916	90925	16323	—	10263	25675	2999	—	146185	—	146185	—	—	—	—	146185
1917	122262	19759	—	22042	33171	5885	—	203119	—	203119	—	—	—	—	203119
1918	81413	12329	52689	18871	27757	8999	1956	204014	1312	205326	—	—	—	—	205326
1919	115401	19851	117840	41127	52124	7730	13334	367407	24331	391738	—	—	—	—	391738
1920	112208	19790	134117	33949	34839	5137	30627	370667	22408	393075	—	—	—	—	393075
1921	80122	11130	68080	18978	11852	2760	6493	199415	15384	214799	—	—	—	—	214799
1922	123048	22021	223,840	21505	19636	5277	4355	419682	37081	456763	—	—	—	—	456763
1923	200759	22009	454386	34721	35847	6968	120	755810	43745	798555	—	—	—	—	798555
1924	156627	17748	293849	44309	35792	5508	—	553833	33508	587341	—	—	—	—	587341
1925	196863	22542	481267	42701	44642	2865	—	790880	45022	835902	—	—	—	—	835902
1926	267991	27340	692417	57862	133604	—	—	1179214	55636	1234850	—	—	—	1513	1236363
1927	254350	34811	940277	54888	188168	—	—	1472494	90254	1562748	—	—	—	1606	1564354
1928	218779	41172	1118993	86235	244584	—	—	1709763	101043	1810806	—	—	—	2587	1813393
1929	190662	36698	1259434	101579	211054	—	—	1799427	99840	1899267	—	—	—	1387	1900654
1930	121816	22559	825287	49886	86225	—	—	1105773	52520	1158293	—	—	26312	8930	1193535
1931	91485	15012	756790	48000	86307	—	—	997594	35924	1033518	—	—	26355	14836	1074709
1932	45356	9153	383892	21933	46594	—	—	506928	18799	525727	—	—	20914	16329	562970
1933	42191	6736	607973	36357	85772	—	—	779029	23075	802104	—	—	39295	27636	869035
1934	78327	11468	835812	80911	79803	—	—	1086321	42005	1128326	—	—	71665	40456	1240447

附录一　通用汽车有限公司轿车和卡车销售数据

年份											
1935	106590	22675	—	172895	—	1504698	59554	1564252	102765	48671	1715688
1936	179279	28741	1020055	180115	—	1803275	63314	1866589	—	50704	2037690
1937	225936	44724	1228816	231615	—	1846621	81212	1927833	128370	59746	2115949
1938	175369	28297	1132631	99211	—	1052873	56028	1108901	139631	60111	1308643
1939	230088	38390	655771	94225	—	1487375	55170	1542545	122856	61454	1726855
1940	310823	40206	891572	158005	—	1950142	75071	2025213	—	55353	2080566
1941	317986	60037	1135826	213907	—	2149804	107214	2257018	—	43010	2300028
1942	18,225	2865	1256108	231788	2	217804	83686	301490	—	47316	348806
1943	—	—	166043	14262	665	91109	61437	152546	—	41598	194144
1944	—	—	60257	—	66	224227	54312	278539	—	38493	317032
1945	2337	—	71631	—	—	229929	45644	275573	—	32471	308044
1946	153733	933	102896	3183	30187	1123451	51997	1175448	—	53586	1229034
1947	268798	27993	662952	112680	152530	1845885	85033	1930918	—	61453	1992371
1948	273845	59652	1037109	92684	115279	2051742	94563	2146305	—	74576	2220993
1949	397978	65714	1166340	93853	36393	2672894	91503	2764397	112	84168	2896348
1950	544326	82043	1487642	282734	65895	3653358	158805	3812163	7725	87454	3992298
1951	405880	109515	2009611	397884	97306	2829490	186996	3016486	20113	77877	3197134
1952	315301	104601	1555856	286452	86677	2234397	199763	2434160	25177	79813	2629200
1953	481557	95420	1200589	224684	122557	3276586	219413	3495999	31945	110141	3760479
1954	536894	104999	1839230	275145	123258	3295956	153808	3449764	44175	130951	3799628
1955	780237	122144	1749578	414413	113026	4476672	161374	1638046	54796	142149	5030994
1956	535315	153134	2213888	372055	83823	3507741	184981	3692722	63800	123643	4090863
1957	407546	140340	1970610	642156	106793	3237178	181322	3418500	68893	143573	3885366
1958	258394	152660	1871902	433061	93787	2526245	186625	2712870	94557	174124	3310493
1959	232757	126087	1543992	390305	72890	2960017	180216	3140233	110626	244655	3850914
1960	304085	138610	1754784	310909	66096	3681377	208357	3889734	115308	245981	4660996
1961	292398	158719	2267759	366879	77371	3150312	196407	3346719	140336	186388	4036629
1962	416087	147957	400379	447868	102567	4222823	268624	4491447	112680	215974	5238601

(a) 指截至1909年9月30日的财务年度。

(b) 指截至1909年12月31日的三个月。

(c) 不含GMC卡车事业部1925年7月1日—1943年9月30日的数据，这段时期，这一栏包括卡特卡、埃尔莫尔、马奎特、斯克里普斯-布思和韦尔奇制造公司的一部分。

(d) 其他：1909—1923年这段时期的数据，GMC卡车事业部是黄色卡车和长途车制造公司的一部分。1943年和1944年显示的卡车和拖拉机。1943年和1944年的数据仅代表因战争需要于1942年2月10日停止轿车生产之前美国制造的客车。1943年和1944年显示的雪佛兰的数据仅代表它所销售的卡车。

附录二

通用汽车有限公司各职能部门组织结构图

财务部

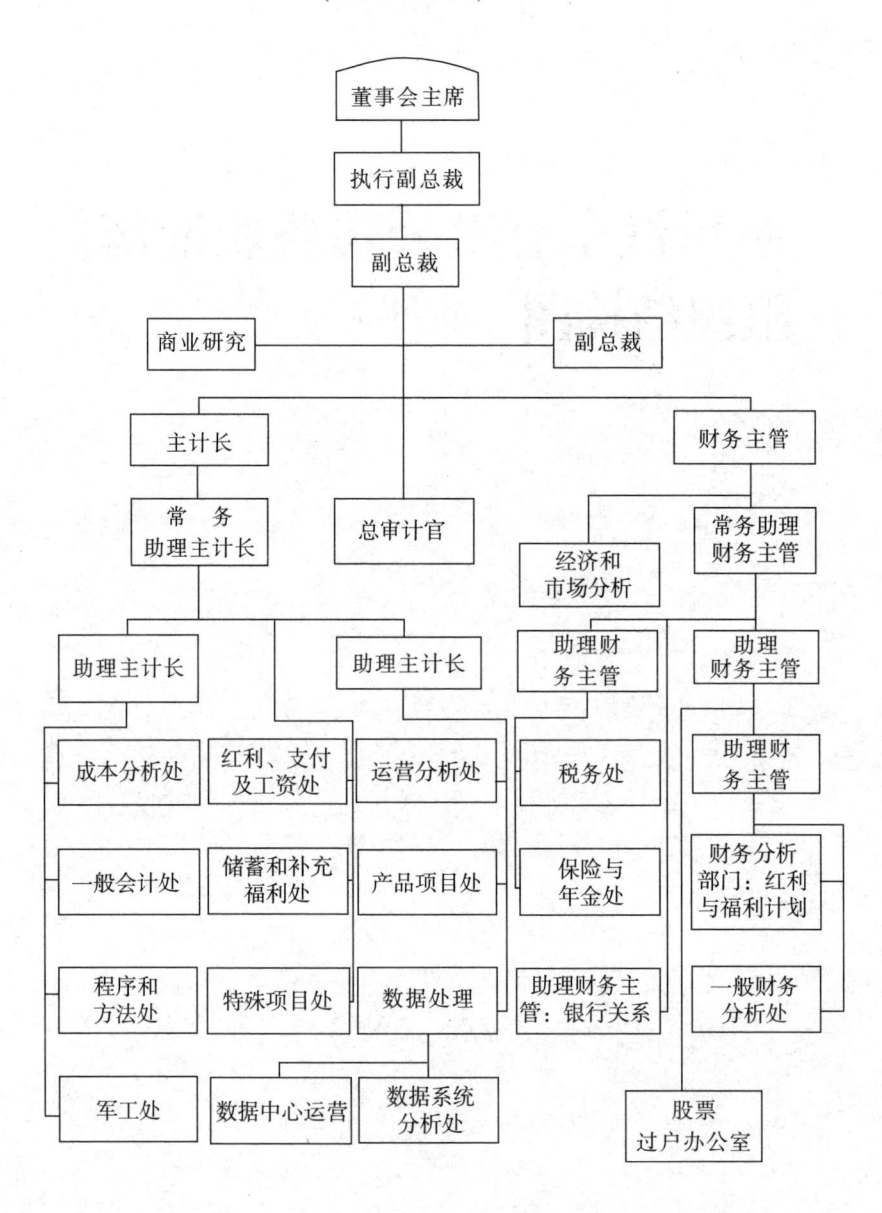

（1963 年 5 月）

```
                          ┌─────────────┐
                          │  董事会主席  │
                          └──────┬──────┘
                          ┌──────┴──────┐
                          │  执行副总裁  │
                          └──────┬──────┘
                          ┌──────┴──────┐
                          │    副总裁    │
                          └──────┬──────┘
              ┌──────────────────┼──────────────────┐
       ┌──────┴──────┐                        ┌─────┴─────┐
       │  商业研究    │                        │   副总裁   │
       └─────────────┘                        └─────┬─────┘
              ┌──────────────────┬─────────────────┴┐
        ┌─────┴─────┐      ┌─────┴─────┐      ┌─────┴─────┐
        │  主计长    │      │           │      │  财务主管  │
        └─────┬─────┘      │           │      └─────┬─────┘
        ┌─────┴─────┐      │           │      ┌─────┴─────┐
        │   常 务    │      │  总审计官  │      │  常务助理  │
        │ 助理主计长 │      │           │      │ 财务主管   │
        └─────┬─────┘      └───────────┘      └─────┬─────┘
              │                  ┌────────────┐     │
              │                  │ 经济和      │     │
              │                  │ 市场分析    │     │
              │                  └─────┬──────┘     │
        ┌─────┴─────┐            ┌─────┴──────┐  ┌──┴────────┐
        │ 助理主计长 │   助理主计长│ 助理财务主管 │  │助理财务主管│
        └───────────┘            └─────┬──────┘  └─────┬─────┘
   ┌────┬────┬────┐     ┌────┬────┐
 成本  红利、 运营  税务  保险  助理财务  财务分析
 分析  支付  分析        与年金  主管：   部门：红利
  处   及工资  处         处    银行关系  与福利计划
        处
 一般  储蓄和 产品项目                    一般财务
 会计处 补充福利处  处                      分析处
 程序和  特殊项目  数据处理               股票过户办公室
 方法处   处
 军工处  数据中心运营  数据系统分析处
```

附录二 通用汽车有限公司各职能部门组织结构图　431

研究实验室

（1963年7月）

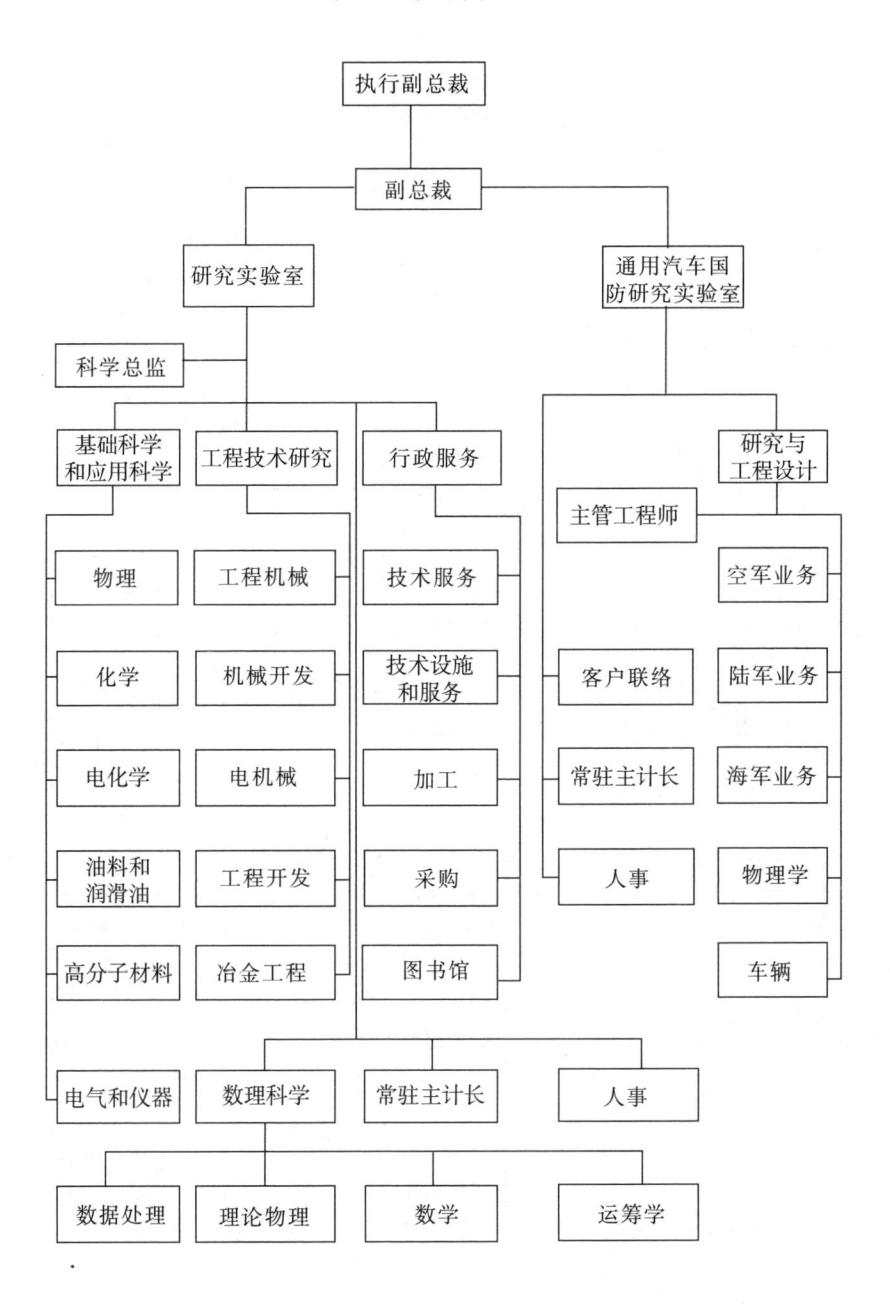

```
                          执行副总裁
                              │
                            副总裁
               ┌──────────────┴──────────────┐
          研究实验室                    通用汽车国防研究实验室
               │                              │
          科学总监                         主管工程师
   ┌───────┬───────┬───────┐           ┌──────┬──────┐
基础科学  工程技术  行政服务              研究与工程设计
和应用科学  研究
   │        │        │                        │
  物理   工程机械   技术服务              空军业务
   │        │        │                        │
  化学   机械开发   技术设施和服务         陆军业务
   │        │        │                        │
 电化学   电机械      加工                海军业务
   │        │        │                        │
油料和润滑油 工程开发  采购               物理学
   │        │        │                        │
高分子材料  冶金工程  图书馆               车辆

电气和仪器  数理科学  常驻主计长  人事
              │
   ┌──────┬──┴──┬──────┐
数据处理 理论物理 数学 运筹学
```

（常驻主计长　人事）

工程技术部

（1963年6月）

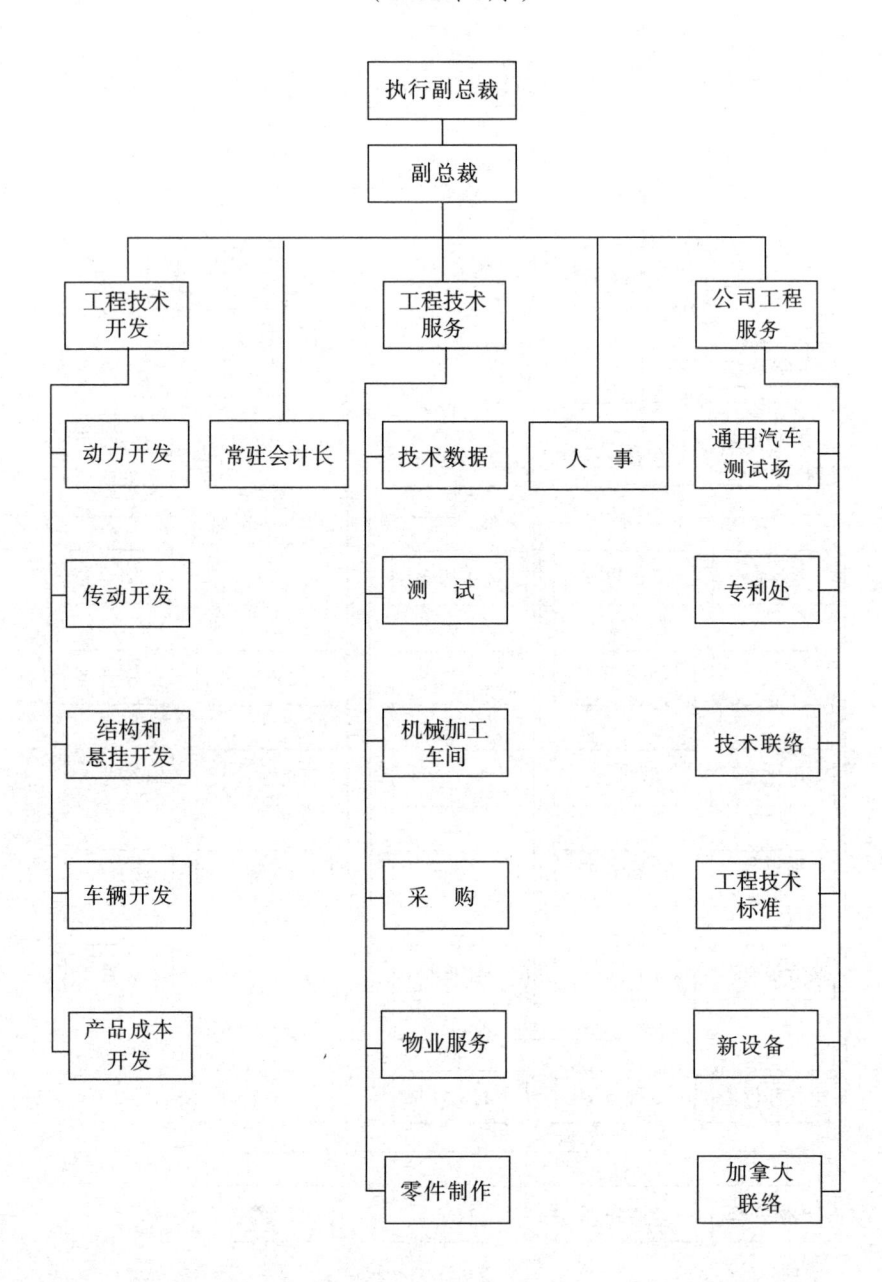

```
                        ┌──────────┐
                        │ 执行副总裁 │
                        └────┬─────┘
                        ┌────┴─────┐
                        │  副总裁  │
                        └────┬─────┘
         ┌───────────────────┼───────────────────┐
    ┌────┴─────┐        ┌────┴─────┐        ┌────┴─────┐
    │ 工程技术 │        │ 工程技术 │        │ 公司工程 │
    │   开发   │        │   服务   │        │   服务   │
    └────┬─────┘        └────┬─────┘        └────┬─────┘
    ┌────┴─────┐  ┌─────────┐│                   │
    │ 动力开发 │  │常驻会计长││ ┌────────┐  ┌────┴─────┐
    └────┬─────┘  └─────────┘├─│技术数据│  │ 人  事  │─┤通用汽车│
                              │ └────────┘  └─────────┘ │测试场 │
    ┌────┴─────┐              │                         └────────┘
    │ 传动开发 │              │ ┌────────┐              ┌────────┐
    └────┬─────┘              ├─│ 测 试 │              │ 专利处 │
                              │ └────────┘              └────────┘
    ┌────┴─────┐              │ ┌────────┐              ┌────────┐
    │ 结构和   │              ├─│机械加工│              │技术联络│
    │ 悬挂开发 │              │ │ 车 间 │              └────────┘
    └────┬─────┘              │ └────────┘
                              │ ┌────────┐              ┌────────┐
    ┌────┴─────┐              ├─│ 采 购 │              │工程技术│
    │ 车辆开发 │              │ └────────┘              │  标准  │
    └────┬─────┘              │                         └────────┘
                              │ ┌────────┐              ┌────────┐
    ┌────┴─────┐              ├─│物业服务│              │ 新设备 │
    │产品成本  │              │ └────────┘              └────────┘
    │  开发    │              │ ┌────────┐              ┌────────┐
    └──────────┘              └─│零件制作│              │加拿大  │
                                └────────┘              │ 联络   │
                                                        └────────┘
```

附录二　通用汽车有限公司各职能部门组织结构图　433

制造技术部

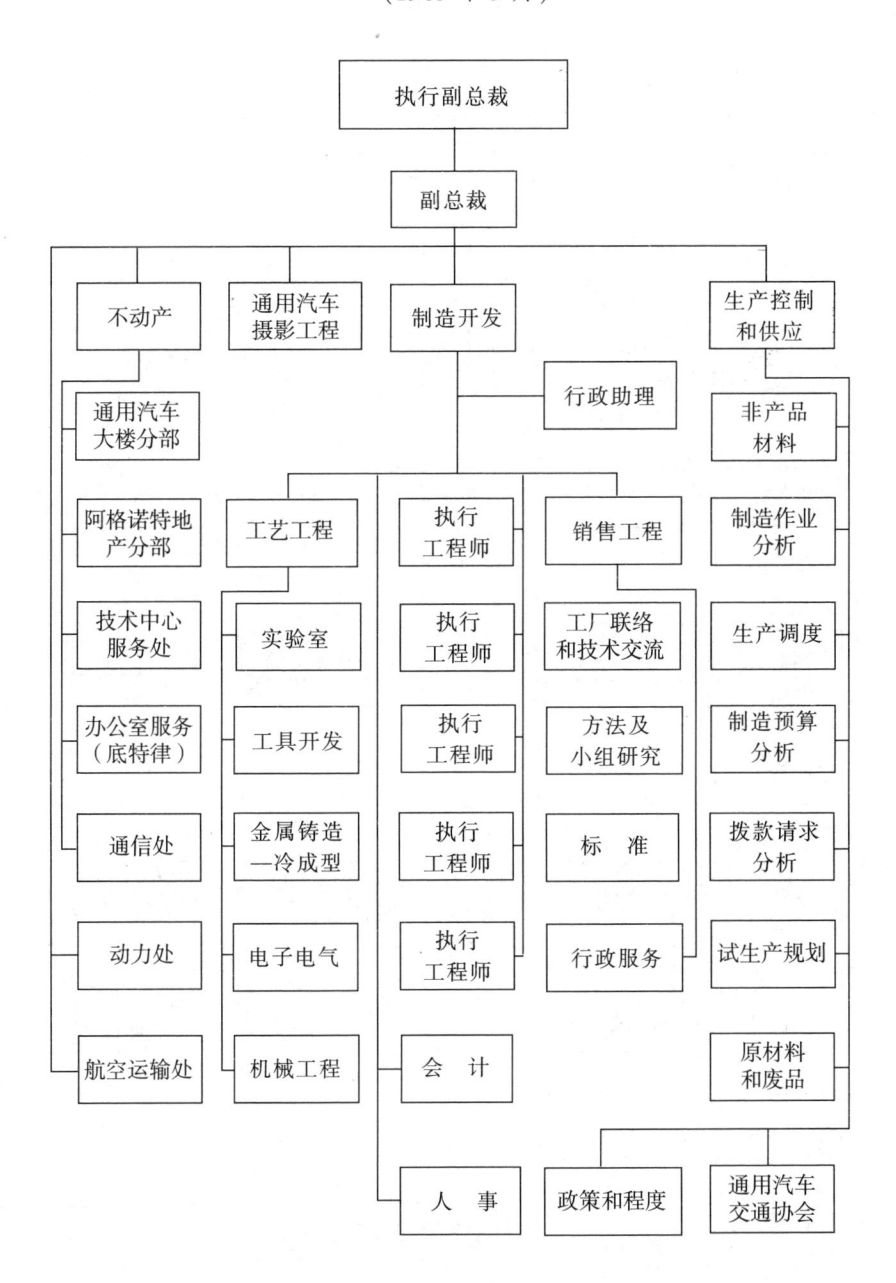

（1963年5月）

```
                        ┌─────────────┐
                        │  执行副总裁  │
                        └──────┬──────┘
                               │
                        ┌──────┴──────┐
                        │   副总裁    │
                        └──────┬──────┘
   ┌────────────┬──────────────┼──────────────┬────────────┐
┌──┴──┐   ┌─────┴─────┐  ┌─────┴─────┐              ┌──────┴──────┐
│不动产│   │通用汽车    │  │ 制造开发  │              │生产控制     │
└──┬──┘   │摄影工程    │  └─────┬─────┘              │和供应       │
          └───────────┘        │                    └──────┬──────┘
┌──────┐                 ┌─────┴─────┐                     │
│通用汽车│                │ 行政助理  │              ┌─────┴─────┐
│大楼分部│                └───────────┘              │ 非产品     │
└──────┘                                            │ 材料      │
                                                    └───────────┘
┌──────┐  ┌────────┐  ┌────────┐  ┌────────┐       ┌───────────┐
│阿格诺特│  │工艺工程│  │ 执行   │  │销售工程│       │制造作业   │
│地产分部│  └────┬───┘  │工程师  │  └────┬───┘       │ 分析      │
└──────┘       │      └────────┘       │           └───────────┘
┌──────┐  ┌────┴───┐  ┌────────┐  ┌────┴───┐       ┌───────────┐
│技术中心│  │ 实验室 │  │ 执行   │  │工厂联络│       │生产调度   │
│服务处 │  └────────┘  │工程师  │  │和技术交│       └───────────┘
└──────┘              └────────┘  │  流   │
                                  └────────┘
┌──────┐  ┌────────┐  ┌────────┐  ┌────────┐       ┌───────────┐
│办公室 │  │工具开发│  │ 执行   │  │方法及  │       │制造预算   │
│服务  │  └────────┘  │工程师  │  │小组研究│       │ 分析      │
│(底特律)│             └────────┘  └────────┘       └───────────┘
└──────┘
┌──────┐  ┌────────┐  ┌────────┐  ┌────────┐       ┌───────────┐
│通信处│  │金属铸造│  │ 执行   │  │ 标 准 │       │拨款请求   │
└──────┘  │—冷成型│  │工程师  │  └────────┘       │ 分析      │
          └────────┘  └────────┘                   └───────────┘
┌──────┐  ┌────────┐  ┌────────┐  ┌────────┐       ┌───────────┐
│动力处│  │电子电气│  │ 执行   │  │行政服务│       │试生产规划 │
└──────┘  └────────┘  │工程师  │  └────────┘       └───────────┘
                      └────────┘
┌──────┐  ┌────────┐              ┌────────┐       ┌───────────┐
│航空运 │  │机械工程│              │ 会 计 │       │原材料     │
│输处  │  └────────┘              └────────┘       │和废品     │
└──────┘                                            └───────────┘
                                  ┌────────┐       ┌───────────┐
                                  │ 人 事 │       │政策和程度 │       │通用汽车   │
                                  └────────┘       └───────────┘       │交通协会   │
```

分销部

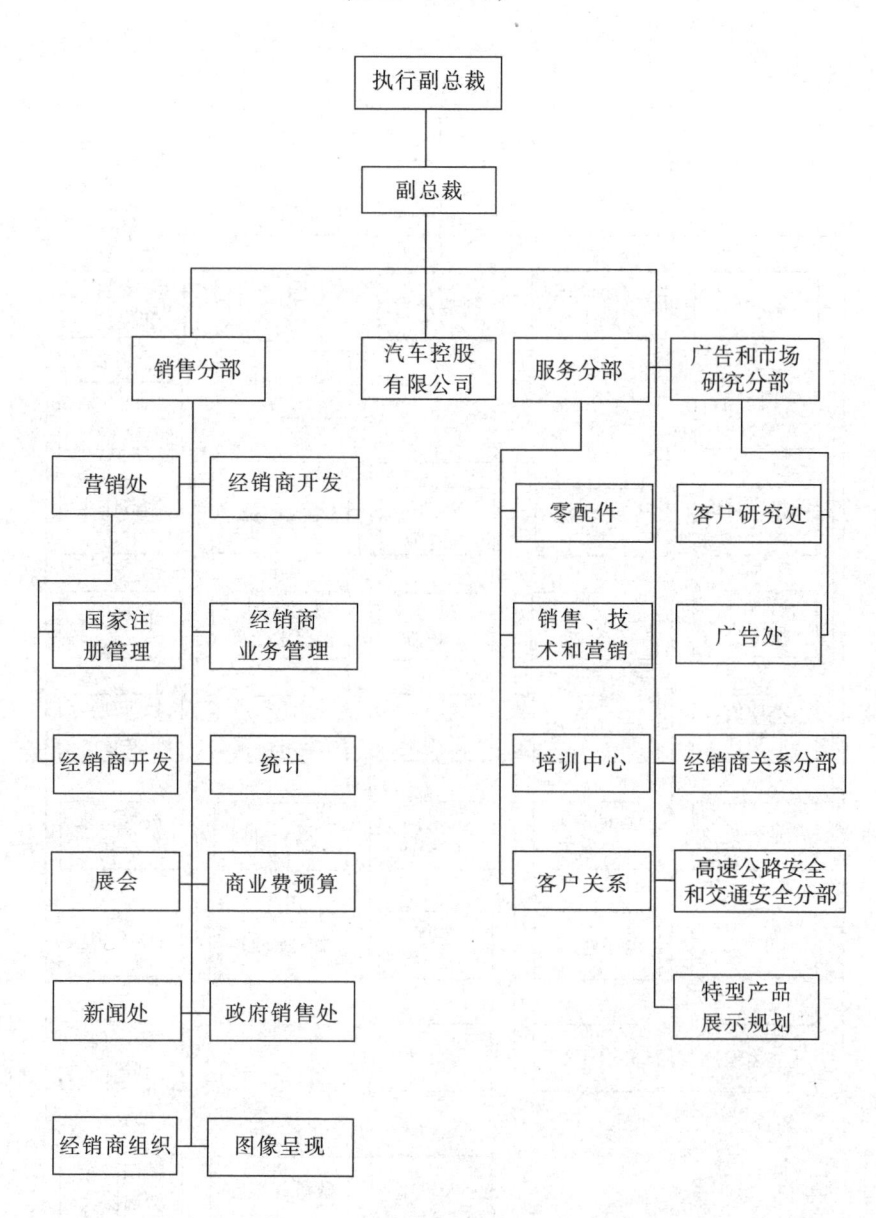

（1963年5月）

```
                          执行副总裁
                              │
                            副总裁
        ┌─────────────┬───────┴──────┬─────────────┐
     销售分部      汽车控股        服务分部      广告和市场
                  有限公司                      研究分部
        │                              │             │
     营销处 ── 经销商开发            零配件       客户研究处
        │                              │             │
   国家注册 ── 经销商              销售、技术       广告处
   册管理    业务管理              和营销
        │                              │             │
   经销商开发 ── 统计              培训中心     经销商关系分部
        │                              │             │
      展会 ── 商业费预算           客户关系     高速公路安全
                                                和交通安全分部
        │                                            │
     新闻处 ── 政府销售处                        特型产品
                                                展示规划
        │
   经销商组织 ── 图像呈现
```

附录二 通用汽车有限公司各职能部门组织结构图　435

人事部

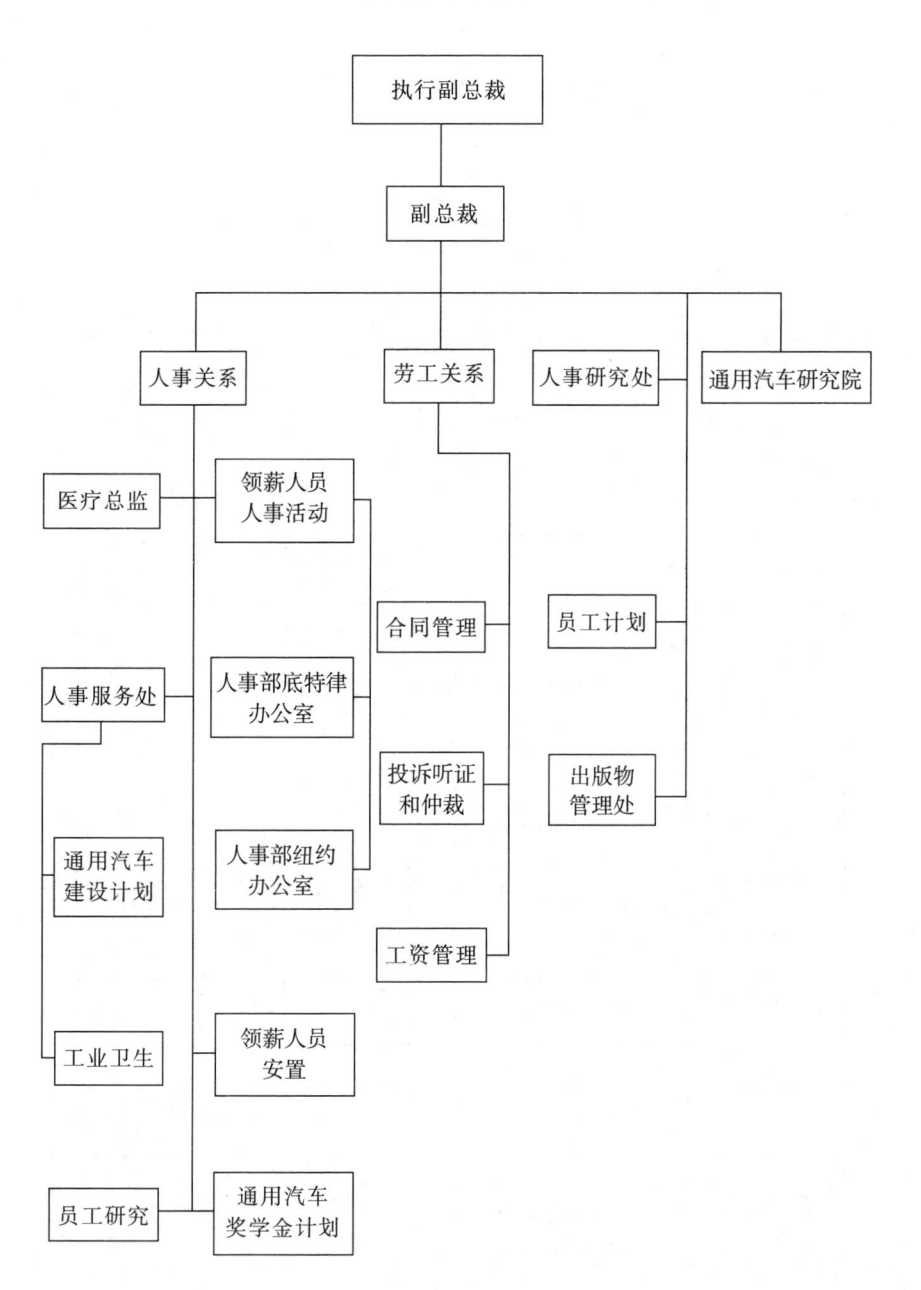

(1963 年 5 月)

```
                          执行副总裁
                              │
                            副总裁
          ┌───────────────┬──┴──────┬─────────────┐
       人事关系         劳工关系   人事研究处   通用汽车研究院

  医疗总监 ── 领薪人员人事活动
              │
              合同管理            员工计划
  人事服务处 ── 人事部底特律办公室
              │
              投诉听证和仲裁      出版物管理处
  通用汽车建设计划 ── 人事部纽约办公室
              │
              工资管理
  工业卫生 ── 领薪人员安置

  员工研究 ── 通用汽车奖学金计划
```

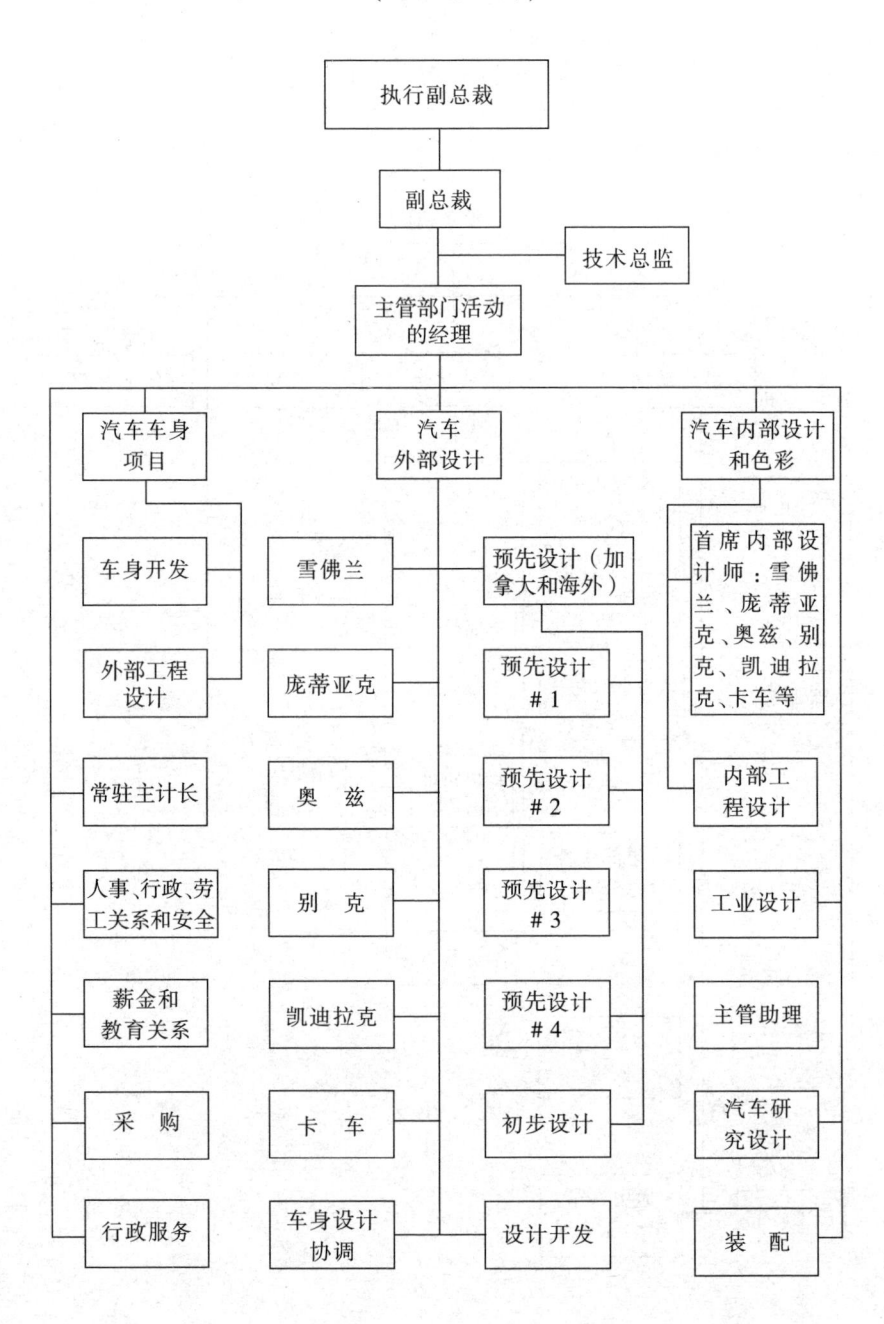

外观设计部
(1963 年 7 月)

```
                        ┌──────────┐
                        │ 执行副总裁 │
                        └─────┬────┘
                              │
                        ┌─────┴────┐
                        │   副总裁  │──────┬──────────┐
                        └─────┬────┘      │  技术总监 │
                              │           └──────────┘
                        ┌─────┴──────┐
                        │ 主管部门活动 │
                        │   的经理    │
                        └─────┬──────┘
          ┌───────────────────┼───────────────────┐
    ┌─────┴─────┐       ┌─────┴─────┐       ┌─────┴──────┐
    │ 汽车车身  │       │   汽车    │       │ 汽车内部设计│
    │   项目    │       │ 外部设计  │       │   和色彩   │
    └───────────┘       └───────────┘       └────────────┘
```

汽车车身项目	汽车外部设计	(预先设计)	汽车内部设计和色彩
车身开发	雪佛兰	预先设计（加拿大和海外）	首席内部设计师：雪佛兰、庞蒂亚克、奥兹、别克、凯迪拉克、卡车等
外部工程设计	庞蒂亚克	预先设计 #1	内部工程设计
常驻主计长	奥兹	预先设计 #2	工业设计
人事、行政、劳工关系和安全	别克	预先设计 #3	主管助理
薪金和教育关系	凯迪拉克	预先设计 #4	汽车研究设计
采购	卡车	初步设计	装配
行政服务	车身设计协调	设计开发	

译后记

本次翻译是在前人的基础上所作，中文译本也出了很多年，所以有关本书的具体内容不再赘述。这里主要提两个方面：一个是本书的管理思想，另一个跟具体翻译有关。

用一句话概括，可以说本书的核心管理哲学是"带有协调控制的分权管理"。

作为中国人，大家都应该知道一个源自儒家的核心文化思想：中庸之道。可以说，中庸之道是一个放之四海而皆准的真理；当然，这是一个大课题，这里只是简单讲几句。

实际上，不论是个人，还是任何群体，凡是涉及人类的活动，都不能背离中庸之道。具体到组织的管理上，也需要如此。任何组织，上至大的国家，下至小的团体，都需要兼顾效率和公平进行管理。集权和分权就是其两个极端的体现。集权的效率很高，但一旦决策错误，其危害也是最大的；分权的效率低下，但由于经过充分酝酿和组织内部的讨论，不容易犯错，即使决策错误，也会使损失最小化。现在的组织，可以说都是处在这两个状态的中间，只是程度不同。所以，好的管理是集权管理和分权管理在某种程度上的折中。至于折中的程度，则因人而异、因组织而异、因文化背景而异。从某种意义上，可以说这是一门艺术。

经过多年实践，艾尔弗雷德·斯隆很好地掌握了这门艺术，体现在通用汽车的管理哲学上，就是带有协调控制的分权管理，其基础是分权，利用协调控制实现一定的集权。其好处是："从分权管理中获得主动性、责任心、个人的发展、忠于事实的决策以及灵活性，一句话，一个组织适应新的环境所必需的所有品质。从协调中获得效率和经济性。"

下面讲两点具体翻译问题。一点是对"staff"的理解。它的名词意为"参谋；全体职员；管理人员；权杖"，但是在本书中，其含义主要是和管理中的"基线（line）"对立的一个概念。查阅《英华大词典》可以发现，该词由"全体职员"引申为"部门"，本书讲的就是企业总部的职能部门，可以译为"（某某）部"，比如"Styling Staff"，意为"外观设计部"。而且，书中"staff"的这个含义，可以在很多地方找到，最明显的是通用汽车的组织结构图。从这些组织结构图中可以明显发现，这是通用汽车最顶层的部门，其下面是"分部"或"集群"，比如"Financial Staff"下面的"Treasure Division"。再下面是"section"，可译为"（某某）处"。当然，本中其他地方的"staff"另有含义。

另一点是对书中一句话的理解，这句话想了很久才弄明白。原文是这样的："……built into both the technology of the product and the minds of the managers. The latter were not long in making this when I first proposed to have a purchasing staff do the no-ordination。"这是第七章"委员会的协调"中讲述集中采购的规模经济性时的一句话，其中"the latter"和"long"不好理解。考虑到"latter"后接"were"，这是指上一句话中的"managers"。"long"的含义为"长的；长时间的；冗长的，过长的；长音的"，具体在这个句子中它是什么含义呢？结合这句话的后面一句，讲述这些经理人举例说明影响他们实施汽车生产计划的因素，"make this"的意义比较明确，那么"not long"就是"make this"所花的时间长短，也就是说，其含义应该是"the latter took not long in make this……"。所以，上述英文的译文为："……融入了产品的技术中，进入了经理人的脑子里。没过多长时间，这些经理人便证明了这一点，当时我首次提出让一名采购员负责协调。"

总体来看，这本书涉及的知识领域非常宽、技术性很强，即使有前人翻译的基础，互联网这么发达，仍离不开很多人士的帮忙，他们主要有：秦玉环、崔红雁、靳学军、李增志、刘波、罗海党、吴俊杰、阴明辉、张孝强、赵炳雄、周红莲、祝广平、李增慧、姜玉芝、罗志军、崔柏、黄静兰、党玉涵、吕珊珊、谷荣涛等。当然，还有其他人的协助，在此谨对他们及出版社编辑的支持致以衷心的感谢！

译者　陈华生
2022年12月